# 丝路文明互鉴

## 中世纪南波斯历史地理研究

韩中义　著

上海古籍出版社

本书得到

国家基金中国历史研究院 2023 年度重大招标项目"中国与中亚关系史研究"

（批准号：23VLS025）

陕西师范大学 2023 年优秀学术著作（哲学社会科学）

长安与丝路文化传播学科创新引智基地项目

陕西师范大学 2023 年"一带一路"高水平成果

经费资助

作者简介

　　韩中义，博士，陕西师范大学历史文化学院研究员，主要从事中亚西亚古代史研究。

（作者在伊朗马什哈德菲尔多西纪念碑前）

# 前　言

　　敬献给读者的这本《丝路文明互鉴：中世纪南波斯历史地理研究》是笔者长期研究西亚历史地理成果的其中一部分内容。这个正标题似乎有点凑热闹的味道，但结合内容，也未必如是。我们和西边诸地的联络十分久远，甚至从远古时代就开始了，而在久远的时代里相互往来是何等之难，比若难于上青天也不为过，于是有了西王母的故事，就有了《山海经》的故事，故事里多半是离奇百怪的内容，大抵不像一个熟悉世界的情形。也许中国人从来就对外部世界充满好奇，只是太过遥远，很多故事充满了想象，而想象也不是幻想，也不是"花非花，雾非雾"，总是有点影子的，只是不那么清晰。

　　我们进入文明时代对西边的了解越来越多，越来越清晰，记载的也越来越多。"Cin"这个字在西边流传开来，于是无数学问家开始解释这个字的含义，一些人喜欢和"秦"联系起来，但感觉有点望文生义。最令人不解的是难道我们与西边的交往晚到秦国的时代了吗？那肯定是站不住脚的。我们为什么称呼我国的第一个王朝为"夏"；我们为什么称呼做生意的人为"商人"，我们为什么

1

称呼中国人为"华"而不称呼为"秦"？大凡懂一点音韵学知识的人，"夏""商""华"，都堪比为"Cin"，非是"Cin"即秦。况且公元前七八世纪印度文献里就有"Cin"。此时，弹丸秦地可代表中国，大有商榷之处。进入汉帝国时代，我们对西边的了解从模糊变清晰，从抽象变具体，诸如称呼西亚人为"条支"即 Tazik，是波斯人的另一种称呼了，后来扩大到凡是统一宗教信仰的人都冠以此名，见之于西域文献。

我们对波斯的了解和认识几乎贯穿于"二十四史"、笔记野史、类书等。和波斯本地文献与希腊文献相比，多半是比较简洁的，只是大要，但绵延两千多年，这在其他文献是难以见到的，完全可以看作是两千年波斯简史。由于物质文化的交流，诸如《中国伊朗编》里看到的那样，两地有意无意地将很多方物带到对方那里，中国的丝绸、瓷器、茶叶、麝香；波斯的珠子、宝石、香药等，还有中国文献里出现的稀奇古怪地名，这些地名多半和特定物产有关。

王朝如汉、唐、西辽等时期，和波斯直接有交往，甚至有些地区成为中国的羁縻府州，但完全控制波斯腹地是在元朝时期，这里是伊利汗国统治的地区。由此之故，我们对这一地区的了解已经很深入，当地对我们的了解也是多方面的，并且在政治、经济、文化等方面有密切的联系，至今我们还在苏丹尼耶看到中国的龙凤形象；在图斯小城的菲尔多西墓博物馆里看到当地产的青花瓷器。

尽管有很长时间的交往，但是我们现在对这一地区了解多半靠西方的研究成果，也就是说实质性的原创研究不是很多。我的这本著作在吸收前人研究的基础上，依靠原始文献做了初步的研究，尽管很粗浅，但也有一定的进步。这里主要是对波斯南部，尤其对法尔斯省和波斯湾北岸的历史地理作了初步的考察。

法尔斯地区是伊朗文化的发祥地，今天此地仍然对伊朗文化有深远影响。该地区位于伊朗东南部，尽管靠近波斯湾和印度洋，但自然条件欠佳，气候干燥炎热，植被稀少。而法尔斯地区条件局限并不是说其社会经济、文化发展的落后。相反，这里历来是伊朗重要的农业地区，也是伊朗最为重要的文化和政治中心之一，与波斯帝国时期的历史息息相关。

波斯湾是西亚重要的地理坐标之一，也是重要的交通网络枢纽，与外界尤其与中国联系广泛，而且是古代海上丝绸之路的起点和终点之一，发挥了重要作用。

今天我们处在一个伟大的时代，是历史盛世的再现，研究南波斯的历史地理，试图重新解读历史，重温历史，也可增进不同地区、不同文明、不同社会的交流，促进人类共同关注的普遍性问题，也为"一带一路"倡议添砖加瓦，加强中国气派的学术研究。

当然，一本书并非尽善尽美的，会有这样那样的问题，恳请读者给予善意的学术批评。

> 长安飞雪梅花俏，
> 波斯秋色千年枣。
> 天涯望断商贾老，
> 胡旋乳香大食调。

韩中义序于长安雁塔

2024 年 2 月 23 日雪天

# 目　录

前言　*1*

**第一章　南波斯法尔斯区域概要　*1***

第一节　法尔斯地区的历史沿革　*2*

第二节　行政区划与物产　*8*

第三节　设拉子地区历史地理概述　*15*

第四节　沿海地区历史地理概要　*36*

**第二章　伊斯塔赫尔区历史地理考察　*68***

第一节　伊斯塔赫尔地区概要　*68*

第二节　伊斯塔赫尔区的主要城市　*69*

**第三章　撒布尔区历史地理考察　*102***

第一节　撒布尔区概要　*102*

第二节　撒布尔区的主要城市　*103*

**第四章　库巴兹区历史地理考察　*130***

第一节　库巴兹区概要　*130*

第二节　库巴兹区的主要城市　131

## 第五章　萨班卡拉地区历史地理考察　143

第一节　文献中记载的萨班卡拉地区　143

第二节　萨班卡拉地区的主要城市　146

第三节　萨班卡拉地区的交通　175

## 第六章　法尔斯地区自然景观考察　182

第一节　海湾、海岛、湖泊与河流　182

第二节　法尔斯地区的草原　199

## 第七章　波斯湾沿岸典型城市发展与世界各地往来　205

第一节　相关学术研究回顾　206

第二节　北波斯湾——撒那威与霍尔木兹历史变迁和
贸易网络　212

第三节　霍尔木兹中古后期的兴盛与东西往来　224

第四节　撒那威与霍尔木兹和世界道路贸易体系联结　283

第五节　波斯湾中枢——霍尔木兹岛及其通往东方的
水陆通道　295

## 第八章　道路交通网络与防御设施考察　321

第一节　法尔斯地区道路体系的变与不变　322

第二节　法尔斯地区的防御设施　353

## 结语　365

## 后记　366

# 第一章　南波斯法尔斯区域概要

　　中国古代文献中出现的波斯（Bosi 或 Posi）就是法尔斯（Fārs）之音，英语中 Persian（波斯语，波斯人）就是从法尔斯（Fars）一词转化而来的，而古老的写法就是 Pārs。法尔斯地区（Balād Fārs）[①]在伊朗东南部，其在伊朗历史上占有显要的地位，伊朗不少王朝发祥于此或建都于此，分布着许多历史名城，诸如波斯波利斯、比萨布尔、伊斯塔赫尔、设拉子等。[②]因此这里文化发达，名人辈出，如萨迪、哈菲兹等。

　　今天的法尔斯省（Ostān-e Fārs）面积约有 12.2 万平方公里，人口约 5 百万。西邻布什尔省（Ostān-e Būshehr），西北为科吉卢耶－博韦艾哈迈德省（Ostān-e Kohgīlūye va Būyer-Ahmad），南面为霍尔木兹甘（Ostān-e Hormozgān），北边是伊斯法罕省，东北是亚

---

[①] 古典地理文献中对法尔斯地区有不同的称呼，诸如马苏第（Mas‘ūdī）在其著作 *Kitāb at-Tanbīh wa-'l-išrāf* 的第 61 页中写作 Balād Fārs（Laidan 1894），同一作者在 *Prairies d'Or*（《黄金草原》）中记述为 Arz Fārs（Ed. B. de Meynard, 4, Paris, 1865, S. 75.）。

[②] Von Klaus Schippmann: *Die iranischen Feuerheiligtümer*, Walter de Gruyter, Berlin, New York, 1971, p.82.

兹德省（Ostān-e Yazd），东边为克尔曼省（Ostān-e Kermān）。今天法尔斯省所属区域大大缩小，根本不靠海。上文提到的霍尔木兹甘、布什尔省全部，科吉卢耶－博韦艾哈迈德省的东部，亚兹德省西边一部分，伊斯法罕省南部的一部分以前均属于法尔斯地区。

法尔斯省现在下辖县有：斯塔姆（Rostam）、玛玛萨尼（Mamasani）、库赫齐纳尔（Kuh-Chenar）、塞皮丹（Sepidan）、白扎（Beyza）、卡泽伦（Kazerun）、设拉子（Shiraz）、卡拉米（Kharameh）、内里兹（Nayriz）、马尔乌达什特（Marvdasht）、帕萨尔加德（Pasargad）、萨尔齐罕（Sarchehan）、胡拉米比德（Khorrambid）、巴瓦纳特（Bavanat）、阿尔散詹（Arsanjan）、巴赫泰甘（Bakhtegan）、埃格利德（Eqlid）、阿巴代（Abadeh）、萨尔韦斯坦（Sarvestan）、法萨（Fasa）、鲁埃斯塔赫班（Estahban）、达拉卜（Darab）、扎林达什特（Zarrin Dasht）、贾赫罗姆（Jahrom）、拉勒斯坦（Larestan）、菲鲁扎巴德（Firuzabad）、卡瓦尔（Kavar）、卡菲尔（Kafr）、吉尔与卡尔津（Qir va Karzin）、法拉什班德（Farashband）、宏季（Khonj）、伊瓦兹（Evaz）、盖拉什（Gerash）、穆赫尔（Mohr）、拉玛尔德（Lamerd）等。实际上，法尔斯省行政区一直在不断变化之中，我们采用的是最新县域划分图。

法尔斯省是南部地区交通网络的中心，有多条国道、铁路经过此地，在伊朗交通网络中占有显要的位置。

# 第一节　法尔斯地区的历史沿革

法尔斯地区是伊朗文化的发祥地，今天此地仍然对伊朗文化有深远影响。伊朗人所讲的语言和使用的文字，被称作波斯语或波斯文，即巴列维文或法赫拉维或钵罗铧（Pahlavi，或 Pahlevi）文，而不称伊朗语或伊朗文。[①]

该地区位于伊朗东南部，尽管靠近波斯湾和印度洋，但由于地理位置、气压之因，带有水汽的季风很难到达这里，加之低纬度，造成气候干燥炎热，植被稀少，自然条件欠佳。法尔斯地区自然条件的局限并不意味着其社会经济、文化发展的落后。相反，这里历来是伊朗重要的农业地区，主要利用山间溪水和地下坎儿井来灌溉，由于阳光充足，盛产水果，这里也是伊朗最为重要的文化和政治中心，与伊朗古典时期的历史息息相关。

众所周知，古波斯帝国中的阿契美尼德王朝、萨珊王朝就发源于此地，后来逐渐扩大，控制了整个伊朗高原，由此常用法尔斯或波斯来称呼整个伊朗地区，尤其在中国古籍中。但这里还要指出的是今天整个伊朗、伊拉克、小亚细亚、埃及一部分、阿富汗、阿姆河以南的辽阔地区在历史上也被称作"伊朗之地（Irān-Shāhr）"。[②]"伊朗之地"往往和阿姆河以北的"图兰（Turān）"是对应的，而"图兰"在波斯历史上通常是指蛮荒不服管束的地区，如中国之"胡""夷"、西欧之Babarian。文献中还有"图兰沙（Tūrān-Shāh）"之名。[③]这种对立在伊朗著名史诗《列王纪》中做了夸张的渲染叙述，[④]实际上《列王纪》不是信史，只是伊朗民族英雄传说的

---

[①] Yakut, *Dictionnaire géographique, historique et littéraire de la Perse et des contrées adjacentes*（波斯及其周边条目摘录），trans by Barbier de Meynard, Paris, 1861, p.181（后简称亚库特）。

[②] Dr. J. Marqurt, *Ērānšahr nach der Geographie des Ps. Moses Xorenas'i*, Berlin, 1901, pp.1-4.

[③] ［阿拉伯］伊本·胡尔达兹比赫：《道里邦国志》，宋岘译注，中华书局，1991年，第19页。Ibn Hawkal: *Kitāb al-Masālik wa-'l-mamālik*, Leiden, 1873, p.9.

[④] 图兰与突厥没有任何关系，后来的各种附会之说也是没有依据的。按照《列王纪》（*Shāh Name*）的说法，图尔（Tur）是法里顿（Faridun）的次子，掌管阿姆河以北的地区，这里的居民是非波斯系的民族，由此将这个地区称为图兰（Firdausi, *the Shāh Name of Firdausi,* trans by Arthur George Warnar, M. A. London, 1905, V1, p.188; V4, p.383）。

史诗，但这些史诗中提到的一些地名反映了波斯7世纪前后的状况。因此，有时候"伊朗之地（Irān-Shāhr）"就是广义的法尔斯或波斯，即整个伊朗。[①]

法尔斯地区历史上最为辉煌的时期莫过于前文提到的阿契美尼德王朝。今设拉子[②]东北约60公里之地波斯波里斯有阿契美尼德王朝留下来的宫殿遗址、巨大石、精美雕刻等，展现了当时王朝的奢华、艺术成就与巨大进步。这里至今是伊朗最负盛名的历史遗迹和文化遗产，是伊朗人回忆古代文化辉煌的活化石，在伊朗历史上具有特殊地位。后来的文献将法尔斯地区说成是伊朗诸朝王都所在地。[③]这一说法实际上是不准确的，诸如安息王朝兴起于伊朗东部，都城不在法尔斯地区，而是在东部呼罗珊的纳撒（Nasa）城，后来迁都到赫卡通皮洛斯（Hecatompylos）、[④]泰西封（Ctesiphon）。[⑤]

同样，3世纪的萨珊王朝也兴起于此，在古波斯帝国中国祚最久，长达427年，都城先后设在设拉子西北的伊斯塔赫尔城，而后迁到设拉子南边的今菲鲁扎巴德（Firuzabād）城，曾经被称古尔（Gur）城。这里地势险要，自然条件优越，建为团城，城墙有三围，最后将都城迁往泰西封。萨珊王朝是与中国往来最为密切的古波斯帝国，交往关系从三国时期一直延续到唐初，而且记载极为准

---

① Touraj Daryaee, *Sasanian Persia: The Rise and Fall of an Empire*, I. B. Tauris & Co Ltd, New York, 2009, p.39.

② （明）宋濂：《元史》卷六三《地理志·西北地附录》作设剌子，中华书局，1976年，第1571页。

③ Ibnu'l-Balkhī, *Fārsnāmah*, London, 1921, p.1. 也见 G. Le Strange, London, 1912（后简称《法尔斯志》）。

④ 今天在达姆甘西南呼罗珊大道上还能找到遗址，伊朗人称其为百门（Sad Darvāzah），和希腊文 Hecatompylos 的含义相同。

⑤ Negin Mir, *Historical Geography of Fars during the Sasanian Period*, e-sasanika10, 2009, pp.1–65.

确。《魏书》称："波斯国，都宿利城，在忸密（布哈拉——引者，下同）西，古条支国也。去代二万四千二百二十八里。城方十里，户十余万，河经其城中南流。土地平正。"同书记载了这里物产丰富，奇珍繁多。

上文的宿利城，也称苏蔺城，均为Seleucia的音译，是泰西封的希腊语名称，[①]位于今天巴格达东南底格里斯河东岸的马达因（Madain），与"河经其城中南流"的记载是一致的。还有记述称："国人王曰'医嚰'（Ikhzān，即Shāhānshah——引者），妃曰'防步率'（Bānbishnan或Bānbishan），王之诸子曰'杀野'（Shāh）。大官有'摸胡坛（Mowbedān）'，掌国内狱讼；泥忽汗（Nixorakan），掌库藏开禁；地卑（Dypwrpt），[②]掌文书及众务；次有遏罗诃地（Hazarbed），掌王之内事；恭波勃（Spahbed），[③]掌四方兵马。其下皆有属官，分统其事。"神龟中，波斯国王居和多（Kavad，488—531）遣使者携国书到北魏。[④]

上述记载说明萨珊王朝与中国往来频繁，留下大量的资料。也对历史和文化产生过深远的影响。

7世纪中叶，阿拉伯（大食）人打败了萨珊波斯，攻占了包括法尔斯地区在内的广大波斯地区，[⑤]由此法尔斯地区先后成为大食帝国、布伊王朝、塞尔柱工朝、大蒙古国至伊利汗国的一部分，并成为重要的税收来源地。

阿拉伯帝国初期四大哈里发之一的阿里在位时期，将法尔斯

---

① Strabo, *Geograpy of Strabo*, V3, trans by C. Hamilton, London, 1903, pp.152, 156, 162.

② Philippe Gignoux, *Glossaire des Inscriptions Pehlevies et Parthes*, London, 1972, p.22.

③ *Sasanian Persia: The Rise and Fall of an Empire*, pp.43—44.

④（北齐）魏收：《魏书》卷一〇二《西域传》，中华书局，1974年，第2270—2271页。

⑤ Martin Hinds, *The First Arab Conquests in Fārs, Iran*, Vol.22 (1984), pp.39—53.

地区根据土地状况划分出不同等级，并收取不同额度的税赋。阿拔斯王朝哈里发瓦斯格（Wāthiq，842—847）时期，税收达到3千3百万银币（dirham），外加15万头驴驮重量的小麦。914年哈里发穆格塔迪尔（Muqtadir，908—932）时期，税赋差不多增加了一倍，达到6 300万，折算成伊利汗时期的比值，就是1 500万金币（dinār）。布伊王朝（Buyids，932—1062）时期，税收达到5 500万阿瓦勒（'Awwāl）金币，还要额外收80万金币上贡给阿拔斯王朝，因布伊王朝名义上是阿拔斯王朝的藩属，实际上哈里发大权旁落，完全被布伊王朝控制，这些额外的税赋就是哈里发享用的。[1]

10世纪，法尔斯地区在布伊王朝统治时期达到了空前的繁荣。[2]此时，法尔斯地区仍然使用波斯历。[3]10世纪末到11世纪初，该地成为哥吉宁王朝的辖地。

11—12世纪，塞尔柱王朝统治时期，这里获得了较大发展，并成为诸侯阿塔别（Atabeg）的封地，一直到蒙古西征初年。12世纪末到13世纪初，此地一度名义上受到花剌子模王朝的统治。

中世纪时，法尔斯地区处在相对独立的地位，这与前文提到的塞尔柱王朝时期分封诸王有关。这里成为土库曼人萨拉戈尔（Salghur）或萨鲁尔（Salur）部落首领穆扎法尔丁（1148—1161年在位）阿塔别（Atabeg）的采邑地，后随着塞尔柱王朝的衰落，地方势力逐渐坐大，各地诸侯纷纷独立。穆扎法尔丁[4]乘机建立了萨拉

---

① Hamd Allah Mustawfi Qazwinī, *The Geographical Part of the Nuzhat al-Qulūb*, trans by & ed. Guy Le Strange, London, 1919, pp.112（后简称穆斯塔菲）。

② Ibn Khalikan, *Ibn Khalikan's Biographical Dictionary*, trans by De Slanev, Paris, 1843, V.1, pp.407.

③ Mukaddasī, *The Best Divisions for Knowledge of the Regions — Ahsan at-Taqāsīm fī Ma'rifat al-aqālīm*, trans by Basil Collins, Garnet, British, 1994, p.389（后简称穆卡迪斯）。

④ C. E. Bosworth, *The Islamic Dynasties*, Edinburgh at the University Press, 1967, p.125.

戈尔王朝(Salghurids, 1148—1270)。[1]该王朝建立之初服从式微的塞尔柱王朝,后又臣服花剌子模王朝(Khwārazmshāh, 1077—1231)。

蒙古西征后,消灭了花剌子模王朝,萨拉戈尔王朝纳服蒙古人,因此法尔斯没有受到根本性的破坏,但蒙古统治者派来总督[2]或税官和监治官,采取各种手段进行盘剥,导致社会经济受到较大影响,乃至民不聊生。伊利汗国建立后,沿袭大蒙古国的旧制,继续承认萨拉戈尔王朝的存在,[3]并加强了双方之间的政治、经济关系,尤其和亲。但1270年后,该王朝被纳入伊利汗国的直接统治,管理混乱,地方官员腐败,蒙古统治者盘剥严重,引起社会的动荡。[4]

因此,法尔斯地区基层社会结构没有发生根本性变化,仍然是由当地酋长头目控制,只是上层统治者不断发生变化。这种现象在西亚、中亚具有普遍的规律性。我认为这是强大的波斯文化或地方文化起作用的结果。

在蒙古西征时期,尤其伊利汗国统治时期,该地区采用双重管理模式:一方面当地有较为独立的地方王朝,拥有很大的独立性,实际掌握着权力,管理着地方事务;[5]另一方面蒙古大汗、伊利汗国

---

① 萨拉戈尔(Salghār)王朝(1148—1287)是由土库曼人建立的,1148年萨拉戈尔后裔之一孙库尔·本·毛委迪(Sunkur ibn Mawdud)宣称自己是法尔斯地区的主人,并建立了萨拉戈尔王朝,后来该王朝臣服于大蒙古国的窝阔台与波斯的伊利汗国,1287年失国。

② 陈春晓:《伊利汗国法儿思总督万家奴史事探赜》,《民族研究》2021年第2期。

③ [波斯]拉施特:《史集》第3卷,第104页说:"阿不−别克儿作为阿塔毕后裔统治法尔斯(法尔斯)。"此人全名为Qutlugh Khan Abu Bakr b. Sa'd I (1226—1260)。这一家家族和蒙古王室或贵族联姻,地位显赫(余大钧、周建奇译,商务印书馆,2017年,第25、72页。后简称《史集》)。

④ Abu al-Qasim Abdallah Qashani, *Tarikh-i Uljaytu*(《完者都史》), Tehran, 1969, pp.154—155(后简称 *Tarikh-i Uljaytu*)。

⑤ Bertold Spuler, *Die Mongolen in Iran*, Berlin, 1955, pp.140—145.

派监治官，主要收取税收，还临时派军队驻守或平叛。因此，这里仍是蒙古大汗或伊利汗国的管理地。

伊利汗国灭亡后，这里建立起相对独立的新旧霍尔木兹国或王朝（1247—1622），具体内容见后文。该王朝前期为克尔曼地区的穆扎法尔王朝（Muzaffarids, 1335—1393）控制，中期受到帖木儿帝国的控制。后期半独立或受到萨法维王朝的统治，正值郑和下西洋时期，与此地开展了深度交流，此问题后文详细讨论。

# 第二节　行政区划与物产

## 一　行政区划

在波斯历史上，法尔斯地区划分内陆与沿海两个部分。也就是古典地理学家通常将法尔斯地区分为两个区：热（Jurūm）区与寒（Sarūd）区，[1]并以一条东西走向的线为界。[2]穆斯塔菲也是采用了这种划分法。[3]

---

[1] 穆卡迪斯，第374页。

[2] 斯特兰奇：《大食东部历史地理研究——从阿拉伯帝国兴起到帖木儿朝时期的美索不达米亚、波斯和中亚诸地（*The Lands of Eastern Caliphate: Mesopotamia, Persia, and Central Asia From the Moslem conquest to the time of Timur*）》，韩中义译注，社会科学文献出版社，2018年，第248页（后文简称《大食东部历史地理》）。

[3] 穆卡迪斯唯独将法尔斯地区分成6区（Kūrah，代替5个区），设拉子城周围的地区划出来一个区（第374页）。在萨珊王朝时期的文献中，诸如《伊朗志（*Shahrestānīhā-ī Erān-shahr*）》中分为四个区，即1）Staxr（伊斯塔赫尔）；2）Darabgird（达拉布吉尔德）；3）Beshabuhr（比萨布尔）；4）Gor-Ardaxshir-Xwarrah（阿尔达希尔）. *Shahrestānīhā-ī Erān-shahr-A Middle Persian Text on Late Antique Geography, Epic, and History*, Trans by Touraj Daryaee, Mazda Publishers, Inc, California, 2002, pp.8, 20。

　　法尔斯内陆地区分为五个地区,每个区用波斯语称作"库拉
(Kūrah或Khūrah)",即区,或地区,阿拉伯人继承了波斯人的这
一传统。这种管理体制一直延续到中世纪。伊利汗时期的地理学
家穆斯塔菲称法尔斯内陆地区旧时划分为五个地区,即阿尔达希
尔·库拉(Ardashīr Khūrah)、伊斯塔赫尔(Istakhr)(库拉)、达拉布
吉尔德(Dārābjird)(库拉),[①]撒布尔·库拉(Sābūr Khūrah)、库巴
兹·库拉(Qubād Kūrah),而且每个区还包含有广阔的土地和城
镇。这些区与波斯伊拉克[②](米底)、胡齐斯坦(Khūzistān)、洛雷斯
坦(Lurstān)、萨班卡拉(Shabānkārah)、波斯海(波斯湾)交界。

　　但是穆卡迪斯将法尔斯分为六区和三次区,即阿拉建
(Arrajān)、阿尔达希尔(Ardashīr)、达拉布吉尔德(Dārābjird)、设拉
子(Shīrāz)、撒布尔(Sābūr Khūrah)、伊斯塔赫尔(Istakhr);三个次
区为鲁赞(Rūdhān)、内里兹(Nīrīz)和哈苏(Khasū)。[③]

　　上述记述说明法尔斯的区域划分和名称都是有变化的,但大
致的范围变化不是很大。

　　　　此省(地区)南北从库米沙赫(Qūmishah)到凯斯(Qays)
　　　岛,[④]长150法尔萨赫(约6.4公里);东西从亚兹德(Yazd)到

———————————

① 这里需要注意虽然穆斯塔菲将这一地区划分在了法尔斯地区,但实际上是一个独
　立的省区,也就是萨班卡拉地区。
② 这一名称在纳斯尔丁·图斯的记述中被称作"Vilayāt-hā-yi 'Ajam", *Naṣīr al-Dīn
　Ṭūsī on Finance*, M. Minovi and V. Minorsky, *Bulletin of the School of Oriental and
　African Studies*, University of London, Vol.10, No.3 (1940), pp.755–789。
③ 穆卡迪斯,第374页。
④ 今为基什岛,是波斯湾靠伊朗一侧的重要岛屿,面积为91.5平方公里,东西长15公
　里,南北宽7.5公里。此岛是伊朗自由贸易区,属于霍尔木兹甘(Hormozgān)省,
　岛上主要城市为基什城,人口1万,但每年到这里的游客有百万。这里是波斯湾重
　要的海上通道,也是海上丝绸之路上的重要港口。

胡兹（Hūz，即胡齐斯坦，引者），宽320法尔萨赫。这一地区的面积是18万平方法尔萨赫（计算错误，应是4.8万法尔萨赫——引者）。

穆斯塔菲所言法尔斯的范围大致应该在30.2万平方公里，是今天12万平方公里的法尔斯的2.5倍，显然是夸大了的数据。我们发现在《法尔斯志》中称法尔斯的长为150法尔萨赫，宽也是150法尔萨赫，成为一个正方形，[①]面积为22.5万法尔萨赫，显然比今天的面积要大很多，但比较接近事实，也就是说穆斯塔菲的材料应该来自《法尔斯志》，而不是他实际调查的记载。这是当时学者的一贯做法，盲目传抄旧史料，不做实际考察。

《法尔斯志》提到了法尔斯地区的四至，它说：此地区"北边到伊斯法罕为邻；伊斯法罕与法尔斯之间的边上是亚兹德哈瓦斯特（Yazdikhwāst，即亚兹德哈斯特），而后到亚兹德、阿巴尔古亚赫（Abarqūyah）和苏麦拉穆（Sumayram，对面）；法尔斯的东边是朝克尔曼地区的锡尔詹（Sirjān）为邻，靠近鲁赞（Rūdān）"，[②] "南边到克尔曼之境的海边、再到此地的胡祖（Huzū）各地和沿海的斯夫（Sif）；西边朝阿曼海（波斯湾）的胡齐斯坦方向，在法尔斯的阿拉建边上"。[③]这是对法尔斯范围做了比较清楚的描述。

在10世纪的地理学文献中虽然很详细记述了法尔斯的地理、物产、城市等，但对其所在范围记述，有的语焉不详，如穆卡迪斯；有的较为详细，如豪卡勒，他说："法尔斯地区东边边界与克尔曼接壤；西边的胡齐斯坦；法尔斯北边隔沙漠与呼罗珊相望和一部分地区与伊

---

① 《法尔斯志》，第18页。
② 此处的鲁赞和下文穆卡迪斯提到的鲁赞是同一地方。
③ 《法尔斯志》，第18页。

斯法罕接壤;南边是波斯湾。"①豪卡勒的记载是很清楚的,而阿布菲达转引豪卡勒的记载,内容则有差别。②这种差别可能是版本不同造成的。但12世纪以后的文献里可以看到法尔斯地区的大致范围。阿布菲达在《地理学》称:"法尔斯西边比邻胡齐斯坦;西北边是伊斯法罕地区和吉巴尔地区;南边是波斯湾;东边是克尔曼;北边是呼罗珊的沙漠、③伊斯法罕地区和吉巴尔地区。"而他摘录穆哈拉比(Mohallabi)的《艾则孜('Azīzī)》④中称:"法尔斯的最东边在亚兹德及其附近,最南边在撒那威及海(波斯湾),最北边到拉伊。"穆哈拉比还说:"法尔斯分为南北两个部分:第一个部分是平原;第二个部分是山脉。"⑤这一地理自然特征非常符合法尔斯地区的特点。

　　上述的区域或者行政划分显然是继承了历史上的传统,但是有变化。10世纪的地理学家那里将法尔斯地区划分为五个区和三个分部。穆卡迪斯说:"我们将法尔斯划分为五个区和三个独立分部:首先是胡齐斯坦方向的阿拉建,而后为阿尔达希尔·库拉,再依次为达拉布吉尔德、撒布尔、设拉子和伊斯塔赫尔;三个分部为鲁赞(Rūdhān)、内里兹(Nīrīz)和哈苏(Khāsū)。"⑥其中的五个地

① 伊本·豪卡勒(Ibn Hawqal):《大地形胜(Kitāb al-Sūrat al-Aradh)》收入《阿拉伯舆地丛刊》第2卷,第260、259页。也参考了1964年巴黎出版的两卷本法译(后简称豪卡勒)。

② Abu-l-Fidā, Taqwīm al-Buldān(《地理学》), trans & eds by Reinaud & De Slane, Paris, 1848, V2, p.91(后简称阿布菲达)。

③ 这里所指应该是鲁特沙漠的边缘,但记载和实际有差距,因为法尔斯北边没有和呼罗珊或者大沙漠相连。

④ 这是埃及著名地理学家穆哈拉比(卒于990年)著的《道里邦国志(Al-Masālik wal-Mamluk)》的别名,因此书是献给法提玛王朝的统治者哈里发艾则孜而得名,全书已散佚,文字保留在很多地理学著作中。

⑤ 阿布菲达,第2卷,第91页。

⑥ 穆卡迪斯,第374页。

区和伊利汗国时代的法尔斯基本一致，但数量、名称、范围有变化。而达拉布吉尔德和三个分部在伊利汗国时代不属于法尔斯地区，是在萨班卡拉地区。

阿尔达希尔·库拉（Ardashīr Khūrah）是以萨珊波斯的第一位王国库萨和（Chosro）阿尔达希尔·巴巴甘（Ardashīr Bābakān）①命名的。中古时期，"该区最初的首府就是菲鲁扎巴德（Firūdhābadh）。整个法尔斯地区，伊斯塔赫尔城发展迅速，进而成为省府，再后来被设拉子城代替。因伊斯塔赫尔区是所有区中最为古老。我们将阿尔达希尔·库拉阿尔达希尔·库拉（Ardashīr Khūrah）放在第一区的位置，再恰当不过，因为现在（伊利汗时期）法尔斯的省会就是设拉子（Shīrāz），此城就在阿尔达希尔·库拉"。②

穆斯塔菲给出了一个非常重要的信息，也就是说设拉子（Shīrāz）就是以前的阿尔达希尔·库拉，但早期古典地理文献说是阿拉伯帝国征服波斯以后建立的。古典地理文献的说法不一定可靠。

稍早于穆斯塔菲的亚库特也记述了阿尔达希尔·库拉，但拼写略有差异。他说：

> 阿尔达希尔·库拉（Ardashīr khurrah），其波斯语名称来自大阿尔达希尔（Bahāy Ardashīr）。此人是他们的其中一位国王。该地区是法尔斯地区里的极其漂亮的地区。这里有设拉子、朱尔（Jūr）、哈巴尔（Khabar）、米曼德（Mīmand）、斯穆坎

---

① 阿尔达希尔·巴巴甘（180—242），是萨珊王朝的创立者。

② Hamd Allah Mustawfi Qazwīnī, *The Geographical Part of the Nuzhat al-Qulūb*, trans by & ed. Guy Le Strange, London1919, pp.112.

（Sīmkān）、巴尔建（Barjān）、哈尔或胡瓦尔（Kha'ar, Khuwār）、撒那威（Sīraf）、卡姆-费鲁兹（Kām-Fīrūz）、卡泽伦（Kāzrūn）等。巴沙里（Bashari）称："阿尔达希尔·库拉是古老的区，在卡南（Kanān）与法尔斯地区的撒那威所在之境。这个区域辽阔，有很大一片地方靠海。虽然这是干热的辽阔区域，但物产不丰富。此地的首府为撒那威城，以及大城市有：朱尔、米曼德、纳本（Nabun）、哈巴尔、胡里斯坦（Khūristān，原文如此）、班达建（Bandajān）、库兰（Kūlān）、沙米斯兰（Shamsīlān）和兹尔巴德（Zīrbād）。"伊斯塔赫尔说这是个很大的地区，与同在一个法尔斯地区的伊斯塔赫尔区一样大。朱尔是一座大城，而法纳·库兰（Fanā Khūrah）区也在这一地区。这里有很多大城，如朱尔，还有设拉子、撒那威。这里曾经的大城是朱尔，是阿尔达希尔修建的，成为此地曾经的首府，成为政府和管理中心，只是到了穆斯林征服以后，如现在情形，设拉子才变成了首府。①

　　亚库特的记述多半都是先前书籍的摘录，很多城市名称后来已经无法查找到了，但提供了很多重要的信息。13世纪以后，法尔斯地区的范围、区域、管理等划分都发生了很大的变化。

　　13世纪，马可·波罗经过包括法尔斯的伊朗地区，是自己的亲身经历，具有很高的可信度，他记载称："此时，你可知波斯分为八个王国，此为极大之地区。"值得注意的是马可·波罗所指的波斯就是整个伊朗地区，而非法尔斯地区。在八王国中，第五是依思盘（Ispān，即伊斯法罕）一部分，第六国是希腊西（Çiraç，即设拉子），②是法尔斯

① 亚库特，第23页。
② *The Description of the World*, A. C. Moule & Paul Pelliot, London 1938, V.1I., p.116.

地区。

从上述记载，可基本清楚知道法尔斯地区所包括的边界、面积、历史来历、城市变化，尤其重要的是在中世纪，法尔斯尽管相对独立，但是仍然保留了历史上习惯划分法，而上文的区大致相当于中国古代行政区划的郡、道，或元代行省的级别。由此我们发现一件很有意思的现象，就是伊朗之地的王朝不管怎么更新换代，统治者无论本族还外族统治，行政地理的划分很少改动，由此保证了地名的相对稳定性。直到今天法尔斯仍然是伊朗的一个重要省份，而且境内的很多地名保留了古代称呼，这和任何古老文明国家一样，地名是不会随意改动的。因此法尔斯地区的很多地名在我国文献中有记载，这在后文适当之处做补缀。

## 二 自然环境与物产

法尔斯地区尽管靠近波斯湾和印度洋，但由于季风变化，有效降雨水汽很难到达这里，加之纬度低，气候干燥炎热，植被稀少，自然条件欠佳。这里河流不多，多半是季节性的河流，主要的河流我们将在本书的河流部分做介绍。由于少雨，很多地区干燥，植被只有在山区或者河谷地带较为茂密，其他地方多是低矮耐旱的植物，还有大片的戈壁荒漠。法尔斯地区有几条著名的山脉。法尔斯地区最著名的地理标志就是波斯湾，阿拉伯、波斯文献中称作法尔斯海(al-Khalij-e Fars)，今天仍然用此名称呼。这一内容将湖海部分作考察。

尽管法尔斯地区自然条件较为恶劣，但并不意味着社会经济发展的落后。实际上，这里在伊朗历史上具有极为显要的地位。法尔斯地区历来是伊朗重要的农业地区。穆卡迪斯称："此地产各种矿物，山中产木材，树上产波斯乳香。其山羊产羊黄。此地的石脑名闻天下。""这里产椰枣、香橙、橄榄、醋栗、甘蔗和百合；产核桃、巴丹杏仁、槐树。此地生产斗篷、丝织品、精致地毯、布料、高级长袍、帷幔、细布、丝绸锦、服装。"而且每个地区都有特产,诸如阿拉建盛产无花果。[1]10世纪的古典地理文献与穆卡迪斯的记载大同小异。《法尔斯志》在记述每个区时,记述了各种物产,诸如埃格利德(Iqlid)产各种水果和玉米。[2]这里文化发达,伊朗文化史上主要时期或重要人物都和法尔斯地区有关。《旅行记(Safarnama)》也提到法尔斯地区的物产,尤其盛产椰枣、橘子、香橙、橄榄、鱼货等。[3]

# 第三节 设拉子地区历史地理概述

## 一 13世纪前的设拉子城及其周边地区

法尔斯地区的首府设拉子城是伊朗第三大城市,南部最大城市,建在季节性干河岸(Roodkhaneye Khoshk),人口170万,位于扎格罗斯山脉南部,海拔1600米的盆地农业区山,半干旱地中海式气候,四季分明,夏季最高温度为38℃,冬季寒冷,气温在零度以下,年降雨量为300毫米,都在冬季降雨或降雪。其距首都德黑兰919公里。[4]这里是伊朗南部的交通中心,多条铁路和公路通往各地,也是文化中心,著名的设拉子大学就在此城,也是旅游名城,花园遍布,绿树成荫,周边有很多名胜古迹,诸如波斯波利斯、伊斯塔赫尔古城等,吸引着世界各地游客探访古老的波斯文化。设拉子是伊朗古老的城市,最近考古发现有4千年的建城史,这座城市

---

① 穆卡迪斯,第374页。

②《法尔斯志》,第23页。

③ Nasir Khusraw, *Safarnama*, trans by W. Thackston, Harvard Uniersity, 1986, pp.97, 96.

④ https://encyclopedia.thefreedictionary.com/shiraz.

在公元前2000年就已存在，在埃兰（Elamite）语楔形泥板文书中被称作 Tirasiš,[①]也拼写为 tiračis 或 ćiračis、širājiš 等。阿契美尼德（Achaemenian）王朝时期，设拉子是从苏萨（Susa）到波斯波利斯的要道上，地位相当重要。在萨珊王朝时期，这里已是重镇，很可能阿拉伯人之前此城已被毁了。[②]大食文献称此城是阿拉伯人征服活动初期，攻打伊斯塔赫尔（Istakhr）城的兵营，后来发展成了著名的城市。不管怎么说，7世纪以后，这里人才辈出，在伊朗、阿拉伯历史上占有显要的位置。历史文献对设拉子有大量的记述。穆卡迪斯提到了设拉子优越的地理条件，他说："设拉子城作为城镇的先决条件就在于它所处的中心位置，此地距离各边界地区四至均为60法尔萨赫，距离该地区的四个角落则为80法尔萨赫。"阿拉伯历史文献记载称设拉子城建于684年。9世纪后半叶，设拉子城发展成为一座大城市，当时萨法尔王朝将其作为半独立王国的首都。

10世纪，这里成为布伊王朝的都城，获得了前所未有的发展。古典地理文献有大量的记载，诸如穆卡迪斯记述了此城，其称："设拉子先前不是一个区，而是设拉子·本·法尔斯（Shīrāz bin Fārs）修建的。后来穆斯林占领了这里，就居住下来。国王喜欢此地，就驻跸于此。于是成了中心之地。"[③]"设拉子是一座大城市，这是脏乱的新建城市。"他还提到这里有祆教徒、基督徒，居民不讲规矩、行为粗鲁、言而无信，学者学问不精，街道狭窄，市场装饰不合宗教规矩，酗酒，商店赋税沉重、生活艰难，土地收取双倍税收，司法不公、不主持正义，讲不好阿拉伯语。此城差不多宽1法尔萨赫，有8

---

① George G Cameron, *Persepolis Treasury Tablets*, University of Chicago Press, 1948, pp.150, 152.

② https://en.wikipedia.org/wiki/Shiraz.

③ 穆卡迪斯，第376页。

座城门：即伊斯塔赫尔（Bāb Istakhr）①门、图斯塔尔（Darb Tustar）门、班达斯塔纳赫（Darb Bandāstānah）门、格散（Darb Ghassān）门、萨兰姆（Darb Sallam, Silm）门、库瓦尔（Darb Kuwār）门、曼达尔（Darb Mandar）门和马汉达尔（Darb Mahandar）门。这些城门多半都是按照道路去往的方向城市名称命名的，但有些城门的名称可能在文献传抄中出现了问题，或者所去道路方向城市名称发生了变化，因此无法确定。

　　设拉子城附近，产甘美的葡萄、无花果，但面饼难吃。这里繁华、生意兴旺，对外来人有同情心，出产各种特产，如手绢。这里有很多苏非派，聚在一起诵读《古兰经》。他还说这座城市和大马士革一样大，房屋修建得狭窄，和拉马拉（Ramla）一样是石头建的，和布哈拉一样脏乱。清真寺在市场里，旁边有服装市场，不远处还有一家医院。这座城的水源是通过坎儿井从西北5法尔萨赫的朱外姆（Juwaym）村引来的，流经阿都德·道拉（'Adhud ad-Dawlah）的宫殿。最远的山距离此城有1法尔萨赫，人们在1站距离的地方获取柴火。布伊王朝将设拉子作为其首都后，其统治者阿都德·道拉扩建了很大的城区，后被废。穆卡迪斯特别提到了库尔德·法纳·库萨和（Kurd Fanā Khusraw），也即《法尔斯志》的法纳·库萨和·吉尔德（Fanā Khusraw Gird），并称距离设拉子有1法尔萨赫，并且从1站路的地方引水到此地，花费高昂。②因变得拥挤繁华，城内无法驻扎其部队，于是迁到设拉子城外，另建立了一座城镇，让其士兵居住，被称作法纳·库萨和·吉尔德，但到了《法尔斯志》作者的时代只剩一土台，其余变成了田地，收入250金币，

---

① 这是西亚城市命名的习惯，城门名称和它面对的方向和去往的道路有关，如伊斯塔赫尔门表示道路通往此城方向。

② 穆卡迪斯，第380—382页。

年租金为100金币多一点，遗迹了无价值。城内也建有带御花园的宫殿；修建有市场漂亮，年租金1.6万金币，作为财政收入纳入。

设拉子（冬季）气候寒冷，但舒适，和伊斯法罕一样。[1]还修建了一家医院（Bīmaristān）、一座图书馆、清真寺、漂亮的城墙。[2]11世纪前期民居几十万人，而布伊王朝灭亡和塞尔柱王朝不断进行军事打击，此城遭到严重的破坏，城市大部分都毁了。但12世纪，设拉子重新繁华起来，《法尔斯志》称设拉子以前没有城墙，只是到塞尔柱王朝时期切石成片，城四周建立起来坚固城墙。[3]其成为伊朗南部的重镇。

也就是在塞尔柱帝国衰落之时，该帝国的阿答毕土库曼人萨拉戈尔（Salghur）部在法尔斯地区以设拉子为中心建立半独立的萨拉戈尔王朝，先是臣服塞尔柱帝国，后臣服花剌子模国，再后来归降蒙古，最后并入伊利汗国。萨拉戈尔王朝统治法尔斯地区时，设拉子获得了很大发展，尤其在文化领域出现了繁荣，后文提到萨迪将自己诗作献给了该王朝的统治者，成为一段佳话，伊利汗朝的文献对此有记述。此朝还修建很多公共设施、文化场所等，设拉子迎来了一时的繁荣。[4]

## 二 蒙古西征至中世纪的设拉子历史地理

13世纪蒙古人攻打法尔斯，设拉子城上交赎金，纳降成吉思汗而免遭劫难。这里成为学术的中心，地理学家将此城视为学术

---

[1]《法尔斯志》，第317页。

[2] https://en.wikipedia.org/wiki/Shiraz.

[3]《法尔斯志》，第317页。

[4] Clifford Edmund Bosworth, *The New Islamic Dynasties*, Edinburgh University Press Ltd 1996, pp.207–208.

之城（Dar al-'ilm），出现了很多学术名家和文人，后来设拉子被称作"伊朗的雅典"。①中世纪设拉子仍是繁华之城。当时的文献对该城有很多详细的记载，穆斯塔菲记载说：设拉子"在第三气候区，此城是在伊斯兰教兴起时代修建的，很快成为此地区的中心。其经度为83°，纬度为29°36′。民间传说这座城市是由伏魔者塔赫穆拉斯（Tahmūrath）之子设拉子（Shīrāz）修建的，后来毁了。还有一种传说是这里有座叫法尔斯（Fārs）的城市，此名是法尔斯·本·马苏尔·本·沙姆·本·诺亚（Fārs ben Māsrūr ben Shem ben Noah）的名字命名的。但最可靠的说法就是伊斯兰教兴起以后，修建了设拉子城，或者说是哈加吉·本·玉素甫的兄弟穆罕默德修复的。还一种说法就是其堂弟穆罕默德·本·卡斯木（Muhammad ibn Qāsim）修复的。修复的时间是回历74年（即公元693年），处女星位上玄之时"。②此处穆斯塔菲对设拉子城的建立时间进行了辨析，并认为是传说的波斯古帝王建的，有学者认为此古帝王比附为阿契美尼德王朝的统治者。也就是说设拉子的建城历史极其古老。但他同时又说阿拉伯帝国初期修建设拉子城的记述更为可靠。实际上是一个问题的两面：选址和设拉子名称及其修建的问题。笔者比较赞同穆斯塔菲前面提到的设拉子是阿尔达希尔·库拉位置上建立并逐渐发展起来的说法。

亚库特也对设拉子作了记述，他说：设拉子"是法尔斯地区首府，是座大城和名称。位于第三气候区，经度为78°30′，纬度32°。这座名叫设拉子的城最初由是由桃穆尔斯修建。有文献将设拉子的名称写作设剌子（Sharāz）"。③阿布菲达也摘抄相关的文献

---

① https://en.wikipedia.org/wiki/Shiraz.

② 穆斯塔菲，第112—113页。

③ 亚库特，第361页。

提到了设拉子的方位，他说："《推论（*Qīyās*）》称其经度为78°，纬度为29°36′；《马苏迪天文表（*Qānūn*）》称其经度为78°35′，纬度为29°36′。气候极热。"还提到该城的修建过程，其大部分摘自10世纪前后的地理文献，他自己几乎没有增加新资料。[①]

在历史上，设拉子城在不断发展、扩建、修复之中。诸如在布伊王朝统治者阿都德·道拉时期，城里建有市场，"老百姓称其为阿米尔市场（Sūq al-Amīr）。在这座城镇占地很大，其税收可以达到2万金币（dīnār）。但现在这座城镇已经毁了，设拉子周边的这个区仅是一个村子而已"。[②]这个记载实际上是摘自《法尔斯志》，但和现在流行的版本有出入。不管怎么说，经过300多年的历经沧桑，设拉子周边的人文景观发生巨大的变化。《史集》多次提到了设拉子（泄剌失），且蒙古统治者和当时地方不断发生冲突，还有伊利汗国官员在此地强征各种税收的内容。[③]值得注意的是合赞汗在位时期对伊利汗国境内的大城市苏非信徒、圣裔（赛夷）很是优待，提供薪资、修建道堂（哈纳卡，Khanakah），尤其在设拉子为圣裔修建了避难所，"供赛夷搬进那里去住。他为他们支拨了被认作福利的巨款，正如《义产（*Waqf Nameh*）》[④]所提及者，使他们也从他的恩赐中取得份额"。这个具体份额是一定的实物和现款，但现款没有具体额度，道堂的实物支出（补充经费）为"地毯、织物、炊具费、照明、香料费"。生活（经费）"早晚进餐费和每月两次的津贴"。薪资为"给司教们、伊玛目们、速非（苏非）派教士们、合瓦勒们、仆役们以及其他各种职称的工作人员"。施舍费为"被确定为给乞

---

① 阿布菲达，第2卷，第97页。
② 穆斯塔菲，第113页。
③《史集》，第3卷，第92、124、172、188、211、219、262、307页。
④ 这部应该就是拉施特著的《义产（*Waqf nameh*）》，有波斯文本和德文译本行世。

丐、贫民们买粗麻布、普通的靴子和皮衣的费用"。圣裔住所（赛夷赡养所 Dar as-Saiyyadh）的实物支出（补充经费）为"地毯、织物费、蜡烛、蒲扇和香料费"。供养（经费）为"供养住在那里的赛夷主持们和来来去去的赛夷们"。薪饷为"有固定的数额，按照捐献者所订契约用于赡养所供的赛夷们的需用和为赛夷们服务"。薪资为"给仆役、厨子们以及住在那里的其他工作人员"。①

这些记载说明在中世纪，设拉子城成为学者、名人向往之地，并得到当时汗国的供养。

穆斯塔菲称设拉子城最初是没有城墙，最早是在布伊王朝统治者阿都德·道拉之子萨姆萨姆·道拉（Samsām ad-Dawlah）才修建的，周长为12 500步，"目的为御敌"。这和前文《法尔斯志》有出入。

14世纪中叶，该城墙毁了，谢里夫丁·马赫穆·沙·引者（Sharaf al-Dīn Mahmūd Shāh Injū）②重修了此城墙，"沿城墙还建了砖结构的高塔，还有供卫兵居住的房舍"。亚库特提到了库勒（Kūl）的设拉子城区。③《史集》记述：回历"677年（即公元1278/1279年）虎年冬，两千名左右捏古迭儿骑兵袭击了法儿思（法尔斯）地区"。"捏古迭儿军抵达泄剌失（设拉子）城门前。他们从巴吉必鲁即赶走马群，并对城的四周进行了袭击和掠夺。直到［6］98年（1298/1299）为止。"八剌之子都哇"派遣自己的儿子忽都鲁

①《史集》，第3卷，第391页。
② 马赫穆·沙·引者（Mahmūd Shah Injū）是引者（Injū，蒙古语意为皇家财产，应该就是汉语里的恩主）王朝的建立者，其在位于1304—1325年。引者王朝是一个逊尼派王朝（1304—1357），先后历四位王，统治的地区主要是法尔斯地区，都城为设拉子城。
③ 亚库特，第498页。

火者取代了他（奥都剌）。他也在700年派遣军队到法儿思境内，进行了掠夺。他之有可能如此大胆妄为，是由于阿八哈汗的王旗已进向叙利亚，这个地区没有［军队］。"[1]这里提供了几点重要的信息：一是察合台汗国宗王捏古迭儿的叛乱，其势力一度深入法尔斯地区，且前后两度控制了差不多23年之久。二是设拉子本身是有城门的，应该比较坚固。

穆斯塔菲记载设拉子城有17个区和9座城门。穆斯塔菲没有详细列出17个区的名称，也没有谈及各区特色。但他罗列是9座城门的名称，具体为"伊斯塔赫尔门、达拉·穆萨（Darāk Mūsa）门、白扎（Baydā）门、卡泽伦（Kāzirūn）[2]门、萨兰姆（Sallam）门、法纳（Fanā）门，接着为新门（Bāb-i-Naw，即新门），最后为幸福门和幸运门（Bāb-i-Sa'adah）"。[3]

伊本·白图泰也是和穆斯塔菲差不多时期的人物，他亲历了设拉子，但没有提到具体的城门。[4]14世纪记载的这些设拉子城门名称和10世纪的名称相比，有些发生比较大的变化，有些城门没有变化，诸如伊斯塔赫尔门、萨兰（Sallam）门。有些城门遵循了波斯人、阿拉伯人命名城门的习惯。一般的做法就是以道路通向四方到达城市的名称命名，诸如卡泽伦、伊斯塔赫尔、白扎等门。因此笔者怀疑法纳是法撒（Fasā）的笔误，因穆卡迪斯提到了该门。[5]如果法纳是法萨成立的话，这恰好说明了从设拉子城出发的道路通往四个方向的所在方位：卡泽伦在西边，白扎在北部，伊斯塔赫

---

[1]《史集》，第3卷，第152页。

[2] 这一地名在元代文献提到过。

[3] 穆斯塔菲，第113页。

[4]《伊本·白图泰游记》，马金鹏译，宁夏人民出版社，1985年，第163页。

[5] 穆卡迪斯，第382页。

尔在东边,法萨在南边。这是符合当地人命名城门的习惯的,其和我国命名城门多采用吉祥、宣威、尚德、方位之语的习惯有些不一样。

穆斯塔菲称:"此城曾是极其宜居的城市。但今天街上没有修建厕所,臭气熏天,肮脏不堪,因此,没有人可能到这样的街上,弄脏自己。这里气候宜人,各地商品都会运到这里。差不多绝大部分时间里,最芬芳的香草都不会断货,在市场中是寻常之物。"[①]

如前所说,设拉子虽然地处干旱地带,但城市的供水系统在伊利汗国时代基本上沿袭了以前的做法,主要依靠水渠或坎儿井从远处引来水源,给城市和附近乡村提供生活、生产用水。穆斯塔菲记载称:"水源是从地下坎儿井引来的渠道,最好的渠就是鲁昆纳巴德(Ruknābād),是布伊之子鲁昆·道拉(Rukn-ad-Dawlah)[②]开凿的。但最大的水渠就是卡拉特·班达尔(Qalāt Bandar),而称作库特·扎伊尔迪(Kut Sa'dī)的渠从不用修复。春天洪水从达拉克(Darāk)山上倾泻而下,从城中流过,注入马哈鲁亚赫(Māhalūyah)湖。"这里提到的达拉克山就是现在被称作扎格鲁斯山脉(Zaros)的余脉,从这里发育了很多条河流,其中一条河就是流经了设拉子城,但多半的情形下是干涸的。[③]

在设拉子城的南边确实还有一个不小的湖泊,这座湖泊名称基本保留了伊利汗国的叫法,但发音略有变化,被称作马哈尔鲁

---

① 穆斯塔菲,第113页。

② 鲁昆·道拉(Rukn-ad-Dawlah)是哈散(Hasan)的封号,他是布伊三子之一,也是布伊王朝的建立者之一,主要控制着吉巴尔、胡齐斯坦等,945年他与二兄弟占领巴格达城,阿拔斯王朝哈里发封尊号,后因家族纷争,王朝分崩离析,直到其子阿都德统治时期(949—983)王朝才得以巩固。

③ *The Encyclopædia of Islam*, Leyden, Brill 1986–1991, V.9, p.473.

（Māharlū）湖，①面积约250平方公里。今天流入这湖的河流有多条，主要是从西北经过设拉子城的河流，如有干河（Roodkhane-ye Khoshk），是季节性河流；②齐纳尔·拉赫达尔（Chenar Rahdar）河。③

设拉子所在的地区为上文提到的山脉北部，形成了法尔斯地区的绿洲，加之年降水量较多，约为399毫米，成为重要的农业地区。但在中世纪连年干旱和战争，农业似乎有所荒废，但仍出产粮食和各种水果。穆斯塔菲称："粮食亩产中等，日常食品价格上涨，造成饥馑。这里的水果中被称作米斯戛里（Mithqālī）的葡萄质量颇佳。这里产的柏树因纹理细致而名闻。""此城的财政收入在我们现在的时代可以达到45万金币（dinār），法尔斯地区被看成设拉子的附属之地，尤其是此城周边和附近有朱麻（Jūmah），这里有18个村庄，所有的水源都是通过水渠引来的。所有这些地区的气候和设拉子相似，这些地区产粮食、棉花，以及不多的各种水果。"④

伊本·白图泰记述设拉子城时，其称：

> 这是一座建筑古老，幅员辽阔，远近闻名，地势险要的城池。当地有整齐的花园，湍急的水流，建筑雅致的市场，高级的街道，建筑牢固，布局奇特，每一行业有其专用市场，其他行业不得混入。当地人面貌美丽，衣着整洁。在东方各地中，只有设拉子可以在以下各方面同巴格达比美，即市场、花园、河流之美，和居民面貌之俊俏。设拉子城位于一平原上，四面皆有花园围绕，穿城而过的河水有五，其中就是众所周知的卢克

---

① J. I. Clarke, *The Iranian city of Shiraz*, University of Durham, *Department of Geography Research Papersseries*, no.7, 1963, p.8.
② https://en.wikipedia.org/wiki/Shiraz.
③ 在谷歌地图上可以检索到。
④ 穆斯塔菲，第114页。

努阿巴德河,河水甘甜,夏凉而冬温。该河发源于附近的古赖阿山麓的一泉。[①]

伊本·白图泰对城市状况、人文环境、自然状况,尤其对河水的记述在一定程度上补充了穆斯塔菲含混的内容。伊本·白图泰说卢克努阿巴德河,也就是穆斯塔菲所称的鲁昆纳巴德(Ruknābād)渠,是一条河,而不是渠,而且河水甘美,明确说明了发源地。

设拉子是法尔斯地区都会,对整个伊朗地区文化产生了广泛的影响,在中世纪也是如此。在设拉子历史上出现过众多的人物,尤其具有世界声誉,诸如萨迪、哈菲兹等。文献比较详细记载了设拉子的宗教、教派、重要人物、清真寺、苏非道堂、伊利汗国统治者皈依什叶派的状况。

穆斯塔菲说:"这里人瘦弱,皮肤棕色;他们主要为逊尼派的沙菲仪学派,哈纳斐学派较少,还有什叶派。而且这里还有很多贵族裔的赛义(sayyid,圣裔)家族,他们是遵秉先知的言行,当成圣训学家,他们受到最高的尊敬。设拉子人特别喜欢过尚贫的生活,是严格的正统派。因此他们乐于做事,但很少做生意。因此,尽管这里有很多穷人,但很少行乞,和从事一些工作去谋生;而富有的人都是外地人。因而,设拉子人中几乎没有富人,绝大多数人乐于做善事,虔诚服从崇高的主,来获得高贵的品级。这座城市的没有人低看具有高贵品质的人物,因此之故,这座城市也被称作圣徒之塔(Burj-i-Awliyā)。但现在确实应当被称作抢劫之窝(Makman-i-Ashqiyā),原因就是这里缺乏法治、杀人越货是司空见惯的。"[②]

---

① 《伊本·白图泰游记》,第160页。
② 穆斯塔菲,第113—114页。

《史集》中也可以看到很多重要人物在设拉子城活动。

中世纪时期，设拉子是南部地区的文化中心、政治中心、经济中心、交通中心，发挥着重要作用。元明文献中有较多的记述。《元史·郭侃传》记述郭侃本来依照旭烈兀之命，"西渡海，收富浪"，即法兰克王国，但因故"师还，西南至石罗子，敌人来拒，侃直出掠阵，一鼓败之，换斯干阿答毕算滩降"。[①]这里的换斯干阿答毕算滩（Saljūqšāh b. Salghūr Atābak Sultān）就是萨拉戈尔（Salghur）王朝的君主，与旭烈兀对抗战败投降被处死。[②]又《西使记》作失罗子国，称："失罗子国出珍珠。其王名襖思阿塔毕。"[③]因设拉子靠近波斯湾，产珍珠是符合实际的。此处的"襖思阿塔毕"，陈得芝先生有简要的考证，录如下：此人就是"第六任阿塔毕 Muzaffar al-Din Sa'id II 之女 Abish Khatun。第六至第九任阿塔毕在位均极短暂（1260—1262），因发生内乱，被旭烈兀平定，旭烈兀让 Abish 嫁给自己的第十一子蒙哥帖木儿为妃，准她仍袭任阿塔毕（第十任，始于1262年），实际上只是名义上的法尔斯元首，统治权掌握在旭烈兀之子手中。1286年她在桃里寺（Tabrīz）去世，法尔斯 Salghur 氏的阿塔毕小朝廷告终"，"现存在设拉子铸造的伊利汗国银币、铜币，正面中间均为汉字'宝'，背面铸有 Atabak Abish 之名，银币正面所铸年代似为回历666年（1267）"。[④]《西北地附录》则作泄剌失，但没有提供更多的信息。

---

① （明）宋濂：《元史·郭侃传》卷一四九，中华书局，1976年，第3525页。

② Atābakān-e Fārs, https://iranicaonline.org/articles/atabakan-e-fars-princes-of-the-salghurid-dynasty-who-ruled-fars-in-the-6th-12th-and-7th-13th-centuries-initially-with-.

③ 王国维：《王国维遗书》（第13册），上海古籍书店，1983年，第11页。

④ 陈得芝：《刘郁〔常德〕西使记〉校注》，《中国文史论丛》2015年第1期。

上面这些记述尽管有些简略，但大致可以了解元代文献对设拉子的记载，有助于总体上了解这座城市和周边地区。

明代的文献对设拉子的记述则比较丰富，且具体。

洪武二十八年(1395)明太祖派给事中傅安出使帖木儿，被扣留十三年，但他游历了帖木儿帝国的几乎全境，诸如讨列思(大不里士 Tabriz)、设拉子(失剌思 Shiraz)等地。永乐五年(1407)回到明朝。此后傅安在永乐年间又五次出使撒马尔罕、哈烈、别失八里等国。[①]《太康县志》也称傅安被帖木儿扣留间，曾"西至讨落思(大不里士——引者)，南至乙思亦罕(伊斯法罕)，又南至失剌思(设拉子)，还至黑鲁(赫拉特)诸城"。[②]但《明实录》只是说："兵部给事中傅安、郭骥等自撒马儿罕还，安等自洪武二十八年使西域，留撒马儿罕者十有三年。"[③]这应该是明朝官方与设拉子的最早交往，此后交往频繁，且有大量的记述。

《明实录》又载："西域哈烈、撒马儿罕、失剌思、俺的干、俺都淮、土鲁番、火州、柳城、哈儿等处俱遣使随都指挥白阿儿忻台等贡马、西马、狮、豹等物，赐予有差。"[④]《明实录》类似有关设拉子记述以及与明朝的往来，记载较多，说明当时设拉子以朝贡的名义与明朝进行商业、贸易、政治等方面往来，此时设拉子是在帖木儿帝国的统治之下，相互往来是相对便利的。

明代的《陕西通志·西域土地人物略》记述称："亦思他剌八(伊斯法罕)西六百里为失剌思(设拉子)城。有缠头回回，出鱼牙

---

① (清)万斯同：《明史纪传·傅安传》卷五三，国家图书馆藏清抄本。
② (明)安都纂修：《太康县志》卷二《西游胜览序》，《天一阁明代地方志选刊续编》
　　(58)，上海书店影印本，1990年，第21—22页。
③ 《明太宗实录》卷六八，永乐五年六月癸卯条，台湾"中研院"本。
④ 《明太宗实录》卷一〇六，永乐十一年六月癸酉条。

把刀,有院,有乐人,有各色果品,有长流水。"[①]从文献使用文字风格来看,具有元代文献的遗风,说明是反映了明代早期或者元代末期的情况,基本展现了当时生活习俗、工艺产品、生活起居、娱乐文艺、各色水果、水流资源等。因设拉子处在热带半干旱地区,降雨量稀少,但处在扎格罗斯山脉山间盆地,水源相对丰富,物产多样,是伊朗南部的重要手工业、商业中心。

记述最为详细的应该是《明史·西域传》,其称:

> 失剌思,近撒马儿罕。永乐十一年遣使偕哈烈、俺的干、哈实哈儿等八国,随白阿儿忻台入贡方物,命李达、陈诚等赍敕偕其使往劳。十三年冬,其酋亦不剌金遣使随达等朝贡,天子方北巡。至明年夏始辞还,复命诚偕中官鲁安赍敕及白金、彩缎、纱罗、布帛赐其酋。十七年遣使偕亦思弗罕诸部贡狮子、文豹、名马,辞还。复命安等送之,赐其酋绒锦、文绮、纱罗、玉系腰、磁器诸物。时车驾频岁北征,乏马,遣官多赍彩币、磁器,市之失剌思及撒马儿罕诸国。其酋即遣使贡马,以二十一年八月谒帝于宣府之行宫。厚赐之,遣还京师,其人遂久留内地不去。仁宗嗣位,趣之还,乃辞去。

> 宣德二年贡驼马方物,授其使臣阿力为都指挥佥事,赐诰命、冠带。嗣后久不贡。成化十九年与黑娄、撒马儿罕、把丹沙诸国共贡狮子,诏加优赉。弘治五年,哈密忠顺王陕巴袭封归国,与邻境野乜克力酋结婚。失剌思酋念其贫,偕旁国亦不剌因之酋,率其平章锁和卜台、知院满可,各遣人请颁赐财物,助之成婚。朝议义之,厚赐陕巴,并赐二国及其平章、知院彩

---

① (明)赵廷瑞、马理:《陕西通志》(上)卷十《河套·西域》,三秦出版社,2006年。

币。嘉靖三年与旁近三十二部并遣使贡马及方物。其使者各乞蟒衣、膝襕、磁器、布帛。天子不能却，量予之，自是贡使亦不至。

　　（永乐）帝因其使臣还，命都指挥白阿儿忻台赍敕谕之曰："天生民而立之君，俾各遂其生。朕统御天下，一视同仁，无间迩遐，屡尝遣使谕尔。尔能虔修职贡，抚辑人民，安于西徼，朕甚嘉之。比闻尔与从子哈里构兵相仇，朕为恻然。一家之亲，恩爱相厚，足制外侮。亲者尚尔乖戾，疏者安得协和。自今宜休兵息民，保全骨肉，共享太平之福。"因赐彩币表里，并敕谕哈里罢兵，亦赐彩币。①

　　上述《明史》的内容基本采自《明实录》，但比较有连贯性。其重要性反映了如下几个方面的内容。

　　一是明朝从朱元璋时期与设拉子建立比较友好的关系，一直到宣德时期。这一情形可以看作是元朝与伊利汗国关系的延续，也是明朝与帖木儿帝国热络时期。此后随着萨法维王朝的建立和帖木儿帝国衰落与分裂，明朝与西亚和中亚的关系呈现出另一种景象，即海上往来代替了陆上往来。

　　二是两国之间友好往来比较频繁。其重要的原因就是明朝与帖木儿帝国是东西两大帝国，主宰着丝绸之路命脉，而作为丝路重镇的设拉子自然在政治交往中发挥着重要作用。②因帖木儿时期，设拉子由其子米兰沙管辖。1415年，帖木儿王朝国主沙哈鲁将法尔斯的统治权交给其子易卜拉欣·苏尔坦。此人就是上文《明史》中的亦不剌金，《明实录》也提到此人。易卜拉欣常驻设拉子，卒

① （清）张廷玉：《明史》卷三三二《西域传》（四），中华书局，1974年，第8610、8615页。
② 张文德：《明与帖木儿王朝关系史研究》，中华书局，2006年，第244—266页。

于1435年。1452年哈烈国统治者拜巴尔攻占克失剌思（设拉子）。除了明朝不断派使臣到帖木儿帝国外，对方也派使臣到明朝，诸如："白阿儿忻台既奉使，遍诣撒马儿罕、失剌思、俺的干、俺都准、土鲁番、火州、柳城、哈实哈儿诸国，赐之币帛，谕令入朝。诸酋长咸喜，各遣使偕哈烈使臣贡狮子、西马、文豹诸物。十一年达京师。帝喜，御殿受之，犒赐有加。自是诸国使并至，皆序哈烈于首。"[①]通过使臣往来，加强了设拉子与明朝的政治交往。

三是促进了设拉子与明朝的商业往来，以朝贡的形式进行贸易交往，诸如白金、彩缎、纱罗、布帛、绒锦、文绮、玉系腰、瓷器、彩币、蟒衣、冠带、膝襕、狮子、文豹、名马等，意图就是加强互通有无。

16世纪初，设拉子被萨法维王朝的伊斯玛仪·苏非征服，仍与明朝有联系。明朝还有很多文献也是记述了设拉子的信息，由于篇幅关系，不再细列。[②]

从上述文献可知，从13世纪初期一直到16世纪，中国文献中不乏对设拉子的记述，其一方面反映了我国与设拉子的友好往来，另一方面也反映了设拉子地位的重要，是丝绸之路上的重要连接点和南波斯地区的贸易中心。直到近代设拉子依然是繁华的城市，西方游记比较详细记述了设拉子的人口、市场、城堡、城墙、物产、周边城市等。[③]

由此说明设拉子长久以来是法尔斯，乃至伊朗的重要交通、文

---

① 《明史》卷三三二《西域传》（四），第8615页。

② 《西域史料·明实录抄》（京都大学文学部内陆亚洲研究所编，昭和四十九年十二月）、《明实录新疆资料辑录》（田卫疆编，新疆人民出版社，2006年）、《西域史地三种资料校注》（李之勤，新疆人民出版社，2012年）、《蒙古山水图》（林梅村，文物出版社，2011年）。

③ James Baillie Fraser, *Historical and Descriptive Account of Persia*, Edinburgh 1834, pp.32–35.

化、政治、商业等方面核心城市之一,也是丝绸之路上的明星城市。

## 三 设拉子的文化设施与名人

设拉子城是法尔斯地区重要的文化中心,出现过大量的文化名人。文献对这些信息做了记录。穆斯塔菲记述称:"此城老聚礼清真大寺是萨法尔王朝的阿米尔所建。""新聚礼清真大寺是萨拉戈尔(Salghur)王朝的阿塔别·萨迪·伊本·赞吉(Atabeg Sa'd ibn Zangī)所建。"[1]这座清真寺12世纪末修建的。"而孙古尔清真寺(Masjid Sunqur)在帐篷市场内,是以萨拉戈尔王朝统治者阿塔别·孙古尔·伊本·毛都迪(Atabeg Sunkur ibn Mawdudi)[2]名字来称呼。""还有其他很多聚礼清真大寺、修道堂、经学院、五时礼拜寺、小清真寺,这些都是该城富人所建,总数超过了500座。还有很多义产,[3]但管理不善,绝大部分收入落入蛀虫之手。这里也有很多受人敬仰的圣墓,比如穆罕默德(Muhammad)与阿赫马德(Ahmad)的墓,他们两位是伊玛目穆萨·卡孜姆(Imām Mūsā-al-Kāzim)之子;还有谢赫·阿布·阿布杜阿拉·哈非非(Shaykh Abū 'Abd allah Khafīf)[4]圣墓,是由萨拉戈尔王朝的阿塔别·赞吉所修,还给此分赐了一处义产,他也修葺了谢赫·巴赫鲁勒(Shaykh Bahlūl)。这里还有巴巴·库赫(Bābā Kūhī)、谢赫·鲁兹·巴汗(Shaykh Rūz Bahān)、谢赫·萨迪(Shaykh Sa'dī,诗

---

[1] 阿塔别·萨迪·伊本·赞吉(Atabeg Sa'd ibn Zangī)是萨拉戈尔王朝第四位统治者,在位于1195—1226年。

[2] 孙库尔·本·毛都迪(Sunkur ibn Mawdud)建立了萨拉戈尔王朝,在位于1148—1162年。

[3] 就是waqf(义产),主要用于宗教目的,但中世纪时期义产可能被人侵占。

[4] 此人生活在布伊王朝时期,卒于982年,撰写过大量的著作,尤其对苏非派影响很大。

人）、卡尔黑（Karhī）、谢赫·哈散·基亚斯·胡尔（Shaykh Hasan Giyāh Khur, 食草者）、哈吉·鲁昆丁·拉兹克（Hājjī Rukn ad-Dīn）等人墓，还有在很多经学院、修道堂、小寺院中可以看到不少名人的圣墓。普通人葬在城里，也不葬在城内，而是其他地方。”“阿都德·道拉还建了一所医院（Dār ash-Shafā）。”[①] 文中提到的穆罕默德（Muhammad）与阿赫马德（Ahmad）的墓是什叶派信徒朝拜之地，他们两位就是第7代伊玛目穆萨·卡孜姆（Imām Mūsā-al-Kāzim）之子。

这座城市是一座崇尚科学的城市，有10世纪比鲁尼天文观测台，13世纪在这里出生的著名医学家、天文学家库图布丁·设拉子等。

谢赫·萨迪（Shaykh Sa‘dī, 1208—1292）是波斯著名的诗人，生活于蒙古人西征时期到伊利汗时期，一生多颠沛流离，30年中足迹遍及北非、西亚和南亚，甚至传说到过今天的喀什。他最重要的作品有《果园》（1257）和《蔷薇园》（1258）。这两本书都有中译本。萨迪晚年得到了萨拉戈尔朝阿塔别·阿布·巴克尔（Atabeg Abu Bakr）[②] 的礼遇，其去世后就葬在设拉子，是这里寝陵的最为有名的人物之一，后来的历朝历代官员和百姓参谒其墓，缅怀这位文学巨匠。今天这里成为设拉子城，乃至法尔斯地区、伊朗最重要的文化遗迹之一，也是重要的旅游景点。伊本·白图泰提到了此地。

伊本·白图泰也记述了设拉子的清真寺和当地人的宗教操守情况，称："该城极大的清真寺，称做古寺，是面积最大、建筑最美的寺院之一。寺的庭院宽敞铺砌着雪花石。热天每日洗涤一次，每

---

① 穆斯塔菲，第114页。
② 阿塔别·阿布·巴克尔（Atabeg Abu Bakr）是萨拉戈尔王朝第五位统治者，在位于1226—1260年。

晚该城的要人皆聚集寺内,举行昏礼和宵礼。寺的背面有一门,叫哈桑门,通往果市,那是一个精致的市场,我以为它比大马士革驿道门前的市场是有过之而无不及的。设拉子居民清廉虔诚,素有操守,妇女尤甚。她们穿着靴鞋,出门时披裹得寸肤不露,她们乐善好施,周济贫困。奇怪的是她们于每周一、周四、周五到清真寺来聆听讲演,有时到席者达一两千人。"显然这是设拉子的主寺,是主要宗教活动地方,诸如周五聚礼、每次会礼等。伊本·白图泰还提到了市场中一座清真寺,他说:这是"一座建筑坚固、摆设堂皇的清真寺,寺内有许多本《古兰经》,外面套着绸带,放置在椅子上"。[1]伊本·白图泰拜会过谢赫、法官、伊玛目、贤士、当时的名人麦智顿丁·伊本·穆罕默德·伊本·胡达德,当时此人年纪已高,靠其侄子扶着行走,但影响颇巨。

当时伊利汗国末代君主派人来见胡达德,称:"伊拉克素丹阿布·赛尔德(不撒因)[2]派来的使臣到,他是纳绥伦丁·代赖干的大臣,他原籍霍腊散。他晋见时,摘下头巾,俯身亲吻法官的脚,继而扯起自己的耳朵跪坐在他面前肃听,土耳其人的长官们在君主面前都是这样。这位长官来时所带的奴隶仆役和扈从约五百骑,都驻扎在城外,同他来见法官的总共只有五人,为了表示礼貌他独自一人进客厅拜见。"[3]

伊本·白图泰提到了伊利汗国末代君主改信什叶派,首先在巴格达、伊斯法罕、设拉子推行。上文提到的法官和法尔斯等地人未接受伊利汗统治推行的什叶派,甚至引起了反抗,最初试图除掉

---

① 《伊本·白图泰游记》,第117页。

② 不撒因(Abu Sa'id Bahadur Khan)是伊利汗国第九位统治者,也是最后一位统治者,享国16年(1319—1335),他去世后,伊利汗国基本瓦解,形成了很多的小国。

③ 《伊本·白图泰游记》,第162页。

胡达德，但显示了恶狗不咬法官的奇迹后，受到算端不撒因（素丹阿布·赛尔德）礼遇，"素丹听说后，便光着脚跑来，匍匐在法官面前，亲吻他的两脚，并亲手搀扶着他，把自己身上所有衣服都赐给了他"。[1]

"从此素丹收回强制推行腊非祖派[2]主张的成命，并行文各地确认正统的学说。素丹还厚赏法官，优礼护送他回设拉子，并把哲姆喀（Jamākān）的一百个村庄的收益赏给他，这里两山之间的一大山沟，沟长24法尔萨赫，有一大河流经其间，河两岸村庄井然有序，是设拉子最后的地方。"这里反映了什叶派和逊尼派之间的关系，也反映了统治者与宗教界的关系，而设拉子在这种复杂关系中具有举足轻重的地位。

伊本·白图泰提到了阿赫马德（Ahmad）·本·穆萨·卡孜姆（Imām Mūsā-al-Kāzim）的墓，称"这个祠堂甚受设拉子人的敬重，都到这里来祈福禳祸。塔施·哈同，即素丹阿布·伊斯哈格的母亲，在这里修建了一座宏大的学校和一座道堂，道堂里供给往来行人食宿，坟上经常有人诵读《古兰经》。哈同的习惯是每周一的晚夕来祠堂，届时，法官、法学家及圣裔都来聚会。设拉子的圣裔比任何地方的人都多。"[3]伊本·白图泰也提到了谢赫·阿布·阿布杜阿拉·哈非非（Shaykh Abū 'Abd allah Khafīf）圣墓，称"他是全波斯的楷模，他的祠堂受人敬重，早晚都有人来拜访"。

这里还有道堂、学校、清真寺等，常有名人显贵造访，伊本·白

---

① 《伊本·白图泰游记》，第161—163页。
② 什叶派中的十二伊玛目派，《伊本·白图泰游记》大量记述了这个派别在伊朗、中亚等地的情况。
③ 《伊本·白图泰游记》，第169页。

图泰本人两次到过他的寝陵之地。值得注意的是当地印朱朝[①]统治者阿布·伊斯哈格[②]之父穆罕默德·沙·印朱[③]也葬在哈非非墓旁边,足见其在当地的影响。

14世纪末,设拉子城躲过了帖木儿的一次围攻,当时帖木儿就在城外的帕拉赫(Pātīlah)平原之战中打败了穆扎法尔王朝的诸王。阿里·亚兹德记载设拉子城几乎没有受到任何破坏,因帖木儿扎营于名叫塔赫特·卡拉察(Takh-i-Qarāchah)[④]的花园里,其位于萨兰城门和萨阿答(Sa'ādah)城门之外,面向亚兹德(Yazd)城(东北)方向。阿里·亚兹德还称其他8座城门当时是关闭着的,同时他也提到了设拉子城附近的"红堡山(Kūh Qal'at Surkh)"。设拉子城附近诸多有名的城堡中,穆斯塔菲提到了在一座独山上的卡拉·齐孜(Qal'ah Tīz)城堡,其距离设拉子城东南有3法尔萨赫。这座独山的山顶上还有一眼泉水,另一眼泉在山下的平原,从这里行一日之程就是完全无水的沙漠。

此时最为著名的文化名人就是哈菲兹(Khwāja Shams ud-Dīn Muhammad Hāfez-e Shīrāzī, 1325—1389),著有大量诗歌,后汇集成《哈菲兹诗集》,此书已经翻译成多种文字,包括汉语本。尽管他生活

---

① 印朱朝(1304—1357),是中世纪的什叶派王朝,统治的地区大致在伊斯法罕和设拉子地,统治了53年,1357年被灭。这个王朝的名称来自印朱(Inju),本身完者都将上述两地封赐(Inju)了谢里夫丁·穆罕默德·沙(Sharaf al-Din Mahmud Shah, 1304—1325),此人就建立了半独立的王朝。

② 又名谢赫·加马勒丁·阿布·伊斯哈克(Shaikh Jamal al-Din Abu Ishaq 1343—1357)是印朱朝的第五位也是最后一位统治者。

③ 此人也称舍穆斯丁·穆罕默德(Shams al-Din Muhammad),是印朱朝的第四任统治者,只统治了不到一年(1339)。

④ 塔赫特·卡拉察(卡拉察的王宫)花园,可能是以阿塔别·卡拉察(Atabeg Karāchah)的名字命名的。他在1116年阿塔别·超里(Atabeg Chāūlī)死后,成为法尔斯地区的总督。这个花园近代被称为塔赫特·卡加尔(Takht-i-Qajar)。

在混乱年代，但热爱生活、讴歌生活，所感所想汇集成了富有哲思、优美的诗句，在波斯语世界广有影响，与萨迪、鲁米齐名，是13世纪晚期波斯语文学的最重要代表人物，也是设拉子历史辉煌的一页。

帖木儿帝国及其以后，尽管设拉子依然在南波斯或者伊朗历史上占有十分重要的地位，出现过穆拉·萨德拉（Mulla Sadra，约1571—1640）这样著名的哲学家，但与古典时期相比，逊色很多。

# 第四节　沿海地区历史地理概要

## 一　概要

法尔斯在历史上如前文所说分为五个或者六个区，但在中世纪基本的划分区域并没有实质性的变化，而在名称上和地区有所调整，法尔斯东地区形成了萨班卡拉地区或省，由此道路交通也有一些变化，就根本的干道而言，仍然和历史上的道路一致，甚至现代的主干道也是在历史上的道路基础上修建的。

这是穆斯塔菲的划分法，和历代地理学的记载与他自己前文的叙述也不一致，有时候将沿海（A'māl-i-Sīf）的地区也没有放在这一地区，反而不是在沿海的地方却放在一起，结果造成了一些混乱。该地区包括法尔斯几个沿海区，诸如穆卡迪斯的阿拉建区，并称：这是"由平原、山脉和沿海组成的重要地区，盛产椰枣、无花果、橄榄，财税丰厚，农业发达，产品丰富"，"首府是阿拉建城"，此区有很多城市。[1] 又如《法尔斯志》的库巴兹（Qubād）区，[2] 以及

---

① 穆卡迪斯，第374、376页。
②《法尔斯志》，第866页。

其他法尔斯沿海的地区。从自然地理环境来说,以扎格罗斯山脉[1]及其向东延伸的大小山脉将法尔斯地区分成了两个明显具有不同地理特征的地区,其北边就是内陆区,干燥、多戈壁、绿洲等;南边为沿海地区,夏季闷热,冬季温暖,是典型热带沙漠气候。这些沿海地区,尤其波斯湾沿岸有很多著名的港口,是通往印度、中国、也门、非洲、红海的主要通道。

世界上主要香料和奢侈品多经过这些地方运往世界各地。古典阿拉伯地理文献也可以找到这种划分的依据,穆卡迪斯称:法尔斯地区"从阿拉建到瑙巴迪建(瑙巴建),再到卡泽伦,再到库拉(Khurrah),再沿着海到卡拉增(Karazin),最后到扎姆(al-Zamm),形成了一条线,线的南面是热区,北面是寒区"。[2]后来地理学仍在使用这种划分。穆斯塔菲说:"这些地区都在沿海地区,是热区,居民多半是阿拉伯人。""这些地区只产粮食和椰枣。"[3]说明这一地区是比较富庶的。

## 二　沿海地区城市志略

这里分布有很多城市,除了著名城市外,文献记载不多,因此简述如下。

1. 布什卡纳(Būshkānāt)。这一地名今天保留下来了,在法尔斯地区的西北,距离波斯湾不远,但在扎格罗斯山脉南边的山间谷地,形成了一片不大的绿洲,即现在伊朗布什尔省达什特斯坦(Dashtestān)县布什干(Būshgān)区布什干乡的一个村子,2006

---

[1] 扎格罗斯(Zagros)山脉,伊朗第一大山脉,位于伊朗高原西南部,从西北向东南绵延1 200千米,平均海拔3 000米。走向基本与美索不达米亚平原和波斯湾岸平行。

[2] 穆卡迪斯,第394页。

[3] 穆斯塔菲,第114、115页。

年人口有2 337，94号公路经过这里，与省会布什尔连接起来。这里自古以来就是从伊朗腹地通往波斯湾的要道，在中世纪也不例外。

《法尔斯志》称："布什卡纳是一个区，全部在热带，种植着椰枣树。此地沙班卡拉的马苏迪（Mas'ūdī）部落营地。这里没有城市，只有布什坎（Būshkān）、沙纳南（Shanānān [Sanānā]）地区在布什卡纳区。"①

穆斯塔菲称："这一地区各处环境各有不同，但都在热区，产椰枣，这里没有城市，作物只有椰枣和粮食。"②

这些记载反映了布什卡纳所处的方位、物产、自然环境等，对于了解此地有一定帮助。

2. 塔瓦吉（Tawwaj）。这是法尔斯地区著名地望，原名没有保留下来，从今天地图上应该在达拉基（Dālakī）河③中下游。穆卡迪斯的道里志记述从加纳韦（Jānnābā, Bandar-e Ganāveh, Genāveh）到塔瓦吉有两站，到海什特（Khasht）是一站路。④因此，斯特兰奇考证说："塔瓦吉常被古典地理学家提及。这一地方应该在沙普尔（Shapūr）河⑤河口附近的沿海地区。这座城的位置可能应该在现在的代赫科赫内（Dih Kuhnah 老村子），是达什斯坦（Dashstān）区（现代）沙班卡拉（Shabānkārah）副区的区府所在地。"⑥如果这

---

① 《法尔斯志》，第320页。

② 穆斯塔菲，第115页。

③ 这条河是布什尔省最为重要的河流之一，全长约260公里，发源波斯湾东北、设拉子西南的扎格罗斯山脉，沿途是该省重要的农业区，近年来无序使用各种农药、建立各种工厂，造成了河水严重污染，大量鱼死亡。

④ 穆卡迪斯，第399页。

⑤ 即达拉基（Dālakī）河。

⑥ 穆斯塔菲，第115页注释（2）。

个说法正确的话,今天这座城被称作沙班卡拉,在达拉基河西岸约15公里,96号公路经过这里,连接着博拉兹詹、波斯湾等地,该城有超市、清真寺、面包店、银行、加油站、公园、面朝波斯湾,背靠扎格罗斯山余脉,地势平坦,是布什尔省的重要农业区。[1]此地大致在大食帝国初期已经被征服,很多文献对这一地方有记载,穆卡迪斯说:"塔瓦兹(Tawwaz,即塔瓦吉)是座小城,但名声很大,因此出产一种布料——塔瓦吉(Tawwajī)布。这种布(实际上)绝大部分是在卡泽伦纺织的,但这里(塔瓦吉)产的布更精美漂亮。有条大河流经此城,在清真寺和市场之间是一条巷子。此城和山相距很远。"[2]这和现在斯特兰奇所说的沙班卡拉城还是有点不一样,因为现在这座城市没有流经一条大河。豪卡勒对塔瓦吉(Tawwaj)记载和穆卡迪斯略有差别,并称:"塔瓦吉是座炎热的城市,位于盆地,房屋是用土建成的,盛产椰枣,到处果园,物产丰富。"[3]《世界境域志》大致和其他古典地理学家的记载是一致的,说其处在河之间,人口稠密,富有,产塔瓦吉布。[4]

显然至少在10世纪的地理学家那里我们知道塔瓦吉城市是存在的,但到了12世纪以后就已经毁了,这一点在《法尔斯志》的著作里说得很清楚,他说:塔瓦吉"这是一座古老的大城,居民都是阿拉伯人,其处在最炎热和绝大部分是沙漠的热带地区。现在此城已经毁了,先前居住在这里的阿拉伯人几乎没有剩下来。(这些

---

[1] 但笔者更倾向于此城应该在布什尔省达什特斯坦(Dashtestān)县阿布·帕赫什(Āb Pakhsh)城,此城位置就在达拉基河岸边。

[2] 穆卡迪斯,第394页。

[3] 豪卡勒,第282页。

[4] Anonymous: *Hudūd al- 'Ālam*, Trans and explained by V. Minorsky, London: Luzac & Co., 1970, p.127(后简称《世界境域志》)。

早先居民没有剩后）阿都德·道拉（'Adud-ad-Dawlah）将叙利亚那里的阿拉伯部落迁移到这里居住下来，今天所看到这些阿拉伯人就是那些部落的后裔。这里没有河流，但有聚礼清真寺。"[1]

以后的著作家们基本沿用了城已毁这样的说法。亚库特称：塔瓦兹或塔瓦吉（Tawāz 或 Tawāj）"是法尔斯地区靠近卡泽伦的一座城市。第四气候区，经度为77°2″，纬度为34°30′60″。此城很热是因为处在低洼之地。这里生长有棕树。这里房屋是用土坯修建的。其距离设拉子有32法尔萨赫。这里产的棉制品叫做塔瓦兹，很有名，但一般称作卡泽伦产的。因此之故塔瓦兹的人是极其灵巧的。这里纺织品极其精美，经纬线交错有秩，而且品质绝佳，色彩艳丽，华美生动，还有以丝线，经久耐用，款式漂亮，远销到呼罗珊等地。塔瓦兹是座重镇，远近有名"。[2]他又说塔乌斯（Tāwus），即塔瓦吉在海边（波斯湾），可以通往巴士拉、库法等。[3]

阿布菲达也提到此城，将此名写作陶赫（Tauh），并称："在《经度（'Atwāl）》和《图绘（Rasm）》中，记其经度为77°40′，纬度30°45′。气候炎热。这里产的一种纺织品因地名而称塔瓦吉布。"距离加纳韦赫（Janabāh）有12法尔萨赫。[4]显然阿布菲达的资料来自早期文献摘录，并非自己全部亲身经历。穆斯塔菲称："先前是一座大城市，居民是阿拉伯人，位于最热的热区，并在沙漠内，没有河流。现在已经毁了。"也就是说在中世纪，这座城市还是处在被毁的状态，至少文献是这么记载的。其位置如前所说就在沙班卡拉城所在地，但是何时将此城被称作代赫科赫内或者沙班卡拉，尚

---

① 《法尔斯志》，第321页。
② 亚库特，第142页。
③ 亚库特，第379页。
④ 阿布菲达，第2卷，第96页。

不清楚,至少应该在伊利汗国以后的事了。这里不难发现阿布菲达、穆斯塔菲和亚库特一样传抄旧有的文献,也补充一些资料,至少从亚库特的记述知道这座城市还是重镇,远近闻名,而且和设拉子有200余公里的距离。

3. 哈比尔(Khabr)。今天这一地名发生了变化,现在被称作哈夫尔(Khafr),是法尔斯地区贾赫罗姆县哈夫尔区哈夫尔乡的村镇,2006年有2 500人,处于山间盆地,是通往设拉子、萨尔韦斯坦、法萨、贾赫罗姆、波斯湾的要道,67号公路经过这里。《法尔斯志》说:"这是一座小城,比卡瓦尔稍大。此地气候温和宜人,的确,此处附近空气没有比这再好的了。这里的水有利于帮助消食,并且和帕萨(Pasā,法萨)一样到处产热带、温带水果。因而,此地盛产橘子、香瓜(shamāmah)、甜瓜、各种香草和粮食。这里有座坚固的城堡,阿塔毕(Atabeg [Chāulī])将其毁之。城里有座聚礼清真寺。此地人民比卡瓦尔人聪慧。此城附近的山上和平地都可以猎到猎物。"[1]后来的文献所记载大致接近,但也有些补充。穆斯塔菲说:"中等城市,比卡瓦尔(Kawār)要大一些,气候宜人,这里的水有益于健康。此地产沙麦,也产热区和冷区的各种水果,质量极佳。这里有座坚固的称作提尔·胡大(主之箭)的城堡,此地山中和平原上可以找到各种猎物。"[2]显然比《法尔斯志》的记载要丰富一些,说明在中世纪这里是十分重要的地区。

4. 加纳韦(Jannābah,加纳巴)。今天拼写为加纳韦(Bandar-e Ganāveh、Genāveh),是布什尔省加纳韦县的同名县城,沿波斯湾的96号公路经过这里,2011年人口有6.4万,是波斯湾沿岸较大的

---

① 《法尔斯志》,第319页。
② 穆斯塔菲,第115页。

城市，也是重要的港口，历史上去往东方和巴士拉的船只在这里停泊补给。伊利汗国时期这个城市不大，但地位十分重要。古代地理文献对此地有大量的记述。一般将其划到库巴兹区。豪卡勒提到了加纳韦（Jannāba），距离撒那威不远。[1]穆卡迪斯说："加纳巴（加纳韦）靠近入海的口河处。市场鳞次栉比。清真寺在市中心。饮水取自咸水井和涝坝水。"[2]《法尔斯志》此地归入沿海区，有些混乱，并称加纳巴（Jannābā，加纳韦）"是靠近海边一座小城，波斯人将其称作甘法布（Gānfab），意思是'臭水'。现在这座城市被称作'臭水'，因这一名称只是描述的是其特点，因此无法言说具体情状。文献没有提及这里的物产，所有记述说其位于从马哈鲁班（Mahrūbān）到撒那威的道路上"。[3]从这点基本可以确定其位置。

亚库特记述更为全面详细，他说："这是法尔斯边上的小城。其地理位置在第三气候带，东经77°，南纬（北纬）30°。这里气候异常炎热，距离波斯湾不远，大约不到3法尔萨赫。经海路可以到这里。对面不远的海中就是哈尔克（Kharak）岛。从此城出发朝巴士拉的方向，就是马哈鲁班（Mahrubān）城及此城南边的斯尼兹（Siniz）城。加纳韦是一个驿站，但不算舒适，建在了法尔斯边缘。有些史学家将此城之名记述为吉纳巴（Jinnābah），是国王萨姆尔斯（Thuosurs）所建。这里的居民饮用井水，此水极咸。哈兹米（al-Hazmi）说加纳韦距离巴林不远，介于马哈鲁班与撒那威之间。这是较独立的城市，但不能遗忘它是法尔斯边缘的这三座城市。巴

① 哈利康，第3卷，第408页。
② 穆卡迪斯，第377—378页。
③《法尔斯志》，第867页。

林在阿拉伯半岛上,其对面就是法尔斯。""加纳韦距离撒那威54
法尔萨赫。"他还提到了苏莱曼从加纳韦或撒那威到中国的事。①

　　阿布菲达也提到了加纳韦城,并称:"Lobāb引用伊本·马库
拉(Ibn Mākūlā, 1031—?)的著作记为朱纳巴(Junnābah),是用辅
音字母拼写的。在《经度('Atwāl)》中说其经度为75°45′,纬度
28°55′。在《推论(Qiyās)》中说其经度为77°25′,纬度30°。这里
气候炎热,是法尔斯一座港口。这是座小城,位于港口,现在完全
毁了。此地十分肥沃,气候酷热。"这是巴林(对面)的小城。"阿
布·赛义德·加纳比·曾迪吉(Ab Sai'd al-Jannābī az-Zindīq)是
此地人。我要补充的是卡尔马特派人劫掠此地,并大量屠杀当
地人民。在al-'Azīzī中说加纳巴与设拉子相距54法尔萨赫的距
离。"②这些记述虽然摘录了不同的文献,这些文献有些已经很难找
到了,应是对加纳韦的补充性记载,有助于了解此地的地理位置、
功能、历史变化等情况。

　　5. 哈提孜尔(Hatīzīr)。该地名可能拼写有误,很难确定,但文
献中有零星的记载。《法尔斯志》说:"这完全在热带,生长有椰枣
树。这里没有城市,靠近伊拉黑斯坦(Irāhistān)。此地人民随身携
带着武器。"③穆斯塔菲的记载大致延续了《法尔斯志》的内容,也
增加了一些内容,其称:"这一地区全部在热区,这里有椰枣树。此
地无城,人常去当兵。"此地名拼写不确定,具体位置很难把握,但
应当在波斯湾沿岸。④

　　6. 胡奈夫甘(Khunayfqān, Khunīfaqān, Honīfaqān, Hanīfqān)。

---

① 亚库特,第166—167页。
② 阿布菲达,第2卷,第93页。
③《法尔斯志》,第327页和注释3。
④ 穆斯塔菲,第115页(4)。

这是法尔斯地区菲鲁扎巴德（Fīrūzābād）县梅满德（Meymand）霍加黑（Khvajehei）的一个村子，2006年时仅有百余人，位于县城菲鲁扎巴德正北60余公里的河谷地带，距离65号公路不远。文献对这个村子有记载，《法尔斯志》说：胡奈夫甘"是个大村庄，在去往菲鲁兹扎巴德城道路的尽头。波斯人将此地拼写为胡纳夫甘（Khunāfghān），从这里到菲鲁扎巴德的道路极其糟糕，必须穿过峡谷，崇山峻岭，路过时手必须抓紧（马）缰绳。这条道路艰险，行进令人望而生畏。胡奈夫甘的气候寒冷，但舒适。流到菲鲁扎巴德的布拉孜（Burāzah）河发源于此处附近。[1] 胡奈夫甘人具有山民的恶性，但现在道路在（塞尔柱王朝）征服者管理之下，此地现在和别处一样安全，无人敢为乱，为非作歹"。[2] 这一记录准确而简明。穆斯塔菲的记述基本抄录了《法尔斯志》的内容，但也增加一些细节，他说这"是一个大村庄，常拼写称胡纳夫甘（Khunāfghān）。其位于去往菲鲁扎巴德城的道路上，这条路坡陡、狭窄，穿过险峻的山区，仅可一骑通过，一路旅人提心吊胆。这里气候宜人，但人民居山，粗鄙野蛮。水源自附近的大小山中。这里是布拉孜河[3]的源头，其流入菲鲁扎巴德城。物产为粮食，棉花量产。"[4]

文献对这座城市的叙述简略，甚至可能有互相传抄史料的嫌疑，但大致可以了解这座城市的基本信息。

7. 拉姆扎万（Rammzavān [Ramm Zamm]）。今天很难知道这一地名确切位置，原因在于书写出现了问题，造成了混乱，但是历史文献不断提到此地。《法尔斯志》将此地与达增（Dādhīn）和

---

① 这个应该现在达拉基（Dālakī）河的支流坦卡布（Tangab）河岸边，而不是源头。
②《法尔斯志》，第319—320页。
③ 即达拉基（Dālakī）河。
④ 穆斯塔菲，第115—116页。

达万（Davvān）一并提及，称："这三个区在阿尔达什尔区（Ardashīr Khūrah），均在热带，有部分地方在山中，这部分地方气候宜人，适宜种植粮食。这三个区在卡泽伦和瑙巴建（Nawbanjān）之间。"[①]穆斯塔菲的记述基本来源于《法尔斯志》，但也增加一些内容，他称："所有之地都在热区，均在山区，这里气候很是宜人。作物有谷物、水果和大米。"[②]显然在中世纪这些地方很重要，但今天拉姆扎万的位置很难确定，斯特兰奇认为这一名称有不同的写法，诸如拉瓦兹万（Rawa-adh-Dhiwan）、拉姆兹万（Ramm-adh-Dhiwān），应该是波斯语书写形式拉姆扎万（Rammzavān [Ramm Zamm] ）的阿拉伯语形式。[③]伊斯塔赫尔提到了库尔德地区的拉姆（Ramm或Ramam）及其附近的城市和乡村。而亚库特对拉姆之地名做了补充说：

这在法尔斯方言中含义为地区或者库尔德人居住地区。这种地名在法尔斯有很多，其为：1. 拉姆·哈散·本·吉鲁亚（Ramm d'Hasān ben Jīlūyah），也就称拉姆·巴兹建（Ramm-Bāzījān），距离设拉子有14法尔萨赫；2. 拉姆·艾尔建（Ramm d'Arjān），是阿尔达木·本·朱瓦纳亚（Ardām bin Juwanāyah）之子，距离设拉子有26法尔萨赫；3. 拉姆·卡斯木（ar-Ramm Kasim），此名源于库尔彦（Kūrriyān）的沙赫里亚尔（Shahriyar）之子，距离设拉子50法尔萨赫；4. 拉姆·哈散·本·萨拉赫（Ramm d'Hasān ben Sālah），其名源于拉姆·苏兰（Ramm as-Sūrān），距离设拉子有7法尔萨赫。这些

---

①《法尔斯志》，第323—324页。
② 穆斯塔菲，第115—116页。
③ 穆斯塔菲，第115页注释（6）。

名称都是伊本·法基赫记载的。这些地名可能和所在地区的人物有关。巴沙里（Bashari）提到了拉姆·库尔德（Ramm Akrad），"其附近是一条山脉，这里发源一条河，土地极其肥沃，到处花园和椰枣树"。[①]

亚库特记述的这个内容应该出自伊本·胡尔达兹比赫、伊本·法吉赫的著作，不过现行的伊本·胡尔达兹比赫文本中将R误拼写成了Z，于是出现了书写不一致的现象，亚库特的书写是正确的，于是胡尔达兹比赫汉文译本没有改订，并说：法尔斯地区库尔德有"4个'祖穆（Zumm）'，祖穆的含义是'库尔德人的地方'"。[②]

笔者以为亚库特所记的拉姆·巴兹建应该就是拉姆扎万，只是拼写音点讹误，写法有变化，从他和伊本·胡尔达兹比赫给出与设拉子的距离看，应该在设拉子和卡泽伦西边。

8. 达增（Dādhīn）。如上条这一地方伊斯塔赫尔、《法尔斯志》、穆斯塔菲都提到了，具体方位很难确定，大致应在卡泽伦的西边。

9. 达万（Davvān）。此地名保留下来了，在卡泽伦北边15公里左右，这里以成片的橡树而名闻，是卡泽伦和附近地区休闲之地。2006年人口有600余，位于扎格罗斯山脉的达万山脚下，分上下两个村（mahalla-ye bār wa mahalla-ye duman），这里伊朗最古老的村庄之一，建于公元前5世纪，曾经这里建有祆教祠，附近有安息王朝和萨珊王朝的遗迹。这里气候干燥炎热，水源是从附近的九眼泉水中获取的。此地耕地有限，多半分布在山脚下，产旱田农作物。粮食作物有大麦、小麦等；水果有葡萄、无花果、石榴、梨

---

① 亚库特，第263页。
② 伊本·胡尔达兹比赫，第50页。

(xormor)，有几十处果园。<sup>①</sup>文献中对这个村庄记载十分有限，但基本状况和现在相似，变化不很大。

10. 萨尔韦斯坦（Sarvistān）。有人说这个词的含义就是有柏树（Sarv）的地方（Astān）。此城是法尔斯地区萨尔韦斯坦县的县府，2011年人口近2万。位于省会设拉子东南80公里。此城历史悠久，有2 600年的历史，在阿契美尼德王朝就已经存在了。其所在地属于热带气候，这里的树木主要是乔木和灌木，产小麦、开心果、橄榄等。这里的酸奶很有名。交通发达，86号公路连接着设拉子、法萨、埃斯塔赫巴纳特，也是去往伊朗中部和波斯湾的要道。其也是重要的文化重镇，有两所大学的分校建于此城，教育文化程度较高。<sup>②</sup>也是旅游名城，城里有5世纪萨珊王朝修建宫殿和祆教祠。<sup>③</sup>遗迹保留至今，是典型的拜占庭风格的建筑，同时具有明显的希腊风格。

文献中将此城市库班建（Kūbanjān）一并提及，《法尔斯志》称："这个两座城市介于设拉子和帕萨（法萨）之间。这里的气候和设拉子一样。这里有流淌的河流和不多的花园，产葡萄和其他温带的水果。这里的围猎场是很有名，尤其是库班建山区中。附近有盐湖（Namakistān），湖中没有鱼类或者生物，因为盐度之故。每座城都有聚礼清真寺，这里民人带武器，招摇过市。"<sup>④</sup>这一记述较为详细，此处盐湖就是著名的马哈尔鲁（Mahārlū）湖，在萨尔韦斯坦的西北，是著名的旅游景点。穆斯塔菲称："这两个区都是热带地区，气候变化多端。成片的椰枣树，作物有粮食和椰枣。"显然在

① https://en.wikipedia.org/wiki/Davan.

② https://en.wikipedia.org/wiki/Sarvestan.

③ https://en.wikipedia.org/wiki/Sarvestan_Palace.

④《法尔斯志》，第327页。

中世纪这是一座重镇和道路通衢。阿布菲达也提到了这座城市，并称"《经度（'Atwāl）》说经度为78°30′，纬度29°，气候炎热。此城是一座大城，距离设拉子有三站，距离加纳布（Janāb）[①]有两站。此城周边的果园，还有溪流"。[②]但穆卡迪斯说是两站，[③]这一说法不准确，因为古代两站路程约70—80公里，一天无法完成行程。阿布菲达的这些内容尽管是摘自其他文献，但增加不少信息，萨尔韦斯坦就在扎格罗斯山脉山间盆地，地势相对平坦，但较为干旱，多为戈壁、荒滩。

11. 库班建(Kūbanjān)。库班建就是后来的库恒建(Koohenjan、Kūhenjān、Kūhanjān、Kūh-e Īnjūn、Kūhinjū)。这是萨尔韦斯坦县库恒建区库恒建乡的一个村，2006年人口近3千。文献中常和萨尔韦斯坦一起提到，并且说库班建附近的山中猎物很多。[④]亚库特只是简单地提到"库班建（Kūbānjān Kūmānjān)是设拉子附近的城市"。[⑤]没有提供更多的信息。此地在萨尔韦斯坦西南大约30公里，距离86号公路不远，背靠大山，面朝平原，有部分是耕地，还有部分是荒原。

12. 撒那威（Sīrāf，西拉夫）(见后文章节)。

13. 阿扎穆（Azām）：这是撒那威附近的一座小城。这里很富庶，产小麦。[⑥]

14. 纳吉拉姆（Najīram）。今天这一名称已不存在，但一般认

---

① 此地难以查找，可能拼写有误。
② 阿布菲达，第2卷，第98页。
③ 穆斯塔菲，第400页。
④《法尔斯志》，第327页。
⑤ 亚库特，第496页。
⑥ 亚库特，第30页。

为是布什尔省代耶尔县县城代耶尔港（Bandar-e Deyyer、Deyyer、Deyr、Daiyir、Dayer、Qal'eh Dīr）所在地。这座港口在撒那威的北边，[①]和历史记载基本相符，但是北边有很多港口，很难说代耶尔港就是纳吉拉姆，这有待于进一步的考察。但文献对纳吉拉姆有记载。穆卡迪斯说："纳吉拉姆也是在沿海，有两座清真寺。其中的一个前厅是从岩石中开凿出来的。旁边是市场，位于城外。这里的饮水取自井水和蓄在池中的雨水。"[②]《法尔斯志》将此地和胡拉什（Hūrāshī或Khūrāshī）一并记述，称："纳吉拉姆是座小城，胡拉什是一个村子，均属于撒那威，位于热带。"[③]穆斯塔菲说："纳吉拉姆（Najīram）和库拉什（Khūrāshī）是其（撒那威）附属地区。"[④]再没有提供更多的信息，很可能只是从《法尔斯志》里抄录这些内容。但阿布菲达补充了新材料，他说：《经度（'Atwāl）》中说经度为77°30′，纬度26°40′。Lobāb中称'纳吉拉姆不是巴士拉城的一部分，也不是一处宜人之地'。纳吉拉姆是法尔斯地区的一座重要城市，具有显要位置。但我自己不是很了解这些。"[⑤]他的记述对于了解纳吉拉姆地理位置有一定的帮助。

15. 库拉什（Khūrāshī）。《法尔斯志》、[⑥]穆斯塔菲[⑦]提到此地，是和纳吉拉姆一起提及的。笔者以为此地应该就是亚库特记载的胡尔希德（Khurshīd），他说："这是法尔斯的一座小城。介于斯尼

---

① 伊斯塔赫尔，第34页。
② 穆卡迪斯，第378页。
③《法尔斯志》，第330页。
④ 穆斯塔菲，第116页。
⑤ 阿布菲达，第2卷，第95页。
⑥《法尔斯志》，第330页。
⑦ 穆斯塔菲，第116页。

兹（Sīnīz）和撒那威之间，距离海边有1法尔萨赫。"亚库特到过此城，说该城人口很多，且有城墙。[①]该记载十分重要，其在撒那威的西边1法尔萨赫的距离，也就是6公里左右的位置，今天此地不复存在，但应该在布什尔省坎甘县东边屯巴克（Tunbak）附近。

16. 斯穆坎（Simkān）。文献虽然说斯穆坎是一座城市，但今天这一名称只是以地区的名称保留下来，属于法尔斯地区贾赫罗姆县的一个区名，此区有三个乡，区府就在都扎赫（Dūzeh），2006年人口近800。这里是法尔斯地区东南部的交通要道。处在扎格罗斯山脉的核心区山谷平原中，地理条件优越，农业自古较为发达。历史文献对这一地方多有记述。穆卡迪斯提到了阿尔达什尔区的很多城市，也提到斯穆坎，只是写法略有不同，被称作斯马坎（al-Sīmakān）。《法尔斯志》称："斯穆坎是一座小城，但极为舒适，也是世界上神奇之地，因为有条河从城中间流过，河上有座桥，此城靠近山根河岸边的一半在寒冷区。只有这个区才会葡萄园，产大量的葡萄，一直不会出售，自然晾干，成为葡萄干，再采摘剩下部分，压出再熬制，做成硬如石头的块状。这些（葡萄干）做成的块很大，在吃以前水中泡两三次才可以。而且，其售价极贱。此城河的另一边则完全处在热带，这里产椰枣，还有橘子、柠檬等。""斯穆坎有座聚礼清真寺。这里人随身带着武器（好战）。"[②]

上文提到的河就是伊利汗国文献中常提及的萨坎河，[③]也即现

---

① 亚库特，第203页。

②《法尔斯志》，第326—327页。

③《世界境域志》第74页提到了萨坎（Sakān，即Sakkān）河，并说："这条河发源于山区和鲁亚甘（Rūyagān，即鲁委寒，引者）区（rustā）。在哈瓦尔（Kavar）城改变了方向，并在那岐兰城和施那韩港之间注入了大海（即波斯湾，引者）。"穆卡迪斯第393页也提到了。

代的曼德(Mānd)河,上游支流现被称为黑树(Kārā Aghch)河。

亚库特说斯穆坎(Sīmkān, Sīmgān)"是法尔斯阿尔达什尔·库拉的一座城市"。[1]记载显然很简略,几乎没有多少新信息。

穆斯塔菲称:"斯穆坎是一座很漂亮的城市,是天下神奇之地。从城中流过一条河,河上有座桥。此地桥以上是冷区,这里生长有榛树、梧桐树和其他各种树木。桥以南是热区,生长有橘子、柚子之类的树。这里用葡萄酿造的酒浓郁度数高,勾兑两三次水,才不会醉人。这里人较贫穷,但有耕地。"[2]

他还提到了这一地区距离卡瓦尔有16法尔萨赫,大致100公里,应该在今天的小城扎格(Zagh)附近。

不难发现穆斯塔菲的记载内容主要依据的是《法尔斯志》的材料,偶尔也增加一些新内容,这些内容填补了信息。

17. 希拉克(Hīrak)或者海布拉克(Habrak)。这一地方往往和斯穆坎一起并提,但书写可能有误,位置很难确定,大致位置应该介于斯穆坎与卡尔津之间。[3]文献记述 "希拉克(Hīrak)是一个大村庄,这里很有名的圣墓(Ribāt)"。[4]又称:"希拉克是同一(斯穆坎)地区的一个大村庄。"[5]这些记载十分简略,但也大致了解其基本状况。

18. 菲鲁扎巴德(Fīrūzābādh)。这是法尔斯地区的著名城市,位于设拉子南部约80公里。这里自古是交通中心,65号公路向

---

① 亚库特,第374页。

② 穆斯塔菲,第116页。

③ 但从《法尔斯志》的行程驿站来看,似乎斯穆坎不在都扎赫之地,应该在南边,这样才符合路线行程,也就有利于确定希拉克的位置。

④《法尔斯志》,第326—327页。

⑤ 穆斯塔菲,第116页。

北与设拉子相连，向南经贾姆到波斯湾。94号公路连接着东西。2011年人口有6.4万。

菲鲁扎巴德城的历史极为悠久，可追溯到阿契美尼德王朝时期，由于距离海岸不远，因此亚历山大大帝东征时，曾经攻入此城，城毁大半，并从附近山中将河水引入此城。萨珊王朝的建立者阿尔达什尔将此城作为自己帝国的新首都，被称为胡尔·阿尔达什尔、阿尔达什尔·库拉（Khor Ardashīr、Ardashīr Khurrah），简称古尔或朱尔（Gōr、Jūr）。7世纪，阿拉伯人攻入法尔斯地区，此城基本被毁，到了10世纪，布伊王朝时期此城重新获得了发展，并且其统治者阿都德·道拉（'Adud al-Dawla）认为"古尔"是不祥之名，波斯语中含有坟墓之意，为了祥瑞将此城更名为费鲁扎阿巴德，含义是胜利之城。其实改城名的这种说法有些牵强，因为在7世纪倭马亚王朝时期的钱币上就有菲鲁扎巴德变体写法（pylwj'b'd，即Pērōzābād）。[1]布伊王朝的统治者常驻跸于此，但首都在设拉子。塞尔柱王朝时这里是重镇，是去往波斯湾和伊朗中部的要道；在蒙古统治时期，这里是地方割据势力的重要据点。历史文献对这座城市有丰富的记载。

《法尔斯志》称："这座城市在古代被称作朱尔（Jūr），且著名的朱丽（Jūrī）玫瑰就产自此处。在古代加延（Kayānī，阿契美尼德）王朝时期，这座城市很大，且很坚固。双角王（亚历山大）远征法尔斯之际，最初多次试图拿下此城，但未得成功。此城附近有条河叫做布拉孜（Burāzah）河，从山坡高处流下来。亚历山大将这条河改道引入该城（冲击城墙），他派军队包围此城，最后拿下了此城。此时菲鲁扎巴德（Fīrūzābād）城位于山谷之中，四周群山环抱。因此

---

[1] http://numismatics.org/collection/1985.43.2.

到这座城市的所有道路都要经过高山关隘。由此，这条改道的河流完全将城市淹没在水下，高山峡谷成为泽国，变成了一座湖，湖水也就无法流走。菲鲁扎巴德城如此在水下过了相当长的时间，且水位不断上升，一直到（萨珊王朝建立者）阿尔达什尔登上王位，开始征服（东部）世界。当时，他到了菲鲁扎巴德，召集很多的工匠和要人来疏浚河道之办法，这些人中有位高明的人物叫做布拉孜（Burāzah）。"他疏通河道后，菲鲁扎巴德城显露出来，"此城规划为圆形，宛如罗盘。城市中心，就是圆心，以此为点，修建了平台，叫做圆形台（Irān Girdah, Aywān Girdah），阿拉伯人称之为高塔（Tirbāl）。其上建有一座亭子，亭子顶部是巨大的穹顶，叫做拱北（Gunbad, Kīrmān, Gīrmān）。从这个穹顶之下的四堵墙，上到有喷泉的圆顶，高75腕尺，[①]墙是用条石建成。将水从距离1法尔萨赫的一座山顶引到这里，提升后做成了喷泉。他们修建两个水窖：一个叫大猫头鹰（Būm Pīr），一个叫小猫头鹰（Būm Juvān）。每个水窖上都建有一座祆教祠。这座城市最是宜居、值得一看的地方，附近还可狩猎。气候温和，宜人舒适。这里水果繁多，品类各异。饮水甘美，水源丰富。他们在此处建了一座聚礼清真寺和一座很好的医院。撒黑布·阿迪里（Sāhib Adīl，布伊王朝的最后一位宰相）在这里修建了座图书馆，其他地方的图书馆无法与此相比。菲鲁扎巴德城不远有萨赫拉赫（Sahārah）城堡。此城人民多慧，勤勉善贾"。[②]亚库特也提到了此城，并说朱尔，即菲鲁扎巴德"这是距离设拉子20法尔萨赫的城市，其在第三气候带，经度78°33′，纬度31°。此城到处是鲜花，所在之地很美。波斯语中称作古尔（Gūr），

---

① 一腕尺约50厘米，即从肘到中指尖的距离。
②《法尔斯志》，第326页。

其含义就是恢宏漂亮"，"这里产的玫瑰被称作朱里（Jūri），且种类很多。这里出现过很多名人"。[①]显然对菲鲁扎巴德有溢美之词，但基本是准确的。

穆斯塔菲：其"位于第三气候区，经度为87°20′，纬度23°45′。这座城市是费鲁兹（Fīrūz）王修建的，取名为朱尔（Jūr）。城市中央修建高大的建筑，其上凉爽，并从附近的山上用管子将水输入此高处。最高处建有大平台，此平台还称作'殿（Aywān）'。亚历山大大帝时期，这里的所有地方被攻占了，只有这一地方他无法攻占，因为四面八方必须先经过这些通道才能进入平台中。于是，他将胡奈夫甘（Khunayfqān）河改道，直接流向此城，结果此城毁了，这一地方也就变成了一座湖。阿尔达希尔·巴巴甘（Ardashīr Bābagān）企图将湖水抽干，想将此城恢复到原来的样子。他的工程师布拉孜（Burāzah）在河岸高的一边开了一条导流渠，河水导入此渠后，他（布拉赫孜）将铁链子绑在手腕上，亲自试探水流的安全，但水流极为湍急，结果链子断了，他也丧了命。现在这导流渠随着时间流逝早已不复存在，但成了一条深沟。因此，阿尔达希尔王重建了此城，以阿尔达希尔·库拉之名取其城名。后来，此城被阿都德·道拉所重建，重新取名为菲鲁扎巴德。此城天气闷热、潮湿，其水源取自胡奈夫甘河，此河现在（伊利汗时期）被称作布拉孜（Burāzah）河。这里产的玫瑰水是上乘的香水，质量比其他地区要优良。这里的人以虔诚、诚实著称。"[②]

阿布菲达记述中朱尔条称："《经度（Atwāl）》说经度为77°，纬度28°25′。伊本·赛义德称其经度为78°40′，纬度31°45′。《绘

---

① 亚库特，第174—176页。
② 穆斯塔菲，第116—117页。

图（*Rasm*）》说经度为78°15′，纬度31°30′。气候炎热，在阿尔达什尔区。"其有四座城门，河水穿城而过（就是达拉基河的上游支流）。到处有漂亮的果园。这个产玫瑰水，供出口。*Al-Azīzī*的作者说朱尔附近有小地区，朱尔到设拉子的距离有24法尔萨赫。别的著述者说是20法尔萨赫。从朱尔到卡泽伦有16法尔萨赫。"[①]同一作者又在另一处专列菲鲁扎巴德（Fīrūzābādh）或非鲁兹巴德（Fairūzābādh）条，并记曰："《经度（*Atwāl*）》说经度为77°40′，纬度30°45′。极热。*Mushtarik*中记述：'这座城市以前的名称为朱尔（Jūr），后建城后改成了菲鲁扎巴德，比法尔斯的设拉子还要漂亮。著名的伊玛目·阿布·伊斯哈格·菲鲁扎巴兹（Imām Abū Ishāq Fīrūzābādhī）是《探比海（*Tanbih*）》的作者，出生在这座城市。'"[②]同一城市不同名称，出现两个词条，有点奇怪，其原因无非是：（1）摘录不同的资料造成的。（2）应该说的是不同的城市。后一点尤为重要，应该说存在着菲鲁扎巴德所在地的新城和朱尔所在地的老城。今天我们通过卫星地图还可以看到菲鲁扎巴德城西边的朱尔城遗址，这个遗址是圆形，直径有2公里，面积有3平方公里，现在被废弃，成为田地，但大致的轮廓是清楚的。

这些记载详细介绍了菲鲁扎巴德城的历史、自然环境、物产等。因此，该城在中世纪和历史上一样，占有十分重要的地位。

菲鲁扎巴德位于山间盆地，周边有几十个小镇和村子，中心区一共82个村子，较大有阿塔什卡德赫（Atashkadeh）、吉哈德阿巴德（Jahadabad）、白甘（Baygan）、阿赫马德德阿巴德（Ahmadabad）、吉拉克（Gilak）、卡马勒阿巴德（Kamalabad）、卡里斯云（Kalisiyun）、

---

① 阿布菲达，第2卷，第92页。

② 阿布菲达，第2卷，第96页。

阿敏阿巴德（Aminabad）、穆什甘（Moushgan）、奴德兰（Nouderan）、纳加夫阿巴德（Najafabad）克维建（Khevisjan）、鲁贺拉斯布（Lohrasb）、德赫宾（Dehbin）、萨尔图勒（Sartol）、萨嘎尔（Sagar）、加伊达什特（Jaidasht）、鲁别丹（Rubedan）、鲁德巴勒（Rudbal）、沙河拉克·达什特噶伊布（Shahrak Dashtghayb）等。

这座城市是去往伊朗中部和波斯湾的要道，在中古时期一样占有重要的地位。

19. 卡尔津（Karzīn）城。这座城市别名为法特哈巴德（Fathābād），是法尔斯地区吉尔与卡尔津县中央区的一座城市，2006年人口近8 000。文献对这座城市多有记述。穆卡迪斯提到了卡尔津（Karzīn）城，只是写法略有不同（Karazīn 或 Karzīn），并将其归入设拉子地区，是在热带。①《法尔斯志》说："卡尔津是不大的漂亮城市，但现在已经毁了。"这里是热带，盛产椰枣，水源取自萨坎河（Thakān），"卡尔津有座坚固的城堡，水源是通过修建水管（āb-duzdī）从萨坎河获取的。哈尔姆（Harm）和卡里阳（Kariyān）两座小城属于卡尔津"。②亚库特说卡尔津（Kārzīn）是法尔斯的小城。③

穆斯塔菲称："卡尔津是中等城市；吉尔（Qīr）是小城，阿布扎尔（Abzar）也是小城。这三个地方都在热区。这里的水取自扎干（Zakān，即曼德河——引者）河；在卡尔津，有座坚固的城堡，其水是从扎干河中汲取的。哈拉姆（Haram）和卡里阳（Kariyān）以及其他地方在这一地区平原的周边。"④阿布菲达称："卡尔津，按照《经度（Atwāl）》说经度为78°30′，纬度28°30′。极热。*Lobāb* 中说，

---

① 穆卡迪斯，第377、394页。

②《法尔斯志》，第320页。

③ 亚库特，第470页。

④ 穆斯塔菲，第117页。

卡拉津（Kārazīn）是法尔斯的城市，此城距离海（波斯湾）不远。不要将此城和法尔斯的卡拉津（Kārizyāt）相混淆。"①

这些记述不同角度对卡尔津的地理方位、自然环境、物产等内容，有助于全面了解历史上的这座城市。

20. 卡尔杨（Kāryān，即 Kariyān）。此地（卡里阳，Kāryān，Kāreyān，Kārīān，Kārīyān）是法尔斯地区拉勒斯坦（Larestan）县朱约姆区哈尔姆（Harm）乡的一个村子，2006 年有 2 000 人，传说在阿拉伯人征服初期，此地的袄教徒抗击了入侵者的进攻。其位置在卡尔津城东南，一条乡村公路与卡尔津连接。穆卡迪斯称："卡里阳（卡尔杨）城不大。但其附近乡村很兴旺。这里有袄教祠，在信奉袄教者中占有很重要的地位，他们将圣火从这里带到遥远的各地。"道里行程中提到，其距离撒那威有 4 站路程，大约有 200 公里的距离。②亚库特说这是法尔斯的小城，是富庶地区的首府。这里是受袄教徒（Majus）崇拜的祠，远处还有受人崇敬的高大宏伟的城堡。③如上文，《法尔斯志》、穆斯塔菲均提到了卡里阳（Kariyān），说是属于卡尔津城的小城。④

21. 哈尔姆（Harm）或哈拉姆（Haram）。此地和卡里阳是一起记述的，说是小城，属于卡尔津城。⑤这是法尔斯地区拉勒斯坦（Larestan）县朱约姆区哈尔姆（Harm）乡的一个同名村子，人口有 1 700，与卡里阳毗邻，两者自然环境、交通条件、物产状况基本相同，此村的北边有季节性的哈尔姆湖。

---

① 阿布菲达，第 2 卷 98 页。
② 穆卡迪斯，第 378、400 页。
③ 亚库特，第 471 页。
④《法尔斯志》，第 320 页。
⑤《法尔斯志》，第 320 页；穆斯塔菲，第 117 页。

22. 吉尔（Qīr）城。今天这座城市依然存在，是法尔斯地区吉尔与卡尔津县的首府，距离曼德河（萨坎河）的北边支流不远，位于两条河形成的夹角上。2006年，人口近1.8万，海拔771米。1972年发生大地震，几乎毁掉了此城。其位置在设拉子的南部，是通往波斯湾和去往菲鲁扎巴德、设拉子的要道，94号公路经过这里。《法尔斯志》称是附属于卡尔津的小城。[1]亚库特也说这是法尔斯卡尔津附近的小城。[2]穆斯塔菲将这座城和卡尔津、阿布扎尔两城一起被提到，说是小城，在热带地区。[3]

23. 阿布扎尔（Abzar）城。现在写作阿夫扎尔（Afzar），是法尔斯地区吉尔与卡尔津县阿夫扎尔区的同名区首府，人口有2 200，历史上也称作马兰德（Marand 或 Marand Ābādeh），斯特兰奇将此城比勘为尼姆迪赫（Nimdeh），[4]但从人口的角度而言现在只有百余人，似乎说不通，也许在历史上是繁华之地。《法尔斯志》称其是附属于卡尔津的小城。[5]穆斯塔菲将这座城和卡尔津、吉尔两城一起提到，说是小城，在热带地区。[6]

24. 库兰（Kurān）城。这一名称今天已不存在，是通往撒那威和伊朗腹地的干道，是丝路要道，中国的货物就是通过此地运往设拉子、伊斯法罕、克尔曼、呼罗珊的。从穆卡迪斯的记载来看，距离撒那威只有一站路，也就是大约在45—50公里之间，且在撒那威的西北边，而且属于热带地区，自然条件较好。《法尔斯志》将库兰和

---

① 《法尔斯志》，第320页。
② 亚库特，第468页。
③ 穆斯塔菲，第117页。
④ 《法尔斯志》，第320页注释4。
⑤ 《法尔斯志》，第320页。
⑥ 穆斯塔菲，第117页。

伊拉黑斯坦（Irāhistān）一并提到，称："伊拉黑斯坦和库兰两地均在沙漠中，库兰属于撒那威。这里气候极端恶劣，不是当地土生，无法生存，因为夏季酷热难耐。这里没有河流，也没有坎儿井。这里完全不种植粮食，除了椰枣没有其他水果。此地种植的椰枣树不是在地面上，因缺水，不至于旱死，他们在地上挖一条深槽，深到和椰枣树一样高，然后树种植在槽底，只有椰枣树的树梢才会露出地面。在冬季，槽中就会灌满雨水，这样整年椰枣树就会在湿润环境中生长。这样生长出来的椰枣极为上品。人们常问：'哪个坑里长的椰枣？'他们回答说：'在伊拉黑斯坦。'这一地方的每个村庄在沙漠中建有一个城堡，因这里的所有人都是靠剪径为生，每个人携带着武器到附近抢劫，杀人越货。这里的人一旦去做剪径之勾当，包裹里携带一些苞米粒和干馕，一天一夜行走20法尔萨赫，做其见不得人的抢劫。而且，这里的人一贯和官府作对，因为军队在这里的春季待不过三个月，且冬季雨大缺乏粮秣，夏季炎热难耐。但在布伊王朝时期，强力打击之下，他们纳服归顺。在阿都德·道拉时期，该地有1万人征募为兵。当时，其首领就是一个叫做哈比（Hābī）的人。阿都德·道拉之后，他们又谋叛，不纳赋税，直到最近阿塔毕·朝里（Atabeg Chāulī）统兵到此，统辖人民。"[1]这里比较全面记述库兰和伊拉黑斯坦的气候、物产、交通等，尤其靠近波斯湾，夏天炎热少雨，令人难耐。此地人靠抢劫为生。

　　穆斯塔菲大致依据是《法尔斯志》的资料，但也增加了一些内容，并将此城和伊拉黑斯坦一并记述称："这些地方在沙漠中，是最热的地区。这里没有水渠，所有的农作物靠雨水。这里除了椰枣外没有水果。他们庄稼种在山上，这里农作物就可以从冬季雨水中得到

---

[1]《法尔斯志》，第328—329页。

充分的滋养，在夏天树木也长得绿意葱茏。绝大多数人是草寇、劫匪和拦路贼。(因热)外乡人只有在冬天的三个月份才可以在这里待得住。这里的所有部落屡次揭竿而起。"①由此，这里成为盗匪落草之地，专司剪径之事。从文献给出的道路里程和自然环境的描述，应该在法尔斯地区穆赫尔(Mohr)县加莱达尔(Galleh Dār、Galehdā、Gilehdār 或 Kaleh Dār)或者扎则赫(Zazzeh)及其附近地区。

25. 伊拉黑斯坦(Irāhistān)地区。此地今不存在，常和库兰城一起被提及，距离波斯湾不远。②应该在库兰城或者附近。亚库特提供了比较详细的材料，他说伊拉黑斯坦(Irāhistān)"是指沿海(波斯湾)，波斯语称作伊拉(īrāh)。这一地方由于是在斯夫(Sif，海边)，属于法尔斯地区阿尔达希尔·库拉区，靠海，因此这里的居民就被称作伊拉西亚(īrāhiyyah)。而阿拉伯人将这一地方更喜欢称作伊拉克(Iraq)。"③这些内容在一定程度上弥补了《法尔斯志》和穆斯塔菲的记述不足。《瓦萨夫史》也提到了伊拉黑斯坦，说这里位于波斯湾沿岸，贸易繁荣，商人往来于印度、阿曼，贩卖宝货于各地，但随之而来的是盗贼横行，抢劫过往船只、商人、货物。于是当地的统治者异密阿布·德尔夫·贾比(Amir Abu Aalf Jābī)采取强有力的措施，肃清当地劫匪盗贼。他全权控制了热区的伊拉黑斯坦，其从肯德兰(Kandrān)平原至拉尔(Lar)、杰里斯(Jaris)、朱约姆(Juwaym)、法勒(Fal)、卡尔杨(Karyan)、拉姆(Ram)和海岸的撒那威或西拉夫(Siraf)。④

---

① 穆斯塔菲，第117页。
② 穆斯塔菲，第117页。
③ 亚库特，第65页。
④ *Geschichte Wassaf's Deutsch übersetzt von Hammer-Purgstall*, Band 2, Wien 2010, p.63.

从上述记述大致可以知道伊拉黑斯坦地区就是设拉子南边靠近波斯湾地区，这里是去往海岸或者靠近海岸的地区，属于热带地区。今天这个地名已经不复存在了，但应该就是法尔斯省南边和布什尔省东南沿海地区，是古代陆路和海上丝路的重要组成部分。

26. 洪季（Khunj, Konj）。这座城市至今存在，是法尔斯地区洪季县县城所在地，海拔有670米，2006年人口为2万，在设拉子城南270公里，传统上这里属于鲁尔斯坦的一部分，历史上是祆教徒聚居地。此地产小麦、燕麦、椰枣，是法尔斯地区降雨量最少的地区。这座城市的名称源于Hong va konj，随着时间的推移，变成了洪季（Konj），和伊朗其他地方不一样的是这里的居民绝大多数是逊尼派。这座城市的历史十分悠久，有2千年的历史。[1]穆斯塔菲在道路里程中提到了洪季城，其距离卡尔津城17法尔萨赫，[2]也就是100余公里，而从穆卡迪斯给出里程来看，此城在当时巴拉布（Bārāb）城或其附近。伊本·白图泰也提到了此地，但写作洪居·帕勒（Khunju Pāl），英文翻译者注释说这是两个名称的结合，即洪居·法勒（Khunju-u Fāl）。[3]伊本·白图泰在去往洪季城的途中经过沙漠荒野，白天在树荫下休息，夜晚赶路，沿途有盗匪出没，还有可使人致死的烈风，经过4夜才到那里。这座城市有修行者居住，建有道堂，人们在那里修行，同时给过往之人提供膳宿。这些人都归属于沙菲仪派。[4]

亚库特说法勒（Fāl），这是座又大又气派的城市，在法尔斯边缘，靠海，经过此城可以到达霍尔木兹城。通过这里可以到达基

---

① https://en.wikipedia.org/wiki/Khonj.

② 穆斯塔菲，第176页。

③ Ibn Battuta, III. p.406.

④ Ibn Battuta, III. pp.404、406、407.

什岛。[1]

27. 卡瓦尔（Kavār）。今天这座小城依然存在，位于设拉子南部70公里，是法尔斯地区卡瓦尔县县城所在地，该城2006年人口有2万余。这里是古今道路通衢，也是丝绸之路的重要通道。《法尔斯志》说："卡瓦尔是一座小城，很适宜生活，附属有很多地区，这里大片的果园。自然条件良好，盛产水果，产量极丰，但价格极贱，尤其是石榴，可以和德黑兰的媲美。这里的榅桲也很好，也盛产大杏仁。因此，设拉子和附近地区消费的绝大部分水果都是从这里运送过去的。而且，这里盛产粮食。这里产丝绒（kirbās）和席子。此地气候冷但舒适。他们从萨坎（Thakān）河获取水源，附近有上等的猎场。这里有座聚礼清真寺。但此地人民粗俗，很固执。"[2]穆斯塔菲称："有很多附属郊区乡村的漂亮城市。这里气候极为温和，水源取自扎干河。巴赫曼（婆罗门）·伊本·伊斯凡蒂亚尔跨河修建一拦河大坝来提高水位，而后在能耕地之处建立了村庄。这里盛产粮食和水果，这里可以找到大部分的所需品，尤其水果酸梅和质量极佳的巴丹杏仁。附近还可找到很多猎物。《法尔斯志》作者称这里的人们本性愚蠢。他们信奉沙菲仪学派。"[3]他在道路里程上说距离设拉子有10法尔萨赫，也就是64公里，和现代的距离没有什么差别。[4]亚库特将卡瓦尔写作胡瓦尔（Khuwār）或库瓦尔（Kuwār），并说：这是法尔斯地区的一座城，附近山上有座城堡。[5]又说距离设拉子有10法尔

① 亚库特，第415页。
② 穆斯塔菲，第117—118页。
③ 穆斯塔菲，第117页。
④ 穆斯塔菲，第117页。
⑤ 亚库特，第213页。

萨赫。<sup>①</sup>

28. 拉吉尔(Lāghir)城。今天该名称保留下来了,是法尔斯地区洪季县塞伊夫阿巴德(Seyfabad)乡的一个村子,人口不足千人,但是从设拉子到波斯湾的要道,也是丝路重镇。《法尔斯志》说:"拉吉尔和卡哈尔建都是卡尔津附近之地。这里是热带,气候无益于健康。这里产椰枣。这里人以剪径为事,两处地方很小,不足以修建聚礼清真寺。"<sup>②</sup>

穆斯塔菲说这"是卡尔津附属地区,位于热区,这里的气候多变。此地人们是盗匪和拦路贼。农作物有粮食、棉花和椰枣。"<sup>③</sup>说明中世纪此地物产丰富,产品多样,但盗贼横行。

29. 卡哈尔建(Kaharjān)。这座城市现在不存在了,但《法尔斯志》、<sup>④</sup>穆斯塔菲提到了。<sup>⑤</sup>从这两位著述的记述可以知道,卡哈尔建应该在卡尔津附近,伊斯塔赫尔、豪卡勒均提到这一地方,说是在萨坎河岸边。<sup>⑥</sup>显然这一地方和拉吉尔不远,而且气候等自然环境基本相似。

30. 曼迪斯坦(Māndistān)。这一地区在历史上位于曼德河(萨坎河)下游的北岸地区,大致在波斯湾沿岸的布什尔省达什特(Dashti)县、达什特斯坦(Dashtestān)、坦格斯坦(Tangestān)、法尔斯地区菲鲁扎巴德县的一部分。这里有很多的城市和乡村,是曼德河下游重要的农业区。《法尔斯志》称:"这是沙漠地区,长宽

① 亚库特,第496页。
②《法尔斯志》,第328页。
③ 穆斯塔菲,第117—118页。
④《法尔斯志》,第328页。
⑤ 穆斯塔菲,第117页。
⑥ 伊斯塔赫尔,第106页;豪卡勒,第191页。

有30法尔萨赫，这里有很多的村庄和地区，如同伊拉黑斯坦整个地区一样。这一地区沿海岸的部分，土地肥沃，庄稼长势良好，一斗（Mann）种子可产千倍的粮食。但没有水源地方，只能靠天吃饭。这里人饮用水取自自建的水窖。沿着海岸地区若在冬季的阿扎尔马赫（Azarmāh，阳历11月）和迪马赫（Dī-māh，12月）降雨，他们就会大丰收，十分富裕。要是这两个月没有雨水，后来降雨，即便是很充沛，也不会有好收成，会歉收。"①亚库特极其简略地说曼迪斯坦是法尔斯的沙漠荒原，靠近海边（波斯湾），宽有30法尔萨赫。②这些材料应该是摘自《法尔斯志》。穆斯塔菲大致摘录了《法尔斯志》的记述，也增加了一些内容，他称曼迪斯坦"是沙漠地区，长有30法尔萨赫，宽到海岸。这里有村庄，但没有河流，也没有水渠，只有降雨后出现水流，农作物只有粮食和棉花。要是在阿扎尔马赫（Adharmāh，阳历9月）和代马赫（Daymāh，10月）的秋末初冬下场雨，种下一份的种子春天可以收获1千倍的产品。这些人整个冬天都在忙于务农田间管理一直到天热。农民开始收割或拔出农作物，但不能收获太干净，一半留在地里，为下一季留种子，只有剩下的部分收获物。"③

这些记载大致反映的是12—14世纪曼迪斯坦在自然环境、物产状况，尤其降雨时节对当地农业有至关重要的影响。显然这里的气候是地中海式气候。今天也是一样，这一地区冬季进入雨季，降雨量会增加，气温降低到14℃左右。

31. 梅满德（Maymand）城。今天此城仍然保存着，是法尔斯

①《法尔斯志》，第322页。
② 亚库特，第512页。
③ 穆斯塔菲，第118页。

地区菲鲁扎巴德县梅满德区的同名区府,2006年人口近9千,距离设拉子有110公里,距离菲鲁扎巴德30余公里(直线距离20公里左右)。穆卡迪斯将此城划归到撒那威所属地区。[1]《法尔斯志》说:梅满德是"座热带的小城,这里产各种水果,尤其产上品的葡萄。这里有几条河流,气候比其他热带地区要温和一些。这里有座聚礼清真寺"。[2]这些记载比较准确。从今天的高清电子地图来看,梅满德就在扎格罗斯山脉中间的山间盆地,自然条件良好,农业相对发达,交通便利。附近有很多的小城和乡村。穆斯塔菲基本上采用了《法尔斯志》的资料,也增加了一些新材料,并说这是"热带的小城。这里种植粮食、椰枣和各种水果,尤其盛产葡萄。这里的人都会工匠"。[3]并说距离设拉子有20法尔萨赫,[4]也就120多公里,和现代的里程基本相当,距离卡瓦尔有10法尔萨赫,[5]大致62—64公里,今天测量56公里,比较接近。梅满德位于扎格罗斯山脉的山间盆地,周边有很多村庄,是法尔斯地区重要的农业区。这里的人几乎世代种植玫瑰花为生,我国文献中常说玫瑰水产自波斯,波斯玫瑰水产自居尔,也就是菲鲁扎巴德,而菲鲁扎巴德玫瑰水产自麦满德,自古至今销往世界各地。还产扁桃。[6]

32. 穆胡(Mūhū)城。此地今天已经难以查找,文献对此有记载,也可能是拼写有误。《法尔斯志》说:穆胡、哈穆建、卡布林,"这三个地区都在热带,靠海边的伊拉黑斯坦城附近。这里气候炎热,

---

① 穆卡迪斯,第376页。

②《法尔斯志》,第327页。

③ 穆斯塔菲,第118页。

④ 穆斯塔菲,第118页。

⑤ 穆斯塔菲,第176页。

⑥ https://en.wikipedia.org/wiki/Meymand.

水质较差。但有成片的椰枣林。这里的城市不大，不足以建立一座聚礼清真寺"。①这一方位和穆斯塔菲显然是不一样的。穆斯塔菲将这座城市和哈穆建（Hamjān）、卡布林（Kabrīn）一并提及，并称："这三座城市位于法萨和设拉子之间。气候与设拉子类似。这里可发现水流和一些种植冷区的葡萄与其他水果的果园。这里附近也可以找到很多猎物。但这里的人是劫匪和盗贼。"②由此判定穆胡城应该在设拉子城之南、法萨之北。

33. 卡布林（Kabrīn）城。这座城市和穆胡城、哈穆建城在文献中并提，情形如上所述。斯特兰奇说这一地方已经无法找到，此地应该就是加莱达尔城西北17法尔萨赫的加布里（Gabrī）；又说这一地方就是卡尔津的不同写法。这一说法有待商榷的，应为上文穆胡条中穆斯塔菲很清楚告诉了三个相邻之地在法萨与设拉子之间，也就是在设拉子的东南方向，不在更远的库兰城附近。笔者认为应该在哈瓦兰（Khavaran, Khāneh Kāhdān, Khānegahdān, Khānehkohdān, Khāneh-ye Kahdān, Khāneh-ye Kāhvān, Khānekahdān, and Khānkahdān），是法尔斯地区贾赫罗姆县哈费尔（Khafr）区的区府，2006年人口有5千余。

34. 胡祖（Huzū）。这一地名现在不复存在，但文献有记载。《法尔斯志》说："这两地方（胡祖和萨维亚）和其他地方靠海，属于凯斯岛，归艾米尔基什管辖。两者都靠近克尔曼的热带地区。"从这里可以知道，胡祖在今天凯斯岛对面，而斯特兰奇比定为霍尔木兹甘省恰拉克（Chārak, Chāruk）西边10法尔萨赫的赤鲁（Chiru，或Chiruyeh）。③这只是斯特兰奇自己的看法，文献无法证明此地

---

① 《法尔斯志》，第320页。
② 穆斯塔菲，第118页。
③ 穆斯塔菲，第118页。

就是胡祖，因为在这个区域沿着波斯湾有很多渔村，但没有一个渔村或者沿海的村子、镇叫做胡祖的，也就是说这一名称已经被其他名称代替，或者这一地方已经不复存在了。亚库特记载称胡祖"这是一座毁坏的城堡，在波斯湾一条山麓下，对面基什岛。我（亚库特）到那里的时候，已经毁了。这一地方在布伊王朝时期具有显要的地位。"[1]这一记载十分重要，因为亚库特自己亲自到过胡祖，且说在基什岛对面，已经毁了，从这些内容大致可以判断其方位，以及在历史上的重要地位。但穆斯塔菲含糊地记载说："这两个村子（胡祖和萨维亚）和其他地方靠海。这些所有地区属于凯斯（基什）岛地区管辖。其位于最热的地区。"[2]和《法尔斯志》的记载大致一致，这就是疑问所在。穆斯林塔菲的很多记载，尤其对法尔斯地区的记载基本抄录了《法尔斯志》的内容，很难说在14世纪状况就是如此，因为此时法尔斯地区的情况比较复杂，如前文所说大致处在半独立状态。

35. 贾姆（Jamm）：这是靠近波斯湾的城市，向北经过菲鲁扎巴德城，去往伊朗腹地。文献对该地多有记载。亚库特说：这是法尔斯地区一座古老城市，是以古波斯王贾穆什德的名字命名的，是萨姆尔（Thumurs）修建，是波斯最为古老的城市之一。[3]

这一地区还有其他一些城市，由于篇幅之因，不再罗列。

上文我们简要考察南波斯历史地理变迁、设拉子地区的历史沿革、沿海地区历史地理作了叙述，大致理清了基本的线索，有助于读者方便了解这部分内容。

---

[1] 亚库特，第591页。
[2]《法尔斯志》，第330页注释2；穆斯塔菲，第118页注释3。
[3] 亚库特，第163页。

# 第二章　伊斯塔赫尔区历史地理考察

## 第一节　伊斯塔赫尔地区概要

伊斯塔赫尔地区在设拉子东边,地域辽阔,是波斯古文明的发祥地之一,核心区位于山间盆地的马夫达沙特(Marvdasht),是法尔斯地区地理条件最好的地区,地形平缓,城市星罗棋布,水源丰富,气候温和,历史悠久。这一地区的东边与亚兹德省接壤,北边与伊斯法罕省接壤,东南与克尔曼省接壤,西北与伊斯法罕省接壤,西边与设拉子地区毗邻,南边与法尔斯地区的达拉布地区接壤。该地区有很多历史文化名城,旅游资源丰富。著名的波斯波利斯古城,是伊朗最负盛名的旅游胜地。诸多文献对其有大量记载,尤其是古典阿拉伯地理文献。[①]《世界境域志》记述称:"伊斯塔赫尔是一座很大的古城,此地是萨珊王都所在地。其内有古建筑、石刻(naqsh)、雕像(surat)。伊斯塔赫尔有很多地区(nawahi),

---

① Von Paul Schwartz: *Iran Im Mittelalter Nach Den Arabischen Geographen*, V1, Leizig 1896, p.13.

还有神奇的建筑，被称为苏莱曼清真寺（mazgit-i Sulayman）。这里产苹果，其一半是酸味的；一半是甜味的。这里山上发现有铁矿。该地区还有银矿"。[1]《法尔斯志》说：伊斯塔赫尔区"宽长个50法尔萨赫"，甚至将亚兹德城也纳入这个区。[2]这有点夸大，实际上南北长120公里，东西长40公里，面积4 800平方公里。而穆斯塔菲说："法尔斯王国没有一个城市比伊斯塔赫尔（Istahir，即Persepolis）城建得更早。这座城市同名的周边地区，长从亚兹德地区到哈扎尔·迪拉克（Khazār Dirakh，千棵树），宽从库黑斯坦（Qūhistān）到奈里兹（Narrīz），所有这些地区属于这一地区。"[3]虽然他的记述有些言过其实，有些不够准确，但实际上伊斯塔赫尔不属于波斯波利斯，是它的卫星城，在波斯波利斯北5公里。《史集》还提到了伊斯塔赫尔地区的城堡。[4]这说明此地是丝绸之路水陆交通的有机组成部分，在南波斯历史、伊朗历史、西亚历史上扮演十分重要的角色。

## 第二节　伊斯塔赫尔区的主要城市

1. 伊斯塔赫尔城与波斯波利斯城。此处将两座城放在一起叙述，有三个原因：一是有些文献将伊斯塔赫尔和波斯波利斯一起叙述，但实际上这是两处不同的地方。二是两座城市实际就是阿契

---

① 《世界境域志》，第126页。

② 《法尔斯志》，第20页。

③ 穆斯塔菲，第118页。

④ Rashiduddin Fazullah: *Jami'ut-Tawarikh: Conpendium of chronicle*, Part one, Harvard University 1998, p.233.

美尼德帝国相互依存城市，伊斯塔赫尔城是辅城，而波斯波利斯是主城，组成了大首都区，是姊妹城。三是这两座城曾经是波斯帝国核心城市，文献中常常将两者放在一起记述，尤其 10 世纪以后更是如此，甚至将两者混淆。历史变迁过程中，伊斯塔赫尔旧城不远处保留了同名的小城，但波斯波利斯城彻底废弃，只保留了宏伟的建筑遗迹。

伊斯塔赫尔城在波斯波利斯（Persepolis）的东北约 6 公里，而波斯波利斯在伊斯塔赫尔的西南，如前所说两者都是古代阿契美尼德王都城的有机组成部分，但又是各自相对独立存在的城市。穆卡迪斯记载称："伊斯特赫尔城是古代的都城，文献中经常有记载，在人类历史上名闻。其名在历史中辉煌而重要。最初，政府机构设在这里，尽管现在城市原始，人口稀少，面积不大。我把它和麦加相比照，形成两支，夹在两山脉之间。这里的清真寺在市场，如同叙利亚（大马士革）清真寺之法。这里有圆形的柱子，每根柱子顶上有头牛（雕像），有些人说这是过去的火（祆教）祠。清真寺三面是市场。这座城市的中间就像一条河谷。过了呼罗珊门（Bāb Khurāsān）就是一个巨大拱形，此处有座漂亮的花园，从这个方向有条河流过。建筑物是用土建的。此处人民在河水旁边修了取水池，在城里有水窖，但城里很少有流淌的河水。这里的水质不够好，因其流经稻田。这里盛产各种农作物、石榴和其他。这里的人很愚蠢。"[1]

他还提到距离此城 1 法尔萨赫的苏莱曼群雕。[2] 实际上就是波斯波利斯古城遗址，是伊朗最著名的文化遗迹之一。波斯波利

---

① 穆卡迪斯，第 385 页。
② 穆卡迪斯，第 392 页。

斯位于设拉子东北60公里的山脚下，是阿契美尼德王朝的都城（前550—前330），其名称含义就是波斯城。其包括石刻、建筑、雕塑、绘画等，不仅是古波斯文化的代表，也被联合国教科文组织列为世界文化遗产，是世界上最负盛名的古代遗迹之一，凡是到伊朗的游客必定到这里观光。其东邻库拉马特山，其余三面是城墙，城墙依山势而高度不同。这座显赫一时的都城规模宏大，始建于公元前522年，即大流士一世开始其统治的时候，前后共花费了60年的时间，到了阿尔塔薛西斯一世时期这座象征着阿契美尼德帝国辉煌文明的伟大城邦终于完成，从此它庄严地耸立在波斯平原上，不仅是世界上最强大帝国的心脏，而且是存储帝国财富的巨大仓库。一直到130多年以后的公元前330年，亚历山大大帝攻占了这里，疯狂掠夺之后无情地将整个城市付之一炬。

城内王宫建于石头台基上，占地12.5万平方米，主要建筑物包括大会厅、觐见厅、宫殿、宝库、储藏室等。[①]全部建筑用暗灰色大石块建成，外表常饰以大理石。王宫西城墙北端有两处庞大的石头阶梯，其东边是国王薛西斯所建的四方之门。大会厅在城市中部西侧，边长83米，中央大厅和门厅用72根高20余米的大石柱支撑。觐见厅在城市中部偏东，是有名的"百柱厅"。城西南角为阿尔塔薛西斯一世和薛西斯一世的王宫，东南角是宝库和营房。城中出土文物有浮雕、圆雕、石碑、金饰物、印章、泥板文书等。[②]

在建筑风格上，一方面这些建筑的石柱柱身上刻着垂直的凹槽，枕头和柱底刻着精美的雕饰，另一方面宫殿装饰又采用了大量

---

① W. M. Sumner, *Achaemenid Settlement in the Persepolis Plain, American Journal of Archaeology* 90/1, 1986, 3–31.

② Erich F. Schmidt, *Persepolis 2 (Contents of Treasury & other Discoveries)*, Oriental institute of the university of Chicago 1957, pp.57–59.

鲜亮的涂饰、精致的瓦片、纯金银、象牙、大理石材料，这体现了古希腊与埃及艺术的融合。①

波斯波利斯是一座拥有众多宏伟、巨大宫殿群的城市，整个古城巧妙地利用地形，依山造势，将自然之地理形貌和人类之艺术精华完美地融合在一起，具有重要的考古价值，也是古波斯文明最具代表性的建筑群。②古代对波斯波利斯有大量的记载。③

今天伊斯塔赫尔除了看到附近流淌的河流、废弃的古迹、两边的山脉、满眼的田野外，伊斯塔赫尔城荡然无存了，只能从文献和眼前的遗迹了解这座城市曾经的辉煌和伟大。文献有大量的记述，我们选取一些伊利汗国的文献，作简要考察。

塞尔柱时期的文献记述："苏丹阿勒普·阿尔斯兰（Alp Arslān）到了法尔斯的伊斯塔赫尔，攻占了此城的城堡。这座城堡是达伍德（大卫）之子苏莱曼（所罗门）所建。他攻占此城如同猎获白足羚羊一样（迅速）。该城主给苏丹献上绿松石的杯子，其上有古文字刻的贾穆什德的名字。他从城主那里获得前所未见、前所未闻的财宝。而后将城主安排的另外一座城堡。"④

这说明当时伊斯塔赫尔城和附近的城堡是存在的。波斯波利斯城也是存在的，只是称呼的名称发生了变化，被称为贾穆什德的

① Alireza Askari Chaverdi Pierfrancesco Callieri, *Persepolis West (Fars, Iran)-Report on the field work carried out by the Iranian-Italian Joint Archaeological Mission in 2008–2009*, BAR Publishing 2017.

② Erich F. Schmidt, *Persepolis 1 (Structures, Reliefs, Inscriptions)*, Oriental institute of the university of Chicago 1953, pp.39–132.

③ W. M. Sumner, D. Whitcomb, *Islamic Settlement and Chronology in Pars: an Archaeological Perspective. Iranica Antiqua 34*, 309–324, 1999.

④ Sadr al-Dīn al-Husainī, *the History of the Seljuq State (Akhbār al-dawlat al-saljūqiyya)*, trans by C. E. Bosworth, London &New York: Routledge, 2011, p.33.

都城（Takhet-i Jamushid），后来的文献中也是这么称呼的。今天波斯语中波斯波利斯仍然被称作贾穆什德的都城，可见其历史的传承性，实际上和贾穆什德没有任何关系。此人是《列王纪》的传说人物。按照民间故事其生活的公元前1000年以前，由此可知和阿契美尼德王朝的早期如居鲁士、大流士没有关系，也和波斯波利斯城没有关系，追究其来历是一个复杂的问题，准备专文讨论，此处略而不谈。

　　《法尔斯志》混淆了波斯波利斯和伊斯塔赫尔。此文献记载的是波斯波利斯，而不是伊斯塔赫尔。[1]且将伊斯塔赫尔和马夫达沙特一起记述，称："伊斯塔赫尔是古波斯帝国的都城。其实它是凯于马尔斯（Gayūmarth）[2]初建，后历代帝王续建，尤其是塔赫穆拉斯（Tahmūrath）修建的很多宫殿。贾穆什德（Jamushīd）为波斯和天下之王时，他扩建了伊斯塔赫尔城，（东边）从哈夫拉克（Hafrak, Khafrak）到（西边）拉姆吉尔德（Rāmjird）之境，4法尔萨赫长，10法尔萨赫宽，极其宏伟。城里还修建了三座城堡：第一为伊斯塔赫尔堡；第二座为什卡斯塔赫（Shikastah）堡（破堡）；第三为珊卡万（Shankavān）堡。整个三座城堡被称作斯赫·宫巴丹（Sih Gunbadān，三座圆顶）。接着在山脚下他修建的一座宫殿，这是世界上举世无双的宫殿，对此后文还会叙述。（波斯波利斯北边）山脚下，贾穆什德在坚固的黑色岩石上开凿出一块平台，平台有四边，一边靠山脚，其他三边面对平原，平台高30腕尺。正面修建了两条通道，因此骑着马毫不费力地就可以登到平台顶上。他在平台上用坚硬的白色石头雕琢成柱子，做工精细，超过木雕，技艺高

---

① 《法尔斯志》，第25—26页。
② 波斯文献中提到很多古波斯帝王都是传说中的王朝，很难和历史上的某一个王朝的统治者联系起来。

超，无人堪比。这些柱子很高。一个柱子是这种雕刻花样，其他就是另外式样。尤其剩下的两根柱子，靠近（宫殿）入门处，呈方形，色白如大理石。这种石头在法尔斯全境找不到，也不知道是从哪里运来的。这种石头碎片会治愈伤口，一旦有人受了伤，将碎片磨成粉，涂在伤口上，就可以起到消炎止痛的作用。神奇的是这些巨石柱立在这里，每个柱子周长30法尔萨赫，高也超过40法尔萨赫。每根柱子是2—3块石头建成。而且，这些柱子上能看到雕刻的神马（Burāq），而后还有雕塑，形如人，有脸、胡须、卷发，头戴皇冠，有前腿、后退和尾巴如公牛之状。现在这些柱子的上半部顶端已经烧毁，但其他建筑已经荡然无存。周边有土堆，生在当地的人挖开土堆、冲洗，土堆中找到了印度盐酸，其可治眼疾，但没人知道盐酸怎么融入土里的。在伊斯塔赫尔，到处可以看到贾穆什德的雕像，他是一位有浓密胡须、漂亮脸部、卷曲头发的强悍人物。很多地方立着他的这种雕像，面朝太阳（向南）。他的一只手握着权杖，另一只手握着燃烧的香，正在拜天。另外一些地方，雕像为他的左手捏着一头狮子的脖子，或者抓着野驴的头或是犀牛的角，右手握着一柄长剑，刺向前文所提到的狮子或者犀牛的腹部。在（伊斯塔赫尔北部）山里，他们将坚硬的岩石凿刻为池，可以泡温泉，让水四处流入池中，于是形成了天然的温泉，由此证明这些水的源头在硫黄矿上。（过了伊斯塔赫尔）山顶上有很多大型自然葬台（Daqhmah），人们给其取名为风狱。

马夫达沙特地区的一小部分建有（伊斯塔赫尔）居民住宅，但绝大部分被贾穆什德的宫殿御花园占据。普尔瓦布（Purvāb）河是著名的河流，流经伊斯塔赫尔和马夫达沙特地区。这里的水有益于健康。伊斯塔赫尔的气候冷暖适宜。伊斯兰教兴起初期，伊斯塔赫尔被阿拉伯人征服，零星出现暴动，结果当地居民遭到杀戮，如历史部分所述，这座城市已经毁了。而后，布伊王朝巴卡里加尔（Bākālījār）在位的后期，有位宰相和另一位贵族为仇敌，结果发生了冲突。而后，阿米尔库图鲁米什（Amir Qutulmish）[1]率军与之作战，结果将伊斯塔赫尔城的遗迹彻底给毁了，洗劫整个城市。再后来伊斯塔赫尔城只是变为一个村庄，只有百余人。如前所述，库尔河流经马夫达沙特地区，其源头在卡拉尔（Kallār）附近，流入了巴赫泰甘湖，这种适当之处做叙述。伊斯塔赫尔附近可以看见纳法什特（Nafasht），上面保存着琐罗亚斯德接受的天经《赞德（Zand）经》（即《阿维斯陀经注》——引者）。"[2]

《法尔斯志》记述的内容较长，保留了大量有关波斯波利斯古城的信息，特别提到了宏伟的建筑、使用的建筑材料、雕塑、阿米尔库图鲁米什毁掉伊斯塔赫尔城、河流、物产等内容，有助于我们对这座城市的深入了解。

同样穆斯塔菲也记载了伊斯塔赫尔及其周边的地区，多半是摘录了《法尔斯志》的记载，也增加了一些内容，还存在不准确之处。他说："其位于第三气候区，经度为83°20′，纬度为20′。有一记载称此城是凯于马尔斯（Gayūmarth）王所建，另一记载称是由其子伊斯塔赫尔亲自所建。胡尚（Hūshang）对此城大兴土木，贾穆什德（Jamshīd）时，才完成了这些工程，这个工程浩大，覆盖所有的地域，从哈夫拉克（Hafrak）之边到拉姆吉尔德（Rāmjird）之境，也就是14法尔萨赫长，10法尔萨赫宽。贾穆什德在这里兴建了无法描述的宫殿、花园和村庄。这里山顶上还修建了三座城堡，第一座城堡称作伊斯塔赫尔；第二座为什卡斯塔赫（Shikastah）；第三

---

[1] 此人卒于1064年，是塞尔柱王朝时期诸王之一，曾与塞尔柱王朝统治者阿勒普·阿斯兰争大位，其后统治过小亚细亚的伊克尼亚。

[2] 《法尔斯志》，第25—28页。

为珊卡万（shankavān）。整个三座城堡被称作斯赫·宫巴丹（Sih Gubadān，三座圆顶）。《法尔斯志》的作者称贾穆什德在山根修建了自己的宫殿，并记述称修建在平台上，位于山脚下，平台是用方形黑石所建。平台呈四边形，一边靠山，三边面向平原。平台有30腕尺高，两边有台阶，可拾级而上。平台上有白色圆柱，做工巧夺天工，这些技艺现在（伊利汗国）就是质地较软的木材去做也难以完成。在门口有正方形的柱子，每个支撑着10万曼（Mann）的重量，而在其附近没有看到诸如此类的东西。现在人们从石头上抠下细末，放在伤口可止血。这些柱子上雕刻有翼神马（Burāq）。其面如人面，有卷曲的胡须，头戴王冠，前腿、后退和尾巴如公牛之状。贾穆什德自己的雕像也在此处，雕刻精美。

附近的山上有个浴池，岩石中凿了洞，天然温泉水就流到池子里，因此不用加热。这个山顶上的很大的葬台（Dakhmah），一般人称其为风狱。在穆斯林征服时期，伊斯塔赫尔人不止一次叛教，并且发动了阴谋叛乱，阿拉伯人在此地实施了大屠杀，此地几乎被废。而后，布伊王朝，萨姆萨姆·道拉（Samsām Dawlah）统治时期，阿米尔库图鲁米什（Amir Qutulmish）带军驻扎的伊斯塔赫尔城的对面，并将此城彻底给毁了，而后此逐渐落为一个中等村庄。他们在贾穆什德宫殿遗址中找到了印度盐酸，用来治眼病，但没有人知道这些盐酸是从什么地方和如何运到这里的。在我们时代，人们称呼这个柱子为四十宣礼塔（Minaret）。在 *Majma' Arbāb-al-Maslak* 中说：这些柱子和建筑是巴赫曼（Bahman）之女、胡麦（Humāy）王后的宫殿。在 *Suwar-al-Aqālīm* 中记述，他们说另一边有一座苏莱曼修建的清真寺。因此苏莱曼国王确实有可能将贾穆什德的宫殿变成清真寺，而胡麦反过来将其又改成宫殿，所有说这三种传述都是正确的。现在伊斯塔赫尔平原辽远、广阔、古老，因此这些平原上的一部分地方被称作马夫达沙特(Marvdasht)。这里农作物是粮食和优质葡萄,还有其他水果,尤其甜苹果最为优质。"①

这些内容涉及伊斯塔克地区气候、经纬度、波斯波利斯城的建筑、传说故事、文化变迁、粮食水果等,由此可知在中世纪仍然是著名的地区和古代遗迹分布地,受到人们敬仰。

阿布菲达也记述了此城,他说:"《经度(*'Atwāl*)》说经度为78°30′,纬度30°;伊本·赛义德和《马苏迪天文表(*Qānūn*)》均说经度为79°30′,纬度32°8′。气候极热。伊斯塔赫尔是法尔斯的一座古老的城市,是古代王朝的都城。这些建筑已经毁了。""*al-Azīzī*说从设拉子到伊斯塔赫尔全程有12法尔萨赫。"②哈利康也提到该城。③

这说明此城在中世纪十分重要的城市,是通往伊斯法罕、亚兹德和设拉子的要道。《法尔斯志》说设拉子到伊斯塔赫尔有三站路,相距16法尔萨赫,或17法尔萨赫,④约100公里,与现在里程有出入,两者相距约70公里。但是很奇怪的是在穆斯塔菲的道路里程记述中没有提到伊斯塔赫尔。

今天上述两座城市只是历史辉煌记忆的一部分,完全没有了过去的繁盛和荣耀。

2. 阿布拉吉(Abraj)。今天这一地名保留下来了,是法尔斯地区马夫达沙特县都鲁德赞(Durūdzan)区阿布拉吉乡和同名乡镇(Shahrak-e Abraj)所在,居民共有2 700人。这里有面包店、清真寺、医院等,乡村公路与马夫达沙特城相连,此镇西北不远是都鲁

① 穆斯塔菲,第119—120页。
② 阿布菲达,第2卷,第98页。
③ 哈利康,第1卷,第375页。
④《法尔斯志》,第886、882页。

德赞水坝,文献对该镇的记述基本是准确的,其就在山脚下,旁边就是一条河流,为库尔河的重要支流。马夫达沙特山间盆地平原的西北角,是该县的重要农业区,山上还有成片的森林。森林在伊朗南部是少见的,足见其地理条件的优越。文献对此地多有记载,《法尔斯志》说:"这是山脚下的一个大村庄。山里有他们的确切躲避地,他们挖地为屋,一层建在一层之上。从山上流下来的河水水流很大,整个地区都从这里获取水源。"[1]穆斯塔菲称:"这是个大村庄,位于山脚下。这座山是他们所依赖的,因为他们在山中挖洞为屋,也从山中流下的水,这里人使用。"[2]

阿布拉吉附近的山上城堡(Diz),其一边有坚固的城墙,另一边则无。在没有城墙的这个方向阿布拉吉容易受到攻击。从山上流下了河水,经过城堡。[3]

显然这是中古时期一个很为重要的村庄,为周边提供粮食资源。

3. 阿巴尔古亚赫(Abarqūyah)或阿巴尔古(Abarqūh)。今天这一名称保留下来,但书写略有变化,为阿巴尔古(Abarkūh、Abar Kūh、Abarghoo、Abarkū、Abar Qū、Abarqūh),所属地从法尔斯地区变成了亚兹德省,在亚兹德省西部,是阿巴尔古县同名县城所在地,2011年人口有近2.4万。这里是去往法尔斯、亚兹德、伊斯法罕,甚至去呼罗珊的交通要道,78号公路经过这里,气候相对干旱,北边和东边是辽远荒漠。这里生长有一棵柏树(Sarv-e Abarkuh),高25米,直径有11.5米,据说这个树是亚洲最古老的柏树,有4千年的历史,传说是琐罗亚斯德亲自栽种,成为伊朗的自然文化遗

---

[1]《法尔斯志》,第25页。
[2] 穆斯塔菲,第120页。
[3] 穆斯塔菲,第132页。

产,受到严格保护的,也是当地,乃至伊朗的著名景点。①

　　这里修建有冰窖(Yakhchal),是凯加王朝遗留的建筑,在没有冰箱的时代,起到冷冻和夏季提供冰源的作用,是西亚饮食文化极具特色的一种体现。文献对阿巴尔古有不少的记述。穆卡迪斯说:"阿尔古赫很坚固。这里建筑紧挨在一起修建的,人口稠密,还有一座漂亮的清真寺。"②《世界境域志》也是说:巴尔古(Barqūh)即阿巴尔古(Abarqūh)是"一座极其宜人的城镇;其附近有大灰烬堆"。③记述其独特的人文景观,应该重要的历史遗迹。

　　12世纪的《法尔斯志》记述称:"阿巴尔古亚赫(Abarqūyah)是座小城,周边地域辽阔,气候温和,但比亚兹德要凉爽一些。其水源一部分是于溪流中获取,还一部分是在地下的坎儿井中获取。这里有田地,盛产水果。这里是很惬意之地,气候宜人,(除了上文提到的)不产其他作物。这座城很繁华,此地有座聚礼清真寺。"④穆斯塔菲说:此地"在第三气候区。最初位于山脚下,因此被称作巴尔库赫(Barkūh),意为靠近山,后来建在了现在的位置。这是座小城,气候宜人,水源丰富,既有河水又有渠水。这里粮食和棉花长势良好。此地绝大多数居民为工匠,信仰虔诚,笃行宗教。这里著名人物的墓是掏斯·哈拉麦印(Tāūs al-Haramayn,两个禁地的孔雀),此圣墓很特别,如果给加上顶棚,顶棚马上就会坠落,哪怕是坐垫大小的顶棚也无法支撑。还据说阿巴尔古赫如果犹太人居住此地超过40天就会死,因此这里犹太人很少。他们到这里办事,往往不会超过40天。阿巴尔古赫周边有很多附属之地,其中迪

————————

① https://en.wikipedia.org/wiki/Sarv-e_Abarkuh.
② 穆卡迪斯,第386页。
③《世界境域志》,第129页。
④《法尔斯志》,第23页。

赫·马腊格（Dih Marāgah，或Farāgah）的地方有棵柏树天下有名，而在凯扬王朝（阿契美尼德）时期克什米尔、《法尔斯志》柏树是有名的。现在，这里的这棵柏树长得又高又大，超过其他树，整个伊朗之地没有树能超过的。阿巴尔古赫城和附近地区的税赋达到14万4千金币（Dīnār）"。① 说明在当时这里是重要的税收来源地。

《史集》两次提到了阿巴尔古亚赫，都是作为交通路线提到的。战败的花剌子模沙算端吉亚撒丁（Sultan Ghiyasuddin）试图经克尔曼前往到胡吉斯坦时，与克尔曼的统治者八剌·哈只卜（Baraq Hajip）阿巴尔古亚赫结盟，后来八剌·哈只卜发生矛盾杀了吉亚撒丁。② 该书第二次提到是法尔斯出现变乱之时，蒙古统治者派兵此地前往镇压，结果在此城附近打败了前来阻挡的6千设拉子兵，而后势如破竹制服法尔斯的叛乱者。③

上述记载，我们大致了解阿巴尔古亚赫城的历史变化、气候、文化、自然条件、遗迹、交通等状况。

4. 伊斯非丹（Isfīdān）。此地今天没有保留下来，大致应该离后文提到的库拉德（Kūrad）、卡拉尔（Kallār）不远。《法尔斯志》将伊斯非丹和库黑斯坦一同记述并称："这两处地方很像库拉德。这里气候极端寒冷。附近的山里有个巨穴，在离乱之时，可以避难。"④ 穆斯塔菲基本上重复了《法尔斯志》的记述并称："伊斯非丹是座有城堡的小城"，气候寒冷，"此处附近的山里有个巨穴，在离乱之时，可以避灾"。⑤ 但从斯特兰奇给出地图来看应该在伊格里

---

① 穆斯塔菲，第120页。
②《史集》，第2卷，第51页。英译本，第1卷228页，原文第657页。
③《史集》，第2卷，第324页。英译本，第2卷325页，原文第936页。
④《法尔斯志》，第21—22页。
⑤ 穆斯塔菲，第120—121页。

德西南方位。[①]

5. 伊格里德(Iqlīd)。今天这一名称音译稍有差别,称为埃格利德(Eqlīd, Eklīd, Iqlīd)。这是法尔斯地区埃格利德(伊格里德)县的县城所在地,历史悠久,早在阿契美尼德王朝时期,就出现了原初的名称阿扎尔噶尔塔(azargarta),伊格里德(Iqlīd)名称源自克里德(Kelid),波斯语含义是钥匙,原因就是这里是去往法尔斯,尤其是波斯波利斯的门户要道,古代的御道就经过这里,而其他地方山大沟深,难以通行。伊格里德城附近的三座城堡传说是以伊利亚斯(Elias)、阿斯拉姆(Aslam)和乌尔贾姆(Orjam)三位兄弟的名字命名的。城里有座古老的聚礼清真寺。该县城2011年时人口有4.5万,主街为霍梅尼大街。海拔2 250米,是扎格罗斯山脉中海拔最高的城市之一,距离设拉子有264公里,78号公路经过此城。这里是沙漠和沙区的分界线。这里也是农业大县,主要产品有小麦、大麦、土豆等,果品有葡萄、梨、核桃、苹果等。[②]

《法尔斯志》称:"伊格里德是有城堡的小城,也有座聚礼清真寺。这个气候寒冷,因是其处在寒冷地区,基本凉爽宜人,温度适宜。水质佳,河水多。盛产各种水果,耕地优质,产粮食,不产其他作物。"[③]穆斯塔菲主要摘录了《法尔斯志》的内容,但也增加了一些内容,其称:"伊格里德是有城堡的小城。这里气候宜人,流淌几条小溪。这里产各种水果,也产旱地麦。萨尔马格也是一座小城,情况如伊格里德。萨尔马格的黄梅极佳而甘美,晒干后销往其他地方,因伊格里德、萨尔马格和阿尔加曼有很多所属地

---

① 《大食东部历史地理》,第354页图6。
② https://en.wikipedia.org/wiki/Eqlid.
③ 《法尔斯志》,第23页。

区。"①这里相对自然环境优越，物产丰富，尤其盛产小麦。亚库特也说伊格里德（Iqlīd）"是法尔斯地区伊斯塔赫尔区的一座城。这个区域辽阔，产小麦等。这里的人爱好学术"。②此地地理位置十分重要，是去往亚苏季和亚兹德的必经之路，在中古时期具有重要的地位，也是古丝绸之路的要道。

6. 萨尔马格（Sarmaq）。今天这一名称保留下来了，音译为苏尔马格（Surmaq, Sūrmaq, Soormagh, Sūrmak），是法尔斯地区阿巴代（Ābādeh）县中央区的一座城市，人口有3 000余。③65号公路和78号公路在此汇合，可谓是古今交通要道。《法尔斯志》中的写法和现代写法基本一致，写作苏尔马格（Surmaq），并称这是座小城，此处产杏子，品质极佳，甘甜味美，天下无与此相比者。晒干运往他处售卖，"此地区很繁华"。④"萨尔马格也是一座小城，情况如伊格里德。萨尔马格的黄梅极佳而甘美，晒干后销往其他地方。"⑤附近还有很多地方。

7. 阿尔加曼（Arjamān）。这一名称在地图上已经难以查找，也可能拼写有误。距离苏尔马格、伊格里德不远。《法尔斯志》将其写作阿尔居曼（Arjumān），并说："这是座小城，和伊格里德很相似。此处产杏子，品质极佳，甘甜味美，天下无与此相比者。晒干后运往他处售卖。"⑥这一名称被亚库特拼写成了阿尔胡曼（Arkhumān），可能是将"J"写成"Kh"，并称这是位于法尔斯地区

① 穆斯塔菲，第120—121页。
② 亚库特，第50页。
③ https://en.wikipedia.org/wiki/Surmaq.
④《法尔斯志》，第23页。
⑤ 穆斯塔菲，第121页。
⑥《法尔斯志》，第21—22页。

伊斯塔赫尔区的小城。[1]穆斯塔菲将阿尔加曼和伊格里德、萨尔马格一并提说,气候凉爽,出产品质极佳的黄梅。[2]阿尔加曼和苏尔马格虽然是小城,但在中古时期仍然是比较重要的城市。

8. 巴万(Bavvān)。今天这一地方法尔斯地区巴瓦纳特(Bavānāt, Bawānāt)县的苏尔阳(Suryān),也就是历史上的巴万城,但不能与现在的巴瓦纳特城相互混淆。苏尔阳(巴万)是巴瓦纳特县县城,人口9千余,海拔2 800米,与西北8公里的巴瓦纳特城,西南7公里的法赫拉巴德(Fakharābād)、20公里的萨尔韦斯坦(Sarvestān、Salvestān、Sarvīstān)[3]形式了西北走向一城市群,并且在古代道路的干道上,具有十分重要的地理位置。文献中经常提到此地。穆卡迪斯称:"巴万是一个繁华的地区,一条河从中间流过,形成了两个片区。没有果园。"[4]并说巴万在寒冷区。[5]《法尔斯志》称:"巴万是座小城,有座聚礼清真寺。"这里有很多果园,成片形成树林。其附近是克尔曼(Kirmān)地区。这里气候温和,很多溪流,极其繁华。[6]亚库特言:这是由三部分组成,于是就称作巴万城,在法尔斯地区,介于阿拉建与瑠班建(Nūbādajān)之间。此地位于最为富庶之地。世界上有四个最为富庶惬意的地方,巴万就是其中之一。他又说此地距阿拉建与瑠班建各有16法尔萨赫。巴万的乡村盛产各种甘美爽口的果品,诸如核桃、葡萄干、橄榄等。[7]

---

[1] 亚库特,第20页。
[2] 穆斯塔菲,第120—121页。
[3] 含义是有柏树之地,不能与其他同名地方混淆。
[4] 穆卡迪斯,第385页。
[5] 穆卡迪斯,第394页。
[6]《法尔斯志》,第25页。
[7] 亚库特,第118,119页。

穆斯塔菲说："巴万是座小城，这里生长旱地的粮食和水果，气候宜人。有几条小溪。"①在中世纪是一个比较重要之地。

9. 马尔瓦斯特（Marvast）。今天这一地名保留下来，是亚兹德省哈塔姆（Khātam）县马尔瓦斯特区及其同名区府所在地。马尔瓦尔斯特城人口7.5万，交通便利，82号公路与亚兹德城连接。《法尔斯志》称：马尔瓦斯特是座小城，有座聚礼清真寺。这里有很多果园，成片形成树林。其附近是克尔曼（Kirmān）地区。这里气候温和，分布很多溪流。极其繁华。②"马尔瓦斯特是大村，作物和巴万类似。"③说明这里是古今重要的交通要道。

10. 白扎（Baydā、Beyzā、Beyzā、Bayzā、Tall-e Beyzā、Tal-e Baiza、Tol-e Beyzā、Sepīdān、白城）。今天其是法尔斯地区色皮丹（Sepīdān）县白扎区的区府所在地，2006年人口近3 600。这座城市古代时期被称作纳撒亚克或者纳撒（Nesayak，Nesa），穆卡迪斯说："白扎也就是法尔斯的纳萨。"④在安息王朝时期就以Ns'yk之名被提到了，含义为光明、明亮，阿拉伯人征服此地后沿用了此名。当今考古学家认为古代埃兰王朝的首都之一的安山（Anshan）就在白扎，并做了多次考古发掘，出土大量公元前4000年到公元前7—6世纪的文物，被称为阿契美尼德王朝的摇篮。⑤古典地理学家对这个称号有记载，穆卡迪斯说："纳撒，即白扎，是一座干净、整齐、漂亮的城市。城里有座漂亮的清真寺、一座经常人们拜谒的圣墓。"⑥

① 穆斯塔菲，第121页。
②《法尔斯志》，第25页。
③ 穆斯塔菲，第121页。
④ 穆卡迪斯，第25页。
⑤ https://en.wikipedia.org/wiki/Anshan_(Persia).
⑥ 穆卡迪斯，第382页。

《法尔斯志》说：白扎"是一座小而精干的城市。这里的土是白色的，由此得名。该城的城门前有一个长宽各10法尔萨赫的草地，周边地方没有这么大的地方。附近有很多的村庄，这里产各种水果，口感极佳。这里气候冷暖适宜，周边有不少河流。此城繁华，有座聚礼清真寺。白扎附近有两个村子：阿什（Ash）和图尔（Tūr）"。[1]这两个小村的名称没有保留下来。该书的道路里程说：设拉子到白扎有8法尔萨赫，2站地，约50公里。[2]今天两站地之间约55公里，可见文献记载基本准确。穆斯塔菲说：白扎"是座小城，地为白土，由此该城得到了特殊的名称。此城是谷什塔斯夫（Gushtāsf）所建。这里气候宜人，有几条小溪，此种植旱地作物和水果。其所属很多地方，这里有个草原，长宽10法尔萨赫。很多学问精深的人物出生于白扎城，如法学家纳斯尔丁·白扎维（Nasir ad-Dīn al-Baydawī）就是著名的教法判例（《古兰经》）注释的作者。还有其他人物出生在这里。"[3]穆斯塔菲尽管抄录《法尔斯志》的资料，但也增加一些内容，诸如草原、学者等，我们可以获得中世纪的一些信息。

哈利康提到了此城，并说著名苏非哈拉智（al-Hallaj，梳理羊毛者）的祖籍就在此地。[4]

11. 哈布拉孜（Khabraz）。今天这一名称被称作胡布里兹（Khobriz），是法尔斯地区阿尔森建（Arsanjān）县中心区胡布里兹乡和乡镇所在地，全乡2006年有6千余人，位于巴赫泰甘湖西北，地势平坦，农业发达。这里是交通要道，去往县城和设拉子的道路

①《法尔斯志》，第29—31页。
②《法尔斯志》，第833页。
③ 穆斯塔菲，第121页。
④ 哈利康，第1卷，第423页。

经过这里，镇里有药店、饭店、杂货店、清真寺等。《法尔斯志》将哈布拉孜和萨尔瓦特（Sarvāt）一并提到，并称："这是座小城，周围有很多的地区，都是重镇。这里气候冷暖适宜，有很多河水和泉水，盛产各种水果。这一地区很兴旺，首府城市有聚礼清真寺。"[1]穆斯塔菲也说："哈布拉孜是座小城，气候宜人，有几条溪流，盛产农作物和水果。"[2]说明这座城市从古至今有一定的影响，至少从文献记载中看是这样的。

12. 阿巴达赫（Abādah）。今天这一名称阿巴代赫·塔什克（Abadeh Tashk，或 Ābādeh Ţashk、Ābādeh-ye Ţashk、Ābādeh-i-Tashk、Ābādeh-ye Ţashk、ashk、Ābādī-ye Tashk），在巴赫泰甘湖的北岸，是法尔斯地区内里兹（Neyriz）县阿巴代赫·塔什克区的区府，2006年人口有6 000余。[3]

《法尔斯志》称："阿巴达赫是座小城，有坚固的城堡。这里气候宜人，水源取自库尔河的富余水。附近就是湖（巴赫泰甘湖——引者）。这里盛产葡萄。管辖的哈苏亚赫（Hasūyah）在附近，很繁华。"[4]穆斯塔菲基本重复了《法尔斯志》的记述，也增加了一些内容，称："阿巴达赫也是座小城，有坚固的城堡。这里气候宜人，水源取自库尔河的富余水。这里产粮食和水果，其附近有很多村庄。其税赋达到2万5千5百金币。"[5]说明在中古时期也是相当重要之地。

13. 萨尔瓦特（Sarvāt），或萨尔瓦布（Sarvāb）。这座城市不存

---

① 《法尔斯志》，第22页。

② 穆斯塔菲，第121页。

③ https://en.wikipedia.org/wiki/Abadeh_Tashk.

④ 《法尔斯志》，第30页。

⑤ 穆斯塔菲，第121页。

在了,但斯特兰奇考证说萨尔瓦特卡马赫(Kamah),即当时的卡敏(Kamīn)之南不远,其位于现在的卡里拉克(Kalīlak)。①笔者以为从文献给出的距离来判断,其位置应该法尔斯地区帕萨尔加德(Pāsārgād)县县城萨达特·沙赫尔(Sa'ādat Shahr、Sa'ādatābād)所在比较合适。伊斯塔赫尔提到了这一地名,写作萨尔瓦布(Sarvāb)穆斯塔菲将此城和哈布拉孜、阿巴达赫一并提到,是座小城,气候宜人,产粮食和水果。②

14. 哈布拉克(Khabrak)。这一地名后来音变为哈夫拉克(Khafrak)。按照文献记载此地在普尔瓦布河岸边,而在法尔斯地区马夫达沙特县赛伊丹(Seyyedān、Sa'īdān、Saidūn、Seydān)区的上下哈布拉克(Khafrak)乡就在普尔瓦布河岸边,共有9个村。③《法尔斯志》将哈布拉克与卡里一并提到,并说:"哈布拉克是一个很大的村庄,卡里有一片草原,长有5—6法尔萨赫。这里气候冷,有益于健康,也有猎场。这里的水取自普尔瓦布河。此地区很繁华,附近是胡瓦尔村,其气候和水源已前述,这里还有叫胡瓦尔的城堡(Qal'ah Khuwar)。"④从上文记述可知:这里气候宜人,水源丰富,人口稠密,还是很好的猎场。穆斯塔菲说:"这是两个村庄(哈布拉克和卡里),盛产粮食,卡里村的地方产一些水果。"⑤他的记述尽管很简洁,但至少可知这里盛产粮食和水果。

看来这是中古时期仍然存在的地名,但是《史集》中没有查找到。今天已经难以查找到了。

---

① 穆斯塔菲,第121页注释4。
② 穆斯塔菲,第121页。
③ https://en.wikipedia.org/wiki/Khafrak-e_Olya_Rural_District.
④《法尔斯志》,第30页。
⑤ 穆斯塔菲,第122页。

15. 库拉马赫（Khurramah）。今天这一名称拼写为海拉梅（Khirāmah、Kharāmeh、Karameh）城，是法尔斯地区海拉梅县县城所在地，2006年人口有2万余，设拉子东边80公里，著名的巴赫泰甘湖就在其北边，该县旅游资源丰富。这是农业为主的县，小麦为最大宗。穆卡迪斯说设拉子到库拉马赫有两站路，也就是70—80公里。[①] 和今天的里程基本一致。他称："这是一个很广的地区，物价便宜。这里有座城堡。这里饮水取自坎儿井的河渠。"[②]《法尔斯志》说这是"有坚固城堡的惬意小城。其气候宜人，流淌着几条小溪，这里盛产粮食和水果。这里有座城堡，在山顶上，极为坚固，被称作库拉马赫堡（Qal'ah Khurramah）。这个座城市有一个聚礼清真寺"。[③] 从这一记述可知，这里气候宜人，物价便宜，水源充足，盛产粮食和水果，城堡坚固，是一处宜人之地。穆斯塔菲基本抄录了《法尔斯志》的记述，只是语句上略有差别。[④] 说明这里在中古时期还是相当重要的城市。

16. 拉姆吉尔德（Rāmjird）。今天是法尔斯地区马夫达沙特县都鲁德赞区的区府，2006年人口有2千余，这一名称一度称为库什卡克（Kushkak, Kūshkak）。《法尔斯志》说："这一地区在库尔河岸，这条河的一处曾经建立过一座水坝，以便用充足的水源灌溉周边的土地，但在混乱之时（阿拉伯攻打波斯），此堤坝毁了，拉姆吉尔德周边的土地都撂荒了，最近的阿塔里·朝里时代修复了大坝，重新复耕了这些土地。这个周边的土地被称作法黑里斯坦（Fakhristān，这一名称是以阿塔毕Fakhr ad-Dawlah名字命名的）。

---

① 穆卡迪斯，第385页。
② 穆卡迪斯，第386页。
③《法尔斯志》，第30页。
④ 穆斯塔菲，第122页。

这里的气候冷热适宜，盛产粮食，但不产水果。"①这里布伊王朝时期修建的水坝，在塞尔柱时期进行了修复，并为当地提供了灌溉便利。此地盛产粮食和水果，因处在马夫达沙特大平原上，距离著名的波斯波利斯和古城伊斯塔赫尔不远。亚库特只说这是法尔斯地区的城市，没有详述。②

穆斯塔菲基本抄录《法尔斯志》的内容，也增加了一些新内容，并说这"是位于库尔河流域的一个区。这里修建一个水坝拦截河水来灌溉村中的土地。但大坝毁了，这一地区的粮食颗粒无收。而后，阿塔别·朝里修复了大坝，此地恢复往日的生机。这个区的首府马因（Māyīn）城的市场和其他财税收入达5万2千5百金币"。③穆斯塔菲提供的信息说明在伊利汗国时拉姆吉尔德地位仍然相当重要。

17. 萨哈赫（Sāhah）或萨黑客（Sāhik）。今天的恰哈克（Chāhak），是亚兹德省哈塔姆（Khātam）县中心区恰哈克乡乡镇所在地，2006年人口有近2 600，是古今的道路要道，去往亚兹德城的道路经过这里。这座城市虽很小，但历史悠久，文献多有记载。穆卡迪斯称："萨哈赫是座小城，人民知书达礼，善待外乡人，善书《古兰经》。"④《法尔斯志》中萨哈赫（Sāhah）与哈拉特（Harāt）一起提到，他说："这两城都是小城。这里气候温和，但水源缺乏。萨哈赫炼铁，做成的钢可以制作剑和其他利刃，于是这座城市被称作恰哈基（Chāhakī）。这两座城市皆很繁华，每座城都有聚礼清真寺。"⑤

---

① 穆斯塔菲，第121页。
② 亚库特，第253页。
③ 穆斯塔菲，第122页。
④ 穆卡迪斯，第386页。
⑤《法尔斯志》，第24—25页。

从文献知道恰哈克的来历。亚库特说萨哈克（Sāhak，即萨哈赫）是法尔斯的城市和伊斯塔赫尔的一个区。[①]

　　穆斯塔菲基本转抄了《法尔斯志》的内容，简略地说：这是座小城，"萨黑客，有一个钢铁矿。产粮食和水果"。[②]14世纪后其他文献中很难找到这一地名。

　　18. 哈拉特（Harāt）。今天这座城市还存在，是亚兹德省哈塔姆（Khātam）县县城所在，2006年人口有1万，82号公路连接着东边的沙赫尔巴巴克城和北边的亚兹德城。城在大沙漠的中心绿洲上，有几条季节性的河流，水源缺乏。这里有清真寺、商店、师范学校等。这座城市虽小，历史上很有名，文献有记述。穆卡迪斯说："哈拉特是小城，城里有座清真寺，店铺稀，屋宇少。大部分的市场和建筑物修建在城外郊区，这里有一条很大的河穿城而过。该城有一座城门。周边有很多漂亮的果园，产优质的苹果、橄榄和其他水果。但这里水糟糕透顶。据说这里的女人春暖花开时就会叫床，如同猫咪发情一样吼叫。"[③]《法尔斯志》中哈拉特（Harāt）与萨哈赫（Sāhah）一起提到了。[④]穆斯塔菲说这是座小城，"产粮食和水果"，[⑤]是对《法尔斯志》传抄，但说明在中古时期至少是存在的。

　　19. 库特鲁赫（Qutruh）。今天写作卡特鲁叶赫（Qaṭrūyeh、Ghotrooyeh、Qaṭrū'īyeh、Katru、Qatru），法尔斯地区内里兹县的一个区和一座城，2006年人口有2 000余，是通往克尔曼的门户，86号公路经过这里，连接着西边的设拉子和东部的克尔曼首府锡尔

---

① 亚库特，第371页。
② 穆斯塔菲，第122页。
③ 穆卡迪斯，第385页。
④《法尔斯志》，第24—25页。
⑤ 穆斯塔菲，第122页。

詹。[1]位于沙漠边缘的山间绿洲上,有几条季节性的河流,附近有内里兹钢铁厂。显得十分干旱,和文献记载有差别。

《法尔斯志》说:这"是座小城,气候宜人,有几条河水。这里产粮食和水果。此地现在是由哈苏亚统治。这里炼铁,地区繁华"。[2]穆斯塔菲说这"是小城,气候宜人,有几条小溪。这里产粮食和水果,还有一个铁矿"。[3]说明这里气候宜人水源丰富,盛产粮食,还产铁。

对这座城市,14世纪的文献记载不是很多,但大致清楚在那个时代具有重要地位,尤其去往亚兹德城扮演着重要角色。

20.库米沙赫(Qumishah)。今天这座城市的名称沙阿里萨(Shahrizā),这座城市2006年人口近11万,在德黑兰508公里,伊斯法罕南80公里,处在从西北向东南经过扎尔德·库赫(Zard Kūh)山脉的山谷中,气候凉爽。这里因有沙阿礼扎圣徒的墓,将库米沙赫之名改称近名。这个也是伊朗著名的旅游城市,有很多的景点。这里也是交通要道,63号、65号、72号公路会于此,向北可以去德黑兰,72号公路向西可以到达波斯湾;63号公路向西南最后也可以到达波斯湾;65号公路可以到设拉子,而后到波斯湾。这三条道路北上可以到德黑兰。《法尔斯志》没有将这座城市划入法尔斯地区,而是归入伊斯法罕地区,因为《法尔斯志》说法尔斯的边界是亚兹德哈瓦斯特。[4]

穆斯塔菲将此地纳入法尔斯,并距离伊斯法罕有14法尔萨

---

① https://en.wikipedia.org/wiki/Qatruyeh.

②《法尔斯志》,第29页。

③ 穆斯塔菲,第122页。

④《法尔斯志》,第18页。

赫，[1]也就80余公里，和今天的距离接近，还说这座城市"先前，这里属于（波斯）伊拉克省，其位于法尔斯和伊拉克的边界。其附近有库兰剑（Qūlanjān）堡，是用土坯修建的，以及其他很多地方属于库米沙赫。其气候类似伊斯法罕。其水取自水渠。这里的作物有粮食、水果、葡萄等。这里人的性格和脾气与伊斯法罕类似。但这里人甚至有迥然不同的想法"。[2]中古时期这里同样是交通要道，从这里北上经过伊斯法罕城，可以到当时的重镇拉伊城和德黑兰城，再向西可以到当时伊利汗国都城大不里士城、孙丹尼牙城。因此穆斯塔菲给出了从孙丹尼牙到凯斯（Qays）岛，也就是霍尔木兹岛交通路线的里程距离。[3]显然这是通往波斯湾的要道，也是海上丝绸之路的重要组成部分，伊利汗国与元朝在海上往来应该走的就是这条道路。伊本·白图泰从东向西走的一段路似乎和这条相汇合了。由此可见，这座城市在中古时期的交通路线中发挥着重要作用。

21. 卡姆费鲁兹（Kāmfīrūz）。今天这一地名保留下来了，是法尔斯地区马夫达沙特县卡姆费鲁兹区的区府所在地，2006年人口有2 000余，此区西边就是成片的森林，是伊朗森林公园，与历史记载以及很多传说完全相符，但是狮子完全绝迹。[4]《法尔斯志》称："这是一个库尔河沿岸的地区。此地有一大片的橡树林，常有大量猛狮出没，数量极多，他处所无有，这里的勇猛、暴烈。此处气候寒冷，但宜人，水源是从库尔河中获取，甘美可口。"[5]这里山区，自然

---

① 穆斯塔菲，第58页。

② 《法尔斯志》，第30页。

③ 穆斯塔菲，第175—176页。

④ https://en.wikipedia.org/wiki/Kamfiruz.

⑤ 《法尔斯志》，第24页。

条件良好,有成群的狮子出没,但今天已经绝迹。

穆斯塔菲基本上摘录了《法尔斯志》的内容,略有损益,说:"这是一个库尔河沿岸的地区。此地有成片的森林,常有猛狮出没。"[①]显然中古时期不一定可见狮子出没,此时可能狮子已经绝迹了。

此地在中古时期一个重要的农业区和林业区。

22. 卡尔巴勒(Kirbāl)。今天这一名称不复存在了,应该在马夫达沙特县南边班德阿米尔水坝一带,这座水坝就是布伊王朝阿都德·道拉修建的,文献中经常提到,至今发挥着作用。这座水坝在谷歌卫星地图上可看到清楚的图片。《法尔斯志》称卡尔巴勒分为上下两部分,"这一地区流过的库尔河上修建有三个大坝,用来提灌这里的土地。这两个区中,一个是热区,一个是冷区。这里有耕地种粮食。"[②]穆斯塔菲虽然摘录了《法尔斯志》的内容,但也增加一些材料并称:"此名称是指库尔河流域的上下(卡尔巴勒)地区。上(卡尔巴勒)地区从阿都德·道拉修建的阿米尔坝(以上)起;下(卡尔巴勒)地区从(前文提及)阿塔别·朝里修葺的卡斯尔坝(以上)起。"[③]这主要记述阿米尔坝对这地区的水利和农业中发挥的作用,至今这座大坝依然存在,还发挥着重要的作用。

23. 卡敏(Kamīn)。今天这座城市名不存了,但以法尔斯地区帕萨尔加德(Pasargad)中心区卡敏乡的名称保留下来。这一地方在县城南边,按照距离判断也可能就是今天的萨阿达特沙赫尔(Sa'ādat Shahr)城,是在普勒瓦尔(Pulvar)河的南岸。[④]《法尔斯

---

① 穆斯塔菲,第122页。

②《法尔斯志》,第29页。

③ 穆斯塔菲,第122页。

④ https://en.wikipedia.org/wiki/Saadat_Shahr.

志》说中将卡玛（Kamah）即卡敏、拉斯拉、法鲁克一起提到了，并称这三个城"是小城。这里气候寒冷但舒适。这里有很多河流，盛产各种水果。周边有狩猎场。所有地区都很繁华，主要城市有座聚礼清真寺"。[1]穆斯塔菲将卡敏和法鲁克一起记述，称这"是两座城市，所属很多之地。这里气候宜人，有几条溪水，这里盛产粮食和水果。此地还有很多猎物"。[2]

这座城市在古今历史上，尤其在中古时期是重要的交通要道，从此地北上到伊斯法罕，而后到拉伊，也就是今天德黑兰之南；向南经过设拉子，再到达波斯湾。其为是海上丝绸之路的重要路线。今天65号公路经过这里连接着伊斯法罕和设拉子。

24. 法鲁克（Fārūq）。此地今天还存在，是马夫达沙特县赛伊丹（Sa'īdān）区拉赫迈特（Rahmat）乡的一个村子。《法尔斯志》中提到了此地。[3]见上文穆斯塔菲将法鲁克和卡敏一起记述。[4]今天此地已经远离干道，但穆斯塔菲给出的道路里程中说：此城距离马夫达沙特和凯纳雷（Kinārah）有了法尔萨赫，[5]也就是约20公里，距离卡敏也是3法尔萨赫，即约20公里，说在古代和今天所经过的路线略有变化，也就是说古代的道路直接从今天的法鲁克村北上，翻过直接到卡敏，也就是今天的萨阿达特·沙赫尔城，与今天距离16公里比较接近。

25. 库拉德（Kūrad）。这座城市在库尔河的源头，今天这座城市有很多名称（Eslāmīyeh、Dez-e-Kord、Dez Gerd、Dezhkord、Dez

---

① 《法尔斯志》，第24页。

② 穆斯塔菲，第122页。

③ 《法尔斯志》，第24页。

④ 穆斯塔菲，第122页。

⑤ 穆斯塔菲，第178页。

Kard、Dez Kord、Dīzeh Kard、Dīzeh Khowrd、Dīz-i-Kurd、Jadval-e Now），属于法尔斯地区埃格里德县塞得（Sedeh）区迪兹库尔德（Dez-e-Kord）乡，2006年人口有5 500余。也是交通要道，78号公路经过这里，连接着亚苏季城和亚兹德城，是古丝绸之路的重要组成部分。古代有条连接伊斯法罕与设拉子的道路，今天这条道路已经衰落了，只有便道连接着伊斯法罕与设拉子。不过，此处是库尔河的源头，形成了巨大落差，附近修建有以伊朗17世纪著名哲学家穆拉萨德拉命名的水库，是库尔河的重要水源和发电厂，为这里提供丰富的电力和水利资源。这一地名在古典地理文献中已经提到过，只是写法略有不同，更接近当今的拼写。穆卡迪斯在道路里程中将库尔德（Kūrd）即库拉德和卡拉尔一起提及，并说扎布（al-Zāb）到库尔德和卡拉尔有一站路，这两处地方到设拉子有5站路。[1]他还说："库尔德繁华，山区有核桃和水果。饮水取自河水。"[2]《法尔斯志》说："库拉德（Kūrad）是座小城。"这里气候较冷，周边的乡村产粮食，"有几条河水，并且库尔河的源头就在这一地区。这里很繁华"。[3]穆斯塔菲主要摘自《法尔斯志》的内容，他也说："库拉德是座小城。"因气候冷，周边仅有旱田作物。[4]

26. 卡拉尔（Kallār）。今天这一地名不存在了，应该就是迪兹库尔德乡中的一个村。穆卡迪斯在道路里程中将卡拉尔和库尔德（Kūrd）即库拉德一起提到了。[5]《法尔斯志》中将此地和库拉德一起提到，说"卡拉尔是一个大村"，周边很大的区域，产农作物，气

---

① 穆卡迪斯，第403页。
② 穆卡迪斯，第385页。
③《法尔斯志》，第21页。
④ 穆斯塔菲，第122页。
⑤ 穆卡迪斯，第403页。

候寒冷，有河流，特别提到了库尔河。[①]穆斯塔菲的记录摘自《法尔斯志》，并和库拉德一起提到，并说："卡拉尔是一个大村，都在一个地区。这里产旱地作物，因气候寒冷。"[②]说明在中古时期这个村庄应该存在的。

27. 马因（Māyīn）。现在这是法尔斯地区马夫达沙特县都鲁德赞区阿巴尔吉（阿布拉吉）乡的一个村，2006年人口有765。[③]但在历史上是座小城，文献有记载。穆卡迪斯说："马因是在去往伊斯法罕的干道上，很繁华。盛产水果。"[④]《法尔斯志》说马因城"是座山中关隘脚下的小城，这里有很多道路汇合。这里气候寒冷，有几条河流，水质甘美。这里产粮食和水果，但产量不高。此地人多以盗贼剪径为业"。[⑤]亚库特说：马因（Māyin）"位于法尔斯的设拉子"。[⑥]但没有详述。穆斯塔菲说："马因（Māyīn）城的市场和其他财税收入达5万2千5百金币。"[⑦]这"是座山中的小城，去往库舒克·伊·扎尔德（Kūshk-i-Zard）的道路上。这里气候适宜，但寒冷。这里流着几条河，作物为粮食和葡萄。此地人多为盗贼。这里有谢赫古勒·安达穆的圣墓。马因关的脚下有伊玛目木萨·卡孜姆（Mūsā-al-Kāzim）之子伊斯马伊勒的墓。马因（前文所说）拉姆吉尔德地区的首府"。[⑧]穆斯塔菲提供的信息说明在伊利汗国时期马因地位仍然相当重要，尤其在交通、农业、税收中发挥重要作用。

---

① 《法尔斯志》，第21页。
② 穆斯塔菲，第122页。
③ https://en.wikipedia.org/wiki/Ramjerd.
④ 穆卡迪斯，第385页。
⑤ 《法尔斯志》，第23页。
⑥ 亚库特，第516页。
⑦ 穆斯塔菲，第122页。
⑧ 穆斯塔菲，第123页。

28. 乌尔德（Urd）。今天此地已经无法找到了，但在常见文献中有记述。穆卡迪斯称："乌尔德是一个很大的城堡，有繁华的郊区。其被称作哈尔（al-Har），一般算作伊斯法罕所属的城市。"[1]他说："巴加（Bajja）是很大的城市，在山区，清真寺在市场内。乡村有两站长。这里降雪。"[2]从穆卡迪斯的记载来看，应该是属于伊斯法罕地区的地名。《法尔斯志》中提到了这一地名，并有大小乌尔德，其称："这是一处30法尔萨赫长、3法尔萨赫宽的草原。草原所在的地区有很多村庄，是国有采邑地，给国家缴纳土地税。这一地区的首府为巴加赫（Bajjah）。这里极寒，故无树与果园。山中和平原均有很多泉水。""这一地方最繁华的村庄有迪赫·吉尔都（Dih Girdū，核桃村，引者）、阿巴达赫（Abādāh）、舒里斯坦（Shūristān）等"以及库舒克·伊·扎尔德（Kūshk-i-Zard）村。[3]这几个村庄在该书的亚兹地赫瓦斯特条中提到了。亚库特较为简略，但比较有概括性说：乌尔德（Urd），这是法尔斯地区的一个地区，其首府为提马利斯坦（Timāristān）。[4]这里给出了一个重要的信息就是其首府为提马利斯坦城，但其他文献都说此地是一个村庄。

穆斯塔菲也提到了阿瓦尔德（Avard）或乌尔德（Urd）这一地名，"现在叫库舒克·伊·扎尔德（Kūshk-i-Zard）。这是很优质的草原，很辽阔，有不少泉水。气候寒冷，草适合生长。这里很多的村庄，诸如巴加赫、塔米尔罕（Tamīrkhan）和其他村。该草原长10法尔萨赫，宽5法尔萨赫"。[5]这些内容似乎看到了《法尔斯志》内

---

[1] 穆卡迪斯，第385页。
[2] 穆卡迪斯，第382页。
[3]《法尔斯志》，第21页。
[4] 亚库特，第21页。
[5] 穆斯塔菲，第133页。

97

容的影子。亚库特记载为塔麻斯坦(Shamastān)。[1]

此地在历史上无论是村庄还是城市，由于周边具有良好的自然环境而成为重要的牧场，也是交通中心，在南波斯地区发挥着重要作用。

29. 亚兹地赫瓦斯特(Yazdikhwāst)。今天这一地名保留下来了，但拼写略有变化，亚兹德哈斯特(Īzadkhvāst, Īzad Khvast, Īzad Khast, Yazd-e Khāst, Yazd-e Khvāst, Yezd-i-Khast, Samīrum)，是法尔斯地区阿巴代县的一座城市，2006年人口有7千余。这是伊斯法罕与设拉子之间65号公路法尔斯地区的第一座城市。这里有著名的历史建筑遗迹，包括城堡、驿站和桥梁等，其风格融合了不同时期的建筑风格：早期的萨珊风格和晚期的恺加王朝风格。[2]《法尔斯志》中称："这一地方和迪赫·吉尔都(Dih Girdū, 核桃村——引者)、舒里斯坦(Shūristān)、阿巴达赫(Abādāh)和其他地方的村庄都在寒冷地区，产粮食，但不产水果。这里有很多的河流和泉水，但舒里斯坦(盐碱村)的水是苦的。"[3]穆斯塔菲说这"是两个村庄，有很多小村庄，诸如萨尔韦斯坦和阿巴达赫(Abādāh)，还其他类似的所属之地。这里是冷区，种植有旱区作物，除了核桃外，没有其水果"。[4]说明在伊利汗国此地在交通、战略、商业等方面占有重要地位，近现代很多西方游记中提到此地，是重要的交通要道。

30. 阿巴代，或阿巴达赫(Abādah, Ābādeh)。该地名和巴赫泰

---

① 亚库特，第394页。

② https://en.wikipedia.org/wiki/Izadkhast.

③《法尔斯志》，第22页。

④ 穆斯塔菲，第123页。

甘湖的北岸斯省内里兹(Neyriz)县阿巴代赫·塔什克相混淆。[①]
该地在亚兹地赫瓦斯特之南，苏尔马格(Surmaq)之北，是法尔斯
地区阿巴代县同名县城，2006年人口有5万，海拔有1 890米，在山
间盆地的肥沃平原上，是法尔斯地区北部最大城市，产粮食、水果、
木器，尤其阿巴代毯很有名。其气候属大陆干燥性气候，夏天炎热
干燥，冬季潮湿阴冷，昼夜温差较大。[②]65号公路经过这里，连接着
伊斯法罕与设拉子。《法尔斯志》、穆斯塔菲均提到了此地，说是小
村庄。[③]亚库特提供了更多的信息，他说阿巴代(Abādah)是法尔
斯一座小城，有一座城堡守护。这里是库尔河(Kūr)发源地，盛产
小麦和葡萄。这里附近有很多的村庄，税收为25 500迪纳尔。[④]显
然和前两位记述者有较大的差别，可能在蒙古西征过程中受到了
破坏，也可能是传抄古文献造成的结果。

31. 乌格达(ʻuqdah)。今天拼写为阿格达(ʻAqdā，或 Aghda)，
是亚兹德省阿尔达坎州阿格达区和区府。阿格达城人口有1万5
千，是去往亚兹德和伊斯法罕的通道。但在中古时期这是属于法
尔斯地区东北最为边缘的城市之一。亚库特说这是法尔斯的城
市，靠近亚兹德地区的沙漠边缘。这座城市比起法尔斯的其他城
市都要遥远。[⑤]

32. 法赫拉季(Fahraj)。今天这一地名仍然留存，位于亚兹德
城西南，相距34公里，与文献记载基本一致，是亚兹德省亚兹德县
中心区法赫拉季乡同名村，78号公路经过这里，连接着克尔曼、亚

---

① https://en.wikipedia.org/wiki/Abadeh_Tashk.

② https://en.wikipedia.org/wiki/Abadeh.

③《法尔斯志》，第22页；穆斯塔菲，第123页。

④ 亚库特，第7页。

⑤ 亚库特，第404页。

兹德和法尔斯。2006年，人口有约2 700。文献对此地记载不多，亚库特说：这是法尔斯与伊斯法罕之间城市，是属于法尔斯伊斯塔赫尔地区。这里有个演讲台。法赫拉季距离亚兹德地区首府卡斯（Kathah，即亚兹德城）有5法尔萨赫；法赫拉季距离阿纳尔有25法尔萨赫。[①]

33. 麦布德（Maibud）。亚库特说：麦布德归入伊斯塔赫尔区，因此可以说属于法尔斯，其在通往伊斯法罕的道路上，距离亚兹德边界有10法尔萨赫，距离法尔斯的乌格达（'Uqdah）城有相同的距离。[②]

34. 纳因（Nayin）：这是伊斯法罕地区的大城，名叫纳因。东经为80°45′，纬度为28°20′，在第三气候区。伊斯塔赫尔说这座城市在法尔斯的伊斯塔赫尔区，介于法尔斯与伊斯法罕之间。应该就是这两个地区之间的城市。[③]

35. 鲁赞（Rūdhān）：此地为法尔斯地区的阿巴尔古亚的小城。伊本·班纳（Ibn Bānna）的说法，鲁赞是克尔曼的一个地区，共有三个城市：阿纳斯（Anās）、阿扎卡（Adhkā）。阿纳斯城在该地区的边上，介于两省（克尔曼和法尔斯）之间，说明其所处地区的辽阔和广大。亚库特说这座城市是这一地区的一部分，而该地区又是伊斯法罕的一部分，如同伊斯塔赫尔是法尔斯的一部分一样。拉赞有一座有八个城堡的城市，还有座漂亮的清真寺。这里的居民多从事漂染和纺织。该城周边有很多果园和被隐没在绿色的墓园。这里发源有一股泉水，但周边都是沙漠。这里人口稠密。该地区

---

① 亚库特，第426—427页。
② 亚库特，第556页。
③ 亚库特，第561页。

宽60法尔萨赫。伊斯塔赫尔说这里水果很多。[1]

这里的城市还有舒里斯坦(Shūristān)、[2]迪赫·吉尔都(Dih Girdū, 核桃村)、[3]迪赫·伊·莫尔德(Dih-i-Mūrd)、[4]拉丹(Rādān)、[5]库舒克(Kūshk)、[6]尔德·法纳·胡斯罗(Kird Fanā Khusraw)、[7]苏迈鲁木(Sairam)、[8]哈斯纳(Hasnah)、[9]胡尔马克(Khurmak)、[10]萨尔玛干(Sarmaqān)、[11]巴建(Bājān)、[12]贾兰建(Jālanjān)、[13]法赫拉季(Fahraj)[14]、扎高格(Zaqawqā)、[15]卡萨(Kathah)、[16]穆什坎(Mushkān)[17]等,篇幅之因不再细列。

伊斯塔赫尔区是古波斯文明的发祥地,也是绿洲经济比较发达的地区,在波斯历史上占有特殊地位,因此这里有很多的城市和文化遗迹,但中世纪后有所衰落。

----

[1] 亚库特,第265—266页。
[2]《法尔斯志》,第21页。
[3]《法尔斯志》,第21页。
[4] 穆斯塔菲,第123页。
[5] 穆斯塔菲,第123页。
[6] 穆斯塔菲,第123页。
[7] 亚库特,第478页。
[8] 亚库特,第317页。
[9] 亚库特,第191页。
[10] 亚库特,第206页。
[11] 亚库特,第311页。
[12] 亚库特,第82页。
[13] 亚库特,第195页。
[14] 亚库特,第426—427页。
[15] 亚库特,第286页。
[16] 亚库特,第475页。
[17] 亚库特,第535页。

# 第三章　撒布尔区历史地理考察

## 第一节　撒布尔区概要

　　撒布尔州位于法尔斯地区的西北边,今天属于布什尔省、胡齐斯坦省等,与历史上的行政区划有区别。文献对这个区有较多的记述。穆卡迪斯说:"撒布尔是一个很舒适的地区,每处果园中有椰枣树、橄榄、香橙、洋槐、核桃树、扁桃、无花果、葡萄、荷花、甘蔗、紫罗兰、茉莉花。河水流淌,到处是水果。乡村连陌,1法尔萨赫的距离中行走林荫之中,犹如粟特。每1法尔萨赫就有一个馕房和蔬菜店。这里靠近山区,其首府为沙赫尔斯坦(Sharistān)。"①这一地区物产丰富,穆卡迪斯特地提到(补充)。②《法尔斯志》称:"这个区的名称取自(萨珊王朝建立者)阿尔达希尔之子撒布尔。这一地区的首府是比沙乌布尔(Bishāvbūr)。这里还有其他城市和次地区,如下文中记述。"③穆斯塔菲基本上抄录了《法尔斯志》的内容,

---

① 穆卡迪斯,第376页。
② 穆卡迪斯,第390页。
③《法尔斯志》,第330页。

但也增加了不少内容，他说："该州的名称取自阿尔达希尔·巴巴甘之子撒布尔。最初的首都在比沙乌尔（Bishāvur），但现在就在卡泽伦（Kāzirūn）城。"[1]该州在法尔斯地区或者伊利汗国的历史上占有十分重要的地位，尤其是在连接伊拉克时或者在海上丝绸之路上扮演着极其重要的角色。这里有很多历史名城，物产丰富，河流众多，气候多样，文化类型不同，历来为历史学家、地理学家或者政治家所重视。

## 第二节 撒布尔区的主要城市

1. 卡泽伦（Kāzirūn）城。卡泽伦是法尔斯地区卡泽伦县同名县府所在地，位于法尔斯地区西北部，与设拉子几乎同一纬度，相距92公里，多条公路与外界相连，是丝绸之路上的著名城市。2017年人口为14万。整个地区位于扎格罗斯山脉的山间盆地，其长约61公里，平均宽约7公里，面积有427公里，土地肥沃，气候冷热适宜，年降雨达257毫米。卡泽伦是法尔斯地区的重要农业区，产柑橘、椰枣、小麦、棉花、葡萄、烟草、稻谷等。这里有很多条小河，成为撒布尔河的支流源头。其东南19公里处有帕里尚（Parishān）湖，是该县最大的淡水湖，本来湖水有90平方公里，现在缩小4平方公里。此城北边约19公里就比撒布尔城。[2]古典地理学文献对卡泽伦有大量的记述，诸如："卡泽伦很繁华，很大，这是波斯的达米埃塔（Damietta），[3]因为这里纺织的亚麻刺绣布和（埃及）沙

---

[1] 穆斯塔菲，第125页。

[2] https://en.wikipedia.org/wiki/Kazerun.

[3] 埃及尼罗河三角洲支流入地中海的著名港口和城市。

塔（Shātā）一样精美。如果这种布除了在塔瓦吉纺织，就在这里纺织。此城每个方向都有城堡，果园、椰枣树从南到北密布。这座城里有很多钱庄商人，还有一座大市场、农产品、水果、建筑物、树木、漂亮的屋宇。清真寺可以经过高台才可进入。市场少，商人位置不多，因为阿杜德·道拉要求大量的钱庄商人进驻到一座建筑里，这位统治者每天从这座建筑物收取10万银币。城里的钱庄商人居住在安全的漂亮楼宇中。锡斯坦的乡村和这里乡村相似，这里有很多村庄，有很长的城墙、密布的椰枣树。这里没有河流，只有坎儿井和井。"① 《法尔斯志》记述称："此城最初所在地在瑙达尔（Nawdar）、达利斯特（Darīst）和拉赫班（Rāhbān）的三个村位置，都由塔赫姆拉斯所设立。后来，撒尔国王大兴土木，修建了卡泽伦城和比沙乌尔（Bishāvur）城的外城。这里气候炎热，如同比沙乌尔（Bishāvur）城一样。所有的饮水都是取自井水，这里没有河流，只有三道坎儿井，位于上面提到三个村子。这里的耕地完全无河水灌溉，但只靠雨水。卡泽伦城已经毁了，但是农业兴旺，只是村民村舍没有其他村子修建得那么好，可是很坚固，可以抵御萨班卡拉（库尔德）部攻打，他们在这一地区分布很广。这里每户人家都是彼此分开的，没有建在一起。这里产一种叫做图吉（Tūzī）② 的布，是用亚麻织成的。织此布时，首先将亚麻捆起来，然后沤到水坑里，泡到纤维剥离成熟。然后将亚麻捆取出水坑，将纤维剥离后，纺织成亚麻线。接着，将这些线在拉赫班村的坎儿井水渠中洗涤。虽然这里缺水，但只有这里的水才能漂白这些亚麻线，用其他地方的水洗涤就无法漂白的。现在拉赫班村的渠水成为皇家国库

---

① 穆卡迪斯，第383—384页。
② 意思就是原产自塔瓦吉的布。

财产。这里建有收税关卡，所有收入归阿米尔（Amīr）王室所有，国库依照国库令给织布者发放薪资用度。这里有位官员，代表国库监管。这里有很多中间买办商，先对布匹确定一个公道的价格，然后封印，再出售到外地。过去都是遵循这一规则的。买办囤积一定量的卡泽伦布匹，外地商人过来，购买他们囤积的布匹。这些外地商人依靠买办。因为这些商人只要拿着这些卡泽伦买办开具的证明，在任何城市舶卖，无需另行开包验检。因此，就会发生这样的事：一批卡泽伦布匹转手十次，不需要开包验货。但是此后到现在，造假横行，人们不诚实，诚信全无，因盖着印章的货物短斤少两，尺寸不足，于是外地商人不再进卡泽伦的商品。这种造假在阿米尔·阿布·赛义德时期极为普遍，他推行恶政和专权。但如果这种不良状态有所转机，那么以这种商品可以积累更多的财富。除了阿米尔王朝所属的卡泽伦布可以增加税赋外，还有土地税和关税，大大促进公正、稳定的政权发展。卡泽伦地区的各个城市里都有聚礼清真寺。但卡泽伦人贪婪、穷困，而且爱传闲话，搬弄是非。这里到处都是为躲避（罪犯）的渊薮，还有真主庇护的谢赫阿布·伊斯哈克·卡泽伦尼（Shaykh Abū Ishaq Kāzirūnī）圣墓也是避难地。卡泽伦所属有很多地区中穆尔（Mūr）和石塔什干（Shitashgān）比较繁华。"[1]亚库特也记载卡泽伦，说其位于法尔斯，介于海与设拉子之间，但其内容多摘自前人文献。[2]

　　穆斯塔菲说："位于第三气候区，经度为87°，纬度为29°19′。此地最初是由瑙达尔（Nawdar）、达利斯特（Darīst）和拉赫班（Rāhbān）三个村组成，都由伏魔者塔赫姆拉斯所设立。阿尔达希

①《法尔斯志》，第335—336页。
② 亚库特，第472页。

尔·巴巴甘之子撒布尔修建了比沙乌尔（Bishāvur）城，并将这些村庄归属于此城，但后来巴赫拉姆·古尔曾孙费鲁兹（Firūz）将这些地方合并为一座城，其子库巴兹（Qubād）扩建了此城。这样，卡泽伦城变成了一座大城，但最初是三个村子，现在三个就是形成了此城的三个区，每个区都有恢宏精美的宫殿。卡泽伦气候炎热，水源取自三条不同的渠水，三条渠的名称取自原来三个村的名称。还有，就是依靠雨水。此地产橘子、柚子、柠檬和其他热区产的所有水果。此地还有一种特别的椰枣，被称作基兰（Jilān），同样的品种在世界其他地方是无法找到的。这里盛产棉花，卡泽伦的棉布品种繁多，营销各地，还产亚麻布。大部分卡泽伦布不会保持鲜亮的光泽，只有在拉赫班河渠水洗过的才可以。这里的人信奉沙菲仪派。此地可以看到谢赫·阿布·伊斯哈克·卡泽伦尼（Shaykh Abū Ishaq Kāzirūnī），其地变为圣地。还有很多名人的圣墓，一一叙述太长。卡泽伦所属有很多村庄。"[1]他的记述多半摘录了《法尔斯志》内容，但也增加一些内容，诸如气候区、经纬度。

从上述记述可见卡泽伦在中世纪仍然是座重要的城市，连接着法尔斯与胡齐斯坦、伊拉克、吉巴尔等地，发挥着重要的作用。

2. 比沙乌尔（Bishāvur）或比撒布尔（Bishābūr）。今天此城已毁，其在卡泽伦城北面22公里，在"卡伊米耶（Qā'emīyeh）"南5公里，东边5公里有萨布尔村，有条简易公路经过这里和东边的86号公路与西边的55号公路连接。此城在古代是连接波斯王朝都城伊斯塔赫尔和泰西封的中心城市，地理位置十分重要，也是丝绸之路的重要通道。此城修建在撒布尔河两岸，现在保留的遗迹多在河的南岸。这座城市的建筑遗迹的特征就是结合了希腊艺术和波斯

---

① 穆斯塔菲，第125页。

艺术,建筑材料多使用石料。波斯古城如达拉卜城规划为圆形,但这座城市是长方形。遗迹只保留了火神庙,还有清真寺。街道多是笔直,方格形,外有护城河,还有城堡。根据铭文,此城修建于撒布尔一世(241—272)在位时期的公元266年,作为他的陪都。附近有山洞,有撒布尔的雕像。[1]文献对这座城市有大量的记载。这座城市就是穆卡迪斯所说的沙赫尔斯坦(Shaharstān),其称:"沙赫尔斯坦曾是一座很繁华,人口稠密的城市,但现在城毁了,外城破败。周边产品丰富,有各种特产。这里盛产优质的柑橘、香料、甘蔗、橄榄、葡萄等,且价格低廉。这里还产各种奶制品。此地的确是一处宜人之地,遍地花园,泉水处处。这里的礼拜室收拾得很干净,浴室很不错,有很多旅馆。此地尚禁欲,重知识,降雪,水果极多。花园里弥漫着茉莉花的馨香。椰枣和无花果种植在一起,如同有名的豆角种在一起一样。这里的建筑是用石头和泥浆建成。清真寺在城外的漂亮舒适的花园里。这座城市有四座城门:霍尔木兹(Bāb Hurmuz)门、米赫尔(Bāb Mihr)门、巴赫拉姆(Bāb Bahram)门和城市门(Bāb Shahr)。此城周边有护城河。此城附近有条河,流经一座桥。该城附近一座城堡,名叫敦布拉(Dūnbulā),其前有座礼拜寺。城中央还有座礼拜寺,黑石砌成,上有琉璃瓦,中心在窑龛(Mihrāb),据说是先知礼拜之所。这座城市还有黑兹尔(Al-Khizr)礼拜寺。城堡不远处有伊斯兰教兴起之前的监狱,其墙是用大理石建成的。这座城市在山脚下,分成两部分,均有花园、树木、村庄。城外有座大桥,我到过那里,其离城不远。这里有个市场,当地人称作老市(al-'Atīq),但乱糟糟的。此城受过破坏,人口大减,城里几乎没有人。卡泽伦代替了它的地位。同时,这里

---

[1] https://en.wikipedia.org/wiki/Bishapur.

的水不益于健康，此地人面带菜色，尽是病态之状。这座城市没有有名的学者。"[1]

穆卡迪斯还提到了撒布尔的巨型雕像。和穆尔建（Mūrjān）的山洞。[2]距离此城1法尔萨赫的地方"有个洞穴口有戴着王冠雕像，脚下有三片绿叶，其脚长3拃长，从脚到头11腕尺（大约5—6米——引者），其后很宽的水流，长度难以测定或者深不可测。从洞冒出一股强风"。[3]

《法尔斯志》说："阿拉伯人写作比撒布尔（Bishābūr），其最初的名称是比·撒布尔（Bī-shabūr），后来轻读，比（Bī）就脱略了，结果现在被读成了撒布尔（Shābūr）。在最古的时代，是由塔赫姆拉斯（Tahmūrath）所建。那时，全法尔斯地区除了伊斯塔赫尔城外，没有别的城市。此后撒布尔城的名称曾被称作丁·迪拉（Din Dilā）。亚历山大大帝攻下波斯，将其摧毁，荡然无存。撒布尔在位统治王国时期，第二次重建，修建新的建筑设施，取了新的名称。他每建一座新城，都要用自己的名字命名，以示纪念。于是，将新城被称作比·撒布尔（Bī-shābūr）。这里气候炎热，因城市北边山脉阻隔，潮湿，不益于健康。这里的饮水是从一条叫做比·撒布尔（Bī-shābūr）河中获取。这是条很大的河，而河岸有很多稻田，其水气味难闻，不益于健康。但这一地区很多种植水果的果园，诸如椰枣、橘子、柚子、柠檬等树木，这里水果有市无价。这里到处是芬芳的各种花卉，诸如睡莲、水仙、紫罗兰、茉莉花等。此地也盛产丝绸，因这里种植优质的桑树。这里还比卡泽伦的蜂蜜和蜂蜡更便

---

[1] 穆卡迪斯，第382—383页。
[2] 穆卡迪斯，第392页。
[3] 穆卡迪斯，第392页。

宜。后来比·撒布尔城在阿布·赛义德（Abū Said）独裁统治时期差不多给毁了。但现在塞尔柱王朝政府重新修葺了此城。这里有座聚礼清真寺。这里的人很理智。"[1]这里对该城周边的状况作了比较详细的介绍，尤其是城市名称的来历、建筑、气候、产物等，信息比较全面。稍后的亚库特说：这是法尔斯地区撒布尔地区的首府。此城名有时简称沙尔斯坦（Sharistān）。这一名称的一个复合名称：沙赫尔（Shahar），含义为城；阿斯坦（Astān）表示地区。"巴士里说这曾是一座很繁华、人口稠密的城市。但现在衰败了，差不多毁了。此城周边极其肥沃而富庶，产品丰富。这里果园里产柠檬、甘蔗、橄榄、葡萄干等。且价格极其便宜。这座城市的市场中有座漂亮的清真寺。这座城市四座主城门：霍尔木兹（Hurmuz）门、米赫尔（Mihr）门、巴赫拉姆（Bahram）门和本城名门。此城周边有很大的护城河，有条河发源于此城周边，并流经此城。该城还有一座城堡，名叫丹巴拉（Danbalā）。这里有座清真寺，据说是崇敬先知修建的。这座城市附近的山谷中有伊利亚（Ilya）清真寺，周边都是果园。不远处，是去往卡泽伦方向的旅店。此店所在地，气候很糟，不利于健康，其居民穿黄色与蓝色。"[2]他又说撒布尔（Sābūr）这一地名在古波斯语中含义为国王之子（Shāh Pūr）。撒布尔距离设拉子有 25 法尔萨赫，在第三气候区，经度为 71°15′，纬度为 31°。其为法尔斯的重要地区，也是战略要地。这一地区产很多香料植物，城中花园香气逼人。产水果。[3]

哈利康说沙哈拉斯坦（Shahrastān）城是在法尔斯地区的萨普

---

① 《法尔斯志》，第 330—331 页。

② 亚库特，第 360 页

③ 亚库特，第 293 页。

尔（Sāpūr）区首府。①

穆斯塔菲说：去“位于第三气候区，经度为86°15′，纬度20°。这里可以找到伏魔者塔赫姆拉斯所建之城，取名为丁迪拉（Dindila）。亚历山大大帝攻下波斯，将其摧毁，撒布尔一世重建此城完全一新，以自己的名字称作比沙乌尔，但最初这里被称作巴纳·伊·撒布尔（Banā-i-Shāpūr，撒布尔的建筑），随着时间的推移，字母脱落就变成了比沙乌尔。这里气候炎热，因城市北边是封闭的，这里建有大坝。这里的水源是从大河中引来的。这里的作物有谷物、大米、椰枣、橘子、柚子、柠檬，以及热区产的其他各种水果，价格便宜。因此常有人来往于此品尝水果。此地各种芬芳的花卉遍地，诸如睡莲、紫罗兰、茉莉花和水仙。此地也产丝绸。这里信奉沙菲仪派。比沙乌尔城外不远有尊人形黑石，如人大小，立在圣庙上，有人称这是一种护符，也有人说是崇高的主将活人变成了石头。那个时期的国王们以崇敬和朝拜的方式抱此石，怀着一样的心绪参观，并在其身上涂上软膏。”②

上文《波斯志》、亚库特、穆斯塔菲三人的记述比较类似，应该出自相同或相近的文献，但不一定反映的就是作者所在时代的完全真实的状况，可能是传抄旧史的结果，但也说明这座城市在不同的历史时期发挥的重要。

由此可以知道这座城市至少在10世纪前是相当重要的城市，但是到了后来逐渐衰落了，但在中世纪仍然具有重要的地位。今天这里是伊朗重要的名胜古迹，在旅游业中占有重要的地位。

3. 卡斯坎（Kāskān）：这是卡泽伦附近的城市，距离鲁哈尼

---

① 哈利康，第2卷，第676页。

② 穆斯塔菲，第125—126页。

（Ruhni）不远。这里出生的学者多半冠以卡斯卡尼（Kāskāni）。[1]

4. 安布兰（Anbūrān）。今天这座城市不复存在了，应该在卡泽伦西北方向，距离比撒布尔不远。《法尔斯志》将此地和巴什特·库塔（Basht Qūtā）一起提到过，其靠近瑙班建。并称："安布兰是一座小城，当地人多虔诚。这里气候温和，有很多的河流。"[2]因处在扎格罗斯山脉腹地，气候比较好，水源丰富。穆斯塔菲说："安布兰是瑙班建（Nawbanjān）地区的一座小城，这里的人和此地区其他人几乎没有什么区别。其气候宜人，有几条溪水流过。"[3]这显然是抄录了《波斯志》的内容，说明在中世纪这座城市处在重要地位。

5. 巴什特·库塔（Basht Qūtā）。此地就是科吉卢耶—博韦艾哈迈德（Kohgīrūye-o Būyer-Ahmad）省巴什特县的同名县城，位于祖赫勒赫（Zuhreh）河支流唐·什乌（Tang Shiv）河西边次支流北岸，在山脉之间的山间河谷地带，土地肥沃，气候温和，物产丰富。2011年人口有2万余。[4]86号公路从城南经过。《法尔斯志》说："巴什特·库塔（Bāsht Qūtā）是一个处在寒冷的山区地区。"[5]穆斯塔菲说："巴什特·库塔是山中的一个地区，在冷区，产粮食和一些水果。"[6]此地自然条件尚可，主要产粮食和水果。尽管文献对此的记述较单一，但是其重要性毋庸置疑。

6. 巴拉德·撒布尔（Bālād Shābūr，撒布尔之地）。今天此地和

---

[1] 亚库特，第474页。

[2]《法尔斯志》，第332—333页。

[3] 穆斯塔菲，第126页。

[4] https://en.wikipedia.org/wiki/Basht.

[5]《法尔斯志》，第333页。

[6] 穆斯塔菲，第126页。

首府城市已经无法找到了，但古代这里也是重要的地区，应该在阿拉建北部30公里的库尔德斯坦河边。①白赫白罕县的米尔扎·汉尼（Mirza Khanī）穆卡迪斯说这一地区的首府是朱玛（Jūma），并称："朱玛是一座小城，饮水取自一条小河。这一地区的名称叫做巴拉德·撒布尔（Bālād Sābūr）。在山区之间，感觉很宜人，有点像大马士革的古塔（Ghūta）。据说撒布尔·本·法尔斯（Sābūr bin Fārs）比他在呼罗珊和胡齐斯坦建立的城市更喜欢此地，他卒于此地，葬于此地。"②《法尔斯志》说："此地包括法尔斯和胡齐斯坦之间很多地区。很古的时期，这里很繁华，但现在已毁了。这里虽是热带地区，气候不错。此处有很多小河流。"③说明这里自然条件良好，尤其水资源比较丰富。亚库特也提到这一地区的首府，他说朱麻（Jūmah）是法尔斯的城市。④

穆斯塔菲称："这地方包括法尔斯和胡齐斯坦之间很多地区。这里气候尚可，但向热区过渡。此处有很多小河流，但现在很多已被毁。"⑤至少10世纪时，这是一座很重要的小城市，而且自然条件良好，水源丰富，而中世纪究竟如何，很难判断，因为穆斯塔菲基本上是抄录了《法尔斯志》的内容。

7. 提尔·穆尔丹（Tīr Murdūn）。此地在今天已经很难找到，但在卡泽伦东北50公里，阿尔达尔坎（Ardarkān）南边的法尔斯地区玛玛撒尼（Mamasani）县杜什曼·扎伊利（Doshman Ziari）区玛

---

① http://www.iranicaonline.org/articles/arrajan-medieval-city-and-province-in-southwestern-iran-between-kuzestan-and-fars.
② 穆卡迪斯，第377页。
③《法尔斯志》，第339页。
④ 亚库特，第179页。
⑤ 穆斯塔菲，第126页。

沙伊赫乡赫贾拉特（Hejrat）村附近，这里有条便道和设拉子连接。伊斯塔赫尔提到了此地。[①]《法尔斯志》将提尔·穆尔丹和朱伊甘（Jūyīgān）一起叙述，称："这是有很多大村庄的两个地区，但没有城市。这里重要的村庄有：哈拉拉赫（Kharrārah）、布德曼（Bādmūn）和迪赫·高兹（Dih Gawz）。这些地区到处是悬崖峭壁，崎岖不平，如同（波斯伊拉克的）哈拉拉赫（Kharraqān），但这一地区更崎岖、更陡。这里气候冷，但还不错。这里到处是果园，产各种水果。尤其是核桃树，产量难以计数，核桃运到设拉子和周边地区销售。这里也盛产蜂蜜。这里崎岖不平的山区，只要种植庄稼的地方就会降雪。这里山区很陡峭，缺水，但山谷也可灌溉，因有几条小河。哈拉拉赫（咆哮）村之所以有这样的名称，因为一股水在村子附近峡谷中咆哮着流过，发出剧烈的响声，阿拉伯语称作哈里尔·玛（Kharīr-al-Mā，含义为水之轰鸣声）。""这里人随身带武器，因绝大多数人夜晚以拦路抢劫为生。这里是很优良的猎场。"[②]从这一记述来看这里处在山区，气候寒冷，但物产比较丰富，尤其产各种水果，这里的核桃最有名。此地土地资源和水源有限，但河谷地带是可以种植农作物，还有很好的猎场，盛产优质的蜂蜜。当地人民桀骜不驯，以抢劫为生。

亚库特将这两个地名连写在一起，写作提拉马尔丹（Tīramardān），称："这是法尔斯地区一座小城，介于瑙班建与设拉子之间。其为该地区的首府，其包括有沿着山坡的33村庄。该城地理位置险要，周边极其富庶，生长有椰枣树。其中附近有6个大村：胡布甘（Khūbkān）、伊森甘（Isinkān）、米赫尔甘（Mihrakān）、

---

① 伊斯塔赫尔，第110页。

②《法尔斯志》，第334—335页。

里万建（Riwanjān）、费拉斯亚（Firāsyāh）。在去往提拉马尔丹的道路上有一个宏伟的村子，这里有一处苏非修炼的道堂。"[1]亚库特提供了该城所在的位置、周边的村庄、连接的道路等信息，由此可以确定其位置和交通网络。

穆斯塔菲说："这是有大村庄的两个地区，位于悬崖峭壁中间的崎岖不平之地。这里气候冷，但相对温和。这里有很多树木和各种果品，尤其是核桃，产量最多。这里的作物主要靠下雨，但有时也靠人工灌溉。这一地方可以找到很多猎物。这里人好斗，是臭名昭著的盗匪，因此他们走路神速，一晚可步行20法尔萨赫的路程。"[2]穆斯塔菲是大致依据《法尔斯志》综合而成，没有增加太多的新内容。但从他的记述中，基本知道伊利汗国这一地区和早前的风气基本一致，没有很多的变化。

由此，可以确定这是中世纪法尔斯地区比较重要的一座城市。

8. 吉巴尔·吉鲁亚赫（Jabal Jīlūyah）或科吉卢耶（Kūh Jīlūyah）。现在其西北边是扎格罗斯山脉的一部分，也是科吉卢耶博韦艾哈迈德（Kohgīrūye-o Būyer-Ahmad）省的一部分名称，以前历史上是法尔斯一部分，主要居民就是卢尔（Lur），此地在我国文献中被称作罗利支。[3]此地现在是科吉卢耶博韦艾哈迈德省科吉卢耶县同名县城，此城也称作迪赫达什特（Dehdasht）城，2006年人口4.8万。[4]这里位于扎格罗斯山脉的腹地，气候凉爽，风景优美，物产丰富，山间有很多盆地，多条河流发源于此地。[5]《法尔斯志》

---

① 亚库特，第114—115页。

② 穆斯塔菲，第126页。

③ https://en.wikipedia.org/wiki/Kohgiluyeh_County.

④ https://en.wikipedia.org/wiki/Dehdasht.

⑤ https://en.wikipedia.org/wiki/Kohgiluyeh_and_Boyer-Ahmad_Province.

称作科吉卢耶(Kūh Jīlūyah),和兹尔一起提到,并称:"科吉卢耶是在山区,有很多区域,首府是兹尔城。这里气候寒冷,有很多河水,有很多漂亮的村庄。最近出现混乱,尤其是暗杀派(愿主灭了他们)洗劫此地,所有地区几近被毁。这里果园很多,在兹尔城有座聚礼清真寺。这一地区距离塞米罗姆(Sumayram)地区不远,靠近边界有很多猎场。"①亚库特说:"吉鲁亚赫(Jīlūyah)是法尔斯所在地区的山脉,主要在撒布尔(Shabūr)地区。其从鲁尔斯坦起,这里气候寒冷。从山中发源有多条河水。"②亚库特进一步对鲁尔解释说:"鲁尔(Lur)是库尔德人居住的山区,介于伊斯法罕与胡齐斯坦之间。这一名称扩展后称作洛雷斯坦(Luristān),简称鲁尔。"③这一地区在扎格罗斯山脉腹地,处在崇山峻岭之中,长久以来就是封闭地区,中世纪也不例外。

穆斯塔菲说:"这个山脉包括很多山区地区和很多所属之地,靠近罗尔斯坦(Luristān)。这里是冷区,水源丰富,森林密布。产多种水果,是狩猎极佳之地。人们信奉沙菲仪派和逊尼派。"④说明在当时这里是一处十分重要的地区,尤其自然环境比较优越。

9. 吉拉赫(Jirrah):这一地名至今还存在,在卡泽伦县县城东南的吉拉赫与巴拉达区(Jereh wa Baladeh)的一个小城。在达拉基河的南岸,从这里可以到卡泽伦和伊斯法罕,但是支道。似乎伊斯塔赫尔和穆卡迪斯都提到了,写法略有差别。⑤《法尔斯志》记述

①《法尔斯志》,第339页。

② 亚库特,第186页。

③ 亚库特(第504页)说鲁尔(Lur)是库尔德人居住的山区,介于伊斯法罕与胡齐斯坦之间。这一名称扩展后称作洛雷斯坦(Lurstan),简称鲁尔。

④ 穆斯塔菲,第126页。

⑤ 伊斯塔赫尔,第112页;亚库特,第2卷,第94页。

称："吉拉赫在波斯人那里被称作基拉（Girrah）。这是座小城。气候炎热。水源取自一条叫做基拉（Girrah）的河，这条河发源于马萨拉姆（Māsaram）地区。这一地区只产缴纳土地税的稻米，以及椰枣、其他粮食。这个的人绝大多数身上带着武器。这里有座聚礼清真寺。此城附近的地区叫做穆尔·吉拉赫（Mūr-i-Jirrah）。"[1]亚库特说吉拉赫（Jirah）是位于法尔斯地区的一地名，有时候也写作基拉（Girah），但没有说清具体方位。[2]

穆斯塔菲说："这是座小城，此名称通常拼写为基拉（Girrah）。其位于设拉子之南，而板德·伊·阿米尔（Band-i-Amār）大坝是世界上最大的大坝。""这里气候热，水源是与该城同名的河流中得到的。农作物有粮食和椰枣。这里的人好战，此城有很多附属地区。"[3]中世纪的记述大致来源于《法尔斯志》，但是我们发现河流的名称随着时代的变迁发生了变化，但城市规模没有发生根本性的变化。

10. 宫巴丹·马拉甘（Gunbad Mallaghān）：这座城市今天保留下来了，只是读音发生了一些变化，加奇萨兰（Gachsārān）或杜宫巴丹（Do Gonbadān, Dow Gonbadān, Du Gunbadān），含有两座圆形顶建筑，是科吉卢耶博韦艾哈迈德省加奇萨兰县同名县府所在地。2006年人口有8.1万，主要是操波斯语、卢尔语、突厥语的民族，尤其这里喀什盖伊突厥游牧人在历史上很有名，建立过很多地方王朝。这里是伊朗重要的石油城和天然气产地，是第二大产油地区，又因海拔高，被称为石油屋脊，因而很富裕。这里是扎格罗斯山脉

---

① 《法尔斯志》，第331—332页。
② 亚库特，第161页。
③ 穆斯塔菲，第127页。

的山间盆地,有多条河流流入此地,是伊朗重要的农牧业区,产各种农牧产品,如橄榄、橙子、小麦、奶制品,尤其波斯地毯很有名。[1]此地在古典地理文献中经常提到。穆卡迪斯说:"君巴丹·马拉甘(Junbad Mallaghān, 即宫巴丹·马拉甘)是一座隐没在椰枣林的城市。这里有长长的市场、赏心悦目的清真寺,有梯子可以登顶。其旁有市场,再没有别的建筑。饮水取自河渠和城中水窖。这座城市在山脚下的平原边缘。马拉甘是一个已经毁了的村子,在阿拉建旁边。"[2]《法尔斯志》说:君巴丹·马拉甘,这"是这一地区的一座小城。这里气候炎热,但有很多小河。这里有水果,和芬芳的花卉。此地有座坚固的城堡,和周边的城堡相比要坚固很多,且很有名。这座城堡所在地很冷,因此储存在这里的小麦不会变质,他们有很棒的水窖储存水。城里有座聚礼清真寺。"[3]穆斯塔菲说:"是座小城,其附近有布鲁(Pul Būlū 或 Lūlū,鲁鲁)桥。这里气候炎热,但有很多小河。这里的农作物为粮食和水果,以及很多芳香的花卉。此地有个坚固的城堡。"[4]这座城市在交通位置上十分重要,古代这里是丝绸之路的重要组成部分,今天86号公路经过这里,连接着东西方。

11. 库拉(Khurrah)。应该在法尔斯地区,古典文献,有记载,后来的文献记载较少。穆卡迪斯说这是撒布尔区的城市,[5]并称:"库拉是一座很著名的城市,位于山顶上,到处是椰枣树。河水从

---

① https://en.wikipedia.org/wiki/Dogonbadan.

② 穆卡迪斯,第384页。

③《法尔斯志》,第334—335页。

④ 穆斯塔菲,第127页。

⑤ 穆卡迪斯,第384页。

城底下流过。这里盛产椰枣和甘味肉（nātif）。"①他还说这是冷热区的分界线，距离撒布尔城有2站，也就是70—80公里；距离卡泽伦城有1站。②这基本可以确定在卡泽伦的东边或东北。

12. 豪拉瓦赞（Khawrāwādhān）。这座城市现在也很难找到了，但有些文献有记载。诸如穆卡迪斯说："豪拉瓦赞是座小城，但很繁华，人民友善。住着很舒适。""市场繁忙，寺院来人不断。产农产品，树木很多。河水从城下流过，其上有很多店铺。"③但我们很难在中世纪的文献中能找到此地记载。

13. 昆都兰（Kundurān）。此城应该在法尔斯地区的西北沿海地区，距离塔瓦吉和加奇萨兰不远。穆卡迪斯说："昆都兰是一座大城，里边有座城堡是供统治者居住的。饮用水取自雨水和井水。清真寺距离市场有段距离。"④后来伊利汗时期的文献几乎没有提到此地。

14. 海什特（Khisht）。今天此地尚存，是法尔斯地区卡泽伦县海什特区和同名城市，人口有1万余。⑤这里是扎格罗斯山脉的山间盆地，面积有150平方公里，周边有很多村庄和城镇。此地是达拉基河西边最大支流的源头之一，中游建有大型的水库。55号公路从南边，连接波斯湾和伊朗腹地。这里盛产粮食、热带水果。海什特应该就是穆卡迪斯所说的哈什特（Khasht）。⑥他说："哈什特在山中央，周边乡村很宽阔。其城堡很有名，市场繁华，商

---

① 穆卡迪斯，第384页。
② 穆卡迪斯，第401页。
③ 穆卡迪斯，第384页。
④ 穆卡迪斯，第384页。
⑤ https://en.wikipedia.org/wiki/Khesht.
⑥ 穆卡迪斯，第384页。

人络绎不绝。饮水取自一条很大的河流。"这条河应该就是达拉基（Dalākī）河支流撒布尔（Shabur）河。其位置由《法尔斯志》记述得到证实，此书将海什特（Khisht）和库马尔基（Kumārij）一起提到了，并称："这两座小城在山中，但在酷热地区。这里除了椰枣外没有其他水果。这里有些河流，但水是热的，饮用不益于健康。这里有时候粮食绝收，有时候丰产。这里携带着武器的人，多半干着剪径抢劫之事。"[①]穆斯塔菲提到了此地和库马尔基，说："这两座城在山之间，但在热区。这两座城里流有河水，除了椰枣外没有其他水果。这里的一部分作物靠雨水，一部分灌溉。这里人舞枪弄棍，还都是盗贼和强盗。"[②]

15. 库马尔基（Kumārij）。今存，是法尔斯地区卡泽伦县库马尔基与库纳尔塔赫特（Kamaraj wa Konartakhteh）区库马尔基（Kumārij）乡和镇，整个乡共有15个村，人口有9千余。[③]这里距离海什特大约有15公里，但高山阻隔。这里也是在山间盆地之中，和海什特十分相似，约20平方公里。55号公路从附近通过，连接南北。从穆卡迪斯的道里志里程判断，他提到的尼玛拉赫（Nīmārāh），应该是库马尔基的误拼，他还特别提到半途艰难。[④]这和现在地理状况十分吻合，确实有段路是在扎格罗斯上崇山峻岭，通过艰难。《法尔斯志》中将库马尔基和海什特一起提到，记载见上文。[⑤]穆斯塔菲说："这两座城在山之间，但在热区。这两座城里流有河水，除了椰枣外没有其他水果。这里的一部分作物靠雨水，

---

① 《法尔斯志》，第331—332页。
② 穆斯塔菲，第127页。
③ https://en.wikipedia.org/wiki/Kamaraj_Rural_District.
④ 穆卡迪斯，第399页。
⑤ 《法尔斯志》，第331—332页。

一部分靠人灌溉。这里人舞枪弄棍，还都是盗贼和强盗。"[1]我们很难在中世纪的其他文献找到此地，但从道路体系而言，在此时极为重要的，这种重要性一直保留到现在。

16. 库拉尔（Khullār）：这村至今存在，是法尔斯地区色菲丹（Sepidan）县哈麦建（Hamaijan）区哈麦建乡的一个村子。2006年人口不到300。[2]在扎格罗斯山脉的支脉山间盆地，距离白扎城有15公里，南边67号公路经过，连接着亚苏季和伊斯法罕。《法尔斯志》称："这是个大村，这里产法尔斯地区的绝大部分磨盘，因这里石头很优质。令人奇怪的是全法尔斯地区的磨盘都出自此村，但村里磨面到其他村里，因为无河水来推动磨盘磨面。这里泉水很少，只能用来饮用。此村除产磨盘外，不产其他之物。这里既不产粮食也不产水果，只是靠打制磨盘为生，由此他们每年给国家缴纳700金币的税金。"[3]亚库特简单提到库拉尔（Khulār）是在法尔斯，靠近海边。[4]

穆斯塔菲说这"是个大村，这里有一眼小泉。法尔斯地区的绝大部分磨盘产自这里，除此而外，不产其他之物。令人奇怪的是这里由于没有水，他们自己没有磨坊，只好到别处去磨面"。[5]穆斯塔菲基本上使用了《法尔斯志》的内容，但至少可以说伊利汗国是这一地方仍然被文献所注意，从地位而言并不十分重要。

17. 胡玛伊建（Khumāyijān）。今天这一名称保留在法尔斯地区色菲丹（Sepidan）县的哈麦建（Hamaijan）区和哈麦建乡之名，写

---

① 穆斯塔菲，第127页。
② https://en.wikipedia.org/wiki/Kollar.
③《法尔斯志》，第334—335页。
④ 亚库特，第211页。
⑤ 穆斯塔菲，第127页。

法略有差异。和历史文献记载的比较接近,全区人口2.7万。《法尔斯志》中将胡玛伊建(Khumāyijān)和迪赫·阿里(Dih 'Alī)一起提到,并说它们"是两个地区。首府有座聚礼清真寺。这些地区位于寒冷区,这里生长有很多核桃树和石榴树。这些地区也盛产蜂蜜和蜂蜡,其靠近提尔·穆尔丹和白扎。这里人常带武器,其中绝大多数人赶骡人。附近有很好的狩猎场"。①这里是高海拔地区,也就是在扎格罗斯山脉深处,盛产水果、蜂蜜,还有猎场。此地人多为脚夫。亚库特将胡玛伊建写作胡麦建(Khumāijān),简单地说:"此地在法尔斯地区,距离卡泽伦不远。"②

穆斯塔菲说胡玛伊建和迪赫·阿里"是两个地区,位于冷区,这里产核桃,也产石榴,也产很多蜂蜜。这里有狩猎地。人们好战,有时候当劫匪。"③上述文献中记述了胡玛伊建的基本信息,与今天的情形极为接近或相似。

18. 迪赫·阿里(Dih 'Alī):《法尔斯志》、④穆斯塔菲⑤和胡玛伊建一起提到过,是地区名称。这一名称今天演变为达临(Dalīn),是法尔斯地区色菲丹(Sepidan)县的哈麦建(Hamaijan)区和哈麦建乡的一个村,2006年人口有2 200余。⑥其交通位置十分重要,且处在山间盆地的农业区,67号公路从这里经过。

19. 斯穆萨赫特(Sīmsakht)。这是一个高寒山区,《法尔斯志》说:"这是寒冷区的地区,靠近萨拉姆(Sarām)和巴兹朗

---

① 《法尔斯志》,第335页。

② 亚库特,第211页。

③ 穆斯塔菲,第127页。

④ 《法尔斯志》,第335页。

⑤ 穆斯塔菲,第127页。

⑥ https://en.wikipedia.org/wiki/Dalin,_Iran.

（Bazrang），有很多的树木和河水。作物为粮食和少量水果。"①这里是高寒山区，有树木，产高原农作物。穆斯塔菲说这是"位于寒冷区的地区，有很多的树木和河水。作物为粮食和少量水果"。②穆斯塔菲记载显然照搬《法尔斯志》内容，但省略很多内容，说明在中世纪依然为一处重要的地区。

20. 查拉姆（Charām，Chorām）。这名称保留下来了，是科吉卢耶博韦艾哈迈德省查拉姆县同名县府所在地，这一名称以生活在此地的查拉姆突厥—卢尔混合部落名称而得，以前此城叫做塔勒吉尔德（Talgerd）。③2017年人口有1.7万，距离科吉卢耶博韦艾哈迈德省省会库赫吉卢耶东边20公里的山间平原上，此地周边主要以农业为主。④这一名称应该就是《法尔斯志》的萨拉姆（Sarām），此地和巴兹朗（Bāzrang）一起提及，并称"这两个区介于是兹尔（Zir, zīz, 兹兹）和鲁尔斯坦的塞米罗姆（Sumayram）之间。这些地方气候很冷，因其在高山之中，有很多河水，很湍急。这里山上的雪终年不会融化。这里有很多猎场。席琳（Shīrīn）河就发源于巴兹朗地区。此地的首府是萨拉姆。这里的人多半为赶骡人"。⑤处在高原，河流众多，人们多半从事脚夫。穆斯塔菲摘录了《法尔斯志》的内容，略有增加，并说：这"是位于兹尔（Zir, Zīz, 兹兹）和鲁尔斯坦的塞米罗姆（Sumayram）之间的地区。气候很冷。水是从山上流下来的，这些山上的雪大部分时间不会融化。这里道路艰

---

① 《法尔斯志》，第335页。

② 穆斯塔菲，第127页。

③ http://www.iranicaonline.org/articles/ceram-or-corum-a-small-tribal-confederacy-il-inhabiting-the-dehestan-of-ceram-in-the-kuhgiluya-region-in-southw.

④ https://en.wikipedia.org/wiki/Charam,_Iran.

⑤ 《法尔斯志》，第334页。

难而危险。这里猎物丰富,其人绝大部分是猎人"。[1]这是中世纪相当重要的地区,直到今天仍然具有重要地位。

21. 巴兹朗(Bāzrang):古典地理学家提到了这里,如穆卡迪斯。[2]《法尔斯志》将巴兹朗和萨拉姆一起记述,并提到了巴兹朗的席琳河的发源地和其首府萨拉姆,也就是穆斯塔菲的查拉姆。[3]穆斯塔菲与兹尔(兹兹)、塞米罗姆等一起被提及。[4]属于高寒地区。

22. 宫迪建(Gundijān)与达什特·巴林(Dasht Bārīn)。今天这座城名已经不复存在,可能被其他名称代替了,但文献对这座城市有记载,曾是从设拉子经卡泽伦到撒那威或者波斯湾东北部的要道,也是丝绸之路的重要组成部分,其位置大致在今天的卡泽伦东南30里、达拉基东北22公里的加米拉(Jamīlah)。[5]穆卡迪斯提到此地,将此城划入阿尔达希尔区,[6]还说宫迪建附近的山之间有条河,冒着热气。无人能接近。如果鸟飞过去,就会掉下去,被火烧掉。[7]《法尔斯志》称:宫迪建"波斯人通常被称作达什特·巴林(Dasht Bārīn),这是热区的一座小城,只有一眼苦水井,没有其他水源。这里不生长粮食。城里有座聚礼清真寺,当地人多是虔诚之士。这里人大多从事制鞋和织布。"[8]穆卡迪斯提到达什特·巴林(Dasht Bārīn),并称:这是"一座没有郊区农村,没有花园、河

---

① 穆斯塔菲,第127—128页。
② 穆卡迪斯,第394页。
③《法尔斯志》,第334页。
④ 穆斯塔菲,第127—128页。
⑤《法尔斯志》,第332页注释3。
⑥ 穆卡迪斯,第376页。
⑦ 穆卡迪斯,第392页。
⑧《法尔斯志》,第332页。

流,不大的城市。这里人饮水困难。"① 他还说达什特·巴林有眼能治病的泉水。② 亚库特说：达什特·巴林（Dasht Bārīn），"这是法尔斯一个区的首府和城市。这里干燥炎热,水质极差。这里出现过学人。"③ 亚库特在宫迪建（Gundijān）条中又说：这是法尔斯的小城,这里地域荒凉,缺乏水源。这里人天性热情好客,乐于助人；人们以优秀品质而闻名。④ 穆斯塔菲大致抄录了巴里黑的内容,略微增加了一点内容,他说："此地通常被称作达什特·巴林（Dasht Bārīn），其为热区的一座小城,有眼小泉,井水苦涩。作物靠雨水。这里绝大多数人是从事制鞋和织布工作,但这里也出过一些名人。"⑤

上述记述有些比较相近,但有一点可以肯定,在中世纪这里还是比较重要的,是从设拉子向西南通往波斯湾的要道。

23. 瑙班建（Nawbanjān）。今天这座城市已经不存在了,从地理位置、里程来判断,应该在今天努拉巴德（Nūrābād），2006年人口有5.1万,65号公路经过这里,向南经过卡泽伦,向北到亚苏季。这座城市位于山间盆地之中,城里有商店、清真寺、面包店、银行、大学、车站、修理厂等。有几条小河流经此城,周边有很多小城,还有大片山间平原,南北10公里,东西12公里。此城东边约13公里有巴万小城,通过巴万路与努拉巴德城连接,应该就是后文提及的什比·巴万（Shī'b Bavvān）。穆卡迪斯说："瑙班建是一座舒适、有名和重要的城市。""这里有座清真寺、河水、花园和到处冒出来

---

① 穆卡迪斯,第382页。
② 穆卡迪斯,第394页。
③ 亚库特,第234页。
④ 亚库特,第407页。
⑤ 亚库特,第234页。

的泉水。市场很大，很繁华，有影响力。这里盛产葡萄、椰枣、苦橙和石榴。距离2法尔萨赫远是什比·巴万（Shī'b Bavvān）。这是值得停留并受到赞美的城市。其在平原上，但距离山很近。"还说这里有清真寺等。[1]《法尔斯志》中将瑙班建和什比·巴万一起提到了，并称："瑙班建曾经是一座大城，但由于阿布·赛义德·卡泽伦尼（Abū Sa'd Kazirūnī）作恶，不止一次袭击，结果不断抢劫烧杀，结果甚至大清真寺也毁了。该城被毁持续很多年，结果成了狮子、狼群等野兽出没之地，它们在这里争食游荡。居民四散各地，客死他乡。后来，阿塔别朝里来到了法尔斯，推翻了阿布·赛义德的统治，重修了此城。但愿在（塞尔柱王朝）稳定政府的治理下，恢复其繁华。这里气候热，但还不错。有很多的河流。盛产各种水果，也有芬芳的花卉。什比·巴万河谷位于瑙班建附近，因此有必要叙述一下。这是两条山脉之间的大山谷，其长3法尔萨赫半，长1法尔萨赫半。这里是寒冷地区，气候比其他地方都好。沿着河谷村庄一个接着一个，星罗棋布，中间有条大河流过，没有地方比这里的天气更凉爽，或者更有益于健康。而且，这里随处冒着很多品质上乘的泉水。从山顶到河谷，满山谷，树木茂盛，结满各种果实。若一人从山谷的一头到另一头，阳光照不到他身上；山顶上一年四季白雪皑皑，从不融化。据一位智者说世间有四座天堂：即大马士革的高塔赫（Ghawtah，花园）、呼罗珊的粟特河谷、什比·巴万和施丹（Shidān）草原。按照智者们的说法上文提到的这是天下最美、最宜人的四处地方。这里除了什比·巴万外，还有很多其他地区在瑙班建范附近，有的在山区，有的在平原。白堡（Qal'ah-i-Safīd）距离瑙班建城不到1法尔萨赫，有关城堡将在城

---

[1] 穆卡迪斯，第384页。

堡条中详述。瑙班建地区有难以数计的野味。什比·巴万周边的所有地区都在山区，在瑙班建附近有无数的狩猎场。瑙班建人稳重，崇尚礼仪。"①

这里长篇详述瑙班建的城市状况、气候、物产、水源、管理、村庄、城堡等，是研究此城的重要文献。

亚库特说："瑙班建（Nubandajān, Nubanjān）是法尔斯撒布尔区的城市，靠近沙布巴万（Sha'bawān），此城以风景秀丽、景色优美而名闻。其距离阿拉建有26法尔萨赫，和设拉子城也相距差不多相同。"②

穆斯塔菲说："瑙班建通常拼写为瑙班达干（Nawbandagān），其位于第三气候区，经度为86°15′，纬度20°。此城是撒布尔一世所建，是座大城，但由于阿布·萨阿德·卡泽伦尼（Abū Sa'd Kazirūnī）反叛之因，造成了该城的毁灭，并成了野兽出没的荒凉之地。后来，阿塔别朝里修复了此城。这里气候热，产各种水果，也有芳香的花卉。人民虔诚，恪守宗教功课。水源从附近的山中获取。什比·巴万是天下最为宜人的地方之一。这是一条两山之间的峡谷，长3法尔萨赫半，长1法尔萨赫半，树木茂密，结满各种果实。气候最为宜人温和。

这里有很多的村子，有条河从河谷流过；山上两边常年积雪不化。因树木茂密，峡谷中的地上从来照不到阳光；此地流水淙淙而甘美。学问家说世界上有四座人间天堂，即大马士革的高塔赫（Ghawtah）、撒马尔罕附近的粟特河谷、什比·巴万和施丹（Shidān）草原。而且四个中的两个：什比·巴万和施丹草原就在

① 《法尔斯志》，第337—339页。
② 亚库特，第567页。

法尔斯地区内。其他很多位于瑙班建范围内的地方和地区,有些是山区,有些是平原。白堡(Qal'ah-i-Safīd)距离此城不到1法尔萨赫。瑙班建地区有难以数计的野味。"[1]

穆斯塔菲尽管大篇幅抄录了《法尔斯志》内容,也增加了一些内容,说在中世纪这座城市还是很重要的,是吉巴尔山区与法尔斯地区连接的重要纽带,发挥重要作用。

24. 兹尔(Zīr)。此地现在已经找不到了,但距离库赫吉卢耶不远。穆卡迪斯写作兹兹(al-Zīz),划入吉巴尔(Jabal)地区,这"是座山区的小城,在塔卜河岸边。我在那里买了8曼的馕,1曼花1迪拉姆。肉、核桃和其他水果很便宜。这里有座回历367年(公元977)的很漂亮的清真寺。"[2]说明物价很便宜。距离阿拉建有3站路,也就是105—120公里。[3]由此可知其在阿拉建的东北方向。而在《法尔斯志》中将兹尔和库赫吉卢耶(Kūh Jīlūyah)一起提到了,见科吉卢耶条。[4]穆斯塔菲提到此地是和吉鲁亚赫山(Jabal Jīlūyah)一起的,[5]但没有体现更多的信息,在中世纪应该依然存在。

25. 达里兹(Darīz)。今天此地已经无法找到了,穆卡迪斯记述这里是去往加纳韦方向的地方,且说距离卡泽伦有2站,也就是70—80公里,因为是山区,普通平路要慢很多,因山区2站路大约为40公里;距离塔瓦吉有6站,也就是105—120公里。[6]因今天加纳韦到卡泽伦的距离180公里,可以推算出一天走的路程大约20

---

① 穆斯塔菲,第128页。
② 穆卡迪斯,第345、346页。
③ 穆卡迪斯,第399页。
④《法尔斯志》,第339页。
⑤ 穆斯塔菲,第127—128页。
⑥ 穆卡迪斯,第399、401页。

公里。应该在库纳尔塔赫特（Konārtakhteh, Konār Takhteh, Kunār Takhteh）城不远。穆卡迪斯还说："达里兹是一座小城，有个漂亮的市场，有很多亚麻纺织工。"[1]但后来的文献很少提及。

26. 哈扎尔（Hazār）。此地今天已经难以找到了，但在古典地理文献经常提到。豪卡勒将此地和白扎城一起提到，并说距离设拉子不远，还有一座清真寺，距离伊斯塔赫尔不远。[2]穆卡迪斯说："这是一座小城，有很多乡村。饮水取自地面上的渠水。"[3]应该与上面提到的城市不远，但具体位置很难确定，在后来的历史文献中也很难查到。当然在中世纪的地位也不容易确定。

27. 库勒（Kūl）。今天这座城市名不存在了，但是根据其里程在设拉子南2站，穆卡迪斯[4]和穆斯塔菲[5]给出的地名是不一样的，但都说在设拉子南约60公里的地方，应该在卡瓦尔城或附近。穆卡迪斯："这是一座繁华的城市，清真寺在布匹、肉类、面包市场中间。另外一边是广场。这里饮水取自一条河水。"[6]这里是繁华之地，距离设拉子不远，可以视为其卫星城。亚库特提到了这一地名，但说这是设拉子的一个城区。[7]到了中世纪这个被其他地名代替，或者城市本身不存在了，我们在相近时期的文献中没有找到相关的记述。

28. 巴加（Bajja）。这一地方只有在古典地理文献中能找到。[8]

---

① 穆卡迪斯，第383页。
② 豪卡勒，第264、266、277（新）页。
③ 穆卡迪斯，第382页。
④ 穆卡迪斯，第400页。
⑤ 穆斯塔菲，第176页。
⑥ 穆卡迪斯，第382页。
⑦ 亚库特，第498页。
⑧ 伊斯塔赫尔，第103页；豪卡勒，第182页。

穆卡迪斯说:"这是一座山中大城,建筑都是用石头砌成,清真寺在市场中央。此地乡村宽2站路。这里下雪。"[1]《世界境域志》说这一地方在寒冷地区,很繁华且居住舒适。[2]这一地方具体在什么地方不是很清楚,但从《世界境域志》判断,距离塞米罗姆不是很远。

29. 班达建(Bandajān)。这座城市很难找到了,文献有时也会记载。亚库特说这是法尔斯地区一个城市,但不是瑙班建(Nubanjān)地区的同名城市。历史文献常常将这两个地区混淆。[3]

30. 凯加(Kāzar):其位于法尔斯的撒布尔区。[4]

上述这些城市连接着伊拉克和法尔斯,是中世纪东南地区的重要通道,也是海上和陆上丝绸之路的重要连接点。

---

[1] 穆卡迪斯,第382页。
[2]《世界境域志》,第129页。
[3] 亚库特,第115页。
[4] 亚库特,第471页。

# 第四章　库巴兹区历史地理考察

## 第一节　库巴兹区概要

这一地区在法尔斯的西北,现在包括了胡齐斯坦、布什尔等一部分,亚库特说库巴兹·库拉(Qubaz Kurrah)是法尔斯一个地区的名称,这里的人属于国王库巴兹皇室。其名称的含义就是快乐的库巴兹(Farh Qūbāz)。[①]他又说库巴兹(Khūbādh)介于(法尔斯地区的)阿拉建与瑙班建之间,位于很高的地方,这里的出产很有名。[②]

但是穆斯塔菲说:"这一地区的名称取自公正的阿奴希尔万(Anūshirvān)之父库巴兹。这一地区有三个城市。"[③]实际上,他把有些地区混杂在一起,划出沿海地区,这样和历史记录产生了混乱。但其他地理学家记载也是清楚的。

---

① 亚库特,第435页。
② 亚库特,第214页。
③ 穆斯塔菲,第120、128页。

## 第二节 库巴兹区的主要城市

1. 阿拉建(Arrajān)。今天此城已经不复存在,其位置大致在今胡齐斯坦省白赫白罕(Behbehān)县同名县城东北7—11公里的库尔德斯坦河,也即古代的塔卜河南岸阿尔浑(Argūn),面积约4平方公里,遗留有城墙、河道、清真寺、街区、断桥、坎儿井、城堡等。这座城市是萨珊王朝的库巴兹王用8万罗马俘虏修建的。从那时起到17世纪一直是兴盛的城市,尤其是在中古时期很繁华。这座城市在7世纪中叶被阿拉伯人占领,10世纪达到了鼎盛。[①]此时古典文献大量记载了此城,穆卡迪斯说:"阿拉建是首府,建设很好。产很多农产品,有很多城镇。人民高尚。这里既降雪也产椰枣、柠檬、葡萄。这里用无花果、橄榄为原料,做果汁和肥皂。这里是法尔斯和伊拉克的粮仓。出产销往胡齐斯坦和伊斯法罕。一条湍急的河流穿城而过。这里有座礼拜者看重的漂亮清真寺,靠近市场,有座高大、漂亮的宣礼塔。这里的建筑都是用石头砌成的。这里的布料市场修建得和锡斯坦一样。市场有大门,每晚都会锁门,市场一字排开,形成一个圆圈。市场共有四面大门,相互对应。这里的麦市比其他任何地方都要好。这里冬季干净、舒适,椰枣树和葡萄藤都要埋到地里(防冻)。不管怎么样,这里的水是甘甜的,这里的水果、鱼、雪、椰枣(好到)无法言表。但是到了夏天,这里就是地狱,从炎热期一直到雨季来临之际,水苦咸。这里的女人比其他地方要风骚很多。此城有六门:阿瓦士门(Darb al-Ahwāz)、里沙赫尔门(Darb

---

[①] http://www.iranicaonline.org/articles/arrajan-medieval-city-and-province-in-southwestern-iran-between-kuzestan-and-fars.

al-Rīshahr)、设拉子门（Darb Shīrāz）、鲁萨法门（Darb al-Rusāfa）、广场门（Darb al-Maydān）、卡亚林门（Darb al-Kayyālīn）。"[1]以上比较详细记述阿拉建的城市状况、建筑设施、城市水源、繁多的水果，尤其详细列出六座城门的名称，是研究城市史的绝佳资料，也证明其在中世纪是一座坚固的城市，在法尔斯地区扮演十分重要的角色。

1052年纳斯尔·胡斯罗曾经到过这一地方，他说这里有夏天纳凉的地下室，居民有2万户，[2]也就是10万人，是法尔斯最大的城市。就在此时布伊王朝开始衰落，与兴起的塞尔柱王朝发生了争夺战，城市遭受很大的破坏。[3]1085年发生了大地震，该城受到了前所未有的破坏。[4]该城居民南移到今天的白赫白罕城，建立起了新城，而阿拉建再也没有发展到以前的水平，同时伊斯玛伊勒派占据了附近的山区三个据点，经常骚扰此城。中古时期，这里是丝绸之路的重要通道，商品经过这里通过海上丝绸之路运往中国、印度、巴格达和其他地方。这里夏季气候炎热，平均温度30℃，但是法尔斯重要的农业区，产各种热带水果和粮食作物。也产各种手工业品。北边的扎格罗斯山中冬季降雪，这里的居民过着半农半牧的生活。这里有两条河：东边的（科吉卢耶–博韦艾哈迈德省）海拉巴德（Khayrabād）河即古代席琳河、也是祖赫拉（Zohreh）河的支流和西边的库尔德斯坦河。[5]这两条河上游均建有巨大的水库。

《法尔斯志》称：阿拉建，"这座城市最初是胡斯罗·阿奴西尔

---

① 穆卡迪斯，第377页。

② 纳斯尔·胡斯罗，第97、120页。

③ http://www.iranicaonline.org/articles/arrajan-medieval-city-and-province-in-southwestern-iran-between-kuzestan-and-fars.

④ Ibn Athir: *Al-Kāmil Fī al-Tarīkh*, Beyrut, 1987, V9, p.560; V10, p.145. 下文简称《全史》。

⑤ http://www.iranicaonline.org/articles/arrajan-medieval-city-and-province-in-southwestern-iran-between-kuzestan-and-fars.

万之父库巴兹国王修建的。这是座大城,附属有很多地区,但是阿萨辛(伊斯玛伊勒)派闹乱子时期,此城毁了。这里气候炎热,附近有萨坎(Thakan)桥,其修建在一条叫做塔布的大河之上,此河发源于邻近的塞米罗姆。这附近还有很多条河流流过,水源富足。这里的土地极为肥沃,盛产各种水果。椰枣林和石榴林随处可见,尤其叫米拉斯(Mīlasī)的石榴最为优质。这里也有繁多的花卉。阿拉建有很多的地区。城里有座距离清真寺"。[①]依据前文电子版《伊朗百科全书》的介绍和谷歌地图可以知道这座城的基本样貌,尤其可以看清楚城中心的清真寺、城墙、城堡、护城河等。稍晚的亚库特记述了此次,并说:"波斯人拼读为阿尔甘(Arraghān),也拼写为法阿兰(Fa'lān)。伊斯塔赫尔记载这是一座大而繁华的城市。这里多有棕树和橄榄树;盛产热带和温带的水果。其距离海(波斯湾)不远,所处之地有平原,也有山区,还有荒漠。此地距离苏克·阿瓦士(Suq-Ahwaz)有60法尔萨赫,到设拉子有相同的距离,距离海有一天的路程。这个建在法尔斯地区与阿瓦士地区之间的城市,其经过一所名叫伊贝兹库巴兹(Ebezqobad)的监狱。这一地方是原来阿拉建所在地。其作为一个区有很多城市,与拉姆霍尔木兹(Ram-Hormuz)、撒布尔(Sabour)、阿尔达希尔·库拉(Ardeschir-Khourrah)和伊斯法罕一个地区。后来这些地区和伊斯塔赫尔区纳入了法尔斯地区。"亚库特引用伊斯法罕尼的记载称这里盛产优质葡萄干和其他物产等。伊斯塔赫尔说此城距离瑙班建(Noubanjān,设拉子附近)有26法尔萨赫。[②]

　　穆斯塔菲说:"这一名称现在通常拼写为阿拉干(Arraghān);

---

① 《法尔斯志》,第865页。
② 亚库特,第18—20页。

此城在第三气候区，经度为86°20′，纬度为20°15′。此城是萨珊王朝库巴兹王所建，起初是有很多城区和郊区的大城市。在刺客派——真主诅咒他们——扰乱时期，人口完全流失殆尽。气候炎热，水源取自塔布（Tāb）河，此河穿城而过。有座桥建在此河之上，称作普里·伊·萨坎（Pūl-i-Thakān）桥。这里的土地肥沃，作物多样，产各种水果。椰枣产量大，这里最有名的石榴被称作马里斯（Malīsī）；也产芳香类花卉。附近有很多城堡，诸如卡拉·太古尔堡（Qal'ah Tayghar）、迪兹·卡拉特堡（Diz-i-Kalāt），刺客派将此城毁掉以后，就住在这些城堡里。阿拉建人最为虔诚，专注宗教。布斯坦纳克（Bustanak，村）在法尔斯和胡齐斯坦边界。尊贵人物中只有阿布·哈散·设拉子（Abū Hasan Shīrāzī）葬在阿拉建，常被称作普尔撒赫·达尔（Pursah-dār，贫道）。"[1]穆斯塔菲尽管使用一部分《法尔斯志》的资料，但增加很多，尤其是城堡、桥梁、经纬度、著名人物等信息，具有重要的参考价值。因此，从文献记载和考古材料来看，阿拉建在中世纪具有重要的地位，特别是在丝绸之路上扮演着重要角色。

2. 里撒黑尔（Rīsahr）。此城现在已经毁了，位于阿拉建西南40公里祖赫拉河岸边。这城市前伊斯兰时期被称作里乌·阿尔达希尔（Rīv Ardashīr）。[2]古典地理文献经常提到该地。穆卡迪斯只是提到有阿拉建的城门叫做里撒黑尔。[3]豪卡勒说这是靠海的小城，[4]还有座清真寺。[5]《世界境域志》中提到了这座城市，介于斯

① 穆斯塔菲，第129页。
② 亚库特，第2卷，第887页。
③ 穆卡迪斯，第377页。
④ 豪卡勒，第191页。
⑤ 豪卡勒，第269页。

尼兹和阿拉建的繁华小城，但没有详述。①《法尔斯志》中说："靠近海边的小城，其附近埃米尔（总督）费拉穆尔兹·伊本·汗达布（Firmurz ibn Handāb）的城堡。这里气候极其炎热。因为夏天太热人们就把橡树壳粉涂身，否则皮肤会灼伤发肿，如此也可防晒。他们也穿多层衣服，因此他们穿的衣服很长。因为潮湿和难熬的气候，当地人不会住在城里，都到附近迪兹·卡拉特（Diz Kilāt）和埃米尔（总督）费拉穆尔兹的其他城堡，待在那里度夏。这里除了海鲜等物外不产其他，于是用船从外地运来其他物产。这里除了产鱼、椰枣外，还产有名的里沙赫尔亚麻布。这里人几乎都从事海上贸易，但他们无论人品还是体格都不尽人意，表现懦弱。此城介于阿拉建地区与胡齐斯坦之间。这里人诚实，看重自己，但相互对待很霸道，无所顾忌，相互恶斗。而且附近的地区比里沙赫尔要繁华。"②从上述记载这里气候，盛产海鲜、椰枣、亚麻，人们主要从事海洋贸易，和今天其遗址附近的城市很类似。亚库特引用哈姆扎（Hamzah）记述称里沙赫尔（Rīshahr）这一名称是里乌阿尔达什尔（Riw-Ardshar）的简称，为阿拉建地区一个很小的区。③

穆斯塔菲说："波斯人称其为里沙赫尔（Rīshahr），也被称作拉比彦（Rabiyān）。这座城市是凯彦（Kayanian）王朝的鲁赫拉斯普（Luhrāsp）修建，撒布尔一世重修此城。这是座中等城市，位于波斯湾岸边。气候炎热潮湿。夏季，人们身上涂上面粉，否则，因出汗太多，而（皮肤）烧疼。这里作物有椰枣，产品有里沙赫尔亚麻布（很有名）。其人多数从事海上贸易。但他们不够精明，比其他人

---

① 《世界境域志》第128页。
② 《法尔斯志》，第866—867页。
③ 亚库特，第270—271页。

愚钝。迪兹·卡拉特堡距离里沙赫尔有1法尔萨赫。夏季，很多人到这里来，其他城堡的人也来这里，这里空气较好。"①这里可以了解在中古时期的状况，但这里只是小城，在当时占有一定的地位，是联系波斯湾与内陆有机的一环。

3. 哈布斯(Khabs)。这在《法尔斯志》中将此和福尔祖克(Furzuk)与哼迪詹一起提及，属于阿拉建与法尔斯内地其他地区的地区，"哈布斯有一个税收关。这里所有地区气候、很多方面于阿拉建相似"。②但在其道路里程中写法略有变化，似乎写作Habs，并且距离有6法尔萨赫，即约40公里，距离阿拉建10法尔萨赫，约64公里。③穆斯塔菲基本上重复了《法尔斯志》的内容，里程也是与《法尔斯志》相同。④在中世纪是否如此很难说，但贸易、经济等活跃是没有什么可质疑的，因为此时法尔斯地区总体上是稳定繁荣的。

4. 福尔祖克(Furzuk)。今天这一地名已经难以查找到，大致在现在的白赫白罕的东北。中古时期地理学家经常提到这里，多半和其他地区一起记述。⑤由此可知，在中古时期这一地区在地理和交通位置显然是重要的。

5. 哼迪詹(Hindījān)。今天该城还存在，是胡吉斯坦省哼迪詹县的同名县城，具有悠久的历史，建城史超过3千年，是西亚历史上的名城，具有重要的地位，其横跨祖赫拉河即哼迪詹河两岸，2006

① 穆斯塔菲,第129页。
②《法尔斯志》,第866页。
③《法尔斯志》,第865页。
④ 穆斯塔菲,第129—130、179页。
⑤ 穆斯塔菲,第129—130页。

年人口有2.5万。[①]此城在古典地理学家那里经常被提及。穆卡迪斯说拼写为信度万（Hinduwān），并说：这是"面向海的城市，分两个城区。这里的清真寺和市场面向阿拉建；其他的建筑和鱼市面向大海的另外一个城区"。[②]中古时期的文献将此地和哈布斯、福尔祖克一并提及，这里气候与阿拉建相似。[③]

6. 达尔建（al-Darjān）。此地今天很难找到了，但古典文献中经常有记载。穆卡迪斯记述说："这是里沙赫尔（Rīshahr）乡村地区的一座中型城市，面积很大。"[④]应该距离里沙赫尔不会太远。

7. 比兰（Bīrān）。此地今天已经很难找到了，文献中记载也很少，只有在穆卡迪斯记述中可以看到，他说："这是散比尔（Sanbīl）地区的一座城市，先前属于胡齐斯坦。"[⑤]说明距离胡齐斯坦不远，但难以确定方位。

8. 达尔阳（Dāryān）。此地今天已经很难找到了，文献中记载也很少，只有在穆卡迪斯记述中可以看到，他说："这里有座繁华市场，地区辽阔。"[⑥]具体位置很难确定。

9. 阿赫萨（al-Ahsā）。今天这一地名已经无法找到了，但在中古时期的文献还能找到。哈利康说这是属于法尔斯地区，这里有很多城市，包括加纳韦、哈加尔（Hajar）、卡提夫（al-Katīf）等。阿赫萨是"希斯（Hisi）的复数，含义是指水在沙子里渗入含水层。阿拉伯人将沙子挖出，找到水，汲取之。一个具有这样特性的地方，

---

① https://en.wikipedia.org/wiki/Hendijan.

② 穆卡迪斯，第377页。

③《法尔斯志》，第866页；穆斯塔菲，第129—130页。

④ 穆卡迪斯，第377页。

⑤ 穆卡迪斯，第377页。

⑥ 穆卡迪斯，第377页。

就可以称之为阿赫萨,并以此名闻。"①从他的记载来看应该在加纳韦所在的地区,也就是今天布什尔省沿海地区。

10. 加拉迪建(Jallādjān)。从文献判断应该在阿拉建南部地区,是在高山地带,和平原的阿拉建还是有差别的,但《法尔斯志》说:"这些都是阿拉建所在的地区,气候、产品都相似,没有什么重述的。这里有个地方叫做查哈尔·迪赫(Chahā Dīh),即四个村。"②穆斯塔菲基本上重复了《法尔斯志》的内容。③从有限文献记述中了解到这一地区处在扎格罗斯山区,但物产是比较多样和丰富的。

11. 尼维(Nīv):这一地方在伊斯塔赫尔的著作中被提到。④在《法尔斯志》中⑤穆斯塔菲将此地和加拉迪建与代伊尔一起提到了,大略地说像阿拉建一样。⑥

12. 代伊尔(Dayr)。这一地方现在难以查找到,但在《法尔斯志》中⑦与穆斯塔菲将此地和加拉迪建与尼维一起提到了,大略地说和阿拉建一样。⑧

13. 马赫鲁班(Mahrūbān)。今天这座城市不存在了,按方位在祖赫拉(Zohreh)河河口不远的地方,是中古时期法尔斯地区的最西端地区西境,从巴士拉城去往东方的重要驿站。马赫鲁班港

---

① 哈利康,第1卷,第430页。
②《法尔斯志》,第866页。
③ 穆斯塔菲,第130页。
④ 伊斯塔赫尔,第111页。
⑤《法尔斯志》,第866页。
⑥ 穆斯塔菲,第130页。
⑦《法尔斯志》,第866页。
⑧ 穆斯塔菲,第130页。

属于阿拉建地区的港口,10世纪时很繁华,还有一座清真寺市场。[①]
穆卡迪斯记述说:"这是靠海的城市,岸边有座清真寺。这里水源
奇缺。这是地区的港口,从这里来往巴士拉。这里市场很好,客商
往来不绝。"[②]还说马赫鲁班和斯尼兹之间有1站路。[③]《世界境域
志》也提到了这座城市,说:"这是一座像海岛一样的城市,在海之
中。是座繁华的城市,整个法尔斯的商品都在这里集散。"[④]这里提
供了一些新信息,有助于我们对这座城市有更深的了解。

　　1052年,纳斯尔·胡斯罗到过马赫鲁班城,并记载此城位于
海湾东部的岸边。这里的市场很好,清真寺是以萨法尔王朝亚
库布的名字命名的。[⑤]《法尔斯志》称:"马赫鲁班是海岸很近的
城市,海浪拍打着城里房屋。其炎热、潮湿,气候很差,甚至比里
沙赫尔还要糟糕。这是个海港,无论是从法尔斯去往胡齐斯坦、
还是从巴士拉和胡齐斯坦经海远洋的船只都会停靠在这里。但
所有船只,无论是经海路的货船还是经马赫鲁班到内陆转运货
物的船只,都会收取高昂的关税。这里除了产椰枣外,不产其他
果品。但这里饲养大量的绵羊和山羊一样多。这里也饲养牛,
数量如同巴士拉一样。据说其重量达到80—100拉特尔(Ratl),
甚至更重。[⑥]此地盛产胡麻和亚麻,销售到附近地区。城里有座
聚礼清真寺。马赫鲁班人性格懦弱。"[⑦]穆斯塔菲说:"波斯语称

---

① 伊斯塔赫尔,第128页。
② 穆卡迪斯,第377页。
③ 穆卡迪斯,第399页。
④《世界境域志》第128页。
⑤ 胡斯罗,第97页。
⑥ 1拉特尔等于0.34公斤,也就是一头牛重达290—340公斤,看来体格强壮。中国
　普通黄牛达150公斤。
⑦《法尔斯志》,第867—868页。

其为麻黑鲁彦（Māhīrūyān），这是海边的一座城市，因此海水拍打着城边。其所属的地区很少。气候炎热、潮湿。这里是经海陆从法尔斯到胡齐斯坦和从巴士拉到胡齐斯坦的旅客汇集的港口。除了椰枣，不产其他果品，因绝大多数食物源于大海。这里几乎没有绵羊，但山羊很多。"[①]这些记述可知这座海岸城市处在气候炎热潮湿的地区，是重要的港口，盛产椰枣与海产品，今天也是如此。这座城在海上丝绸之路中发挥重要的作用，尤其在中古时期。

14. 斯尼兹（Sīnīz）：这是一座海港也是一座城市，其名称被保留下来，按其所在位置，就是今天的代拉姆港（Bandar-e Deylam 或 Bandar Dīlam），是布什尔省代拉姆州的州府和港口，人口有1.8万，曾经的海上丝绸之路重要港口和贸易站。这一地方在古典地理文献中经常提到。豪卡勒说这是靠近海边的城市。[②]伊斯塔赫尔也记载此港，这里产椰枣，附近有小海湾。[③]穆卡迪斯说："斯尼兹距离有半法尔萨赫，在马赫鲁班之北。这里很长的市场到河口，用船连接。清真寺距离市场有段距离，其对面就是总督府，其有很多衙门。"[④]《世界境域志》也提到来了，他说："这是一座舒适的、气候宜人的海边城镇。这里产斯尼兹（Sīnīzī）布。"[⑤]《法尔斯志》称："这是靠海的小城。此地有座小港。其介于马赫鲁班与加纳韦（Jannābā）之间。这里产厚实又柔软的亚麻布，被称作斯尼兹布。但他们不穿这种

---

① 穆斯塔菲，第130页。
② 豪卡勒，第39、191、199、203、205、210、213页。
③ 伊斯塔赫尔，第34、113、128、132、153页。
④ 穆卡迪斯，第377页。
⑤《世界境域志》第128页。

布。这里产椰枣和灯油外，不产他物。气候很好。"①两者的记述很相似，这里产椰枣和亚麻布，很有名。亚库特说：这是靠近波斯湾岸边的城市，在第三气候区，经度为76°45′，纬度为30°。从巴士拉启程就可以到达此城，此城不远是加纳韦（Jannabah）。亚库特亲历过这一地方，当时城市基本毁了，还可以看到曾经的花园和居民点。萨玛尼说这是阿瓦士的一座大城。②

穆斯塔菲说："这是一座海边的小城，还有座小城堡。这里有很多椰枣树，因气候炎热潮湿。此处产亚麻和用其榨制灯油。但这里亚麻不是用来织布穿衣。此地人文静，但愚昧。"③这里气候独特，民风怪异，是波斯湾著名的海港城市，连着中东与东方的各地，尤其与元朝腹地。因此是海上丝绸之路的重要一环。

15. 胡尔希德（Khurshīd）：这是法尔斯的一座小城。介于斯尼兹（Siniz）和撒那威之间，距离海边有1法尔萨赫。亚库特到过此城，说该城人口很多，且有城墙。④

16. 阿扎穆（Azām）：这是苏克·阿瓦士与拉姆·霍尔木兹之间的驿站名。⑤

17. 泰弗尔（泰西封）阿巴德（Taifur-abād）：这是法尔斯的城市。⑥

这些城市道路连接着胡齐斯坦和法尔斯，而后可以到伊拉克或者克尔曼、呼罗珊，在伊利汗国南部地区发挥着重要的作用。

---

① 《法尔斯志》，第867页。
② 亚库特，第337页。
③ 穆斯塔菲，第130页。
④ 亚库特，第203页。
⑤ 亚库特，第30页。
⑥ 亚库特，第400页。

## 小结

库巴兹区是法尔斯西边重要地区，是连接伊拉克、吉巴尔、波斯湾的区域。这里分布着很多城市，是古波斯和中古时期文化发达的有力反映，也是该地区重要性的体现。此地区物产丰富、农业发达，其手业方面独树一帜，在东西贸易中占有重要地位。

# 第五章　萨班卡拉地区历史地理考察[①]

## 第一节　文献中记载的萨班卡拉地区

萨班卡拉地区[②]位于法尔斯的东南地区,其东边、北边是克尔曼地区,南为波斯湾,西边为法尔斯地区。[③]萨班卡拉地区原来是法尔斯地区(即达拉布吉尔德区或萨班卡拉)和克尔曼地区的一部分。这一地区是强悍的阿拉伯部落萨班卡拉部活动的地区,其主要从事农业生产,还有一部分以游牧为生。此地环境独特,其北边、东边和西边多为干旱沙漠地区,南边地区则毗邻波斯湾。因而,南部地区雨水相对较多,且有较大的河流。萨班卡拉所在的地区大致在今天伊朗的霍尔木兹甘地区中部、法尔斯地区西南部与克尔曼地区西部的一小部分。这里是从伊朗腹地去往波斯湾的重

---

① 这一省本来属于法尔斯地区的达拉布吉尔德州即萨班卡拉地区,但在中世纪逐渐变成独立的萨班卡拉地区,本书单独地辟为一章。

② Margoliouth, D. S., trans & ed., *The Eclipse of the 'Abbasid Caliphate*, Cambridge, 1921, V.4, p.18.

③ 历史上的法尔斯地区面积比今天大很多。

要通道，也是古代丝绸之路的重要组成部分，同时也是波斯文化的发祥地之一，在伊朗历史上占有相当重要的地位。此地分布有很多著名的城市，尤其在中古时期地位相当重要。历史文献中对这些城市有大量的记载。本章依据相关文献对萨班卡拉地区历史地理作简要考察。

中古时期萨班卡拉地区在政治上基本处于半独立状态，但名义上服从伊利汗国的管辖，并向汗国交纳赋税。该汗国只是形式上派监治官管理，但权力有限。在管理方式上，和伊利汗国管辖的其他很多地区一样，该地区一旦发生难以控制的紧急事件时，汗国就会临时派遣军队，帮助处理各种叛乱事件。等到事件基本平息后，汗国军队就会撤回。该地仍由当地人治理，也就是说具有很大自主权，甚至可以自行处理内部事务。

有关萨班卡拉地区的历史地理，在当时或早期文献均有记述，诸如豪卡勒、穆卡迪斯、巴里黑、伊德里斯、亚库特、马可·波罗、穆斯塔菲、伊本·白图泰、阿布菲达等。但值得注意的是，这些文献不完全是以萨班卡拉之名提及此地，如亚库特称此地为达拉布吉尔德（Darābjird）区。后因蒙古人统治时期，此区从法尔斯区分离，遂形成一个独立的行政区。萨班卡拉之名源于居住在该地区的同名部落。①12世纪的《法尔斯志》记载萨班卡拉（Shabānkārah）部源于代莱姆（今吉兰）地区的法兹鲁亚赫（Fadhlūyah）家族所属部落名称，属于什叶派伊斯马伊勒（Ismāīl）支派。②

塞尔柱王朝时期，他们和库尔德人一起卓有成效地对付了阿塔别·超里的统治。塞尔柱王朝灭亡后，萨班卡拉部占据了法尔

---

① 《大食东部历史地理研究》，第288页。
② 《法尔斯志》，第316页。

斯的东部地区。马可·波罗以宋卡拉(Soncara)之名提到了萨班卡拉地区,并称这是8个波斯(Persia)"王国"中的第7个王国,但此名后来被废弃。①

文献中对这一地区进行准确且详细记叙的著述者应该是地理学家穆斯塔菲。他称:萨班卡拉地区"分为六个地区(如同中国的郡或县),位于热区,第三气候区。这一地区以法尔斯、克尔曼和波斯湾为界。在塞尔柱时期,这里的财税达到实际货币收入的2百万金币,但如今只有26.61万金币。该地区的首府为伊格城(Īj)和达拉甘(Dārkan)城,且两地毗邻"。他还称法尔斯地区达拉布吉尔德之名是"取自凯彦(Kayānian)王朝②达拉布·伊本·巴赫曼·伊本·伊斯凡蒂亚尔(Dārāb bn Bahman bn Isfandiyār)之名,先前这一地区绝大部分地方就是属于现在萨班卡拉地区","但此处(中世纪)还是作为法尔斯地区一部分来谈及"。③这说明达拉布吉尔德地区虽属于萨班卡拉地区的一部分,但传统上还是被看作属于法尔斯地区。

因此,穆斯塔菲在其地理著作中将它作为法尔斯地区一部分来叙述。实际上达拉布吉尔德地区是萨班卡拉所属地区之一,与设拉子城和周边地区有密切的关系。这里重要的地理标志就是巴赫泰甘湖(Bakhtigān)盐湖。④

---

① H.Yule, trans & ed., *The Book Of Ser Marco Polo*, London, 1847, V.1, p.84.

② 这是伊朗历史上的传说中的王朝,存在于波斯阿契美尼德王朝(前550—前330)之前。

③ 穆斯塔菲,第124—125页。

④ 这座湖至今存在,但由于库尔河上游修建水坝、灌溉等原因,面积大为减少,现为35万公顷。

## 第二节　萨班卡拉地区的主要城市

　　萨班卡拉地区虽然处在干旱地区，但它传统上是法尔斯地区的一部分，又处在著名的热带农业地区，因此这里分布着很多著名的城市，现做简要考察如下。

　　1. 贾赫罗姆（Jahrum）城。贾赫罗姆（Jahrum 或 Jahram）城是中世纪的著名城市之一，具有悠久的历史，位于欣坎（Simkān，大致位于贾赫罗姆西北的卡拉特 Qalāt）城之南，卡尔津城之东，周边是肥沃的平原。现在此城是法尔斯地区贾赫罗姆县（郡）的同名县（郡）府所在。据 2011 年统计，人口有 11.4 万。其位于法尔斯首府设拉子城东南 170 公里。这里有很多条公路汇合，是法尔斯西南地区的交通中心，也是文化中心，教育较发达，有贾赫罗姆大学、贾赫罗姆医科大学、阿扎德伊斯兰大学贾赫罗姆分校等。该城的历史可以追溯到公元前 550 年的阿契美尼德王朝时期。据说这座城市名称的含义为"热地"或"绿地"，还有很多古波斯王朝时期的遗迹。这里产粮食、热带水果等，诸如小麦、橘子、椰枣等。大量的阿拉伯、波斯文献记载过这座城市。穆卡迪斯将此地称为加尔玛（Jarma），并称：这"是一座大城，城中市肆熙攘，附近有清真寺。市场有二门。其饮用水取自河水，河从地面就可看到"。他还在里程表中提到从法萨到卡尔津需要一天的路程，而贾赫罗姆就在两者之间的中途。[①]一般行程大约需要半天的时间，虽不是干道，但在古代有便道可以经贾赫罗姆到达卡尔津。

　　从现在的卫星地图大致测量，法萨到卡尔津距离大约为 120 公

――――――――――

① 穆卡迪斯，第 385、401 页。

里,按照古代大致一天行进35公里的速度计算,需要3天多时间,也就是三程或四程远,说明穆卡迪斯的记载显然是有误的。但豪卡勒记载称从法萨到卡尔津为18法尔萨赫,[①]也就是约112公里,和今天的里程大致相当,而法萨到贾赫罗姆为10法尔萨赫,也就是约62公里,从贾赫罗姆到卡尔津为50余公里。[②]看来豪卡勒的记载是比较准确的。

12世纪的《法尔斯志》对贾赫罗姆有较为详细的记述,并对穆斯塔菲影响很大,他大段摘录了《法尔斯志》的内容,因此穆斯塔菲的记载内容不一定就是对中世纪实际状况的记述。这是需要注意的,但按照中世纪穆斯林学者的传统,穆斯塔菲也会增加一些内容。《法尔斯志》中记载称:贾赫罗姆"是不大不小的中等城市。这里大量种植粮食。盛产棉花,外销各地。这里盛产吉尔巴斯(Kirbās)锦缎。此城还纺织著名的贾赫罗米毯子(zīlū)。这里气候炎热,饮水取自河渠和河流"。这里还有坚固的库尔沙赫(Khūrshah)堡,是萨班卡拉部反叛基地,且该部在此自立为王,后被塞尔柱王朝著名宰相尼扎穆·穆尔克(Nizām-al-Mulk)镇压下去了。[③]这"是座中等城市,由巴赫曼·伊本·伊斯凡蒂亚尔(Bahman bn Isfandiyār)所建。此地有很多所属之地,气候炎热,种植有粮食、水果和棉花。这里水源来自河水和渠水。该地有个十分坚固的城堡,称作库尔沙赫堡(Qal'ah Khūrshah)"。库尔沙赫城堡距离贾赫罗姆"有5法尔萨赫,建在一座高山顶上。这里气候略显闷热。库尔沙赫城堡名是取自曾任该地区总督之名,他是哈

---

① 6.2公里或6.4公里等,和西方的1里格(League)基本接近。

② 伊本·豪卡勒,第281页。也参考了1964年巴黎出版的两卷本法译(后简称豪卡勒)。

③《法尔斯志》,第314—315页。

加吉（著名的奥玛亚王朝伊拉克总督）之弟。但他恃其堡之固，万贯之财，行谋为叛。由此之故，后来不得任何总督占据此堡，免得骄横，以城堡之固，思其谋乱，以叛为匪"。[1]后来宰相尼扎穆·穆尔克重修了该堡。亚库特记载为贾赫罗姆（Jahram），并称："这是法尔斯的城市名，此地产著名的纺织品，被称作贾赫罗姆。凡是出自这里的人都冠以贾赫罗姆。此城距离设拉子有30法尔萨赫。"[2]阿布菲达也提到了贾赫罗姆，并引用《经度（Atwāl）》一书说："此城的经度为79°，纬度为28°40′。"[3]因此，这座城市在中古时期占有重要的地位，也是伊朗南部的重要城市，是连接波斯湾和伊朗腹地的重要通道，直到今天也具有重要作用。

2. 朱约姆·阿布·阿赫迈德（Jūyum-i-Abū Ahmadi）。此城市至今还存在，被简称为朱约姆，属于法尔斯地区拉里斯坦（Larestan）县（郡）的一个乡和镇，人口有6千，处在干旱荒漠的绿洲之中，有几条小河流经此地，滋养着这里的土地。这座位于贾赫罗姆城西南的小城，是去往波斯湾和设拉子的要道，伊朗通往波斯湾的67号公路就经过这里。历史文献对这座城市有大量的记载。

穆卡迪斯记载称："朱约姆·阿布·阿赫迈德城是一座重要城市。其城区有10法尔萨赫，四周环山，处处是椰枣树和花园。饮水取自市场旁的引水渠和一条小河。在清真寺与市场之间有一条悠长的巷子。清真寺很漂亮，高高耸立，拾阶可达其顶。寺内有口水窖，装满了雨水，居民每日按需汲取。"[4]

《法尔斯志》称：朱约姆·阿布·阿赫迈德城"是伊拉黑斯坦

---

① 穆斯塔菲，第132页。
② 亚库特，第181页。
③ 阿布菲达，第2卷，第92页。
④ 穆卡迪斯，第379页。

（Irāhistān）地区的首府（Jawmāh）城市，此地区虽是属于阿尔达希尔·库拉（Ardashīr Kūrah），但（朱约姆·阿布·阿赫迈德城）被归入达拉布吉尔德地区。这里气候炎热，饮水取自地下坎儿井和井水。该地的作物有椰枣和粮食，出产吉尔巴斯锦缎。此地有座叫做沙米兰（Qal'ah Shamīrān）的城堡。城里面有聚礼清真寺。这里的人民和伊拉黑斯坦其他地方的人一样，好斗。大部分以劫匪、偷盗和拦路贼为业而臭名昭著"。[①]

中古时期，这座城市也相当重要，当时的穆斯塔菲记述称："这就是在伊拉黑斯坦地区中，此州（前文提及）一部分属于阿尔达希尔·库拉。因此居马赫（Jumāh，即家乡）被称作库拉·鲁德（Kūrah Rūd，即河水州）。此地炎热，水源取自渠水和井水。这里的作物有粮食和椰枣。此地有座叫做沙米兰（Shamīrān）的城堡。此地人是劫匪、拦路贼和盗贼。"亚库特记载朱约姆："这是法尔斯的地区名和城市名，全名称作朱约姆·阿比·阿赫迈德（Juwaym-i-Abi Ahmad）。此地有10法尔萨赫宽，还有一条山脉。这里到处有椰枣树和果园。这里的居民饮水来自水窖。靠近该城巴扎（集市）有一条小河。"这里有很多学问家。[②]该城附近有座叫萨密兰（Samīrān 或 Shamīrān）的坚固城堡。这座城周边地区是著名的草原，位于朱约姆和萨甘河岸等之间的草原尤为闻名。这里还有很多静谧的水泊和狮子出没的森林。但现在发生很大的变化，狮子早已绝迹。

现在这座城市已经走向衰落了，但在中古时期具有显要的地位。

①《法尔斯志》，第315页。
② 亚库特，第181页。

3. 法萨（Fasā）。法萨至今尚存，是同名县和县城之地，该县分为中心乡（Central District）、新班德甘（Now Bandegan，新坝）乡、舍什迪赫·卡拉布拉赫（Sheshdeh and Qarah Bulaq，六十与黑泉）乡和什比卡瓦赫（Shibkaveh）乡，全县人口18.9万人。这里城市有法萨（Fasa）城、扎赫德沙赫尔（Zahedshahr）城、新班德甘（Now Bandegan, and Sheshdeh）城和舍什迪赫（Sheshdeh）城。其中法萨为县城所在地，人口有9万，是法尔斯地区重要的文化中心，这里建有多所大学，也是交通中心，且有多条道路会合。这里虽距离海洋不远，但因地理位置特殊，湿润气流难以到达，干旱少雨。该地产地毯、烤饼、柑橘等。

法萨所在地区有很多自然景观和历史遗迹，诸如胡人甘（Khorengan）历史古城、萨珊火神庙（Sasanid Atashkadeh）、伊玛目扎德赫·伊布拉欣（Imamzadeh Ibrahim）墓、扎哈克（Zahak）山、[①]女儿堡（Ghal'eh Dokhtar）[②]等。

法萨城作为历史古城，在波斯历史上占有十分重要的地位，尤其在大食帝国以后，历史文献中对此地有大量记载，且波斯人将法萨拼写为帕萨（Pasā）。10世纪文献记载，这是达拉布吉尔德地区的第二大城市，规模差不多和设拉子城一样大。这座城修建得很优美，民居建筑大量使用柏木作为材料。这里气候宜人，有益于身体健康。市场繁华，城周边有城壕，还有一座城堡守护着，内城门外还有很多郊区。这里的果园里盛产椰枣、坚果、柑橘等。

穆卡迪斯说用砖砌的大清真寺有两座庭院，其华丽程度可以

---

① http://iran4visit.com/fasa/.

② https://en.wikipedia.org/wiki/Qal%27eh_Dokhtar, 又见：https://en. wikipedia.org/wiki/ Category: Castles_in_Iran、http://www.digplanet.com/wiki/Miyan_Deh_Rural_ District.

和麦地那城的清真寺相媲美。他提到法尔斯地区的城市时，还说法萨是一座漂亮且有名的城市。[①]其说：与法萨相比，"没有一个地区的人这么开心、直率和真诚。没有一个地方的水果有这里的美味。此城中有个市场的内城，全是用木材建的；清真寺在市场中，是用砖砌的，比设拉子的清真寺要好，有两个院子如同和平之城（巴格达）。两个院子之间有游廊。在这座漂亮城市里，可以找到你自己喜欢的各种水果。这里可以看到种植的松柏，建筑也很多"。[②]

穆卡迪斯也记载了这里的度量单位。他称："法萨的一个卡费兹（qafiz）等于6个曼（mann）；一个曼等于600迪尔汉姆（Dirham），用来了称量粮食，或者称量杏仁之类的。一个卡费兹（qafiz）的大麦重量等于6个曼（mann），而1卡费兹的大米、鹰嘴豆、豌豆的重量则等于8个曼。"[③]这说明在他那个时代不同地区不同类别的产品度量单位或重量是有差别的。原因就是大食帝国每个地方的度量衡都不一致，尤其是藩国。此时布伊王朝统治的是法尔斯及其周边地区，出现差别，也就不足为奇了。

哈利康说著名的语言学家阿布阿里法里斯（907—987）出生在此城，并称这是法尔斯的一座城市。[④]

《法尔斯志》中说法萨城是"一座大城，是由大流士（Dārā）之父巴赫曼（Bahman）所建的。此城先前和伊斯法罕面积一样大，现在差不多毁了，绝大部分已经废弃。这里有很多附属地区和城区。水源完全取自地下（坎儿井），因此处既无泉水，也无溪流。该

---

① 穆卡迪斯，第374页。
② 穆卡迪斯，第382页。
③ 穆卡迪斯，第398页。
④ 哈利康，第1卷，第379页。

城气候温和舒适，适合居住。这里产热带和温带的各种物产，因此在法萨的所有果园里都可以找到核桃、橘子、橙子、葡萄、无花果等热带和北方的温带各种果品。的确，其他地方是无法与此地相比的。法萨有座坚固的城堡。萨班卡拉部将其毁掉了，而阿塔别·超里进行了重建。库拉姆（Kurm）城和鲁尼兹（Runīz）城在法萨地区"。他还提到了"法萨所属的沙格·鲁达尔（Shaqq Rūdbāl）和沙格·米沙南（Shaqq Mīshānān）两个地区，都在热区，产粮食。饮水取自坎儿井。这里有很多的村庄和田地，但没有城市"。[①]伊斯塔赫尔也提到了这两个地区，但写法略有不同，即沙格·鲁德（Shaqq ar-Rūd）和马沙南（Māsnān）。[②]

穆斯塔菲记述称：此城"位于第三气候区，经度为83°55′，纬度20°。此城是由伏魔者塔赫姆拉斯（Tahmūrath）之子法萨所建，后来被毁，是由凯彦王朝谷什塔斯福（Gushtasāf）王重修，在其孙巴赫拉姆·伊本·伊斯凡蒂亚尔（Bahram ibn Isfandiyār）统治时期完成，取名为萨珊（Sāsān）。最初将此城规划为三角形，但在哈加吉（Hajjāj，伊拉克总督）时代，他的代理人，郡守阿扎德玛尔德（Azārdmard）依照其总督之名更改规划图，重修此建筑。后来被萨班卡拉部所毁。而后被阿塔别·朝里重修。它是一座大城，有很多所属地区。其水源来自渠水，但没有河流。这里产热带区和寒带的水果物产。其附近的沙格·鲁达尔（Shakk Rūdbāl）和米什卡纳特（Mīskāhānāt）在热区，产旱区小麦。还有很多附属之地，记叙未免过于冗长"。[③]

---

① 《法尔斯志》，第312、313页。
② 伊斯塔赫尔，第109页。
③ 穆斯塔菲，第124页。

城市附近有坚固的哈瓦丹（Khwādān）城堡，这里有很多储水的大池。[1]

阿布菲达记述："《经度（*Atwāl*）》记载此地经度为79°15′，纬度为29°；《马苏迪天文表（*Qānūn*）》记载经度为78°50′，纬度为32°20′；《拉斯姆（*Rasm*）》记载经度为78°15′，纬度为33°40′。这里气候极热。"[2]

若将穆斯塔菲、亚库特的记述作比较来看，就会发现其所在位置有所差别，可能是在摘录其他文献过程中出了问题，但大致位置吻合。

亚库特称：法萨"最初的发音为巴萨（Basā），是法尔斯地区最漂亮的城市。其距离设拉子有4天的路程，位于第四气候区，经度为77°25′，纬度为30°"。[3]显然这和穆斯塔菲的记述有差异。亚库特长篇引用了伊斯塔赫尔的记载，这些内容可以在伊斯塔赫尔的原著里查找到。亚库特还摘录了哈姆扎·本·哈散（Hamzah ben Hasan）的著作《权衡（*Kitāb Muwāznah*）》称："达拉布吉尔德地区的法萨最初被称作巴萨斯里（Bassāsirī），原因就是这座城市没有法萨之名，而有巴萨斯尔（Bassāsir），如同我们所说的嘎尔姆斯尔（Garmsir）和萨尔德斯尔（Sardsir），即热区和冷区一样。"[4]这点阿布菲达也提到了，并说这位阿斯兰·突厥人造了反，并让巴格达的哈里发在虎图白（祈祷）演讲中承认埃及的法提玛王朝，也就是让逊尼派的哈里发承认什叶派的哈里发。[5]

---

[1] 穆卡迪斯，第423、431、448页。
[2] 阿布菲达，第2卷，第98—99页。
[3] 亚库特，第99页。
[4] 亚库特，第422页。
[5] 阿布菲达，第2卷，第98—99页。

有关法萨到设拉子的里程，不同的文献都有记载，但存在差异。

穆斯塔菲记载设拉子到法萨为20法尔萨赫，也就是124公里，与伊斯塔赫尔给出的里程相差了约59公里。[①]通过现代卫星地图，粗略测量，两地距离约为180余公里，看来伊斯塔赫尔提供的里程是比较准确的。[②]

法萨城在中古时期是南部重镇，也是通往波斯湾和东方的陆路要道，在古丝绸之路上占有极其重要的位置，今天也是如此，是伊朗去往东南的重要通道。

4. 伊格（Īg）或伊吉（Īj）城。今天这座城依然存在，被称作伊吉。其在达拉卜的西北方向，埃斯塔赫巴纳特东南，距离巴赫泰甘湖东南不远，是属于法尔斯地区埃斯塔赫巴纳特（伊斯塔赫巴南）县的一座小镇。该镇位于县城西南，是通往县城、法萨、达拉卜和波斯湾沿岸等地的交通要道，人口有6千余，近代以后衰落，著名考古学家斯坦因1932年经过这里时，它是一个村子。[③]历史上该城是座重镇，在中古时期这里为萨班卡拉地区的首府，常和达拉甘（Dārkan）、又称扎尔甘（Zarkān）城一并被提及。因此，文献对此多有记载。

《法尔斯志》称："伊吉先前仅是一个村庄，哈苏亚（Hasūyah）统治时期将其建成了城市。这里气候温和，但水质劣。盛产水果，尤其是葡萄。这里有座聚礼清真寺。"[④]穆斯塔菲也提到了此城，并记载称："伊格先前仅是一个村庄，在塞尔柱时期，哈苏亚

---

① 穆斯塔菲，第177页。
② 伊斯塔赫尔，第153页。
③ A.Stein, *Archaeological Tour in the Ancient Persis, Iraq*, III(1936), p.196.
④《法尔斯志》，第314页。

（Hasūyah）将其建成了城市。其建在一座山顶上，有坚固的城墙。有条河从中流过，城堡被围之时，若对手只需找到河流源头，改变河道，就会很快占领城堡。达拉甘城就在城堡脚下。这里气候温和，但水质不好，饮用不易消化。这里产的粮食作物、棉花、水果和椰枣质量最佳。"[①]他还记载此城距离设拉子城有38法尔萨赫，即约237公里，和今天的里程基本一致。亚库特记述伊格（īj），称："此城有很多花园，且极其繁华。其在法尔斯地区的边界上，从这里可以到基什（Kish）岛。此地产优质的水果且可供外销。该地属于达拉布吉尔德区，波斯语读此名为伊克（īk）。"[②]显然，这和穆卡迪斯记载的名称是一致的，说明他可能摘录了相关的记载。[③]

　　该城在中古时期是一座重镇，一度是萨班卡拉地区的首府，[④]其西南经过今天的丁达尔鲁（Dindarloo）城，可到法萨或贾赫罗姆或者达拉卜城，也可以向西北去埃斯塔赫巴纳特城，还可向北而后向东去克尔曼地区。此地交通相对便利，成为当时商人常走的捷径。现在它只是法尔斯地区一座普通的小镇。

　　5. 达尔甘（Dārkan）或达拉甘（Dārākān）城。今天这座城市已不复存在。穆斯塔菲在道里行程中提道："从设拉子行12法尔萨赫到萨尔韦斯坦，再行8法尔萨赫到法萨城，再行6法尔萨赫到提马里斯坦（Timaristān）村，再行8法尔萨赫到达尔甘或扎尔甘（Zarkān）。从此处道路向左转到沙班卡拉（的首府）。""从设拉子到达尔甘为34法尔萨赫。从达尔甘再行10法尔萨赫到达拉布吉

---

① 穆斯塔菲，第138页。
② 亚库特，第61页。
③ 穆卡迪斯，第376页。
④ 穆斯塔菲，第138页。

尔德。"①也就是说法萨到达尔甘有60余公里。再从斯特兰奇给出的地图来看，其位置应该在今天的丁达尔鲁（Dindarloo, Dīndārlū, Dindarloo）所在地或附近，此地今天属于法萨县舍什与卡拉·巴赫区卡拉·巴赫乡（Qarah Bulaq Rural District, Sheshdeh and Qarah Bulaq District）的一个小镇，人口有1 400余，是去往法萨城、伊吉城、埃斯塔赫巴纳特城等地的要道，其处在山中的盆地中，是法萨县的重要农业区。伊朗的92号公路经过这里。10世纪，阿拉伯地理学家记其名称为达拉甘（Ad-Darkan或Ad-Dārākān）。伊斯塔赫尔记载说这里有一座清真寺。②豪卡勒也提到此地，但写作达拉甘（Darākān）。③萨班卡拉部统治时期，达拉甘（Dārkan），或扎尔甘（Zarkān）城是达拉布吉尔德地区很重要的城市，城北有伊格（Īg），或阿维（Avīg）城堡。一度是这一地区的首府。

《法尔斯志》和豪卡勒的写法一样，只是和其他地名一起被提到，这里是热带地区，生长着椰枣树，有几条溪水，盛产其他水果等。④穆斯塔菲一般将达拉甘拼写为扎尔甘（Zarkān），并称这里有座卡拉·阿维（Kal'ah Avīg）城堡。扎尔甘城就在城堡脚下，这里气候温和，但饮水不甘美，不利消食。他还说此城周边的土地异常肥沃，产棉花、粮食、椰枣和其他水果。他记载阿维城堡最初是塞尔柱王朝时期的哈苏亚（Hasūyah）修筑的。⑤他还提到从达尔甘到萨班卡拉首府伊吉，有4法尔萨赫，⑥也就是25公里。亚库特还

---

① 穆斯塔菲，第177页。
② 伊斯塔赫尔，第108、132页。
③ 豪卡勒，第192页。
④《法尔斯志》第314页。
⑤ 穆斯塔菲，第137页。
⑥ 穆斯塔菲，第178页。

说这里产的水果甚至远销到基什（即凯思）岛。[①]

虽然这座城市已不复存在，但在中古时期，它是一座很重要的小城，是通往达拉卜、法萨、设拉子等地的重要通道。

6. 埃斯塔赫巴纳特（Eşţahbānāt, Estahbān, Savānāt）城。此城位于巴赫泰甘湖南岸，是法尔斯地区埃斯塔赫巴纳特州的同名县府，人口有3.3万，是通往设拉子、内里兹、锡尔詹等地的要道。伊朗86号公路经过这里，连接着设拉子城和锡尔詹城。埃斯塔赫巴纳特县所在的地区土地肥沃，物产丰富，生产番红花、棉花、核桃、巴旦杏、小麦，尤为重要的是这里出产世界上最负盛名的无花果。还有一条小溪穿城而过，是此城的主要水源，用于灌溉和饮用。

穆卡迪斯称此城为伊斯塔赫巴纳特（Al-Isbahānāt），也有阿拉伯古典地理学家拼写为伊斯塔巴南（Al-Istahbānān），波斯人简称为伊斯塔赫班（Istahbān）。《法尔斯志》称：伊斯塔赫班"是座小城，到处果树成荫，流水淙淙，有座城堡固若金汤。先前被哈苏亚控制"。[②]穆斯塔菲记载："此城气候温和，树木很多。这里盛产各种水果，还有条水量较大的河流。此城附近有座坚固的城堡，塞尔柱人和萨班卡拉部发生战争之时，被阿塔别·朝里所毁，但后来被修复。"[③]

这座城市在中古时期是南部地区的重要通道，也是控制汗国东南部的重镇。但亚库特说：这是一座小城。[④]14世纪，哈苏亚部占领了此城。该城也是交通要道，从此城向东可以到克尔曼地区，

---

① 亚库特，第178页。

②《法尔斯志》，第314页。

③ 穆斯塔菲，第137页。

④ 亚库特，第40页。

向南经过伊吉城到波斯湾，向西可以去设拉子。

今天这座城市依然是法尔斯地区重镇，也是重要的教育、文化、交通、制造业中心。这里有条河，其有著名的风景区萨拉斯阿布（Sarasiab）瀑布，位于城南1公里处。此河发源于南部山区，向北流穿城而过，进入埃斯塔赫巴纳特，成为重要的灌溉水来源。城东有阿扎德大学埃斯塔赫巴纳特分校，城北有埃斯塔赫巴纳特帕亚姆·奴尔（Payam Noor）大学。城里还有多家银行、城市、清真寺、饭店等，周边是平坦的山间绿洲盆地，是该县最重要的农业地区。

7. 布尔克（Burk）或普尔格（Purg）城。这座城和塔罗姆（Tārum）城一并被记述。穆斯塔菲称："这两座城中，布尔克要大一些。这里有座坚固的城堡，靠近克尔曼边界。这里盛产农作物，包括粮食和椰枣。"[①]穆卡迪斯称：此城"处在一处洼地，距离山脉有2法尔萨赫。市场旁边的清真寺干净漂亮。饮水取自引水渠"。[②]这座城距离鲁斯塔格城有3法尔萨赫，也就是约19公里。两者是姊妹城，相互毗邻。[③]但是现代通过卫星地图测量，二城相距70公里，也就是11法尔萨赫。这里有两种可能：一是文献本身记载出现了问题；二是现在的两地名称可能后来被重新命名，但后一种可能性较小。因斯特兰奇给出的距离近40英里，[④]即64公里，而《法尔斯志》说：普尔格距离塔罗姆有10法尔萨赫，即约62公里。[⑤]看来《法尔斯志》较准确。

豪卡勒也提到了此地，只是写作布尔吉（Burj，而校勘记写作

---

① 穆斯塔菲，第137页。
② 穆卡迪斯，第379页。
③ 穆卡迪斯，第177页。
④《大食东部历史地理研究》，第255页前地图。
⑤《法尔斯志》，第884页。

Burh）。①但亚库特将这座城市写作夫尔吉 Gurj，只是简略地提到其属于法尔斯边境的城市。②斯特克（E. Stack）说：布尔克（Burk）城就是古巴赫曼（Bahman）城堡，有三重城墙和护城河，其距离现在的夫尔格（Furg）城有1英里远。③看来斯特兰奇说布尔克和夫尔格是同一地的说法，不一定能说得通。④今天我们在地图上无法找到布尔克城，其应该在夫尔格城东北的卡拉·瑙（Ghala'a Naw，即新堡）附近。

8. 夫尔格（Furg）城。其位于达拉布吉尔德城东南有70公里，或2站之地，至今仍是一座小城，据不完全统计人口约1 000，属于法尔斯地区达拉布县夫尔格区，位于鲁斯塔姆河上游支流的山间绿洲上，农业发达，物产丰富，交通便利。通往波斯湾岸边的阿巴斯港的92号公路经过这里。历史上此城具有显要的地位，文献对此多有记载。穆卡迪斯将其拼写为富尔吉（Furj），并称："这是一座不大的城，但这里的清真寺和澡堂是无与伦比的。这里出产丰富的农产品。城中央的山上有座城堡。"⑤豪卡勒也提到了富尔吉，并说这座城市是去往南边波斯湾的要道。⑥《法尔斯志》记载为普儿可（Purk或Purg），并称其坚固无比的城堡用石头砌成，而且很大。

由此可知，在中世纪，这是通往波斯湾的要道，是该地区重要的山间绿洲，也是重要的农业区。今天在法尔斯地区的小城中，其

---

① 豪卡勒，第262页。

② 亚库特，第417页。

③ E. Stack, *Six Months in Persia*, London: Sampson Low & Co.1882, V.1, 756.

④《大食东部历史地理研究》，第420页。

⑤ 穆卡迪斯，第379页。

⑥ 豪卡勒，第288页。

交通和农业也占有重要地位。此城附近有六七个村子，城西北有条季节性的河流，北边也有一条小溪，还有很多坎儿井，用于灌溉和饮用。有些支流最后汇入罗斯塔姆河中。

9. 鲁斯塔格（Rustāq）城。其城距离达拉卜城的西南约有70公里，距离夫尔格城西北约有30公里。现在是同名区政府所在地，也是一座小城，位于达拉卜与夫尔格之间的92号干道上。全区管辖两个乡：鲁斯塔格（Rostaq）乡和库黑斯坦（Kūhestān）乡，全乡共计1万4千人。历史上这里是通往波斯湾和伊朗北部的要道。穆卡迪斯记载了鲁斯塔格·鲁斯塔格（Rustāq ar-Rustāq）城，并称："这是座小城，市场很小，不值得一提。但此城周长有4法尔萨赫，到处是花园、流水和树木。饮水取自一条流经此地的河水。"[1]豪卡勒记载的名称和穆卡迪斯完全一致。[2]

这座位于去往达拉吉尔德城道路上的城，距离夫尔格城的西北有一站远。[3]这一记载和现代状况基本一致。《法尔斯志》中也提到了此地，但该地是和其他地名一起被记录的。其说这里产椰枣和其他水果，有河水，在唐·兰巴赫（Tang-i-Ranbah）关隘附近有座坚固城堡。[4]穆斯塔菲将此城划归到达拉布吉尔德地区一并进行叙述，且称这里很漂亮，他还在道路行程中称从达拉布吉尔德到鲁斯塔格共有12法尔萨赫，也就是约74公里，和今天的里程完全相符。[5]稍前的亚库特也提到鲁斯塔格城，并称："这是法尔斯的一座小城，靠近克尔曼的边界，通常将此城划归到后一个

---

[1] 穆卡迪斯，第379页。
[2] 豪卡勒，第262页。
[3] 穆卡迪斯，第428、454页。
[4]《法尔斯志》，第314页。
[5] 穆斯塔菲，第177页。

地区。"①

　　显然在中古时期，这是一座十分重要的城市和道路要冲，是去往设拉子、达拉布吉尔德、波斯湾的通道。

　　10. 塔罗姆（Tārum、Tāram）城。此城位于通往波斯湾海岸的道路上，距离夫尔格城之东有两站远，和现在的距离基本吻合。穆卡迪斯称：此城"恰在克尔曼的边界。其清真寺离市场有段距离。饮水取自流经此地的一条河水的支流。这里有很多花园和椰枣树，还盛产蜂蜜"。②豪卡勒也提到了此城。③《法尔斯志》记载此城规模和夫尔格城相当，还有座拥有很多大水池的坚固城堡。④亚库特将这个词写作提尔穆（Tirm），其词源有些怪异，在阿拉伯语中含有"牛奶皮，或蜜精"的含义。

　　提尔穆是法尔斯地区的一座重镇。按文献记载其在法尔斯境内，靠近克尔曼边界，是座小城，通常此名写作"塔拉穆（Tāram）"，并说这两个词所指位置相同，因波斯语中没有发特（T）音字。⑤亚库特在塔拉穆（Tāram）条目中称：其"在法尔斯境边境，靠近克尔曼的小城，设拉子人读其为塔尔木（Tarm）。这里产精美的缝制衣服的布料。其距离设拉子有82法尔萨赫"。⑥"这两个名称可以混用，但波斯人拼写中是不用阿拉伯字母塔（Tā）"。⑦82法尔萨赫约为508公里。穆斯塔菲给出的里程为71法尔萨赫，约为440公里。⑧

---

① 亚库特，第260页。
② 穆卡迪斯，第380页。
③ 豪卡勒，第288页。
④《法尔斯志》，第881页。
⑤ 亚库特，第260页。
⑥ 亚库特，第131页。
⑦ 亚库特，第393页。
⑧ 穆斯塔菲，第177页。

而从穆卡迪斯给出里程是11站半，也就是约400公里，和今天卫星地图测量的距离大致相近。因此，亚库特给出的里程显然有误差。

从塔罗姆城起，商道差不多向正南到达海岸，那里有苏鲁（Sūrū，或Shahrū）港，[①]对面就是霍尔木兹（Hurmuz）岛。穆斯塔菲记载此港为图萨尔（Tūsar）港，但读音无法确定。[②]阿拉伯地理学家提到苏鲁是一个渔村，没有清真寺，所需水源是从附近山区凿井获取的。从这里经过海湾与阿曼（'Omān）从事大宗贸易。在中古时期，这里是通往波斯湾的重要通道，占有十分显要的位置。

11. 凯拉赫（Khayrah、Khayār）或希尔（Khīr）城。今天凯拉赫城已不复存在，但以希尔（Khīr）乡之名保留下来，大致在埃斯塔赫巴纳特城西北的巴赫泰甘湖东南岸达马内（Dāmnah）东北2公里的马赫·法尔汗（Māh Farkhān）镇，属于希尔乡。2006年全乡人口有1.1万，共有11个村。穆卡迪斯记载，凯拉赫城与内里兹城相距1站远，而凯拉赫距离设拉子有4站路。[③]该距离基本上是准确的，今天的马赫·法尔汗镇，亦即古代的凯拉赫城，到内里兹城有38公里，到设拉子有156公里。豪卡勒也提到了此城。[④]

《法尔斯志》将凯拉赫（Khayrah）城和尼里兹城一起提及，并称："一座城堡守护着这两座城市。这里盛产葡萄，大部分被晒成了葡萄干。此地有很多溪水。因为人很多，故此城里有座聚礼清真寺。附近地区由（塞尔柱）哈苏亚统治。凯拉赫城附近的山顶上

---

① 此名不存，可能被阿巴斯港代替，此港是霍尔木兹甘地区的地区中心，也是该地区最大港口，人口36万，是海上丝绸之路的重要通道。

② 穆斯塔菲，第181、201页。

③ 穆卡迪斯，第400页。

④ 豪卡勒，第184页。

有座坚固的城堡。"①附近还有一座重要的城堡。②

穆斯塔菲将此城与内里兹一并提到，并称这里气候炎热，盛产葡萄干，农业发达，产品丰富。③

此城是古代从内里兹到设拉子、克尔曼的通道，也是沿巴赫泰甘湖南岸道路的一个驿站。附近有河谷，农业发达，物产丰腴，可为往来的商旅提供丰富的给养。

12. 内里兹（Nīrīz）城。该城位于上文提到的伊格（Īj）城东北，巴赫泰甘湖以东，有时也以此湖命名这一地区。内里兹城相当古老，在阿契美尼德王朝时期的泥板文书里就已被提及，④后来的文献也有大量记载。现在这是法尔斯地区内里兹县城的名称。内里兹城现在人口有11万。其最初在巴赫泰甘湖的岸边，随着湖水的萎缩，变成了西南边。历史上此城以造铁器，尤其是兵器而闻名。这里至今保留着10世纪的聚礼大清真寺。其附近有极为有名的季节性瀑布。⑤

历史上对此城有不少的记录。穆卡迪斯称："内里兹（Nīrīz）城是座大城。市场旁是清真寺。饮水取自河渠。郊区周长20法尔萨赫。"⑥穆卡迪斯提到了内里兹城的市场街区里曾有座大清真寺，并记载了这座寺的遗址。他还称此地区位于从达拉布吉尔德城通往朱外木·阿卜·阿赫马城道路西南一站之地。⑦他又提道："在

---

① 《法尔斯志》，第29页。

② 《法尔斯志》，第880页。

③ 穆斯塔菲，第138页。

④ Tavernier, *Iranica in the Achaemenid Period (ca. 550–330 B.C.)*. Leuven: Peeter, 2007, p.388.

⑤ https://en.wikipedia.org/wiki/Neyriz.

⑥ 穆卡迪斯，第380页。

⑦ 穆卡迪斯，第254页。

内里兹附近，有铁矿，还有白土。小孩用这种白土片写字，用黑土做印章。""人们还用它刷墙。这里盛产阿魏和番红花。"①《法尔斯志》中将此地和凯拉赫一起提及，说其物产丰富，气候温和，水源充足，城堡坚固。②

内里兹与凯拉赫相距9法尔萨赫，约为56公里。③这与穆斯塔菲所说的有明确的差距，但大致接近。④亚库特说内里兹（Nairīz）是法尔斯设拉子所在一个大区的首府，但没有详述。⑤穆斯塔菲记载此城市"还有一座城堡。这里盛产葡萄干，气候相当热。附近的米什卡纳特（Mīshkānāt）区是农业发达的地区，是内里兹的所属地区，气候和产品也与内里兹类似"。⑥

显然，在中古时期，内里兹的地位是不容置疑的，尤其在连接克尔曼、亚兹德等地上具有重要的作用。

13. 鲁尼兹（Runīz）城。这座城市至今尚存，位于巴赫泰甘湖南岸的绿洲上，通常写作上鲁尼兹（Rūnīz; Rownīz-e 'Olyā、Rownīz-e Bālā、Rūnīz Bala、Rūnīz-e Bālā）与下鲁尼兹（Rūnīz-e Soflá、Deh Pāīn、Rūnīz-e Pā'īn）。两者都属于埃斯塔赫巴纳特县鲁尼兹区。（上）鲁尼兹是鲁尼兹区的区府，2006年人口有6千。鲁尼兹在法萨城的北边、埃斯塔赫巴纳特的西边。86号公路经过此地，连接着埃斯塔赫巴纳特与萨尔韦斯坦，由西南转到92号公路，可以到达法萨。该城常和库拉姆（Kurm）城一并被提及。《法尔斯

① 穆卡迪斯，第390、391页。
②《法尔斯志》，第29页。
③《法尔斯志》，第29页。
④ 穆斯塔菲，第178页。
⑤ 亚库特，第578页。
⑥ 穆斯塔菲，第138页。

志》中说库拉姆在去往法萨的道路上,并称"这里气候温和,水源
丰富"。城里有座聚礼清真寺,产粮食和水果。塞尔柱王朝时期此
地不断反叛,结果遭到了毁灭性的打击。①穆斯塔菲称:"这是去往
法萨的两座小城。这里气候多半温和,但有时相当热。这里有条
水量大的河流。"②

　　显然,在中古时期它是一座重要的城市。鲁尼兹地区是哈
苏(Khasū)地区的一部分。早期地理学家将鲁尼兹拼写为鲁尼吉
(Rūnīj)或鲁班吉(Rūbanj)城。③

　　14. 库拉姆(Kurm)城。这一地名在今天发生了一些变化,
被称作唐格·卡拉姆(Tang-e Karam),是属于库什克·卡兹
(Kushk-e Qazi)区的一个村,位于一片绿洲上,是法萨县的重要农
业区。92号公路从其旁边经过。历史上这里是去往埃斯塔赫巴纳
特、萨尔韦斯坦和法萨的要道。《法尔斯志》中将此地和库拉姆一
起提及。④穆斯塔菲将此地和鲁尼兹一并提及,称这里气候尚可,
但炎热,水源丰富。⑤亚库特提到过这座城市,称其位于达拉布吉
尔德地区,写作卡尔穆(Karm)。⑥该地距离南边的法萨有18公里,
距离东北的鲁尼兹有20公里,距离西北的萨尔韦斯坦有46公里,
距离设拉子有132公里。此城位于三岔路口上,其交通和战略位置
十分重要。

　　15. 米什卡纳特(Mīshkānāt)城。今天写作梅什坎(Meshkān),

---

① 《法尔斯志》,第315页。

② 穆斯塔菲,第138页。

③ 亚库特,第263页。

④ 《法尔斯志》,第315页。

⑤ 穆斯塔菲,第138页。

⑥ 亚库特,第226页。

位于内里兹正北56公里处，巴赫泰甘湖东北方向的绿洲上，分为东西两城。西城有三座清真寺，其中有聚礼大寺、加油站、购物中心等；东城较小，有一座清真寺。这里是内里兹县普什特库赫（Poshtkuh）区的区府所在，人口约有6千。《法尔斯志》说：米什卡纳特是"靠近内里兹（Nayrīz）附近的一个区，有条道路经过这里到内里兹。和内里兹、凯拉赫等地一样，米什卡纳特虽属于达拉卜尔德区，但一般划归到伊斯塔赫尔区"。①

穆斯塔菲在法萨条中也提到了此地，称这里是炎热地区，产旱地小麦。他还说："米什卡纳特是内里兹附近一个发展成熟的地区，其气候和产品与内里兹一样。"②中世纪这里是去往伊朗腹地和内里兹的要道，但今天不很显要。这里只有乡道，没有干道经过。其向北可到亚兹德城，向东可去克尔曼城，向南可达波斯湾，向西可至伊斯法罕城。亚库特将其书写为马斯卡纳特（Māskanat），但没有详述。③他又说朱巴尔干（Jūbargān）是伊斯塔赫尔所在地区的地名，其首府就是梅什坎（Mushkān）城。④这和中世纪的行政划分是不一样的，说明亚库特时代这一地方属于伊斯塔赫尔地区或者他摘录了旧文献，因而造成了不同的行政归属。

16. 考尔斯坦（Kawristan）城。伊本·白图泰说这座小城，"内有河水、花园，但极炎热"。其距离拉尔城有三天的路程。⑤他称过了此城再经过沙漠行3天的路程，向西便可达到拉尔城，也就是大约105公里的距离。由此可以判定此城在拉尔城的东边。研究

①《法尔斯志》，第315页。
② 穆斯塔菲，第125页。
③ 亚库特，第511页。
④ 亚库特，第173页。
⑤《伊本·白图泰游记》，第221页。

波斯历史地理的学者没有对这座小城作足够的考察，文献记载也很少。但根据里程、方位可判断，该城应该在今天霍尔木兹甘地区哈米尔（Khamīr）县西北的塔格·阿巴德（Taqī Abād）村。因伊本·白图泰离开现在波斯湾的霍尔木兹岛，跨海向西经过混巴里（Khuju Pāl），还说使用了土库曼人的驮畜。他经过了盗匪出没且炎热的沙漠之地。[①] 这里是去往拉尔城的必经之路，也是去波斯湾的丝路要道。

17. 达拉布吉尔德（Dārābjird, Dārābgird）或达拉卜城。今天的同名城市仍被称作达拉卜（Dārāb），是法尔斯地区同名县的县府所在。全县人口17.2万，县城有6万人。其平原面积约620平方公里。全县包括中心区、鲁斯塔格区（Rostaq）、夫尔格（Forg）区和达拉卜（Dārāb）与建纳特·沙赫尔（Jannat Shahr）两城等。其现在有五百个村庄，气候和法尔斯其他平原地方一样，炎热干燥，几乎没有冬季；产小麦、玉米、棉花、水果、烟草等，尤其这里盛产椰枣、橘子。低海拔地区是周边山区牧民的冬季游牧地，因此这里自古以来是农牧兼营的地区。这里有很多古迹，是著名的旅游胜地，最著名的是大流士堡（Kalah-i Dala）。此处留有土夯的城墙，中间有块独立的立石。此城附近的悬崖峭壁上刻有萨珊王朝萨普尔（Sapur I）在公元260年战胜罗马皇帝瓦莱里安（Valerian, 253—260）的纪功碑，这说明达拉卜城在历史上具有重要地位。该城还有中世纪的清真寺遗迹。

图一这枚萨珊波斯钱币背面三线圈内中古波斯文帕赫拉维（钵罗婆）文 Da，是 Dārābjird 的简称，三线圈左边的文字表示造币的时间，其字母为 'PNCYH' 或35，表示胡斯罗（Khusro）二世，其

---

① 《伊本·白图泰游记》，第220页。

图一

在位时间有两次：公元590—591年和591—628年，因此此币应该是在624/625年。[1]由此说明这里是萨珊王朝重要的造币之地。

达拉布格尔德古城是伊朗最古老的城市之一，在后来的历史文献中常被提及。这座城据说是大流士修建的，因此其含义就是达拉布吉尔德（Dārābjird），或达拉布格尔德（Dārābgird）城，即大流士城。[2]但现在的达拉卜城修建时间不早于中古时期，其位置在古代达拉布格尔德城西北10公里处，呈圆形。[3]

新城在肥沃的山间盆地平原的东北端。这里有三条重要的道路会合：一条是从埃斯塔赫巴纳特出发，经过伊吉小镇，向西南到达拉卜，而后可以到波斯湾；还有一条就是从萨法到达拉卜；第三条是小道，向北再向东就可以到克尔曼地区。其面积约21平方公里，有多座超市、清真寺，还有几所大学。

在大食帝国时代，达拉布吉尔德（Dārābjird）或达拉布格尔德

---

[1] http://www.beastcoins.com/Sasanian/Sasanian.htm.

[2] 豪卡勒，第273页。

[3] Lionel Bier, *The Masjid-i Near Dārāb and the Mosque of Shahr-i īj: Rock-cut Architecture of the Il-khanid Period, Iran*, vol.24(1986), pp.117–130.

（Dārābgird）城为同名地区的首府。伊斯塔赫尔记载这是有城墙和护城河的城市，共有四座城门，城中央有座石山。

穆卡迪斯记载："达拉布吉尔德城是一座有坚固内城的漂亮城市。这里处处是花园，到处是椰枣林，（冬季）有雪，还有诸色之物。市场繁华，气候温和。其有水井和河渠。中心区有石脑穹顶（Qubbat-al-Mūmiyā）。山上有座清真寺。有些市场在城内，有些在城外。城里人口稠密。布市如同小客栈，有二门。内城有四门。居民区绵延有1法尔萨赫。"他还提到有关收集石脑的记述，有一套复杂的方法，并将采集好的石脑护送到设拉子。他也提到了该城的城堡。[1]豪卡勒和阿布菲达都提到这里的矿产、石脑和其他物产。

伊斯塔赫尔说：从设拉子到达拉布吉尔德有50法尔萨赫，约为310公里。这位作者提到了此城到石脑拱形所在地。此建筑物中修建有很结实的门，还有一处院子和把守的卫兵。[2]

《法尔斯志》记载了达拉布吉尔德城，其称："这是巴赫曼之子达拉（Dārā，即大流士）所建。这座城建成了圆形，如同用圆规画出来的一样。城中心有座坚固的城堡，周边是护城河。城堡有四门。现在，除了城墙和护城河外，城差不多被毁了。这里气候炎热，产椰枣。这里的河水水质极差。达在拉布吉尔德附近山中发现有石脑，一点点地流出来。附近地面可以看到七彩岩盐。"[3]

穆斯塔菲说：此城"位于第三气候区，是由达拉布（大流士王）所建。此城被建成了圆形且坚固。城中央有座坚固的城堡，

---

① 穆卡迪斯，第379页。
② 伊斯塔赫尔，第105—109页。
③《法尔斯志》，第311页。

城周边是很深的护城河。现在，城堡已被毁了。这里气候热，农作物、水果和椰枣长势良好。附近有座山，产七彩盐。其有哈苏（Hashū）、达尔甘（Darkan）、密斯（Miss）和鲁斯塔格（Rustāq）等地区和很多漂亮的村庄。附近有一个被称作汤·兰巴赫（Tang-i-Ranbah）的坚固关隘，这里有座坚固的城堡。这里气候宜人，水源是从泉水和水窖中获取。在古代时期，任何住在达拉布吉尔德地区的长官，将自己的家当都要放在此城堡中，但直到后来有个叫易卜拉欣·伊本·麻麻（Ibrāhīm Ibn Mamā）的人成为堡主。但之后克尔曼人攻占了此堡，将城堡从他手中夺走了。其附近有一片草原，长3法尔萨赫，宽1法尔萨赫。"[①]

亚库特记述说："达拉布吉尔德（Darābjird）是法尔斯一个漂亮地区的名称。此名是来源于大流士·本·法尔斯（Darāb ben Farsi），于是有了这一地名的最初含义，但一般写作达拉布基尔德（Darābkird）。阿拉伯人将字母K（kaf）改成了J（Jim），于是有了达拉布吉尔德的名称。这个伊斯塔赫尔附近地区的首府是法萨。此城是达拉布吉尔德地区的大城，人口很多。但当这一地区包括在后一个地区之中，原因是其名来自达拉卜，且是古代胡斯罗（萨珊王）居住地之一。出自这里的人冠上达拉维尔迪（Darawerdi），但其拼写也不规则，变化较大。"

"此地区因产矿而闻名，且自然环境极为优越。该名也是同名地区首府的名称。这里的主要城市有：萨巴斯坦（Thābastān）、吉尔德巴尔（Girdbār）、卡尔穆（Karm）、亚兹迪哈斯特（Yazdikhast）、伊格（Eig）。"[②]

---

① 穆斯塔菲，第138页。
② 亚库特，第226页。

阿布菲达记述："《经度（Atwāl）》载经度为80°，纬度为28°15′；《马苏迪天文表（Qānūn）》载经度为79°，纬度为32°。这里气候极热。""这座城有城墙，还有一条护城河。河水中生长着一种植物，当有人想游泳时，它可以起到浮子的作用，使人们不至于下沉到护城河里。距离该城近2公里的地方有座山。山上有拱北（Qubbah），山极高，无法爬上去。"[①]

上述大量记载说明达卜城在中古时期具有重要的地位，尤其是去往波斯湾、伊朗西部、北部的要道，在丝绸之路上占有重要的地位。

18. 拉尔（Lār）城。此城今天在伊朗法尔斯地区的东南部，距离波斯湾不远，是通往波斯湾和伊朗中部的要道。94号公路和67号公路在这里交会。94号公路由此向东通往阿巴斯港，向西通往布什尔港；67号公路由此向南到基什岛，向北到设拉子。该城也被称作拉尔斯坦（Larestan），是法尔斯地区拉尔斯坦县的县府所在，人口有5.5万，主要居民是拉尔斯坦族。此城最初的名称叫做拉德（Lad），因拉德最初建了此城，此人是《列王纪》中的著名英雄人物之一。[②]拉尔城分为两个区：新城（Shahre-jadid）和老城（Shahre-ghadim）。新城是1960年地震后兴建的，是主城区，也是交通中心；老城区有驿站市场，建于萨法维王朝之前，2007年被纳入世界文化遗产名录之中。

这"是沿海（波斯湾）附近的一个地区。这里的大部分人是商人，从事海陆贸易。这里的作物有粮食、棉花和少量的水果。因这里所有地域水源完全依靠雨水。居民为穆斯林"。[③]

① 阿布菲达，第2卷，第100页。
② https://en.wikipedia.org/wiki/Lar,_Iran.
③ 穆斯塔菲，第138页。

亚库特说：从西拉夫（Siraf, 撒那威）港①和基什（Kish）岛可去往拉尔城，这是座大城。他还说拉尔"是介于西拉夫与基什岛之间，面积很大，但这里既没有大城市也没有很多村庄。其所在地区的海边有个珍珠场，距离基什岛12法尔萨赫"。②

伊本·白图泰到过拉尔城，多次提到过拉尔，并称此地炎热，还会见过当地的名人。③他又说：经过在沙漠中行进了三天后，到达了拉尔城，"城区宽大，泉水遍地，处处流水，花园相连，市场建得漂亮"。④并说自己住在当地一所修道堂里。他还说当地人的习惯就是："每天晡礼后在道堂集合，再走遍全城的各家各户，人们给他们（修道者，引者）一或两个烤面饼，用来供应往来行人。当地人如此习以为常，并列入自己的口粮内，天天准备供应给他们。每周五晚夕，全城的修道者和清廉人士在道堂集合，各自量力出资，供应晚夕的花费，大家一夜都在礼拜、赞颂词、颂《古兰经》，晨礼后才散。"⑤

由此可以知道，在中古时期，拉尔城是一座十分重要的城市，尤其连接着霍尔木兹城与设拉子、伊斯法罕等地，在海上丝绸之路上发挥着重要的作用。

19. 拉姆（Ramm或Ramam）。这在法尔斯方言中的含义为地区或者库尔德人居住地区。这种地名在法尔斯有很多，其为：（1）拉姆·哈散·本·吉鲁亚（Ramm d'Hasān ben Jīlūyah），也就称拉姆·巴兹建（Ram-Bāzījān）。距离设拉子有14法尔萨赫；

① 哈利康，第1卷，第379页称：西拉夫是靠近克尔曼的海边，这里出现过很多名人。
② 亚库特，第501页。
③《伊本·白图泰游记》，第162页。
④《伊本·白图泰游记》，第221页。
⑤《伊本·白图泰游记》，第221页。

（2）拉姆·艾尔建（Ramm d'Arjān）。此名源于阿尔达姆·本·朱瓦纳亚（Ardām bin Juwanāyah）之子，距离设拉子有26法尔萨赫；

（3）拉姆·卡斯木（al-Ramm Kasim）。此名源于库尔彦（Kūrriyān，凯彦）的沙赫里亚尔（Shahriyar）之子，距离设拉子50法尔萨赫；

（4）拉姆·哈散·本·萨拉赫（Ramm d'Hasān ben Sālah）。其名源于拉姆·苏兰（Ramm as-Sūrān），距离设拉子有7法尔萨赫。这些名称都是伊本·法基赫记载的。这些地名可能和所在地区的人物有关。巴沙里（Bashari）提到了拉姆·库尔德（Ramm Akrad），称"其附近是一条山脉。有一条河发源于这里。土地极其肥沃，到处都是花园和椰枣树"。[1]伊斯塔赫尔提到了五个法尔斯的拉姆之名，及其附近的城市和乡村。[2]《世界境域志》和其他城市一起提到，并称："这是达尔布吉尔德和克尔曼边境的城市。这里耕地多，资源丰富。"[3]此和夫尔格、鲁斯塔格、塔罗姆等一起提到了，可能相互是比较靠近的，且是在靠近克尔曼的边界，但具体在什么文献中很难找到。

20. 哈苏（Khasū，或Hashū）地区。穆卡迪斯提到了哈苏（Khasū，或Khashū）地区，这里的城市有鲁班吉（Rubanj）即鲁尼吉、鲁斯塔格·鲁斯塔格（Rustāq-ar-Rustāq）、夫尔吉（Furj）即夫尔格、塔罗姆等。伊斯塔赫尔将此地名写作哈苏瓦（Hashūwā）。[4]《法尔斯志》只是将此地和其他名称一起提到了，并说这里属于达拉布吉尔德地区，气候炎热，产椰枣和其他水果，有河水，有座坚固城堡。[5]

① 亚库特，第263页。
② 伊斯塔赫尔，第98、114页。
③《世界境域志》，第128页。
④ 伊斯塔赫尔，第109页。
⑤《法尔斯志》，第314页。

但穆斯塔菲将哈苏纳入达拉布吉尔德地区。[①]今天这一名称略有变化，叫作霍苏耶（Khosūyeh, Khūsū）。现在这是法尔斯地区扎林达什特（Zarrīndasht）县乡和乡镇所在地，2006年人口有2 800人，位于达拉卜城的西南边，历史上属于达拉布吉尔德地区。[②]这一名称和塞尔柱时期的部落哈苏亚部有关。[③]

21. 亚兹迪哈斯特（Yazdikhast）城。亚兹迪哈斯特城[④]是座小城，在鲁尼兹城的正南。穆卡迪斯将此城均纳入达拉布吉尔德地区。由这座小城再向南就是拉尔城。[⑤]《法尔斯志》、穆斯塔菲等均未提到该地。但是从方位来看，该城距离朱约姆城东边30公里左右，距离拉尔城北边约40公里，在皮尔城（Shahr-e Pīr）内或附近。今天这座城市不复存在，但名称被保留下来了，属于法尔斯地区扎林达什特（Zarrīndasht）县境内，分两个区，其中一个叫做伊兹迪哈斯特（Izadkhvast）区，是亚兹迪哈斯特的不同写法。这个位于扎林达什特县南部的区，2006年人口为13 000，分为东西乡和皮尔城。东部乡有6个村，2006年人口约有3 000；西部乡有四个村，2006年人口约有3 000；皮尔城2006年人口约有7 000。今天该地有条便道通往拉尔城、达拉卜城、朱约姆城，以前是古代重要的丝绸之路商道，但现在衰落了。应该注意的是不能将萨班卡拉地区与后来的法尔斯地区东南所属亚兹迪哈斯特城和法尔斯北边同名的亚兹迪哈斯特（现在音译为亚兹德哈斯特）城相混淆。后一个地方在中古时期有大量的记载。

---

[①] 穆卡迪斯，第376页。

[②] https://en.wikipedia.org/wiki/Khosuyeh.

[③]《法尔斯志》，第314页。

[④] 这座城市和伊斯法罕城北部的同名，不能相混淆。

[⑤] 穆卡迪斯，第376页。

22. 弗斯塔建(Fustajān)城。《法尔斯志》提到了这座城市,没有细述。根据道里行程可知其距离法萨有7里格,[①]也就是约43公里;距离达拉布吉尔德有10里格,即约62公里。大致应该在今天的舍什达赫·法萨(Sheshdeh Fasā)村或附近。

23. 外什坎(Wayshkān)城。这座城市在《法尔斯志》中和伊吉一起被提到了,并称"外什坎是座小城,现在毁了。这里缺水,但气候宜人"。[②]现在这座城市无迹可寻,但应该距离伊吉不远。

实际上,萨班卡拉地区有很多城市,我们在此处主要考察了文献记载的且重要城市,尤其是中古时期。有些也是相当古老的,但文献记载少或未记载的城市,只得舍弃,这并不意味着这些城市不重要。

## 第三节　萨班卡拉地区的交通

中古时期的文献对萨班卡拉交通路线是有记载,尤其重要的是道路交通中心从巴格达转到孙丹尼牙,也影响到了萨班卡拉的道路交通。此时主要是以下几个方向。

1. 从设拉子经萨班卡拉到霍尔木兹城道路,也就是向南方向的道路。这个道路是去东方先陆路再海路或者先海路再陆路的重要选择,马可·波罗、伊本·白图泰、王大渊等人以及商人、官员选择就是这条道路。这条道路是去往东方如印度、中国或者伊利汗国首都最经济、最方便、较安全的道路。无论是大食古典

---

① 《法尔斯志》,第314、884页。
② 《法尔斯志》,第314页。

地理文献还是中古时期地理文献或游记对这条道路有比较全面详细的记载。诸如穆卡迪斯记载："从设拉子到卡尔亚特·朱约姆（Qaryat Juwaym）有一站路程；而后到萨尔韦斯坦（Sarwistān）有一站；再到库拉姆（Kurram）有一站；再到法萨有一站。"[1]这是从设拉子到法萨的距离，总共是四站，通常每站距离是35—40公里，这样140—160公里，现代卫星地图测得142公里，和穆卡迪斯的记载十分接近。同一作者记载："从达尔布吉尔德到加赫·赞达亚（Jah Zandāyā）有一站；而后到台马尔斯坦（Taymārstān）有一站；再到法萨有半站。"[2]一共是两站半，就是87.5—100公里，现代地图测得103公里。此作者记载："从达尔布吉尔德到加尔穆瓦（Jarmuwā）有一站；而后到鲁斯塔格·鲁斯塔格（Rustāq al-Rustāq）有一站；再布尔格（Burg，即夫尔格）一站。再到塔罗姆有1站。"[3]总共是四站，也就是140—160公里，据现代卫星地图可测得162公里。

穆卡迪斯还说从设拉子到苏鲁（Sūrū）（大致今天的阿巴斯港附近）是80法尔萨赫，[4]约为496公里。据现代卫星地区可测得524公里，和穆卡迪斯的记载非常接近。说明在大食文献十分重视里程的记载，是受到了古波斯文化的影响。这个传统被古典大食地理学家所继承。

12世纪的《法尔斯志》称："从设拉子经普尔格（Purg即夫尔格）到塔罗姆的里程是70法尔萨赫。第一站到马哈鲁亚（Māhalūyah）是6法尔萨赫；第二站到萨尔韦斯坦是9法尔萨赫；

---

[1] 穆卡迪斯，第400页。
[2] 穆卡迪斯，第400页。
[3] 穆卡迪斯，第400页。
[4] 穆卡迪斯，第400页。

第三站到库尔姆（Kurm）村是9法尔萨赫；第四站到帕萨（Pasā，即法萨）是5法尔萨赫；第五站到弗斯塔建（Fustajān）是7法尔萨赫；第六站到达尔布吉尔德区的边界是4法尔萨赫；第七站到达尔布吉尔德是6法尔萨赫；第八站到鲁斯塔格·鲁斯塔格是6法尔萨赫；第九站到普尔格是12法尔萨赫；第十站到塔罗姆是10法尔萨赫。"[①]这里路程数加起来74法尔萨赫，显然计算有错误。如70法尔萨赫约是434公里；若74法尔萨赫应是459公里。无论哪种算法古典地理学家和现代卫星测的距离有一点差距，显然此文献记载有误，但是《法尔斯志》是中古时期法尔斯地区历史地理文献较为权威的一种。穆斯塔菲是比较权威的地理学家，但他记载法尔斯地区内容，很多传抄《法尔斯志》的材料，偶尔增加一些新内容。此内容后文还要讨论，此处简要考察。

穆斯塔菲记述从设拉子到霍尔木兹道路里程，并称："从设拉子行12法尔萨赫到萨尔韦斯坦城；再8法尔萨赫到法萨城；再6法尔萨赫到提马里斯坦（Timārstān，即台马尔斯坦）村；再8法尔萨赫到达尔坎或扎尔坎（Dārkān或Zārkān）。从此处道路向左转到沙班卡拉（的首府）；而向右转的道路继续向前就到霍尔木兹。从设拉子到达尔坎为34法尔萨赫。从达尔坎行10法尔萨赫到达尔布吉尔德；再3法尔萨赫到海尔（Khayr）村，再6法尔萨赫到沙班坎（Shabankan）；再3法尔萨赫到鲁斯塔格，3法尔萨赫到布尔格（或普尔格、夫尔格）。从此地行6法尔萨赫到塔什鲁（Tashlū）；再6法尔萨赫到塔罗姆；再4法尔萨赫到拉尔省之界的加纳德（Janad）或齐纳尔（Chinar）；再48法尔萨赫到察赫·齐勒（Chaah Chil）村；再8法尔萨赫到海岸的图萨尔（Tūsar）。经水路4法尔萨赫到霍尔

---

①《法尔斯志》，第884页。

木兹（Hurmuz）岛。从设拉子到霍尔木兹共计95法尔萨赫。"①

　　穆斯塔菲给出前一段路程34法尔萨赫是正确的，但后面的数据就是出现了问题，根本得不出"从设拉子到霍尔木兹共计95法尔萨赫"的结果。实际上后半段距离是95法尔萨赫。因此按照穆斯塔菲给出的数据从设拉子到霍尔木兹正确的数字应该128法尔萨赫，也就是794公里，这个距离显然有问题。卫星地图测得524公里，到霍尔木兹岛548公里。若两地间95法尔萨赫计算，就是589公里，虽有差距但比较接近。如前所说这条商旅喜欢选择的路线，旅行家马可·波罗就是选择这条道路，最近伊朗德黑兰大学历史学系教授穆罕默德·博格尔·乌苏吉（Muhammad Bāqir Vusūqī）很仔细地考证了马可·波罗所走的路线，值得参考。②这条路线向西经过设拉子可以北上经过伊斯法罕到拉伊，再向西到伊利汗国都城孙丹尼牙，或者经萨韦城，到加兹温与前一条汇合到伊利汗国都城，再向西就可以到阿塞拜疆、小亚细亚。若拉伊向东沿着呼罗珊大道可以去呼罗珊、河外、大汗国本土等；若拉伊向北翻过厄尔布尔士山脉就可以到达里海，甚至到南俄草原的金帐汗国之地。从萨班卡拉经设拉子正西或西南就可以到波斯湾或者伊拉克巴格达，再向西到地中海、阿拉伯半岛。由此，可以看出这条道路连接着水陆交通、东西路线，其重要性自不待言。

　　2. 从达尔布吉尔德城向西去往波斯湾、胡齐斯坦、伊拉克等地道路。这个道路也是一条比较重要的道路，文献中记载。阿拉伯古典地理学有记载，诸如穆卡迪斯记载："从达尔布吉尔德到哈苏有一站路程；而后到卡拉布（Karab）一站；再到朱约姆·阿

---

① 穆穆斯塔菲，第177页。
② 穆罕默德·博格尔·乌苏吉：《马可·波罗足迹考：从伊朗起儿漫到忽鲁模思的往返路线》，《新丝路学刊》2019年第1期。

比·阿合麦德有一站；再到卡里杨（Kāriyān）有一站；再到巴拉布（Bārāb）有一站；再到库兰（Kurān）有一站；再到西拉夫（Sīrāf）有一站。"[1]这是从达尔布吉尔德城向西到波斯湾城市西拉夫（撒那威）的道路，一共是七站，通常每站是35—40公里的距离，这样245—280公里，现代卫星地图测为305公里。由此来看，两者数据比较接近。文献记载从达尔布吉尔德经法萨、设拉子到波斯湾至少有4条道路。

（1）从达尔布吉尔德经法萨、设拉子到胡齐斯坦的路线。《法尔斯志》从达尔布吉尔德经法萨、设拉子到胡齐斯坦的边界一共是108法尔萨赫，约670公里。其中从达尔布吉尔德经法萨到设拉子是46法尔萨赫，约285公里；从设拉子到胡齐斯坦边界的62法尔萨赫，约385公里。[2]这条路线是传统的海路和陆路混合行经的路上11世纪塞尔柱王朝时期的旅行家纳斯尔·胡斯罗在回程去木鹿时，有段路就是选择的这条线。[3]我们熟知的伊本·白图泰和马可·波罗也选择了这条线的一段。这条道路是波斯帝国、大食帝国传统道路体系重要组成部分，在商业、经济、军事等方面发挥极为重要的作用。

因此该道在伊利汗国或中古时期道路体系也占十分重要的地位。穆斯塔菲较为详细地记载了从达尔布吉尔德经设拉子、瑙班建、胡齐斯坦的图什塔尔道路，一共是133法尔萨赫，约825公里。[4]这和上文《波斯志》中的距离有出入，是因为两个提到终点不一样。《法尔斯志》只是说到胡齐斯坦边界，而穆斯塔菲说是到图斯

---

① 穆卡迪斯，第401页。

②《法尔斯志》，第884、885页。

③ Nasir Khusraw, *Safarname*, pp.90–97.

④ 穆穆斯塔菲，第179页。

塔尔。不管怎样，这条路线和巴士拉到巴格达的水陆交通相连接，在伊利汗国时仍发挥着作用。伊利汗国统治时期巴格达不仅是重要的税收来源，也是汗王在不远处冬季游牧地方之一。这样，路线将巴格达、孙丹尼牙、东方各地连接起来，也即和波斯帝国和大食帝国北方道路体系连接起来。因此，王朝的道路中心发生了变化，即从巴格达变成了孙丹尼牙，但道路网络体系没有发生根本的变化，仍旧走着"老路"。

（2）从达尔布吉尔德经设拉子到西拉夫港的道路。这个道路从达尔布吉尔德经法萨到设拉子是46法尔萨赫，约285公里；从设拉子经菲鲁兹巴德（Fīrūzābād）到西拉夫的86法尔萨赫，约533公里。[①]一共是818公里。后一个数据显然是有问题。这条道路就是从设拉子城直接南下到达波斯湾。卫星地图测得240公里，也就是39法尔萨赫。这条路线极为重要，因为西拉夫港是中古时期非常活跃的港口，尤其在宋元时期和我国交流频繁，笔者有专文讨论，此处不赘言。此外，此港也是从中间停歇补给港，从巴士拉或者从霍尔木兹港到这里的船只一般会停留。此外从亚兹德或者克尔曼经过萨班卡拉经设拉子采用海路的一般选择这条道路。从这经海路可以到巴格达、巴林、也门、东非、印度、中国等。这里也是香料港或瓷器港，是海上丝绸之路的重要组成部分。虽然萨班卡拉在伊利汗国偏东南的地方，但在交通网络中占有显要的位置。[②]

## 小结

萨班卡拉地区是伊朗东部的门户，也是丝绸之路的重要组成

---

① 《法尔斯志》，第884、885页。
② 《法尔斯志》，第884、885页。

部分,连接着中亚、西亚、南亚,乃至中国,在伊利汗国中的地位尤为特殊,成为一个独立的行省单位。这里分布着很多重要城市,历史也较为悠久。这些城市在一定程度上反映了当地城市文化发展的水平。在伊朗历史上,这一地区在很长一段时间内是法尔斯和克尔曼的一部分,和伊朗南部发展是同步的,也是息息相关的,形成了南波斯地理的有机组成部分。我们通过线性描述了该地区的主要城市发展基本脉络,这些研究使得感兴趣的读者更全面了解这一地相关知识,进而可以了解中古时期行政区划、政治运行机制、地方与中央政权关系、经济运行方式等。城市发展实际是社会发展的一个重要坐标,也是了解一个地区文化发展的窗口。因此,我们以城市志的方式呈现萨班卡拉地区发展的基本状况。尽管研究的方式有些单一,但是基础性的,我们严格遵守历史学研究的原则靠材料说话,材料丰富的,我们研究对象的内容篇幅长一些;反之,则较为简略。我们的研究是初步的、基础性的,但可以大致了解此时的城市发展、社会生活、产品生产、交通方式等,为进一步研究提供了初步的信息。我们也深知其中存在着缺憾,会在以后的研究中补充完善。我们须知科学研究就是不断积累和完善的过程,最后才达到成熟。

# 第六章　法尔斯地区自然景观考察

## 第一节　海湾、海岛、湖泊与河流

### 一　海湾、海岛

1. 波斯湾：波斯湾是著名的水域，文献中多有记载。我们引用中世纪文献作简要介绍。《法尔斯志》中说："波斯湾（Bahr Fars）或波斯海，是大海的一支脉部分，此大海叫做绿海，也叫做环海。绿海岸边有中国、信德（Sind）、印度、阿曼、亚丁、桑给巴尔、巴士拉和相关的不同地区。绿海每一个支脉部分的特殊名称都是按照靠近地区的名称专门命名的。因此，我们这边的海叫做波斯湾，另外的就是阿曼海、巴士拉海。因靠近法尔斯，也就被称为波斯湾。"[①]穆斯塔菲说："波斯湾中有些岛屿，其介于信德（Sind）和阿曼之间的边界，这些岛屿被看成法尔斯地区的一部分。这些岛屿中人口较多和比较富裕的大岛就是基什（Qays 或 Qaysh）岛和巴林岛。过去，基什岛统治者的绝大部分时候属于伊朗之地统治，全部

---

① 《法尔斯志》，第872页。

基什岛归属于法尔斯地区管辖,并将此岛称作道拉·哈纳(Dawlat Khanah,货物集散地)。现在其上缴国库的税收达到49万1千3百金币,上文提到的所有小岛都属于该岛。"[①]他在另一处又说:"波斯湾是印度洋的延伸部分。其东边到了法尔斯犹太教堂(Dayr),西边到阿拉伯半岛以及也门、阿曼和沙漠地区。北边到伊拉克和胡齐斯坦。南边就是印度洋。波斯湾的宽度到印度洋是170法尔萨赫,水深70—80�。从太阳进入处女座之时的六个月时间里,波斯湾狂风大作,巨浪翻滚,但过后异常平静。波斯湾潮汐一直从海边推进到底格里斯河(Shatt al-Arab,阿拉伯河)三角洲到距离海岸有20法尔萨赫的马塔拉村(Dih Matarah)。巴士拉就从三角洲获得灌溉。在涨潮,游客可以经过水路可以到海,因为低潮时船就会陷在泥泞里边,涨潮就会水位升高,可以行船。在波斯湾,有很多岛屿,有些岛屿住着人,属于伊朗国的著名岛屿有如下:霍尔木兹岛、基什(Qays, Qaysh)岛、巴林岛、哈里克岛、哈斯克(Khsik)岛、坎德(Kand)岛、阿纳沙克(Anshk)岛、拉瓦尔(Lvar)岛、阿尔穆斯(Armus)岛和阿巴尔卡凡(Abrkfn)岛,以及其他的岛屿。巴林岛和霍尔木兹岛之间的海域,潜水可采珍珠,此湾所产大颗珍珠为其他海所无。最佳的潜水之地是在基什岛和哈里克岛之间。在亚丁附近,他们也潜水采珍珠。这里的有些岛被划入印度和也门,这可以参阅天文学方面的著作。在波斯湾,巴林岛和基什岛之间水路上隐没的珊瑚岛被称为乌外斯('Uways)岛和库塞尔(Kusayr)岛。经过这里的船只常提心吊胆,但船家海员知道这一地方,他们想方设法躲开这里。这个海域可以发现很多龙涎香,鱼类吃后就会死去。从鱼肚子取出的龙涎香就会失去香气和颜色。这个海附近有

---

① 穆斯塔菲,第135页。

很多玉刚、玛瑙、玉石矿。还有金、银、铁、铜和磁铁等矿。最后说的是波斯湾有大漩涡，只有上苍眷顾才可避免危险。"[1]从上述文献看，当时人们了解波斯湾。我们在本书后也继续讨论，此处不再考察。

2. 基什岛：这座岛是海上丝绸之路和陆上道路的重要连接点，古典地理学家多有记述。穆斯塔菲说："在第二气候区，经度为83°，纬度为25°15′。这个岛距离伊朗本土胡祖有4法尔萨赫。岛长宽4法尔萨赫。基什城位于岛中央，岛边有田地和椰枣树。这里可以捕捞珍珠。气候极其炎热。饮用水取自雨水，也建有储水窖。《法尔斯志》称：基什岛看成阿尔达希尔·库拉区的一部分。"[2]

哈利康称此岛"被称作基什伊本奥美拉（Kais Ibn Omaira），简称基什（Kaish）岛。此岛介于阿曼和法尔斯之间"。[3]

尤其到了中世纪，这里成为交通中心地位，连接着阿曼与波斯湾北部陆地以及东西道路，凸显其重要地位。凡是研究波斯湾历史的著作中无不提及基什岛，就专题性而言，日本学者四日市康博（Yasuhiro Yokkaichi）研究最为仔细，他以蒙古时代为主线考察了基什岛，梳理了中文、阿拉伯、波斯文献，勾勒出了贸易路线，尤其与东方和伊利汗国内陆贸易。[4]这一研究有利于我们对中世纪的基什岛作全面的了解。

3. 巴林岛。中世纪的巴林岛是海上要道，是去往也门的重要

---

[1] 穆斯塔菲，第226—227页。

[2] 穆斯塔菲，第135页。

[3] 哈利康，第1卷，第430页。

[4] Yasuhiro Yokkaichi, *The Maritime and Continental Networks of Kīsh Merchants under Mongol Rule*, Journal of the Economic and Social History of the Orient, 2019, Vol.62, No.2/3, *Mobility Transformations and Cultural Exchange in Mongol Eurasia, edited by Michal Biran (2019)*, pp.428–463.

海路通道,往往被波斯湾北边政权或者当地半独立的地方势力控制。中世纪文献也有大量的记述。穆斯塔菲说:"在第二气候区,经度为83°,纬度为35°15′。这个岛在两个海之间,因此而得名。其长10法尔萨赫,宽5法尔萨赫,这里有几条河流,到处是果园和村庄。这座城市(靠近阿拉伯大陆)被称作黑杰尔(Hijr),是由阿尔达希尔·巴巴甘(Ardashir Babagan)所建。[①]先前的时代里,巴林和拉赫萨(Lahsa)、卡提福(Qatīf)、哈特(Khatt)、阿扎尔(Azar)、阿拉拉赫(Alarah)、法鲁赫(Farūq)、拜奴纳赫(Baynūnah)、撒本(Sābūn)、达林(Dārīn)及格巴赫(Ghabah)一起划入阿拉伯王国之中。但现在巴林岛是法尔斯的一部分,属于伊朗王国,但现今的著作中伊朗地图如旧没有变,这未免有些陈旧。卡提福半岛和拉赫萨以及附近地区绝大部分时间不受巴林统治者的管束。巴林水果、椰枣极为丰富,外销到附近地区。""巴林气候炎热,水取自泉水和渠水。这里的绝大人宗教虔诚,奉行正教,但有些人只从事海盗,不务正业,出海夺取商船,掠走货物。"[②]穆斯塔菲非常清楚告诉我们巴林受到伊利汗国的控制,因为他称呼伊利汗国为伊朗王国,还提到了巴林的基本状况、河流、物产、岛屿等,比较详细,有助我们了解此岛。

哈利康也记述说:"焦哈尔(Jawhar)在*Sahāh*称:'巴林(al-Bahrain)是一座城市。'""阿布曼苏尔穆罕默德艾孜哈里(Abū Mansūr Muhammd al-Azhari)说:'巴林(两海)是复数名称,之所以如此称之,是因为在此地区的城市中,在阿赫萨城门和哈加尔村附近有座湖,其距离绿洋(波斯湾)有10法尔萨赫。此湖长3阿拉伯

---

① 即萨珊王朝的建立者。
② 穆斯塔菲,第135—136页。

里,宽度更大一些,无出口。其湖水纯净,盐分高。'"①哈利康借助以往的记录,补充了新内容,丰富了对该岛的认识。该岛就是今天的巴林岛,是巴林国和巴林群岛的主岛,隔海与卡塔尔、沙特阿拉伯相望。南北长48公里,东西宽16公里,面积562平方公里。气候干旱,多泉水。北部沿海依靠泉水和泵井灌溉。种植蔬菜、椰枣、水果、小米、小麦。西南海岸低地有盐沼。岛上产石油。由此可见和文献基本一致。

4. 阿布尊(Abzūn)岛：穆斯塔菲说:"1平方法尔萨赫的岛屿,这里有田地,有椰枣林,《法尔斯志》称:该岛可看成阿尔达希尔·库拉区的一部分。"②其他文献没有记录。

5. 阿布鲁卡曼南(Abrūkāmānān)岛：这座岛的具体位置很难确定,只是穆斯塔菲说:"是一个8法尔萨赫长,3法尔萨赫宽的岛。绝大部分居民是坏人、强盗。"③按照穆斯塔菲该岛8法尔萨赫长即约50公里,3法尔萨赫宽即20公里,即面积1 000平方公里的岛,但具体位置很难确定,也可能是拼写有误。

6. 哈里克(Khārik)岛：今天仍称作哈尔克岛,岛上有炼油厂、学校、商店、寺院、机场、公园、景教墓,以及露营地,是伊朗在波斯湾的旅游地,还有码头,是自古过往船只停靠地,也是石油运输的中转站。这里除了哈尔克城外还有一些村庄。穆斯塔菲说:"1平方法尔萨赫的岛屿,有田地,有椰枣林,这里还盛产水果和优质的粮食作物。哈里克岛产的珍珠比其他地方优质,产量多。这个岛距离海岸有1法尔萨赫,属于库巴兹·库拉区的一部分。"④

---

① 哈利康,第1卷,第430页。
② 穆斯塔菲,第135页。
③ 穆斯塔菲,第135页。
④ 穆斯塔菲,第135页。

上述记述和今天基本状况一致的,反映了哈里克岛自然状况。

7. 卡特(Katt)岛:这个岛在《法尔斯志》中没有提到,但穆斯塔菲提到了此岛,没有具体记述。[①]

8. 汗卡姆(Hankām):这在波斯湾中(岛屿),距离基什岛不远。[②]和文献记述不一致,其实此岛在波斯湾最大岛——格什姆岛的南边,被称作亨贾姆岛,距离格什姆岛最近约3公里,历史上是东西往来船只停泊之地。今天岛上除了旧亨贾姆城(南边)、新亨贾姆城(北边),还有一些城镇、乡村。该岛是旅游胜地,还有商店、农场、寺院、博物馆、盐山、海滩、码头、鳄鱼养殖场等。在波斯湾地区,这是十分重要的岛屿。

9. 加萨克(Jāsak):今天这一地名仍然存在,属于波斯湾岛屿。[③]

以上简要介绍了法尔斯地区的海湾和岛屿,但不是全部,将来或许会继续做深入研究。

## 二　湖泊

1. 达什特·阿尔津湖(Buhayrah Dasht Arzin, 即野杏子平原湖)或阿尔詹湖(Dariyāch Arjan)。其在设拉子西北约60公里,位于通往卡泽伦、波斯湾、伊拉克等地要道上。该湖以盛产鱼和周边有肥美的草场而闻名,也是法尔斯省重要的农业区。这座湖现在周长约16公里,雨季能达到60公里,但夏季湖水有时会干涸。文献对此湖较多的记述。穆卡迪斯记述说:"达什特·阿尔津湖在萨

---

① 穆斯塔菲,第245页。
② 亚库特,第610页。
③ 亚库特,第149页。

布尔区，周长10法尔萨赫。淡水湖，有时候会变干涸。这里产的鱼绝大部分销往设拉子。"[1]这里重要的一点就是穆卡迪斯给出的周长是64公里，也就是说他记述的是丰水期水位。伊斯塔赫尔对此湖记述和穆卡迪斯基本一致，只是文字表述上略有差别。[2]过了200年后的《法尔斯志》也记述此湖，其称："这是一座淡水湖，一旦下大雨，湖水就会爆满；一旦缺少雨水，湖水几乎完全变干，差不多不剩余水。这座湖大致有3法尔萨赫。"[3]这一记述是比较详细，而且和今天状况比较接近。穆斯塔菲也记载了这座湖，内容基本来自《法尔斯志》，但略有变化，称："这是座淡水湖，春季湖水丰富，夏季湖水减少。设拉子出售的鱼多半来自这里。这座湖的周长是3法尔萨赫。《气候带（Suwar-al-Aqalim）》[4]却说周长有30法尔萨赫。"[5]穆斯塔菲也增加了一些内容，说明这里所产的鱼在设拉子市场占有重要的份额。这座湖是设拉子西边重要坐标，处在扎格罗斯山脉复地，是多条河流的发源地。

2. 巴赫泰甘湖（Buhayrah Bakhtigān）。巴赫泰甘湖写作Dariyāch Bakhtigān，含义和前名相同，其位于法尔斯省的东部，湖岸有最大城市内里兹城，因此也叫内里兹湖。此湖由法尔斯省管辖，距离首府设拉子160公里，海拔约1 500米，长70公里，面积3 500平方公里，湖中有1 400平方公里的湖心山，今天开辟成国家自然保护公园。伊朗南部的库尔河流入此湖。历史上整个水域连成一体，但由于给水量减少，被分割成三四个湖，除了南边最

---

① 穆卡迪斯，第393页。
② 伊斯塔赫尔，第122页。
③《法尔斯志》，第872页。
④ 伊斯塔赫尔书名的一种。
⑤ 穆斯塔菲，第233页。

大水体仍然叫作巴赫泰甘湖外,北边的湖叫做塔什克湖(Dariyāch Tashk)以及其他小湖。这座湖是咸水湖,也是法尔斯省的地理坐标。该湖西北方向,沿着库尔河分布着村庄和名胜古迹,最著名的就是波斯波利斯。这座湖周边就是波斯文明的发祥地,中世纪历史也是十分辉煌。作为地理标志的巴赫泰甘湖文献有较多的记述。穆卡迪斯记述巴赫泰甘湖或内里兹湖"长20法尔萨赫,咸水湖,在伊斯塔赫尔区"。①和穆卡迪斯同时代的伊斯塔赫尔说:"巴赫泰甘湖周边都是村庄和城镇,位于从加夫兹(Jafuz)去向往克尔曼地区的途中。其周长有20法尔萨赫,是咸水湖。盐会自然凝结成块。"②《法尔斯志》说:"这座湖周边有很多肥沃的土地。周边有阿巴达赫、海拉赫、内里兹、哈布拉兹(Khabraz)等城镇。而且,这里所有地区相距湖边不远。此湖湖水是咸的,周长大约有20法尔萨赫。"③穆斯塔菲除了摘录《法尔斯志》内容外,他还增加了一些内容,说:"此湖延伸到克尔曼的撒黑克(Sahik)。库尔(居鲁士)河流域到此湖中,周边有盐池。此湖长12法尔萨赫,宽7法尔萨赫,周长约35法尔萨赫。"④从穆斯塔菲给出数据而言,并非整个湖水水域面积,应该就是南边的部分。今天巴赫泰甘湖依然是法尔斯最为重要的湖泊,也是著名的旅游胜地。这里也盛产食盐、鱼类等,周边城市分布较为密集,也是重要的粮食产区,在法尔斯省占有重要地位。

3. 马哈鲁亚湖(Buhayrah Māhalūyah),或称作马哈尔卢盐湖(Daryācheh-ye Mahārlū),也称为粉色湖。其位于设拉子东南

---

① 穆卡迪斯,第393页。

② 伊斯塔赫尔,第121页。

③《法尔斯志》,第872页。

④ 穆斯塔菲,第223页。

27公里，面积600平方公里，有几条小河流入此湖，尤其是胡什河
（Rudkhane-ye-Khoshk），在洪水季节带来大量的给水，而后就会
断流，湖水蒸发量增加；到中夏湖水变少，颜色变成粉红色；到了
夏末，湖水变干，露出白色的湖床，成为盐湖，是伊朗重要的产盐
地。伊斯塔赫尔称此湖为建坎（Jankān）湖，[①]《世界境域志》也使
用相同的称呼，并称这"是法尔斯（Pārs）的建坎（Jānkān），其长12
法尔萨赫，宽10法尔萨赫。湖中出产有用产品，周边有土地和居
民"。[②]对湖的长宽、物产、居民等信息作了大致的记述，由此可以
了解此湖的状况。

穆斯塔菲说："此湖位于法尔斯省，介于设拉子与萨尔韦斯坦
之间。春季，设拉子的洪水流入此湖。其周长为12法尔萨赫。"[③]其
记述是比较准确的。伊本·白图泰也提到了该湖。

此湖东南是萨尔韦斯坦（Sarvistān）城，东北就是设拉子城，因
此。这座湖不仅是重要的物产地，也是道路中心。

4. 达尔胡德湖（Buhayrah Darkhwīd）。这座湖位置很难确
定，只是《法尔斯志》说："这是个小湖，一条叫做巴尔瓦特（Barvt）
的河从该湖中流出。"[④]穆斯塔菲记载的内容和《法尔斯志》完全
相同。[⑤]

5. 穆尔湖（Buhayrah Mūr）。这座湖位于卡泽伦东南边，因
此也被称为卡泽伦（Kāzarūn）湖。今天这座湖以湖滨的帕里珊
（Parishān）城而取名帕里珊湖（Dariyāch Parishān）。由于处在从

---

① 伊斯塔赫尔，第105页。
②《世界境域志》，第54页。
③ 穆斯塔菲，第233页。
④《法尔斯志》，第872页。
⑤ 穆斯塔菲，第233页。

设拉子到卡泽伦的必经之地,文献多有记述。穆卡迪斯记述称:
"卡泽伦(Kāzarūn)湖,是咸水湖,周长10法尔萨赫。其有很多湖
湾,且盛产鱼。"是法尔斯地区五大湖之一。[①]值得注意的是伊斯塔
赫尔将此湖称作图兹湖(Buhayrah Tūz),其在卡泽伦城附近,"周
长有10法尔萨赫"。[②]今天卫星地图测量周长45公里。但《法尔
斯志》说:"这是个小湖,介于卡泽伦与穆尔·吉拉(Mur-i-Jirrah)。
周长有2法尔萨赫。"[③]穆斯塔菲也提到了这座湖,内容基本和《法
尔斯志》相同,但说:"湖里可以捕到很多鱼。"[④]穆卡迪斯的记述和
《法尔斯志》相比,前者比较接近实际,但季节不同,湖水面积也是
有差异的。

6. 巴萨费胡亚赫(Bāsafhūyah)湖或巴法胡亚赫(Bāfahūyah)
湖。文献对这座湖的记述是有差异的,而且书写的名称也有差别,
而且文献记述的方位也有差异。穆卡迪斯称此湖为巴法胡亚赫
(Bāfahūyah)湖,"湖周长为8法尔萨赫,咸水湖。湖岸边长满了草
纸和灌木。这座湖所在的整个南部区域就是中国海"。[⑤]穆卡迪
斯没有说明这座湖的具体位置,而伊斯塔赫尔提到巴萨费胡亚赫
湖位于胡齐斯坦与法尔斯的边界,"周长为8法尔萨赫,是座咸水
湖,盛产鱼,湖边长满了草纸、芦苇和灌木。设拉子人从中获益良
多"。[⑥]可惜的是《法尔斯志》没有提到此湖,但穆斯塔菲记载了此
湖,并称:"该湖在法尔斯地区的伊斯塔赫尔区。其长7法尔萨赫,

---

① 穆卡迪斯,第393页。
② 伊斯塔赫尔,第122页。
③《法尔斯志》,第872页。
④ 穆斯塔菲,第233页。
⑤ 穆卡迪斯,第393页。
⑥ 伊斯塔赫尔,第122页。

宽1法尔萨赫。这里鱼很多。"[1]但今天这座湖方位无法确定,应在波斯湾顶头北岸靠近胡齐斯坦的区域,因这里有很多沼泽和河流下游形成的三角洲。

上文简要介绍了法尔斯的主要湖泊,其实这里还有很多湖泊,篇幅原因,不再细列。

## 三 河流

古典地理学家将河流分为两类:一类是天然河流,其也分为内陆河与外流河,法尔斯地区两种河流较多,尤其内陆河占有重要地位;一类是人工河流,人工河可以分为地上河流和地下河流,前者就是运河,后者就是井渠或者坎儿井,在西亚占有重要地位。《世界境域志》中说:"世界的河流有两类:天然的和人工的。人工的河流的河床是开凿出来的,引来水是对一个地区的城市和农业有益的。绝大多数的人工河流很小,不能通航。城市有10来条运河就是其水源,可以用来饮用、灌溉、蓄积。这些运河的数量不确定,因为来水容易随时有增有减。天然河流是雪水融化、泉水汇集、地表水等形成的;形成自己的河道,河床不时或宽或窄,继续流淌奔腾,最终归入大海或者沼泽。天然河流中有些不大,只是给一个城市或者地区提供水源,如巴里黑河(阿姆河)、木鹿河(穆尔加布河)。而有些(大)河流形成很多的运河,并被利用,而母河最后汇入大海或沼泽,如幼发拉底河。"[2]下文对法尔斯地区主要河流做简要考察。

1. 塔卜河(Nahr Tāb)。这是条著名的河流,今天称作胡齐斯坦(Khujestan)河,文献多有记载。《世界境域志》中说:塔卜河

---

① 穆斯塔菲,第233页。
②《世界境域志》,第69页。

"发源于库赫·吉鲁（Kuh-Jilu）山，在伊斯法罕（Sipahān）的边界，流经胡齐斯坦和法尔斯之间，后汇入大海（波斯湾，引者）。海中的马西鲁班（Mahiruban）城就在这条河的（河汊）之间"。此书还提到萨尔丹（Sardan）河，说：此河也"发源于库赫·吉鲁（Kuh-Jilu）山，汇入塔卜河。两条河之间有萨尔丹城"。[①]虽然有些文献提到了萨尔丹之地，但很少提及萨尔丹河。

　　这条河流伊斯塔赫尔、穆卡迪斯也作记述。[②]后来的文献也有大量的记述。《法尔斯志》说："塔卜河发源于塞米罗姆附近，沿途不断水量增大，一直到阿拉建。这里经过了一座普勒·萨坎（Pul-i-Thakhan）的桥。而后流经里沙赫尔地区，汇合后在斯尼兹附近汇入海（波斯湾）。"[③]亚库特说塔卜河是法尔斯地区的重要河流，发源于伊斯法罕的布尔吉（Burj），汇合有麻散（Masan）河。这个发源的伊斯法罕河岸边有座叫麻散，属于萨尔丹（Sardan）地区。流过巴布·阿拉建，而后经卡塔（Kattā）地区，这是胡齐斯坦与法尔斯的分界线，距离图斯塔尔不远流入海中（波斯湾）。[④]14世纪末，阿里·亚兹底称塔卜河为阿必·阿鲁浑（'Āb-i-Arghūn）河。[⑤]这条历史上是胡齐斯坦与法尔斯重要的地理坐标，沿河有很多城市，尤其下游分布着很多大城市以及重要港口。沿河也是重要的农业区，地势平坦，土地肥沃，物产丰富，是法尔斯的粮仓。该河也是连接波斯湾与扎格罗斯山脉的重要水陆通道，作用突出。

　　2. 哈瓦布丹河（Nahr Khwābdān）。这条河在《世界境域志》

---

① 《世界境域志》，第74页。

② 伊斯塔赫尔，第65页；穆卡迪斯，第393页。

③ 《法尔斯志》，第869页。

④ 亚库特，第375页。

⑤ 阿里·亚兹迪：《帖木儿武功记》第1卷，第600页，印度石印本。

中写作胡亚赞（Khūyādhān）河，可能拼写出了问题，和后来的文献不一致。其称："还有一条河是胡亚赞（Khūyādhān）河，发源于法尔斯的胡亚赞地区。其流经塔瓦吉的东面，在加纳韦和纳吉拉姆之间汇入大海。"①斯特兰格说这条河就是席琳河的一条支流。②他在注释哈瓦布丹河时说这就是现在的祖赫拉赫·法赫里阳（Zuhrah-Fahlyān）河，这条在上游是由东边的法赫里阳河、中间的唐·什乌（Tang-i Shiv）河和西边两条大支流等形成的。显然这和《世界境域志》不符的。如果按照《世界境域志》的说法，这条河显然就是中世纪其他文献中提到的达斯塔甘（Dastakān）河，或沙扎甘（Shadhagān）河。

《法尔斯志》中称："这是发源于朱伊坎（Jūyikān）附近的河。此河流经瑠班建附近，流过加拉建（Jalldgān）后汇入席琳河，接着汇入海。"③从这个记载来看哈瓦布丹河或胡亚赞河显然就是席琳河的上游。但这两种文献的记载是有矛盾的。这个问题有待于实际调查。

3. 吉拉河（Nahr Jirrah）。这条河就是今天的达拉基（Dālaki-Jāmilah）河。《法尔斯志》称："这条河发源于马斯拉姆（Masāram）附近。此河流经纳哈斯特·马斯建（Nahast Masjān）地区，再流过吉拉河及其所在地区和宫迪建部分地区。尔后汇入比撒布尔（Bishāpur）河后，汇入海。"④该河流是法尔斯地区西部的重要河流，沿途有很多的城市和河谷平原，也是重要的地理坐标。

4. 布拉扎河（Nahr Burazah）。该河是萨坎河的重要的支流，《法尔斯志》称："布拉扎河就是菲鲁扎巴德（Firuzabād）河，此河发

---

① 《世界境域志》，第74页。
② 《大食东部》，第381页。
③ 《法尔斯志》，第869页。
④ 《法尔斯志》，第869页。

源于胡乃夫甘(Khunayfghān)。此河滋养了菲鲁扎巴德及其所属地区，再流过吉拉城及其所在地区和宫迪建部分地区。又汇入萨坎(Thakan)河后，再汇入海。这条河的名称取自布拉扎，是一位了不起的水利工程师，他修建了菲鲁扎巴德及其附近的湖中引水工程。"[1]今天这条被称为达拉基河，是曼德河西边的最大支流。这里需要说明的是法尔斯有两条达拉基河，这两条本来是一条河，因在菲鲁扎巴德城北边建了唐各布大坝(Band Tangāb)，于是形成了向西流的干流达拉基河和向南流的支流达拉基河，这条支流经过菲鲁扎巴德城，因此也被称为菲鲁扎巴德河。这条河流域有很多重要城市，是设拉子的卫星城，在历史上产生过重要影响。这里也是法尔斯地区重要的农业区和商业网络中心之一。

　　5. 库尔(居鲁士)河(Nahr Kur)。这是法尔斯中部最重要的河流，发源埃格利德城南边的山区，先是向西，而后一直向东南方向流动，马夫达沙特城西南不远接纳了该河最大东边支流普勒瓦尔(Purvāb)河，有关普勒瓦尔(Purvāb)河后文介绍。文献对这条河有大量的记述。《世界境域志》记述称："库尔(Kurr)河发源于属于法尔斯(Pars)的卡尔万(Karvān)地区的阿兹德(Azd，应是Urd?)边界。此河一直向东流，直到伊斯塔赫尔之南，汇入巴赫泰甘湖之中。"[2]《法尔斯志》称："此河发源于卡拉尔(Kallar)，这是一条湍急的深谷河流，一直无法用来灌溉，除非在河上建立一个堤坝，抬高水位，才可以利用。现在这个堤坝已经建立起来了，灌溉如下的土地：此堤坝叫做拉姆吉尔德(Rāmjird)坝，相当古老，灌溉了拉姆吉尔德地区所有乡村。但是这个堤坝毁了，直到最近阿塔别·朝里修复该坝，给此

---

[1]《法尔斯志》，第869页。
[2]《世界境域志》，第74页。

坝称作法里罕斯坦（Fakhristān）河后，再汇入海。这条河的名称取自布拉扎，是一位了不起的水利工程师，他修建了菲鲁扎巴德及其附近的湖中引水工程。接下来就是阿杜德大坝，世界上其他大坝是无法与之相提并论的。说到这个（阿杜德）大坝，不得不知道吉尔巴勒（Kirbal）地区，这一地区以前是无水的沙漠。但阿杜德·道拉看到这种情况，就提出设想如果在库尔河上建座大坝，引水到沙漠，就会出现奇迹的。因此，他带来工匠和建造人员，花巨资在该河左右修了导流渠。而后他在河床址上下，用巨石块和泥浆建了一座巨大的围堰（Shadurwan），接着用石块加热泥浆和细沙建了大坝本身，这样就是铁制工具都不能凿动，也不会突然轰塌。这个坝顶很宽，足以两人骑马并行，不会掉到水里。最后，吉尔巴勒上区靠大坝得到了灌溉。噶萨尔坝（Band-i-Qassar）更古老，灌溉着吉尔巴勒下区，但年久失修，也会毁了。但阿塔别朝里却修葺后发挥了作用，运转有序。这个大坝以下不远，库尔河流入巴赫泰甘湖。"①

　　库尔河可以称得上法尔斯地区的母亲河，在波斯历史上扮演十分重要的角色，尤其因阿杜德大坝而仍发挥着重要作用。

　　6. 马辛河（Nahr Masin）。这是塔卜河的重要支流。《法尔斯志》称："此河发源于塞米罗姆和斯姆塔赫特（Simtakht）附近的山区。此河最后汇入塔卜河。"②河岸有很多的城市，在道路交通中发挥着重要作用。

　　7. 席琳河（Nahr Shīrin，甘河）。今称作佐赫雷（Zuhrah）河。《世界境域志》称："斯琳（Sīrin，应该就是席琳河）发源于巴兹朗吉（Bāzranj）地区的赞巴兹（Dhanbādh，应是后文的滚巴丹）。此河流

---

①《法尔斯志》，第869—870页。
②《法尔斯志》，第870页。

经了瓦亚甘（Vāyagān）和拉兰丹（Lārandān）。在阿拉建（Arragān）边上，此河流经里沙赫尔（Rīshahr），最后斯尼兹和加纳韦之间汇入大海。"[1]显然后来文献是参考了《世界境域志》这样的文献，诸如《法尔斯志》就可以看到一些类似的文字记述。其称："此河发源于巴兹朗地区的边境区。此河流经滚巴丹·马拉甘（Gunbad Mallaghan，今加奇萨兰，引者）。除了灌溉这些地区外，还灌溉了阿拉建地区，最后斯尼兹和加纳韦之间注入海。"[2]亚库特说：这是法尔斯地区的河流名称，其发源于古哈尔坎（Gūharkān）的达什特·巴林地区的山脉，其有很多水量丰富的支流汇入。在加纳韦附近流入海中（波斯湾），骑乘几乎跨不过去。[3]

这条河流法尔斯西边的重要河流，与塔卜河几乎是平行的，因此席琳河沿岸，尤其分布着很多重要城市，也是法尔斯西边重要的农业地区，物产丰富。此河连接着波斯湾和内陆，以及法尔斯东部城市和西边胡齐斯坦，乃至巴格达的交通道路，具有重要的作用。

8. 比撒布尔河（Nahr Bishapur）。这是达拉基（Dālaki）河的西边重要支流，岸边有著名的比撒布尔（Bishapur）城，遗迹至今存在，是伊朗最为著名的古迹之一。《法尔斯志》称："此河发源于比撒布尔的山区。此河流经比撒布尔城和所在地区，同样也流经海什特（Khisht）、迪赫·马利克（Dih Malik）的乡村，最后在加纳韦和曼德斯坦（Mandistan）流入大海。"[4]上文文献所记的就是将整个达拉基河称作比撒布尔河，实际比撒布尔河只是达拉基河的支流，沿支流河谷平原，物产丰富，还分布着很多中小城市，遗迹众多的名胜古迹。这里

---

[1]《世界境域志》，第74页。
[2]《法尔斯志》，第871页。
[3] 亚库特，第367页。
[4]《法尔斯志》，第871页。

是去往内陆和沿海的道路中心,在法尔斯地区占有十分重要的地位。

9. 萨坎河(Nahr Thakan)。这条河有很多的名称,先称为黑树河(Qārāh Aghach),接着从今天的恰尔塔格(Chārtāq)附近之后称作曼德(Mand)河。

《世界境域志》中这条河写法略有不同,写作Sakān(萨坎)河。其说:"这条河发源于山区和鲁亚甘(Rūyagān)区(rustā)。在卡瓦尔(Kavar)城改变了方向,并在纳吉拉姆城和斯拉夫港之间注入了大海(波斯湾)。"①《法尔斯志》称:"此河发源于一个叫加特鲁亚(Jatruyah)或察特鲁亚(Chatruyah)的村子,这一村子和所在地区是设拉子不远的次区马萨拉姆著名之地,这条河流经所有地区。从这里流过卡瓦尔、哈布尔、②斯穆坎(Sīmkān)、卡尔津、吉尔、阿布扎尔(Abzar)、③拉吉尔(Laghir),依次灌溉了这些地区后,最后灌溉了撒那威周边的部分地区。该河在萨坎村开始被称作萨坎河。这条河在纳吉拉姆和撒那威之间流入大海。整个法尔斯地区水源没有比这条河再丰富的河流了。"④亚库特将萨坎河写作沙扎坎(Shādhakān),称:这是法尔斯的河流,发源于达什特·巴林(Dasht Barin)地区,流经撒布尔、宫迪建(Ghundijān),经过萨奈鲁德(Sanarud, Siarūd),流入波斯湾。其全长19法尔萨尔赫。⑤

10. 普尔瓦布河(Nahr Purvāb)。这条河今天仍然叫普勒瓦尔(Pulvar)河,其发源于法尔斯地区东北,靠近亚兹德省的山区。这条河是著名古波斯文明发源地河流,岸边有很多名胜古迹,还有古

---

① 《世界境域志》,第74页。
② 就是今天的哈夫尔。
③ 此地应该就是今天的阿布噶尔姆(Abgarm)。
④ 《法尔斯志》,第871页。
⑤ 亚库特,第339页。

波斯的都城、陵墓等,占有显要的位置,但河流不长,约有180公里,最后汇入库尔河。

《世界境域志》提到了这条河,但名称有所不同。[①]《法尔斯志》称:"此河发源于一个叫普尔瓦布的村庄。这是一条最尊贵的河流。马夫达沙特绝大部分地区的土地靠这条河灌溉,最后汇入库尔河。"[②]该书还提到该河岸边的草原、城市等,前文已述及。

穆斯塔菲说:"普尔瓦布河发源于迪赫·普尔瓦布山区,绝大部分的水灌溉了马夫达沙特平原,剩余的水最后流入库尔(居鲁士河)。该河全长18法尔萨赫。"[③]

从上述考察发现,尽管法尔斯地区处在热带干旱地区,但是有高海拔的扎格罗斯山脉存在,为法尔斯地区提供了较为丰富的水资源,为农牧业生产提供了重要的保障。这些水体也是重要的交通、景观等资源,在法尔斯地区,甚至整个伊朗发挥着重要作用。

# 第二节　法尔斯地区的草原

法尔斯地区有很多草原,现简要考察如下。

1. 阿瓦尔德或乌尔德(Award, Urd)草原。这个草原的面积很大,其位置大致在今天的亚兹德哈斯特的南边,但这一名称现在已经找不到了。《法尔斯志》中说:"这个草原很辽阔,在寒冷地区。从一头到另一头到处甘泉奔涌,村庄密布,人口稠密,其中有迪

---

① 《世界境域志》,第74页。
② 《法尔斯志》,第871—872页。
③ 穆斯塔菲,第233页。

赫·巴加赫（Dih Bajjah）、台穆尔建（Taymurjān）。这里还有其他繁华的村庄和土地，但他们给征服者缴纳土地税。这个草原长10法尔萨赫，宽5法尔萨赫。"[1]穆斯塔菲差不多摘录了《法尔斯志》的内容，也增加了一些内容，同时地名的写法也有差异。他说："现在被称作库什克·扎尔迪（Kūshk-i-Zard）。这是优美的草原，地域辽远，泉水奔涌。气候寒冷，这里水草肥美。这里很多大村庄，诸如迪赫·巴加赫（Dih Bajjah）、塔米尔汗（Tamīrhān）和其他村庄。这个草原长10法尔萨赫，宽5法尔萨赫。"[2]这一草原至今仍发挥重要作用，但名称已经发生了改变。

2. 达什特·伦（Dasht Rūn）草原。这个草原在乌尔德草原的南边，距离埃格里德大约有45公里。《法尔斯志》中说："这是肥美的草原，但没有乌尔德草原好，是在寒冷地区，泉水淙淙和很多村庄。这里的村庄要么是村民的土地，要么是军队服兵役侍卫的封地。这个草原长7法尔萨赫和宽5法尔萨赫。"[3]穆斯塔菲虽然抄录了《法尔斯志》的内容，但也增加了一些新材料，他说：这是"优美的草原，河流纵横，泉水淙淙。气候寒冷。这个草原比阿瓦尔德草原稍小一点。这个草原上有萨拉丁（Salāh-ad-Dīn）建的卫所（Rubāt）和沙赫里亚尔（Shahriyar）桥。这个草原的牲畜最易上膘。该草原长7法尔萨赫和宽5法尔萨赫。"[4]这一地方距离亚兹德哈斯特有20法尔萨赫。[5]今天这一地名无法找到了，但在埃格利德西北45公里地方有很多泉水和大片草原，上文指的草原应该在此处，此

---

[1]《法尔斯志》，第872页。

[2] 穆斯塔菲，第133页。

[3]《法尔斯志》，第872页。

[4] 穆斯塔菲，第133页。

[5] 穆斯塔菲，第176页。

地位于高海拔地区,不适合从事农业,但很适合放牧。

3. 达什特·阿尔自汗(Dasht Arzhan),即达什特·阿尔津草原。《法尔斯志》中说:"该草原在阿尔津湖边。其附近是一片狮子出没的森林。这个草原长10法尔萨赫,宽1法尔萨赫。"[1]穆斯塔菲基本上摘录了《法尔斯志》的内容外,还增加不少,他说:"该草原沿着一座湖边的在野杏(Dasht-i-Arzhanūī)平原上。其附近是一片森林,林中有凶猛的狮子。哈里发阿里和萨拉曼·法尔斯(Salmān-i-Fārsī)在达什特·阿尔自汗草原发生的事件是为人所熟知的,传说此事就发生在这里。这个草原长2法尔萨赫,宽1法尔萨赫。"[2]这一草原的名称至今还保留着,只是生态发生了极大的变化,狮子已经绝迹。

4. 斯堪(Sīkān)草原。这个草原的面积比较小,《法尔斯志》中说:"这个草原位于设拉子和哈瓦尔之间,是个舒适的地方,这里有长流水,附近有片大量狮子出没的森林。这个草原长5法尔萨赫,宽3法尔萨赫。"[3]穆斯塔菲基本上摘录了《法尔斯志》的内容。[4]

5. 巴赫曼(Bahman)草原。这是面积很小的草原,《法尔斯志》中说:"其位于设拉子地区的朱约姆之北,其长宽1法尔萨赫。"[5]穆斯塔菲基本上摘录了《法尔斯志》的内容,只是个别地名略有变化。[6]今天这个草原已经难以找到了,但距离朱约姆不远。

6. 比德和麻什坎(Bād, Bīd wa Mashkān)草原。这是面积比较大的草原。其在帕尔萨加德(Parsargad)北边60余公里,也就是

---

① 《法尔斯志》,第872页。
② 穆斯塔菲,第133页。
③ 《法尔斯志》,第873页。
④ 穆斯塔菲,第134页。
⑤ 《法尔斯志》,第873页。
⑥ 穆斯塔菲,第134页。

今天代比德（Dih Bīd, Sāf Shāhr）附近。伊斯塔赫尔说在普尔瓦布河源头附近。[①]《法尔斯志》中说："这是个肥美的草原，是巴斯拉地区的一部分。这里气候寒冷，7法尔萨赫长，3法尔萨赫宽，是个肥美的草原。"[②] 穆斯塔菲基本上摘录了《法尔斯志》的内容。[③]

7. 白扎（Baydā）草原。这是比较大的草原，穆斯塔菲说："此草原距离白扎城有3法尔萨赫。这里水草极为丰美。这个草原长、宽10法尔萨赫，还有很多甘美的泉水。"[④] 今天白扎城周边的地区已经开发成农田，应该说这一草原被开发了，变成了农业地区。

8. 施丹（Shīdān）草原。这是面积比较大的草原，《法尔斯志》中说："这是很漂亮的草原。其他地方几乎无法找到这样的草原。周边是肥沃的田地，有很多的泉水和河水。泉水汇集起来在草原中心部分就会形成了一个湖泊，但在天热后就会变干。这个草原长宽均为10法尔萨赫。"[⑤] 穆斯塔菲除了摘录《法尔斯志》的内容外，还补充了不少内容，他还说："现在这个草原和大马士革的高塔赫、撒马尔罕的粟特、什比·巴万如前所说，学者称作（人间四大天堂）。"[⑥] 这草原的具体位置很难确定，但在法尔斯地区无疑。

9. 卡里（Qālī）草原。这是比较有名的草原。《法尔斯志》中说："其在普尔瓦布（Purvāb）河岸边，是宜人之地，这里有巴勒达黑（Bāldāhī）修建的卡里宫，带有漂亮的花园和精致的水池。这个草原长3法尔萨赫，宽1法尔萨赫。冬季很适合放牧，但夏季生长的

---

① 伊斯塔赫尔，第121页。
②《法尔斯志》，第874—875页。
③ 穆斯塔菲，第134页。
④ 穆斯塔菲，第134页。
⑤《法尔斯志》，第873页。
⑥ 穆斯塔菲，第134页。

草有毒,不适合放牧。"①穆斯塔菲说:"其在普勒瓦尔(Purvāb)河岸边,是宜人之地,但夏季不适合放牧,但冬季少牧草。这个草原长3法尔萨赫,宽1法尔萨赫。"②这片草原的具体位置很难确定,应该在普尔瓦布河东边,距离帕尔萨尔加德城不远。

10. 卡兰(Kālān)草原。这是著名的草原,《法尔斯志》中说:"这个草原在苏莱曼(所罗门)先知母亲墓附近。长4法尔萨赫,宽不清楚。苏莱曼(所罗门)先知母亲墓是用石头砌成的,呈正方形。无人能看清墓里的墓穴,据说墓里放了一咒符,若有人往里望一眼,就会眼瞎。但我自己没有发现有人这么去做的。"③穆斯塔菲说:"其在苏莱曼(所罗门)先知母亲墓附近。前文所说这个墓是建在一块方石上。"④今天仍被称为苏莱曼(所罗门)先知母亲墓城即帕尔萨尔加德城,卡兰(Kālān)草原距离该城不远。

11. 卡姆费鲁兹(Kāmfīrūz)草原。这是非常著名的草原,这里是波斯帝王狩猎狮子的地方。《法尔斯志》中说:"这是位于库尔河岸的草原。这里有片森林,里面有狮子的洞穴。卡姆费鲁兹的狮子以勇猛孔武有力而闻名。"⑤穆斯塔菲基本上摘录了《法尔斯志》的内容。⑥中古时期,这里狮子狩猎殆尽,是生态上的灾难,但草原依然有名,至今也是著名的游牧地。

12. 卡敏、普拉阿布和哈什提建(Kamīn, Purvāb, Khāstijān)草原。文献记述不多,只是穆斯塔菲说:"这些不是真正的草原,但这

---

① 《法尔斯志》,第874页。
② 穆斯塔菲,第134页。
③ 《法尔斯志》,第874页。
④ 穆斯塔菲,第134页。
⑤ 《法尔斯志》,第875页。
⑥ 穆斯塔菲,第134页。

里草易生长，比周边的地方要好一些。"①其他具体信息不是很清楚。应该在帕尔萨加德城不远。

13. 水仙草原。这是很有名的草原，因生长有水仙花而闻名。穆斯塔菲说："其靠近卡泽伦、吉拉赫（Jirrah）和汗·阿扎德玛尔德（Khān Azādmard）。这个草原长3法尔萨赫，宽2法尔萨赫，适合自生的水仙花生长，因此这个草原上开满了水仙花。这是最为著名的，草原上弥漫着水仙花的香气。闻到这种花香，心情就会愉悦。"②穆斯塔菲给出方位大致知道该草原位置，也就是卡泽伦和吉拉赫之间，具体方位很难确定。

14. 达拉布吉尔德草原（Marghzar Bārābjird）。这片草原文献记载并不是很多，《法尔斯志》说："这是一处小草原，长3法尔萨赫，宽1法尔萨赫。"③穆斯塔菲没有提到这个草原。今天已经开垦成农田，消失不见了。

法尔斯地区有很多草原，"除了上述的提及的草原外，还有其他很多草原，但都不大，一一提及，未免冗长"。④这些草原既是重要的自然景观，也是重要的牧业地区，由此反映了法尔斯地区多种生活方式和丰富的自然资源。

## 小结

以上我们十分简要考察了法尔斯地区的自然景观，如海湾岛屿、河流、湖泊、草原等，从而对法尔斯地理环境有初步的了解，也有助于深入相关方面内容的探讨。

---

① 穆斯塔菲，第135页。
② 穆斯塔菲，第135页。
③《法尔斯志》，第874页。
④ 穆斯塔菲，第135页。

# 第七章　波斯湾沿岸典型城市发展与世界各地往来

　　波斯(伊朗)与世界尤其和中国自古交流频繁,学者在这方面做了大量的研究,取得诸多,但这些研究也存在显而易见的不足,尤其对域外史料和研究成果利用不够,且研究方向主要集中在物质交往史。本章利用多元史料,主要考察波斯湾两个典型海港城市——撒那威和霍尔木兹城市变迁,以及与外部世界的联系,尤其与中国的交往交流,彰显了波斯湾海岸城市在海上丝绸之路上所发挥的作用。这里的核心关注点就是将波斯湾沿岸城市纳入中古时期城市变迁和世界贸易网络之中,观察当时整个丝绸之路所连接的彼此是关联的,由此揭示尽管彼此遥远,但从未阻断各界往来,各地各国更没有闭关锁国。

　　波斯湾是西亚著名的水域,也是重要的水陆交通要道,在海上丝绸之路中扮演十分显要的角色,为历来学者的重视,笔者在前人研究的基础上,选取以撒那威(Sīrāf)①和霍尔木兹为典型沿海城市

---

① 撒那威有很多不同的音译法,诸如西拉夫、尸罗围,都是Sīrāf的音译。

个案，结合相关文献，意图说明波斯湾在前现代时期与中国的关系密切，由此体现了两地之间的友好交往。

# 第一节　相关学术研究回顾

波斯湾自古就是重要的水路交通要道，在世界历史上占有十分重要的地位，相关的研究汗牛充栋，数不胜数，但概括起来，主要由以下几种。

一是中西交通史方面的研究。最有代表性的就是张星烺先生著的《中西交通史料汇编》，其涉及了中原与西亚、波斯湾等地交往，是一部中西交通史开拓性的著作。[1]冯承钧先生是研究和翻译中西交通史的大家，相关的代表作有邬国义编的《冯承钧学术著作集》（上中下册，上海古籍出版社，2015年）、《西域南海史地考证译丛》（商务印书馆，1998年）、《马可波罗行纪》（多种版本）、《冯承钧西北史地论集》（中国国际广播出版社，2013年）、《多桑蒙古史》（商务印书馆，2013年）等多种著作或译作，他是一位研究中西交通专家，尤其擅长解读元朝时期的材料，在这方面具有开拓性的贡献，后人很难企及。方豪先生著的《中西交通史》（上海人民出版社，2015年）是承前启后的中西交通史学术名著，就涉及了波斯湾、西亚等交往的内容。向达先生是国内一流的学者，他在很多领域取得了瞩目的成就，对于中西交通研究也不例外，他撰写有《中西交通史》（中华书局，1930年、1941年；岳麓书社，2012年），是较早关注中外交通史的大家，该书专门谈到了13—15世纪中外交通，

---

① 由中华书局2003年出版。

尤其与西亚的交流，这对本书的研究有重要的借鉴意义。阎宗临先生的《中西交通史》（商务印书馆，2021年）和以往研究不同一点在于整理了很多有关波斯湾相关的原始文献，由此从一手文献角度了解相关的知识。西方学者也有大量中西交通史方面的著作，诸如日本东洋史京都学派的代表桑原骘藏，就是一位研究中西交通史的重要人物，他撰有《蒲寿庚考》（上海中华书局，1929年），从一个不起眼的人物考察了蒲氏家族的历史，延伸至与阿拉伯世界的关系、西亚贸易交通等问题。内容涉及了波斯湾与西亚的大量信息，是微观考察中外交通史的重要著作。桑原骘藏的《中国阿剌伯海上交通史》（商务印书馆，1935年）可以算作是《蒲寿庚考》和《唐宋贸易港研究》（商务印书馆，1936年）的扩展版。而《唐宋贸易港研究》专门谈到了波斯、撒那威等贸易港口。这三本著作的显著特点就是从小处着手，以汉文史料为根基，借助西方对阿拉伯世界的研究成果，对有关问题加以鞭辟入里的分析，做到了中西文献互补的目的，是中西交通史研究的典范之作。桑原骘藏还撰写过《张骞西征考》（商务印书馆，1931年）以及其他著作，由于篇幅之限，不再罗列。

1978年以后，出版了大量中西交通史的著作，其中不乏优秀著作，有力地推动了这方面的研究，但罕见开拓性或者创造性的研究，多是泛泛而谈，专题性、细节性研究不够深入。张俊彦著的《古代中国与西亚非洲地区的海上交通》（海洋出版社，1986年），论述了古代自秦汉起直到明代我国同西亚、非洲的海上交往，由此对各方的社会、生产、文化等方面产生了影响，是重要的参考研究成果。汶江主编的《古代中国与西亚非洲地区的海上交通》（四川省社科院出版社，1989年），专题讨论了古代中国与西亚非洲交通往来，尤其专门考察了与波斯湾的交流，对本书研究给予了诸多启发。

有关交通史的论文数量甚多,诸如马建春著的《唐朝与大食的海上交通》、①厦门大学历史系著的《泉州港的地理变迁与宋元时期的海外交通》、②李金明著的《唐代中国与阿拉伯海上交通航线考释》、③刘永连著的《唐代中西交通海路超越陆路问题新论》④等,这些论文从不同层面研究了中国与西亚的交通路线、贸易往来等,在一定程度上有助于拓宽本书的研究视野。

二是中外关系史的研究。中国与西亚关系研究是中外关系史,尤其古代史方面的重要领域。这方面成果丰硕,成绩突出。具体方面如下。

1. 中外关系文献的整理与翻译,诸如中华书局中外关系史古籍文献与名著译丛,具有代表人物先有向达,后有耿昇。向达先生整理诸多中外关系史文献,诸如校注《郑和航海图》(中华书局,1962年)、《西洋番国志》(明巩珍著,中华书局,1961年)、《蛮书校注》(唐樊绰撰,中华书局,1962年)、《两种海道针经》(中华书局,1961年)、《大唐西域记古本三种》(唐释玄奘撰,向达辑,中华书局,1981年)、《真腊风土记校注 西游录 异域志》(中华书局,2000年)等,这些文献是研究中外关系史的一手文献。向先生也重视中外关系史国外研究成果,并翻译了很多论著,诸如《斯坦因西域考古记》([英]斯坦因著,中华书局,1936年;上海书店,1987年)、《鞑靼千年史》([英]巴克尔著,向达、黄静渊合译,商务印书馆,1937年)、《史学史》(Harry elmer Barnes著,商务印书馆,1934年)等,这些译著中也对本文研究有诸多的参考价值。耿昇先生翻译

①《宁夏大学学报(社会科学版)》1997年第3期,第34—38页。

②《文物》1975年10月28日,第19—23页。

③《广东社会科学》2011年第2期,第114—120页。

④《陕西师范大学学报》2013年第1期,第2—6页。

和著述了大量有关中外关系的著作,内容主要涉及西亚、中亚、西域、西藏等地,译著甚多,无法细述详列,只择要而列之,诸如《阿拉伯波斯突厥人远东文献辑注》(上下,[法]费琅著,中华书局,1989年)、《柏朗嘉宾蒙古行纪 鲁布鲁克东行纪》(耿昇、何高济合译,中华书局,2002年)、《海市蜃楼中的帝国:丝绸之路上的人神与神话的新描述》([法]于格著,喀什维吾尔文出版社,2004年)、《西域的历史与文明》([法]鲁保罗,耿昇译,新疆人民出版社,2006年)、《突厥历法研究》([法]巴赞著,中华书局,1998年)、《黄金原》([古阿拉伯]马苏第,人民出版社,2013年)等,这些译著多和中外关系有关,也对本研究论题有一定的帮助。

2. 有关中外关系史研究的专著。除了我们在上文提到的交通史的相关内容外,还有大量的研究著作,尤其是文化交流史方面,代表性的著作较多,诸如《唐代长安与西域文明》(向达,商务印书馆,2015年)、《中外文化交流史》(何芳川主编,国际文化出版公司,2016年)、《古代中外文化交流史》(王小甫等,高等教育出版社,2006年)、《中国阿拉伯世界文化交流史》(仲跻昆,国际文化出版公司,2020年)、《中国伊朗文化交流史》(叶奕良,国际文化出版公司,2020年)、《中国阿拉伯文化交流史话》(宋岘,社会科学文献出版社,2011年),尤其最后一部著作中相当一部分谈到了波斯湾、西亚文化、物产等,值得参考。国外学者的研究也较多,除了上文提到的桑原骘藏外,还有藤田丰八著的《东西交涉史の研究》(上下,池内宏编,昭和八年,冈书院版。此著大部分译成了中文),[①]其系统地研究了中国与西亚、西域的交往。Rene J. Barendse 著的 *The*

---

① 如《中国南海古代交通丛考》,何建民译,山西人民出版社,2015年;《西域研究》,山西人民出版社,2015年;《西北古地研究》,杨鍊译,山西人民出版社,2015年。

*Arabian Seas: The Indian Ocean World of the Seventeenth Century*
（Routledge 2001）比较系统考察了波斯湾地区与世界各地贸易
联系。John W. Chaffee 著的 *The Muslim Merchants of Premodern China: The History of a Maritime Asian Trade Diaspora, 750–1400*
（Cambridge University Press 2018）有专章讨论了元代海外贸易以
及文化交流。这些研究内容广泛细致，均有较高的参考价值。

三是中外关系史方面的论文。这方面的论文较多，诸如叶文
程著的《宋元时期泉州港与阿拉伯的友好交往——从"香料之路"
上新发现的海船谈起》、[①]汶江著的《元代的开放政策与我国海外
交通的发展》、[②]丁克家著的《唐代中国与大食的军事冲突及文化
交流》、[③]张彦修著的《中外文化交流与中华传统文化的发展》、[④]陈
尚胜著的《论16世纪前中外文化交流的发展进程和基本特点》、[⑤]
孔奇妙著的《从明清外销瓷看中外文化的交融》[⑥]等，这些论文从不
同侧面考察了与波斯湾、西亚等地的交流，值得参考。

四是撒那威、霍尔木兹、波斯湾与中国交往专题研究。这类研
究成果国内不是很多，但多为专题性的研究，具有较高的参考价值。
诸如王平著的《16—17世纪伊朗捍卫霍尔木兹岛主权论》[⑦]重点讨论
了霍尔木兹岛被葡萄牙人占领以及收复的过程，对了解此时的贸易
路线和所处的国际形势大有裨益。车晓梅著的《15—16世纪霍尔木

---

① 《厦门大学学报》1978年第1期。
② 《海交史研究》1987年第1期。
③ 《阿拉伯世界》1990年第1期。
④ 《河南师范大学学报（哲学社会科学版）》1999年第2期。
⑤ 《文史哲》2000年第3期。
⑥ 《陶瓷研究》2021年第3期。
⑦ 《重庆大学学报（社会科学版）》2007年第2期。

兹贸易圈与海上丝绸之路研究》①利用中外史料考察了这一时期霍尔木兹贸易圈范围以及海上丝绸之路所产生的影响。王保华的《波斯湾的门户——霍尔木兹海峡》、②《波斯湾的"咽喉"——霍尔木兹海峡》、张铁伟著的《霍尔木兹海峡》③等主要对霍尔木兹海峡作一基本介绍，有一定的参考价值。吴长春、于霞著的《元帝国与中西海上交通》简要介绍了元朝与波斯湾的交往史。④华涛著的《关于乌马里"树形地理图"及其论述的初步研》⑤利用第一手资料——乌马里著的《眼历各国行纪》原始文献，考察各地道里，也考察霍尔木兹的相关内容，具有较高参考价值。但这方面国内的研究相对薄弱，尤其利用域外一手文献的能力较低，因此研究成果可信度大打折扣。

　　国外对霍尔木兹或波斯湾的研究长期高度关注，也取得令人瞩目的成绩。这里相关的成果诸如Ralph Kauz and Roderich Ptak著的 *Hormuz in Yuan and Ming sources*，⑥姚继德译为《元明文献中的忽鲁谟斯》⑦利用中外文献考察14—15世纪霍尔木兹（波斯湾）与中国的贸易往来，学术价值极高，笔者多有参考。此文的姊妹篇Andrew Williamson著的 *Hurmuz And The Trade of The 14ᵗʰ And 15ᵗʰ Centuries A.D.*⑧利用了比较多的波斯文文献，梳理此时的变迁。上

---

① 《西亚非洲》2021年第6期。

② 《西亚非洲》1980年第2期。

③ 《世界知识》1980年第1期。

④ 《历史教学》1992年第11期。

⑤ 《元史及民族与边疆研究集刊》（第三十八辑），2021年3月。

⑥ *Bulletin de l'École française d'Extrême-Orient*, 2001, Vol.88 (2001), pp.27–75.

⑦ 由宁夏人民出版社2007年出版。

⑧ *Proceedings of the Seminar for Arabian Studies*, 1973, Vol.3, Proceedings of Sixth the Seminar for Arabian Studies held at the Institute of Archaeology, London 27th and 28th September 1972 (1973), pp.52–68.

述两篇的波斯文献主要来自 Jean Autin 译注的 *Le Princes d'ormuz du XIII<sup>e</sup> au XV<sup>e</sup> siècle*[1]一文，因 Jean Autin 是著名的波斯语专家。由此，这三篇文章是研究13—15世纪霍尔木兹商业贸易的基本材料，对笔者研究的重要性是不言而喻的。Lawrence G. Potter 编 *The Persian Gulf in History*[2]一书中专门章节讨论12—17世纪霍尔木兹的历史，采用了大量的原始文献，对完善本书具有较大的参考价值。Sir Arnold T. Wilson 著的 *The Persian Gulf — An Historical Sketch From The Earliest Times To The Beginning Of The Twentieth Century*，[3]是一本有关波斯湾历史的书籍，了解波斯过往很有帮助，专章讨论了撒那威、记施岛（基什岛），是本研究的重要参考资料。相关的外文论文较多，不再细列，会在本书适当之处标注出来。

上述我们对霍尔木兹及其波斯湾相关的研究成果作了粗略的综述，以便推进我们接下来的研究。

## 第二节　北波斯湾——撒那威与霍尔木兹历史变迁和贸易网络

### 一　撒那威（Sīrāf）与霍尔木兹所在的北波斯湾地区海上通道变迁史以及贸易路线

波斯湾历史悠久，旧石器时代中期，波斯湾岛屿上就有人居

---

[1] *Journal Asiatique* 241 (1953), pp.77–138.

[2] Palgrave Macmillan, US 2009.

[3] Oxford At The Clarendon Press 1928.

住，诸如记施岛就发现有石器。①公元前4千年的苏美尔文明就影响到了波斯湾，形成了有一定规模的城市和港口，楔形文字在这些地区流行，说明了拥有高度发展的文化，由此也促进了波斯湾地区与其他地方的交流，形成了一定的贸易规模和网络。公元前3千年，美索不达米亚和阿拉伯半岛东部的居民迁居波斯湾地区，形成了波斯湾北岸众多聚居区或小城市。这里文化较为发达，也是去往印度的重要通道。考古工作者在波斯湾发现了公元前两千年的印度河文明（Indus civilization）或哈拉帕文明（Harappan Civilization）的居住地，这些人将腓尼基拼音文字带到了南亚次大陆，开创了印度悠久的文字史。今天的印地文（梵文）就是不断变革形成的，因此，波斯湾在东西文明交往中发挥重要的作用。东方看到的所有拼音文字都和腓尼基拼音文字有关，而在文字传播过程中波斯湾发挥了重要作用。

以今天伊朗胡齐斯坦为核心建立的埃兰文明，经历三阶段：即古埃兰时期（约公元前2700—公元前1600）、中埃兰时期（约公元前1400—公元前1100）、新埃兰时期（约公元前800—公元前600）。自早期埃兰文明开始到新埃兰时期与波斯湾保持密切的关系，这里是埃兰王朝通往东方的重要道路。20世纪30年代以来，考古学家在撒那威进行了多次考古发掘，发现了大量两河流域，尤其埃兰文明时期的文化遗迹。波斯帝国（公元前550—公元前651）时期，尤其是阿契美尼德王朝和萨珊王朝，其发祥地就是今天的法尔斯地区。波斯湾是波斯帝国的母亲海，拥有崇高地位。因此将这片水域称之为波斯海（Bahr-i Farsi），即英文的波斯湾（Persian Gulf）。有

----

① *United Nations Group of Experts on Geographical Names Working Paper No.61 Archived 2012–10–03 at the Wayback Machine*, 23rd Session, Vienna, 28 March – 4 April 2006.

人试图将波斯湾称作阿拉伯湾（Arabian Gulf），但响应者稀少。因这是传统称呼所致，甚至阿拉伯人自己撰写的地理学著作里也称作波斯海（Bahr-i Farsi），而很少称阿拉伯湾，偶尔也称其为阿拉伯海（Shatt Arab）。[1]足见波斯湾在波斯人或者西亚人心目中的地位。波斯帝国时期，波斯船队从波斯湾启程向东到印度，甚至远到中国。而后，运贩奢侈品到波斯，再到罗马帝国。波斯湾向西沿着巴林岛，再进入阿拉伯半岛；或者经过波斯湾，沿着阿曼、也门，进入红海，再经过运河，进入尼罗河，可到亚历山大港，而后进入地中海。波斯帝国的许多贸易港口多位于波斯湾内或附近。诸如撒那威就是萨珊王朝一座古老的港口，并在公元4世纪与中国进行了繁荣的贸易往来。[2]因此，波斯帝国时期以波斯湾为中心形成了庞大的海上贸易路线网，由此说明波斯人在海上丝绸之路发挥了重要的作用。

波斯帝国时期，波斯湾在军事上地位也发挥了相当重要的作用。波斯人不仅驻扎在波斯湾的岛屿上，而且经常有100人至200人的船只在帝国的多条河流中巡逻，包括底格里斯河、底格里斯河和尼罗河，以及印度的信德水道。[3]阿契美尼德高级海军司令部在阿拉伯河沿岸、巴林、阿曼、也门等地建立了重要的海军基地。波斯舰队不仅可沿阿拉伯河为保卫安全做出快速反应，而且还保障了波斯湾与印度贸易道路畅通。

阿拉伯帝国时期（622—1258），波斯帝国的疆域逐渐被阿拉伯

① Ibn Khurdādhibih: *al-Māsalik al-Mamalik*, BGA（阿拉伯舆地丛书），V6, Paris1967, p.70;又见《道里邦国志》，第63页。
② David Whitehouse and Andrew Williamson: *Sasanian Maritime Trade, Iran*, Vol.11 (1973), pp.29–49.
③ Kaveh Farrokh: *Shadows in the Desert: Ancient Persia at War*, Osprey Publishing 2007, p.68.

人占领,波斯湾也归入阿拉伯帝国统治者之下,但在阿拉伯帝国的最后阶段——阿拔斯王朝时期,该王朝很快分裂了,波斯湾前后被布伊王朝、塞尔柱王朝、克尔曼塞尔柱王朝、花剌子模王朝控制。[1]尽管波斯湾局势发生动荡,但没有阻碍波斯湾与周边的贸易与往来,尤其与中国。[2]唐宋文献对波斯湾或者大食有大量的记载,他们多半经过波斯湾海路到中国。[3]唐宋时期,专门管理港口贸易,尤其海外贸易,建立专门的机构——使舶市司,加以管理。[4]学者对唐宋海外贸易有大量的研究,内容主要涉及大食贸易,也就是波斯湾贸易。[5]

13—14世纪,名义上波斯湾受到伊利汗国的统治,与中国往来贸易频繁,学者多有研究。笔者后文作补充性研究。波斯湾上的两座城市——撒那威和霍尔木兹(新)旧城发挥了重要作用,同样我们在后文重点作讨论。

14—16世纪,伊朗形势发生了比较大的变化,先是帖木儿帝国控制着绝大部分的伊朗地区,波斯湾名誉上归帖木儿帝国控制,但实际是独立的。而后就是土库曼部落建立的几个小王朝控制了伊朗地区,他们名义上控制波斯湾。此时也是郑和下西洋时期,曾经

---

① Sir Glubb John Bagot: *The Course of Empire The Arabs and Their Successors*, Prentice-Hall, inc., New Jersey 1966.

② Roderich Ptak, *China and the Trade in Cloves, Circa 960-1435*, Journal of the American Oriental Society, Jan. - Mar., 1993, Vol.113, No.1(Jan. - Mar., 1993), pp.1-13.

③ 黄纯艳:《宋代海外贸易》,社会科学文献出版社,2003年。

④ (日)藤田丰八:《宋代之市舶司与市舶条例》,魏重庆译,商务印书馆,民国二十一年。Wang Zheng Ping, *T'ang Maritime Trade Administration, Asia Major*(中研院史语所主办), 1991, Third Series, Vol.4, No.1 (1991), pp.7-38.

⑤ (日)桑原骘藏:《中国阿剌伯海上交通史》,商务印书馆,1935年。

三次到过波斯湾。[①]这是中西在元朝以后实质性的交往，在中国与波斯湾历史上一次重要事件，也体现了两地间的友好往来，后文要做专题性的讨论。

16—20世纪，随着萨法维王朝的建立，波斯湾被纳入该朝的统治之下。就在此时，崛起的葡萄牙人于1507年进入波斯湾。直到1622年，英国与波斯联合攻占格什姆岛和霍尔木兹岛。萨法维王朝统治者阿巴斯一世（Shah Abbas）废弃了霍尔木兹岛上的城市，并在岛对面波斯湾海岸建立了港口，以他的名字命名为阿巴斯港（Bandar Abbas）。1625年，荷兰进入波斯湾，继而英国与荷兰在此争夺。从19世纪始，英国逐步控制了波斯湾。第二次世界大战中，波斯湾成为军用物资的运输线。战后，随着石油的开发，海湾成了世界强国的觊觎之地。1960年以后，战略位置和交通位置不断凸显，从20世纪60年代后期到80年代初，波斯湾地区石油总出口量的90%至95%均经由霍尔木兹海峡运出。霍尔木兹海峡也因此成了一条关系许多国家兴衰的战略要道。20世纪90年代以后，美伊关系紧张，波斯湾，尤其霍尔木兹海峡地位更加凸显。

因此，上文简要考察了波斯湾历史发展的脉络，由此我们更好地了解波斯湾在世界航海史、贸易史、军事史等方面的地位，也有助于更好地了解本书的撰写意图。

## 二 撒那威或西拉夫（Sīrāf）的历史与贸易

撒那威今天也被称作撒那威港（Bandar-e Sīrāf），或称作塔黑尔港（Bandar-e Ṭāhirī）[②]城，位于波斯湾岸边，是布什尔省坎甘

---

① 郑和在1412年、1417年、1421年三次到霍尔木兹进行贸易，具体后文谈及。

② 此地原名为"不洁者（Nahisa）"，后阿拉伯人将其改名为Ṭāhirī（干净之地）。2008年将这一名称改回历史上的撒那威。

（Kangan）县中央区的城市，2006年人口为3 500，距离布什尔城有220公里，距离阿拔斯港有380公里、坎甘城30公里，是波斯湾沿岸重要的交通要道，96号、65号公路交会于此。

　　这里是历史名城和著名海港，与世界各地进行贸易，一度是法尔斯的枢纽港口，[①]尤其与中国往来，汉籍中多有记载。元人吴鉴《清净寺记》（《闽书》卷七《方域志》）收录元三山吴鉴的《重立清净寺碑》碑文记载称："宋绍兴元年（1131），有纳只卜·穆兹喜鲁丁（Najib Muzahir ud-Dīn，引者）者，自萨那威（Sīrāf）从商舶来泉（州）。"[②]关于地名，《桯史》作尸罗围；[③]《诸蕃志》作施那帏。[④]这说明此地与中国，尤其与泉州关系密切。究其原因，此港是古代海上丝绸之路重要港口，在东西交往中发挥着重要作用。同时，通过考古发掘和田野调查，近现代在这里发现大量唐宋元钱币、瓷器碎片，也是古城遗址所在地。[⑤]

　　萨珊王朝时期，撒那威就已是座港口，但大约毁于970年，后来又兴盛起来。[⑥]该港是非洲香料、印度名贵木材、中国丝绸和瓷器的集散地，在中世纪一度成为最为繁忙的海港和城市。随着海上丝绸之路道路改变和贸易的衰落，此港口也随之衰落了。[⑦]历

---

① 《大食东部历史地理研究》，第11页。

② （明）何乔远，《闽书》卷七《方域志》，福建人民出版社，1994年，第166页。

③ （宋）岳珂，《桯史》卷一一，中华书局，1981年，第125页。

④ （宋）赵汝适，《诸蕃志校释》卷上，中华书局，1996年，第91页（后文简称《诸蕃志》）。

⑤ Sir Arnold T. Wilson: *The Persian Gulf — An Historical Sketch From The Earliest Times To The Beginning Of The Twentieth Century*, Oxford At The Clarendon Press 1928, pp.92–93（简称 *The Persian Gulf*）.

⑥ Robert B. Mason and Edward J. Keall, *The 'Abbāsid Glazed Wares of Sīrāf and the Baṣra Connection: Petrographic Analysis*, Iran, 1991, Vol.29 (1991), pp.51–66.

⑦ Alastair Lamb: *A Visit to Siraf, an Ancient Port on the Persian Gulf*, Journal of the *Malaysian Branch of the Royal Asiatic Society*, Vol.37, No.1 (205) (July, 1964), pp.1–19.

史文献对这座城市有大量的记载，大致在7世纪中后期被阿拉伯征服，成为大食帝国重要贸易中心，8—10世纪这里成为通往东方的贸易门户。现存最早大食文献应是商人苏莱曼的游记，此游记中提到了撒那威，称："货物从巴士拉（Bassorah）、阿曼以及其他地方运到尸罗夫（Sīrāf，即撒那威），大部分中国船只在此处装货：因为这里巨浪滔滔，在许多地方淡水稀少。巴士拉到尸罗夫水路一百二十法尔萨赫。[①]货物装运上船以后，装上淡水"启程，到阿曼的马斯喀特。"尸罗夫到马斯喀特大约有二百法尔萨赫。"[②]苏莱曼本人恰好来自撒那威。他还记载有位巴士拉人为了躲避战乱，从巴士拉逃到撒那威，从这里登上了去往中国的商船，还见到了中国皇帝，获得了大量赏赐。[③]又说在广府（广州）聚集着来自撒那威的商人。[④]这说明撒那威在9世纪是波斯湾著名的港口，也是从巴士拉向东方航行的第一大站。他记述当时撒那威商人越过波斯湾到阿曼，然后沿海绕过亚丁湾，进入红海到吉达、埃及、埃塞俄比亚等地，从事香料、丝绸、珠宝、皮张等贸易。[⑤]

依据这些资料大致可以勾勒出撒那威沿海的三条路线：一是去往巴士拉的海路；二是到东方的道路；三是跨过波斯湾到阿曼、也门、吉达、非洲各地的道路。加之陆上通往设拉子的道路，由此形成了十字形的道路网络，在大食帝国鼎盛时期，其地位十分重

---

① 1法尔萨赫约为6.2—6.7公里，与西方的长度单位League基本等同。
② 穆根来、汶江、黄倬汉译：《中国印度闻见录》，中华书局，1983年，第8页（后简称《中国印度闻见录》）。
③《中国印度闻见录》，第103页。
④《中国印度闻见录》，第113页。
⑤《中国印度闻见录》，第131页。

要。也可以从1960—1970年代的考古资料证明这一点。[1]

其他文献中对撒那威也有较多的记述。伊本·胡尔达兹比赫只是提到了撒那威，没有较详细的记述。[2]而有些文献记述比较详细，诸如豪卡勒称："撒那威（Sīrāf）是波斯港口大城，建筑都是木制的。附近有山，山上可俯瞰海（波斯湾）。此地无水、无地也无家畜，是波斯最富庶的地方之一。其在加纳韦（Jannāba）和纳吉拉姆（Najirem）附近。旅客若从撒那威出发，沿着海边行走，就可以到达伊本·奥马拉城堡（Ibn Omara Hisn），是海边上的一座强堡，波斯没有比这更坚固的城堡。"[3]从他的记述中可以更多地了解撒那威。和豪卡勒同时代的穆卡迪斯增添了新内容，其称："撒那威是阿尔达什尔区（Ardashīr Khurah）的首府。在当时，人们喜欢住在此地，而不喜欢住在巴士拉，因为这里发展快速，建筑漂亮，寺院恢宏，市场熙攘，人有教养，远近闻名。那时候经过中国（海）就可以到阿曼。这里也是法尔斯和呼罗珊的货物集散地。总之，我在伊斯兰之地没有见过这么有名或者漂亮的建筑。这里的建筑都是用柚木和砖建成的。他们的房屋都是高塔型，每栋房屋价值超过100万银币（dirham）。[4]布伊王朝建立后，很多人逃到了阿曼。"他说公元685年或686年发生了地震，"持续了7天时间，绝大部分房屋倒塌，毁了，人们逃到海里"。每当人们想起这次地震，感觉后怕。[5]

---

① David Whitehouse: *Excavations at Sīrāf: First Interim Report, Iran*, Vol.6 (1968), pp.1–22.

②《道里邦国志》，第48页。

③ 哈利康，第3卷，第408页。

④ 钱币名称，一般4克，圆形，有铭文，是大食帝国时期或以后两种主要货币名称。另一种为金币（dinar），重量也是4克。

⑤ 穆卡迪斯，第376、378页。

有学者说12世纪此港已毁了，[①]实际未必，因此时豪卡勒一种抄本边注提到了撒那威，称这里十分富有，有人还斥巨资装修天方大殿，将银喷头换成金色，玄石帷布的换成中国丝绸，到中国做一次回来生意赚钱百万金币。[②]这说明12世纪时，撒那威仍然是很活跃的港口贸易城市，只是贸易中心转移到基什岛。[③]

这可以从差不多与这位边注者同时代的《法尔斯志》记载中得到证实。此书中说："撒那威（及其周边）很早以前的一座很大的城市，非常繁华，商品琳琅满目，商队商船往来不绝。因此，在（阿拔斯）帝国时期，这里一处大商埠，因为这里可以找到玫瑰水（'attar），香料诸如香樟、芦荟木、檀香木等。（因商人）在这里获得了大量的钱财，一直到布伊王朝统治的晚期。然而此后，现在艾米尔凯什（Kaysh，基什）的先祖得势掌权，他们占据了凯什岛及其附近所属岛屿，那里的税赋先前是上交给撒那威的，现在被截留，落到艾米尔凯什的手中。后来，阿塔毕鲁坤道拉·胡玛尔特勤（Atabeg Rukn-ad-Dawlah Khumārtagīn）（当时他第一次被委命为法尔斯地区的总督）昏庸无能，将省务交给属下官员办理。他偶尔以督造战舰之名来撒那威一两回，做出一副佯攻凯什岛及其附近的样子，他每次有这样的举动，艾米尔凯什纳贡给他，并贿赂他身边的那些官员，于是，这些人劝他不要督造了。紧接着凯什岛上其中的一个汗（Khān）名叫阿布卡西姆（Abū-l-Qasim）最终成功占据了撒那威，而

① 《大食东部历史地理研究》，第257页。

② 豪卡勒，第282页；又见 S. M. Stern: *Rāmisht of Sīrāf, a Merchant Millionaire of the Twelfth Century*, The Journal of the Royal Asiatic Society of Great Britain and Ireland, No.1/2(Apr., 1967), pp.10–14。

③ David Whitehouse, *Maritime Trade in the Gulf: The 11th and 12th Centuries*, *World Archaeology*, Feb., 1983, Vol.14, No.3, *Islamic Archaeology* (Feb., 1983), pp.328–334.

后每年他（胡玛尔特勤）派军队攻打一次（企图将他赶出撒那威），但与他战之不利，无功而返。因此之故，现在情况就是这样，没有商人的船只进入撒那威休整，也没有马赫鲁班或道拉格或巴士拉去往克尔曼的船只也不会在这里抛锚停歇，只有皮货、锅碗和法尔斯人必需之类物品才会经过这里。因此该城已经完全毁了。这里还有一座供人礼拜的清真寺。此地还有很多附属地区和周边地区。这里气候酷热，没有河水，只有几眼泉，当地人依靠收集雨水（储存到水窖里）饮用。"①这里比较清楚说明了撒那威在12世纪以后，即在塞尔柱王朝统治时期的变化。虽然城市遭到破坏，甚至毁了，但商业贸易依然是存在的，甚至城市本身也得到了恢复。

13世纪初的亚库特到过撒那威，他说撒那威（Sīrāf）是靠近波斯湾岸边的城市。其"位于第三气候区，经度为99°30′，纬度为29°30′。在古文献中，此地名被波斯人称作阿勒因沙（Al-Inshā）。这里就是犹太教徒的《旧约》和基督教徒的福音书提到的凯库思（Kaikūs）升天之地"。②亚库特是著名地理学家，在蒙古西征前游历西亚各地，他到撒那威和12世纪相差差不多1个世纪，从亚库特的记述来看，撒那威并没有毁掉，甚至是波斯湾沿岸的重要城市和港口。

13世纪蒙古统治伊朗之地时，撒那威仍是很重要的港口城市。元代的《岛夷志略》提到了挞吉那，有些学者认为就是Ṭāhirī的音译。③如果这个说法成立，那么汪大渊对此地有详细的记述，称：

---

① 《法尔斯志》，第311—339页。

② 亚库特，第330页。

③ （元）汪大渊：《岛夷志略校释》，苏继庼校释，中华书局，1981年，第306页（下简称《岛夷志略》）。

国居达里之地，即古之西域。山少田瘠，气候半热，天常阴晦。俗与羌同。男女身面如漆，眼圆，白发鬅鬙。笼软锦为衣。女资纺织为生，男采鸦鹘石为活。煮海为盐，酿安石榴为酒。有酋长。地产安息香、琉璃瓶、硼砂，栀子花尤胜于他国。贸易之货，用沙金、花银、五色锻、铁鼎、铜线、硫磺、水银之属。[①]

汪大渊的有些记载和撒那威实际状况是比较接近，诸如靠海，土地贫瘠，煮海盐，贸易等，但有些记载和当地物产不符，诸如安息香、琉璃瓶、硼砂、铁鼎、铜线、硫磺、水银等，尤其不产鸦鹘石，即金刚石，此物只有非洲产。如果说此地一定要有金刚石，也是转口贸易之品类，非本地之物。这些也许恰好说明了撒那威在贸易中的特殊地位。[②]

如前所说，在中世纪时期，撒那威还是相对繁华的，但没有完全毁灭，只是和以前相比重要性可能略有降低。这可以从当时亲历此地的旅行者的记录得到印证。伊本·白图泰就是其中的一位，他记载称：

后来，我从此地（拉尔）出发改斯（基什）城，又称锡拉夫（撒那威），该城位于也门、波斯海相连的海岸上，城区宽大，地势适当，家家有新式花园，院内花草芬芳，树木茂密。居民饮用山泉水，他们是波斯贵族。居民中有一批阿拉伯人，是赛法夫族，他们能潜水取宝。[③]

---

① 《岛夷志略》，第306页。

② Samuel Horsley William Vincent William Wales: *The commerce and navigation of the ancients in the Indian Ocean*, London 1807.

③ 《伊本·白图泰游记》，第222页。

他还详细记载撒那威附近采珍珠的情况：

> 潜取珠宝（珍珠）的场地在锡拉夫和巴林群岛之间，那里像是一大平静海湾。阴历四、五月间，万船云集，船上载着潜水员和波斯、巴林、卡提夫的商人们……无论大小搜到一起，苏丹取其五分之一，余下的由船上的在场商人购买。这些商人多数是潜水员的债主，他们用珠宝还债或购买必须的物品。[①]

笔者以为伊本·白图泰的记载是比较可信，因为他是当时的亲历者，尤其是记载撒那威的地理位置、城市面貌、水源、居民、附近采珠等状况和历史文献记述比较相契合，但记述似乎有些混乱，如基什城，又称撒那威，因两者相距两百公里，有些说不通。因此两个互相不隶属地名，不可能相互对称。

此时，贸易中心开始转向了多个波斯湾的不同城市，这个可以从当时的文献中反映出来，马可·波罗当时提到波斯湾贸易中心在"怯失（基什）及忽鲁模思两城"，却没有提到撒那威。[②]

13世纪时，撒那威尽管很重要，但贸易中心发生了巨大的变化，这些可以从当时记载文献中找到线索。诸如穆斯塔菲说："先前，这是一座大城，是海上（波斯湾）贸易的集散地，但布伊王朝统治者将贸易集散地从此地迁到基什（Qays）岛。这里天气极热，并将雨水收入到地窖中。这里还有三眼泉。物产为粮食和椰枣。纳吉拉姆（Najīram）和库拉什（Khūrāshi）是其附属地区。"[③] 穆斯塔菲

---

① 《伊本·白图泰游记》，第222页。
② 《马可波罗行纪》，冯承钧译，党宝海新注，河北人民出版社，1999年，第99页。
③ 穆斯塔菲，第116页。

虽然是中世纪的人物，但他的很多资料传抄于旧史，尤其法尔斯部分多半来自《法尔斯志》，所以他说以前是大城、现在状况如何没有言明，但至少说不是大城，也没有毁灭。奇怪的是《史集》里没有提到此地。

和穆斯塔菲差不多同时，阿布菲达提供了更多的信息，此时撒那威仍然是大港，主要从事贸易，人民富裕，屋宇奢华，其记述称：

> 《经度（'Atwāl）》说经度为78°，纬度26°；《马苏迪天文表（Qānūn）》说经度为79°30′，纬度29°30′。这里气候极热。在海边，介于加纳韦（Jannābah）和纳吉拉姆（Najirem）之间。撒那威是法尔斯的大港。此城附近没有田地、牲畜，只有海船的货场。这座城市十分繁华。这里的居民喜欢修建奢华的院落，有的房子花费超过3万金币（Dīnār）。此处的建筑都是柚木建成，这些木料都是从桑给巴尔运来的。撒那威极热。[1]

从早期文献到14世纪文献中可以看到，撒那威一直是一个重要港口，在中西贸易中发挥着重要作用。

## 第三节　霍尔木兹中古后期的兴盛与东西往来

### 一　基本概要

这里讨论的霍尔木兹是指三个方面：一是霍尔木兹（海峡）地区；二是（新旧）霍尔木兹城；三是霍尔木兹岛。我国文献中记载

---

① 阿布菲达，第2卷，第96页。

的霍尔木兹主要描述的整个霍尔木兹地区,乃至波斯湾。本节主要讨论第三个方面的内容,即霍尔木兹岛。

至于霍尔木兹得名,有几种不同的说法。[①]第一种说法是,1100年阿拉伯人在海峡中的霍尔木兹岛上建立了霍尔木兹阿拉伯王国,海峡由此得名。第二种说法是,霍尔木兹是波斯民族的萨桑王朝第四位国王的名字,"霍尔木兹"在波斯语中意为"光明之神"。[②]第三种说法是,马其顿国王亚历山大大帝派大将霍尔木兹雅率舰队出没于此,并在海峡中的一个无名岛上停泊。后来为了纪念这位舰队统帅,便把他的名字"霍尔木兹雅"作为海峡和那个无名岛的名字。以后,这个希腊人的名字慢慢阿拉伯化,变成了今日的"霍尔木兹"。第四种说法认为"霍尔木兹"一名来源于葡萄牙人。1507年葡萄牙殖民者入侵后,发现这一带贸易兴隆,用葡语名之为Ormucho,意为这里金子多,后来Ormucho就演变为岛屿和海峡名。

上述各种说法似乎都有些依据,但不一定可靠。霍尔木兹来自琐罗亚斯德教神明的名称,后来成为很多国王名称,尤其萨珊王朝国王名称。波斯人的传统就是用国王名称来命名地名,这在伊朗今天还保留很多,如内沙布尔、费鲁兹阿巴德、图斯等。

因此,霍尔木兹名称应该来源于波斯国王的名称,而这个海峡和岛名称源于公元1300年对岸霍尔木兹城搬迁加伦(Jarun)岛或吉伦(Jirūn)岛上,建了新霍尔木兹城,由此岛名变成了霍尔木兹岛,此地海峡也称霍尔木兹海峡。至于希腊人大将的名称实际上就是一位波斯人的名讳,不是希腊人的名讳,希腊人称此岛为奥尔

---

① 屈庆全、吕松:《世界一些海峡名称的由来》,《教育艺术》2008年第2期。
② 阿布菲达,第2卷,第28、98页。

甘娜（Organa）。至于葡萄牙文的名称，完全是附会，Ormucho实际就是Hormuz的转音，14世纪的波斯文献写作Urmūs。[①]

　　用霍尔木兹命名整个地区和海峡是因为在13—14世纪，这里是波斯湾重要的贸易中心。就在新霍尔木兹岛兴建之际，14世纪的穆斯塔菲多次提到霍尔木兹地区以及霍尔木兹岛。他说：基什岛到乌尔姆斯（Urmūs即霍尔木兹）岛有25法尔萨赫，从设拉子到霍尔木兹岛有95法尔萨赫。还说霍尔木兹岛距离海岸有4法尔萨赫。[②]这一名称和元明文献记载的忽鲁谟斯暗合。

　　霍尔木兹地区地处副热带，属热带沙漠气候，终年炎热干燥，表层水温年平均为26.6℃，最热月（8月）达31.6℃，最冷月（2月）为21.8℃。高温、干燥增强了海水蒸发，而年降水量只有300毫米，结果增大了海峡内海水含盐量。

　　其最重要的地区坐标就是其海峡，东西长约150千米，最宽处达97公里，最狭处只有38.9公里；南北宽56—125千米，平均水深70米，最浅处10.5米，最深处219米。海峡中多岛屿、礁石和浅滩。今天其为连接中东地区的重要石油产地波斯湾和阿曼湾的狭窄海峡，亦是阿拉伯海进入波斯湾的唯一水道。[③]海峡北岸是伊朗，有阿巴斯港；海峡南岸是阿曼，海峡中间偏近伊朗的一边有一大岛叫格什姆岛，北方有霍尔木兹岛等，皆是伊朗的岛屿。历史上霍尔木兹地区尽管很重要，但与今天相比，逊色很多。因古代这里虽是东西方国家间文化、经济、贸易的枢纽，但不一定是必经之路，可以选择陆路或者绕道。20世纪以来，海湾地区（中东地区）成为最重要的油气产地，巨

---

① Hormuz Island: https://encyclopedia.thefreedictionary.com/Hormuz+Island.
② 穆斯塔菲，第177页。
③ David E Long, *The Persian Gulf*, Routledge 2019, p.1.

型油轮的唯一通道,成为西方列强争夺之地,也是地区国家所仰赖的战略要地。故而这里成为当今全球最为繁忙的水道之一,又被称为世界重要的咽喉,具有十分重要的经济和战略地位。因此霍尔木兹海峡被誉为西方的"海上生命线""世界油阀""石油海峡"。

霍尔木兹岛是霍尔木兹地区的有机组成部分,面积大约12平方千米,离海岸8千米,亦译荷姆兹岛,波斯语被称作Jazireh-ye Hormoz,亦作Ormūz。霍尔木兹岛是多山岛屿,而霍尔木兹村是唯一居民点,输出红赭石。但是地理位置十分优越,它与伊朗最大的岛屿格什姆岛共同遏制波斯湾的出口,与阿曼的穆桑达姆半岛的隔海峡相对峙。霍尔木兹岛在霍尔木兹海峡区域是比较小的岛屿,而且它南方有拉热克(Lārak)岛,拉热克岛与阿曼角之间形成了主航道。

古代这里就是贸易十字路口。至公元1200年左右垄断了与印度和中国的贸易。中世纪早期这里主要的税收来源地。公元1315年前后,霍尔木兹旧城统治者在加伦岛上建立了新霍尔木兹城,躲避中世纪盗贼的打击,逐渐成为波斯湾重要的贸易中心。14世纪元明时期,汪大渊、郑和访问这一地区,留下大量报告资料。这里一度被帖木儿帝国占领。16世纪以后,此地成为萨法维王朝的一部分。公元1507年,霍尔木兹岛被葡萄牙殖民者攻占。公元1621—1622年,葡萄牙人以霍尔木兹岛为基地,劫掠波斯沿海地区。1622年,在英国海军的帮助下,霍尔木兹岛被伊朗收复。公元1798—1868年,霍尔木兹岛及邻近的杰舒(Jeshun)岛和伊朗本土上的阿巴斯港租给马斯喀特(Muscat)和阿曼的统治者。现除葡萄牙人建造的城堡要塞外,几乎没留下名胜古迹。

## 二　11世纪以前的文献记载

从前文的概要得知,霍尔木兹地区地理位置十分重要,在商业和军事上占有显要的位置，在历代文献中留下了大量的记载。该岛大食帝国早期就是克尔曼省的主要市场，经营棕榈、靛青、谷物和香料，9—10世纪的文献中提到了霍尔木兹。[①]《道里邦国志》说："从伊本·卡旺（Ibn Kāwan）岛到乌尔木兹（Urmūz，霍尔木兹）为7法尔萨赫。"即43公里，这里的霍尔木兹不是霍尔木兹岛，而是该岛东北的霍尔木兹旧城。该书又说从基什（Kis，即Kesh）到伊本·卡旺岛有18法尔萨赫。[②]也就是约115公里。这一距离恰好就是到现在的格什姆岛距离，还说这个岛面积为3法尔萨赫平方公里，即121平方公里，岛上有居民。但有学者肯定地说该岛就是霍尔木兹岛。[③]这与《道里邦国志》记载不合，因为霍尔木兹岛面积很小，且和路程不相符。

10世纪的穆卡迪斯说：霍尔木兹岛距离卡拉增（Kārazīn）有1站路。[④]也就是约35—40公里。卡拉增这一地名可能存在拼写错误，应该是达拉增（Darazhin）。[⑤]他还说："霍尔木兹城距离海（波斯湾）有1法尔萨赫。这里酷热。清真寺修建在市场里。这里的饮水取自运河的淡水。市场就在主街上。这里用土夯建房。"[⑥]这座城市就是旧霍尔木兹城，就是今天的米纳卜城所在地。[⑦]他还提到霍尔木兹地区。[⑧]比他稍早的《世界境域志》却说："霍尔木兹距离海有半法尔萨赫，而且气候炎热，是克尔曼的

---

① 穆卡迪斯，第401页。
②《道里邦国志》，第65页。
③《大食东部历史地理研究》，第457页。
④ 穆卡迪斯，第401页。
⑤ 穆卡迪斯，第409页。
⑥ 穆卡迪斯，第409页。
⑦《大食东部历史地理研究》，第456页。
⑧ 穆卡迪斯，第413页。

货物集散地。"①这条文献记载说旧霍尔木兹城离海只有3公里多一点，而且提供的重要信息就是这里为克尔曼地区的贸易中心和沿海重镇。伊斯塔赫尔说这里距离海1法尔萨赫，城里有大寺和大货栈，仓库在2法尔萨赫的周边农村，产高粱、蓝靛、粮食、小茴香（孜然）、椰枣等。②

　　从现代卫星地图测量可知，旧霍尔米兹城所在地的米纳卜离海有27公里，因此穆卡迪斯、伊斯塔赫尔等人的记载相对准确一些。这座沿海城市的地位相当重要，将克尔曼地区和锡斯坦地区连接起来。③

　　10世纪后半叶到1055年是布伊王朝统治法尔斯地区的时期，也控制着波斯湾，尤其是霍尔木兹地区。由此在中西贸易中，特别是在与宋朝贸易中发挥了相当重要的作用。《密斯卡威史》记述970年12月布伊王朝统治者阿杜德道拉（Adhud Dawlah）的将领阿比德·本·阿里（'Abīd B. Alī）横扫了克尔曼地区，并将其势力范围扩张到霍尔木兹、提兹（Al-Tīz）、马克兰等地，并自立为主。④伊本·阿西尔在《全史（Al-Kāmil Fī al-Tarīkh）》只是重复了《密斯卡威史》记述，没有增加新内容。⑤但这些记述凸显了该地区的重要性。

---

① 《世界境域志》，第124页。

② 伊斯塔赫尔，第169页。

③ 《大食东部历史地理研究》，第456页。

④ *Miskawaihi, Kitāb Tajārub allumamī*（《密斯卡威史》），收入（*The Eclipse of the 'Abbasid Califate*《阿拔斯帝国衰亡史汇编》），trans by D. S Margoliouth, Oxford 1921, V.5, p.321.

⑤ 《全史》，第7卷，第325页，伊本·阿西尔将提兹（Al-Tīz）抄录城提尼（Al-Tīn）。这是马克兰地区阿曼海岸边的港口城市，在中世纪很有名。

## 三 11—13世纪霍尔木兹地区的历史变迁

11世纪，波斯湾名义上受到塞尔柱王朝的统治。12世纪，随着塞尔柱王朝四分五裂，法尔斯地区出现塞尔柱后裔阿塔毕政权，尤其在萨拉戈尔王朝（Salghurids, 1148—1282）时期控制波斯湾地区。此时，也门人越过波斯湾占领了霍尔木兹地区，建立了旧霍尔木兹国，先后委身于克尔曼塞尔柱王朝、萨拉戈尔王朝、伊利汗国。[①]这个旧王国从1100年统治到1243年。[②]此时是沙哈布丁·马哈穆德（Shahab al-Din Mahmud）统治时期。[③]12世纪的伊德里斯对当时的旧霍尔木兹记述称："霍尔米兹城是克尔曼地区的主要市场所在地，是座又大又漂亮的城市。此地也种植孜然（小茴香）和靛蓝。其质量无与伦比，有口皆碑，且大量外销各地。毛安（Maun）人和维拉斯吉尔德（Welasgerd）是种植这里作物的行家里手，他们精耕细作，由此成为主要的经济收入来源。这里还大量种植甘蔗，以及熬煮蔗糖。大麦是他们的主食，也是重要的农作物。此地也盛产椰枣。霍尔木兹城是建在叫做黑子（Heiz）珊瑚的长堤上。当地藩王就是通过长堤到城里的。"[④]这说明在12世纪霍尔木兹周边地区获得比较大的发展，而且是商业网络的重要环节，是整个丝路贸易体系的重要组成部分。12—13世纪波斯湾处在激

---

[①] https://encyclopedia.thefreedictionary.com/Ormus.

[②] Arnold T. Wilson: *The Persian Gulf- An Historical Sketch From The Earliest Times To The Beginning Of The Twentieth Century*, Oxford At The Clarendon Press 1928, p.104（后文简称 *The Persian Gulf*）.

[③] Lawrence G. Potter (eds.): *The Persian Gulf in History*, Palgrave Macmillan US, 2009, p.91（后文简称 *The Persian Gulf in History*）.

[④] Idrisi: *Géographie D'Edrisi (Nuzhat_al_muštāq fī 'khatirāq al-'āfāq)*, Paris 1840, pp.423–424.

烈动荡、战乱频繁的时期,给商业贸易带来了巨大损失。此时波斯湾先后受到塞尔柱王朝、花剌子模王朝、法尔斯阿塔三方角争夺,当地霍尔木兹藩王游走于大国强权之间。沙哈布丁·马哈穆德的去世,旧霍尔木兹国结束。鲁昆丁·马赫穆德·卡哈勒提(Rukn al-Din Mahmud Qalhati)①开启了新霍尔木兹国的时代(1249—1286)。②他在位时期就是大蒙古国和伊利汗国中期,表面上新霍尔木兹国是次一级的藩属,实际是独立的。

马哈茂德去世后,其子努斯拉特(Sayf al-Dīn Nusrat)即位,但被其兄弟马苏德(Masʿūd)所杀。效忠于马哈茂德与努斯拉特父子的巴哈丁·阿亚兹(Bahāʾ al-Dīn Ayāz)时任阿曼卡尔哈特的总督,起兵推翻了马苏德的统治,成为忽里模子的新国王。登基后,阿亚兹常来往于忽里模子和卡尔哈特两城之间;当他不在卡尔哈特时,其王妃比比·玛丽亚姆(Bībī Maryam)负责掌管卡尔哈特。从此,卡尔哈特成为忽里模子的第二首都以及印度洋地区的重要港口。从13世纪到15世纪,马可·波罗、伊本·白图泰与郑和先后到访卡尔哈特。如前文所说,12—13世纪是霍尔木兹地区是不断变化的时期,也是发展的大机遇期。有关内容,我们在后文要继续讨论。

---

① 从此人的姓名后缀来看,应出生于阿曼的卡尔哈特古城(Ancient City of Qalhat),即《岛夷志略》的甘理、《郑和航海图》之加剌哈。卡尔哈特古城于阿曼苏丹国东海岸。11世纪至15世纪,此城发展成为一座主要的阿拉伯港口。它与阿拉伯其他地区、东非、印度、中国、东南亚之间都有文化、商业往来。15世纪,卡尔哈特的港口地位逐渐被马斯喀特取代。15世纪后期,忽里模子和盖勒哈特经历了地震。趁着当地人灾后重建,葡萄牙人于1508年攻占卡尔哈特,将其洗劫一空并烧毁殆尽。至16世纪末,卡尔哈特古城几乎完全成为废墟。如今唯一较完整的建筑是比比·玛丽亚姆陵墓,已成为今天阿曼的旅游胜地。

② *The Persian Gulf in History*, p.92.

## 四　13世纪以后霍尔木兹地区的历史变迁与贸易往来

13世纪以后，这里是伊利汗国名义上的统治地区，实际上被法尔斯阿塔别所控制或者新旧霍尔木兹国控制，从中获取大量税收，有相当一部分贡税纳给了伊利汗国王庭。这里也是商人、使臣、旅行家等造访之地，留下大量的记载。

亚库特提到霍尔木兹城。亚库特说法勒（Fāl）城可以到达霍尔木兹城。通过这里可以到达基什岛。[1]然后通往印度、中国、阿拉伯半岛、非洲等地。[2]

马可·波罗曾两次访问属于伊利汗国的霍尔木兹及其岛，做了详细记述。他从克尔曼经过14天路程，即约490公里，到了霍尔木兹4程远的地方。他说："已而又见一坡，长20哩，道路不靖，盗贼恶人充斥。抵此坡下，又见一平原，甚丽，名曰福鲁模思（Formose）平原。广二日程，内有美丽川流。出产海枣及其他果物不少，并有种种美鸟无数。皆为吾辈国中所未见者。"[3]今天从克尔曼城到米纳卜城约500公里。由此可见吉罗夫特到法里亚布（Fāryāb）是山间平原，大约长80—100公里，这里还有吉罗夫特河与其他几条河流。最近伊朗德黑兰大学历史学系教授穆罕默德·博格尔·乌苏吉（Muhammad Bāqir Vusūqī），结合文献记述和实际考察，对克尔曼（起儿漫）到霍尔木兹（忽鲁模思）路线，

---

[1] 亚库特，第415页。

[2] Yasuhiro Yokkaichi, *The Maritime and Continental Networks of Kīsh Merchants under Mongol Rule*, Journal of the Economic and Social History of the Orient, 2019, Vol.62, No.2/3, *Mobility Transformations and Cultural Exchange in Mongol Eurasia*, edited by Michal Biran (2019), pp.428–463.

[3] 《马可波罗行纪》，第113页。

尤其对马可·波罗记载的模糊地名进行了分析和考证，因此有了比较清晰的认知。他将留翰巴儿勒（Reobarles）或别翰巴儿勒（Beobarles）堪比为鲁德巴尔（Rudbar），[1]但也有些问题，因鲁德巴尔比较靠南，距离吉罗夫特比较远，有二程之地，差不多与法里亚布平行，是吉罗夫特—鲁德巴尔—法里亚布平原的组成部分，也就是马可·波罗所说的福鲁模思（Formose）平原。

古典地理文献和近代西方游记都记述过这一平原，但没有给出具体的名称，只是笼统说吉罗夫特—鲁德巴尔—法里亚布一线有平原、河流、田地、果园、各种物产等，一如马可·波罗所记载。马可·波罗提到平原距离霍尔木兹（新）旧城还有一段距离。他说：

> 骑行二日，抵于大洋，海边有一城，名曰忽鲁模思（Ormus）。城有港，商人以海舶运载香料、宝石、皮毛、线绸、金锦与夫象牙暨其他货物数种，自印度来此，售于他商，转贩世界各地。此城商业极其繁盛，盖为国之都城。所属城村不少。国王名称鲁墨耽阿合马（Ruomedam Ahomet）。阳光甚烈，天时酷热。城在陆上，外国商人殁于此者，国王尽取其资财。[2]

这里非常清楚记载了经过前文提到的平原骑行2天即约80公里就到达海边的霍尔木兹城，这显然就是旧城，和古典地理文献记载信息基本相吻合。这里商人贩运舶来奇货，多来自印度，商业繁荣，被独立藩国所控制，与汪大渊、其他记述是比较吻合的。足见

---

① ［伊朗］穆罕默德·博格尔·乌苏吉：《马可·波罗足迹考：从伊朗起儿漫到忽鲁模思的往返路线》，《新丝路学刊》2019年第1期。

② 《马可波罗行纪》，第113—115页。

这里的繁华和东西贸易中的优越地位。[①]

他还详细记述当地的物产、饮食、造船、保健等，并说：

> 此地用香料酿海枣酒，甚佳。初饮此酒者，必暴泄，然再饮之，则颇有益，使人体胖。其地之人惟于有病时食肉与面包。无病食之则致疾。其习食之物，乃为海枣、咸鱼、枸橼、玉葱。其人欲保健康，所以用玉葱代肉。其船舶极劣，常见沉没，盖国无铁钉，用线缝系船舶所致。取"印度胡桃"（椰子）树皮捣之成线，如同马鬃，即以此线缝船，海水浸之不烂。然不能御风暴。船上有一桅、一帆、一舵、无甲板。装货时，则以皮革覆之，复以贩售印度之马置于革上。既无铁作钉，乃以木钉钉其船。用上述之线缝系船板，所以乘此船者危险堪虞，沉没之数甚多。盖在此印度海中，有时风暴极大也。……船虽不坚，然有时不致破损者，盖有鱼油涂之。

马可·波罗尤其造船记述甚详细，尤其这里造船不是用钉子，使用棕榈树纤维制造绳子来捆绑制作船只，还用对船只涂油的办法作为防护措施，相对粗糙。因此很容易出事故。船只有单桅、单帆、单舵、无甲板，但行驶时使用兽皮覆盖在船上，如同甲板。这些船只虽然不够牢靠，但千百年来，往返于中国、印度、非洲与波斯湾，在海上贸易往来中占有十分重要的地位。马可·波罗之前的胡斯罗在行纪中也提到了波斯湾有种船叫做布斯（Busi）船，船上乘坐了很多人，并祈祷道："布斯啊，愿主带给平安！"[②]

---

① Peter Nolan, *The Silk Road by Land and Sea, Horizons: Journal of International Relations and Sustainable Development*, No.4, Special Double Issue: A tale of Two Planets (Sumer 2015), pp.142–153.

② Naser-e Khosraw: *Book of Travels*, trans by Thackston, Albany, N.Y. 1986, p.96.

马可·波罗还对这里人的肤色、宗教信仰、气候、人文景观等做了记述:"其人色黑,崇拜摩诃末。其地天时酷热,居民不居城中,而居城外园林。园林之间,水泉不少。虽然如是,若无下述之法,仍不能抵御此热。夏季数有热风,自沙漠来至平原。其热度之大,不知助御者遭之必死。所以居民一觉热风之至,即入水中,仅露其首,俟风过再出。""除海枣延存至5月外,别无青色植物,盖因热大,植物俱干也。"他对这里气候记述十分准确,波斯湾尤其霍尔木兹地区炎热,5月后只有椰枣树会生存,其他植物都会枯死。这一方面是因干旱少雨,另一方面是因靠近沙漠戈壁所致。加之,同时处在热带地区,炎热气候必然,但这里的人在热浪涌来时用土办法来避暑,就是把自己泡在水中以避热风。

他还说这里种植冬小麦和其他作物,"每年11月播种小麦、大麦及其他诸麦,次年3月收获"。他对霍尔木兹地区种植冬小麦的记述十分准确。实际上绝大多数的冬小麦都是在9、10、11月播种,这主要取决于当地气候,越是寒冷的地方播种越会提前;收割也是如此。若气候热,收割就早,相反就晚,最晚到8月底,如扎格罗斯山脉高寒地区。

马可·波罗记载了当地居民的葬俗,具体见后文讨论。他也记述了从霍尔木兹到克尔曼、印度、锡斯坦等地道路。其称:"兹置此地不言,至关于印度者,后再述之。今往北行,从别一道复至起儿漫城,盖赴别地者,不能不经过起儿漫也。君等应知忽鲁模思国王鲁墨耽阿合马是起儿漫国王之藩臣。从忽鲁模思还起儿漫之途中,路见天然浴泉不少。地为平原,城市甚众,果实亦多,其价甚贱。面包甚苦,非习食者不能食,缘其水甚苦也。上述之浴泉可治癣疥及其他数种疾病。"

这些记述和其他文献参证,就可以了解霍尔木兹地区的道路网络。

马可·波罗还说：大不里士城"位置适宜，印度、报达、毛夕
里、格儿墨昔儿（Guermessir）及其他不少地方之商货辐辏于此"。
该行纪注释称："波斯湾东北沿岸之地，包括忽鲁模思（Ormuz）及
其他沿岸诸港。"①格儿墨昔儿（Guermessir）是波斯语，含义为"热
带地区"，特指波斯湾沿岸气候炎热地区，也包括霍尔木兹地区。
由此说霍尔木兹岛是巨大的贸易网络体系的重要一环，从这里经
海路结合陆路就可以到大不里士或元朝大都。

马可·波罗到霍尔木兹海峡地区之时，"忽鲁模思国王鲁墨耽
阿合马是起儿漫国王之藩臣"。尽管这里是独立的，但是属于起儿
漫（克尔曼）国王的藩属，而克尔曼又是伊利汗国的藩属，双重藩
属，自然与伊利汗国关系也很密切。

马可·波罗之后几年，霍尔木兹形势发生了变化，那古苔儿和
哈剌兀纳蒙古部落不断袭击克尔曼到霍尔木兹地区的路程。14世
纪初一位不知名作者所著《帝王史（Tārīkh-i-Shāhī）》的"一万军
队从那古苔儿到达法尔斯（Fārs）和起儿漫时，沿途摧毁各省，掠夺
和杀害人民的故事"一章中记述：

> 一千多名士兵从迪克巴克里（Dik-i-Bakrī）向只鲁夫惕
> （吉鲁夫特）行进的过程中，毁坏该地区，杀害人民，浪费粮食，
> 转移了牲畜，然后他们继续通过朝着忽鲁模思前行，通过萨苏
> 朗（Sarsurān）到达卡凡（Khāvan），并摧毁了该地区。他们继
> 续抢劫商人，杀害百姓，抢夺穆斯林的妻儿。然后，他们又去
> 向塔兹亚（Tāziyā）城堡，到达了曲列斯单（Kowristān），这是

---

① 《马可波罗行纪》，第90、91页。

伊拉昔思丹（Irāhistān）靠近法尔斯海的边界，而法尔斯海则可以通往伊鲁（ĪLū）和帕图（Patū）以及附近的热带地区，直至阿拉伯人民放牧的地方——法鲁（Fāl）<sup>①</sup>和曲兰（Kurān）。这个富庶地区幅员辽阔、家畜成群，如同起儿漫和忽鲁模思一般，而侵略者们掠夺了大量的钱财、家畜、货物和设备，难以计数。彼时法尔斯地区的统治者蔑利克·赡思丁·塔兹库（Malik Shams Al-ddīn Tāzīkū），就拥有该省的十二万头骆驼。可以想象被掠夺并转移的牲畜的数量多么可观。当时，在也里（Hirāt）聚集了两三千名精神亢奋的士兵……历史上从未出现过如此吸引人的场景。<sup>②</sup>

1300年至1302年间，伊利汗国历史学家沙拉夫·阿尔丁·阿卜杜拉·设拉子（Sharaf al-Dīn 'Abdullāh Shīrāzī）在他的《蒙古史》"那古苍儿袭击法尔斯"一章中记述："在回历677年（公元1278），起儿漫派遣一位特使前往泄剌失（Shīrāz），告知昔思丹（Sistān）将入侵那古苍儿、起儿漫，然后达到泄剌失。人们听闻此讯，大为恐慌，随即开始准备自卫，并加固城墙、挖掘水沟。"这造成了很大的破坏，造成了吉鲁夫特到克尔曼的道路不宁，霍尔木兹（Bandar-i-Hurmuz）城人纷纷逃往霍尔木兹海岛上。马可·波罗之后50年，霍尔木兹的一位统治者图兰沙阿（Turānshāh，1346—1377）写了本《图兰沙希王书》（*Shāhnāmeh Turānshāhi*），书中也记载了蒙古部落袭击克尔曼与法尔斯地区状况，其称：

> 在回历700年（也就是公元1302年），突厥军队横空出

---

① 即法勒。
② 此处内容根据《马可·波罗足迹考：从伊朗起儿漫到忽鲁模思的往返路线》一文改变而成，特别说明。

世，他们征服了波斯的大片土地。他们先攻打了起儿漫（克尔曼）王国，紧接着攻打了忽鲁模思，随后弃之如敝屣；要是他们能就此收手便好。然而，由于在被征服的土地上发现了大量的财富，他们频繁地回到这些地方来进行掠夺。忽鲁模思人无法抵抗突厥的侵略，最终决定放弃这片土地。奎克索姆岛（The Isle of Queixome），亦称为布罗特岛（Broct），位于波斯海岸，与波斯仅相隔一条狭窄的海湾，长25里格，宽为2—3里格。[①]忽鲁模思人自愿听从阿亚兹（Ayāz）的指令，随身携带他们在原先土地上剩余的东西，逃离了突厥人的暴力行径。

从文献记载看，从13世纪下半叶到14世纪上半叶的相当长的一段时间内，那古苍儿部落在南部和法尔斯大片区域进行了洗劫，造成了巨大的损失和破坏。[②]因此，霍尔木兹大陆地区由于不断受到各种势力的袭扰，1296年，巴哈丁·阿亚兹将都城从旧霍尔木兹城先迁往基什（记施）岛，后迁到加仑（Jarun）岛，同一年登基。这里兴建了城市，此岛也就被称为霍尔木兹岛。这里成为波斯湾14—16世纪的主角。

文献记述从沿波斯湾的旧城开始陆续搬迁到霍尔木兹岛，此后逐渐发展起来，到1315年建成了新霍尔木兹城，距离岸边有1里格即法尔萨赫。[③]也有说是1330年已经建好了新城。[④]岛主就是素丹古图本丁·台曼赫坦·伊本·图詹尼·沙（Qutb al-Dīn

---

① 即league，等同于波斯里程单位法尔萨赫。

② 此处内容根据《马可·波罗足迹考：从伊朗起儿漫到忽鲁模思的往返路线》一文改编而成，特别说明。

③《大食东部历史地理研究》，第457页。

④ 伊本·白图泰著，李光斌译：《异境奇观——伊本·白图泰游记》注释8，海洋出版社，2008年，第260页。

Tamahtan [Tahamtan] b. Tūrān-Shāh, 即图兰沙), 经过十几年发展, 成为一座繁华的港口城市。

和伊本·白图泰差不多同时代的阿卜勒菲达(Abul Fida)说: "我们这个时代任何人一个去过(旧)霍尔木兹城都称:'霍尔木兹旧城被入侵的鞑靼人毁掉了。(多数)居民已经迁移到扎伦(Zarun, 即加仑)岛上, 为霍尔木兹旧城的西边海岛。只有一小部分的穷苦人还留在霍尔木兹旧城。'但历史文献告诉我们, 蒙古人几乎没有触碰到克尔曼海岸(波斯湾)。"[1]

中国文献最早出现霍尔木兹之名应是《诸蕃志》, 记作"甘眉", 属于大食属国。[2]到了元代, 与伊利汗国的交往频繁起来, 文献记载也逐渐清晰准确。诸如元世祖忽必烈时期和伊利汗国有联系, 他们交往的路线通过海上到霍尔木兹道, 然后就到汗国的都城。诸如孛罗在元至元二十年(1283), 受命出使伊利汗国, 其副手为元朝任职的叙利亚人聂思脱里教徒爱薛。他们取道海路于次年在霍尔木兹(忽鲁谟子)登陆, 而后沿波斯法尔斯北上, 于1284年10月到达阿兰(阿塞拜疆境内), 朝见了伊利汗阿鲁浑汗。[3]

又如1953年在我国泉州发现的一方墓碑, 其刻有汉字云: "大元进贡宝货, 蒙圣恩赐赉。至于大德三年(1299)内, 悬带金字海青牌面, 奉使火鲁没思(即忽鲁模思, 今作霍尔木兹——引者)田地勾当。蒙哈赞大王(即合赞汗——引者)特赐七宝货物, 呈献朝廷, 再蒙旌赏。自后回归本家。"[4]从碑文可知, 当时元朝与伊利汗国之间关系紧密, 并且通过海上丝路, 而霍尔木兹港发挥了重要作用。又

---

[1] 阿布菲达, 第2卷, 第96页。

[2]《诸蕃志》卷上, 第90页。

[3] 刘迎胜:《丝绸之路》, 江苏人民出版社, 2014年, 第463—464页。

[4] 吴文良、吴幼雄:《泉州宗教石刻》, 科技出版社, 1984年, 第643—644页。

如杨枢在1301年和1307年（大德五年和十一年）两次到波斯。[①]当时杨枢在大德五年（1301）率领"官木船"到了马八儿，在那里遇见伊利汗国合赞汗的使臣那怀，于是他们一同启程航向元朝。杨枢与那怀在马八儿和前往中国的航程中结下了友谊。那怀入元完成使命后，准备回波斯复命。返航前，他向元成宗提出仍派杨枢护送他回国，得到元政府批准，且加封杨枢为"忠显校尉海运副千户"。大德八年（1304）冬，杨枢再次举帆，与那怀一起远航伊利汗国之境。此行历时三年，于大德十一年（1307）方抵霍尔木兹（忽鲁谟斯）。杨枢在伊利汗国购置了当地良种白马、黑犬、琥珀、葡萄酒等，满载而归，往返共历时五年。杨枢到的应该是霍尔木兹旧城，而不是新城。[②]《元史》载：大德八年（1304）秋七月癸亥，"诸王合赞自西域遣使来贡珍物"。又说：元仁宗延祐六年（1319）夏四月"丙辰，诸王合赞薨"。[③]最后一条有些奇怪，实际上此时合赞汗已经去世15年了（大德八年）。

和上文大德年间与元朝往来的中文文献的记载的同时，在波斯文献《瓦萨夫史》中也有长篇记述伊利汗国尤其与霍尔木兹交往内容，并提到了奉伊利汗国合赞汗之命法赫尔丁·阿合马（Fakhruddin Ahmad）带各种宝物珍品于1297年（回历697年）到元成宗（Timūr Qān）宫廷，元朝境内受到一路欢迎，并护送到大都附近的上都，他们在元朝腹里住了四年（1301），带着元成宗（铁穆

---

① 据《松江嘉定等处海运千户杨君墓志铭》言，杨枢"于大德八年（1304）发京师，十一年（1307）抵忽鲁模思（Hormuz）"，见（元）黄溍：《金华黄先生文集》卷三五，四部丛刊本。

② 《岛夷志略》，第366页。

③ （明）宋濂：《元史·元成宗本纪》卷二一，中华书局，1976年，第460页；《元史·元仁宗本纪》卷二六，第589页。

耳合罕）给合赞汗的回礼返回，经过三年（公元1304年/回历704年）到了波斯湾，距离基什岛不远发生了海难，法赫尔丁·阿合马去世。合赞汗则派使臣到元朝。①这些内容和杨枢使伊利汗国、合赞汗"遣使来贡珍物"可以印证的，但是否是同一件事还有待于考察。

但《完者都史》提供了元朝与伊利汗国交往的更多细节，其记述回历704年2月17日（1304年9月）铁穆耳合罕的使臣到了，是出自逊都思部的探马赤（Tamāchī）、②札剌亦儿部的脱而赤颜（Tūrchiyān）、札八儿火者（Ja'far Khwājah）之后穆思塔法火者（Mustafā Khwājah）。③这里记载了十分明确的时间和人物的名称，应该来说是伊利汗国与元朝两国间的使臣往来频繁，但他们走的不是水路，也就是没有经过霍尔木兹，而应该走的是陆路，因同时提到海都之子察八儿、都哇的使臣。④

这些信息也反映在1304年的《大德南海志》作阔里株（抹）思，⑤是Hurmuz的音译。《元史·地理志·西北地附录》作忽里模子。这些文献中只是提到了霍尔木兹，没有做任何描述，但从靠近的城市或地望来看就是霍尔木兹地区，具体新城还是旧城没有提供更多细节。

---

① Wasaf, *Tarikh-i Wasaf*, Danisgah-iTehran（德黑兰大学）, 2022, pp.506–508.

② 合丹出使到伊利汗国，他是八鲁剌思部人，其妹是阿里不哥的姜。阿里不哥还有一个姜，生有探马赤的儿子，即阿里不哥第四子，是否和《完者都史》有联系，值得探究。见《史集》，第2卷，商务印书馆，1985年，第377—379页。

③ 此为邱轶皓译文调整而成，鸣谢。也见波斯文本《完者都史（*Tarikh-i Uljaytu*）》，第31—32页。

④ 刘迎胜：《察合台汗国史研究》，上海古籍出版社，2006年，第329—340页。

⑤ （元）陈大震：《大德南海志》第7卷，第20页，《宋元方志丛刊》本。又见《元大德南海志残本（附辑佚）》，中华书局，1990年，第8432页。

霍尔木兹岛君主和周边附近地区保持着往来，尤其和也门关系密切，1317—1318年（回历717年），霍尔木兹主派使臣带着礼品和奇货到也门君主处，也门君主也将地位相称的各色礼品回礼。[①]

鄂多立克[②]大致在1322年之前就登陆霍尔木兹岛，并记述称：新霍尔木兹城对岸，盛产椰枣，价格实惠。此城"我抵达海岸上的第一座城市是忽里模子（ormes），这是个壁垒坚固、奢华商品充斥的城市（该城系在距大陆约五英里远的岛上；其上不生长树木，亦无淡水。确实盛产面包、鱼和肉。但它不是个卫生的地方，生命无保障，热得难以置信。男人和女人都很高大）"。[③]

1330年，汪大渊从泉州出发，1334年返回。[④]他到达波斯湾时，霍尔木兹新建不久的时期。他称霍尔木兹岛为甘埋里，并记载称：

> 甘埋里，其迩南冯之地，与佛郎相近，乘风张帆二月可至

---

① A. H. El-Khazrejiyy, *Pearl-Strings, Histotry of the Resūliyy Dynasty*, trans by Sir James W. Redhouse, London 1906, V.1, P.313; V.2, pp.217, 218.

② 鄂多立克（Friar Odoric, 1265—1331）是罗马天主教圣方济各会修士，他是继马可·波罗之后，来到中国的著名旅行者。大概在1321年他从君士坦丁堡前往濒临黑海的特拉比松，然后到埃尔兹伦、大不里士，及孙丹尼牙。之后，经由设拉子，到了巴格达。在离开巴格达后，他去往波斯湾，在奥尔木克登船，驶往沙尔塞特岛。几年前，有几位教友在这里遇难，鄂多立克收集起遗骨并装入行李，继续东行之旅。他驶向马拉巴，抵达旁赴拉尼、葛兰等地；又去锡兰，以及马拉普，那里有教友圣托玛斯的祭坛。他的下一个目的地是苏门答腊，足迹所至有爪哇，或许还有婆罗洲、占城。大约1322年，鄂多立克在广州登岸。1328年，鄂多立克离开大都，启程回国。经天德（今河套）、陕西、甘肃而至西藏，然后经中亚、波斯、阿拉伯等地，于1330年回到意大利帕多瓦。他口述了旅行的所见所闻及传教经历，由他人记录著成《鄂多立克东游录》。次年，这位旅行者在乌迪内修道院去世。

③［意］鄂多立克：《鄂多立克东游录》（合刊本），何高济译，中华书局，1981年，第38页。又见 Yule: *Cathay and the way Thither*, London, 1913, V.2.

④《岛夷志略》，第10页。

小咀喃。……所有木香、琥珀之类,均产自佛郎国①,商贩于西洋互易。去货丁香、豆蔻、青缎、麝香、红色烧珠、苏杭色缎、苏木、青白花器、瓷瓶、铁条,以胡椒载而返。椒之所以贵者,皆因此船运去尤多,较商舶之取,十不及其一焉。②

汪大渊对制作船办法以及质量不够优良的记述和马可·波罗记载完全一致的,说明此时的造船术沿用了古代的技法,尤其没有甲板,而用乳香作为压舱物,上面运送马匹,以及其他货物。此地贸易十分繁盛,逐渐代替了撒那威港。当地文献对霍尔木兹也有大量记载,后文提及。

比汪大渊晚2—3年的伊本·白图泰访问霍尔木兹地区,并对新旧霍尔木兹城以及相关的内容做详细记述,而且他比较了解当地文化,也显真实。他记述称:

> 我从阿曼地区去霍尔木兹地区,③霍尔木兹是一沿海城市,对面海里是新霍尔木兹,两者相距为3法尔萨赫。不久,我们到达新霍尔木兹,这是一个岛屿,城名哲牢(Jarawn或Jarun,即加仑岛,括号内的均为引者注)。是一座美丽城市,有热闹的市场,是印度信德的船只停泊口,从此将印度的货物运往两伊拉克(吉巴尔)、波斯(法尔斯)和霍腊散(呼罗珊)。素丹(苏丹)驻跸于此。城所在的岛,为一日行程,多是沼泽地。

① Franki的音译,本义指法国或法国人。引申指西方或西洋或巴勒斯坦地区十字军建立王国。

②《岛夷志略》,第364页。

③ *The Travels of Ibn Battuta A.D. 1325-1354*(伊本·白图泰游记), edited by H.A.R. Gibb, V.1, Hakluyt Society 1959, p.400.此地又叫Mūghistān和《异境奇观——伊本·白图泰游记》作穆厄伊斯坦(第260页)。

山是食盐岩山，称作达拉尼（Dārābī）盐，岩盐可雕制装饰、器皿和灯台。当地的食物是鱼和从巴士拉、阿曼运来的椰枣（缺Khurmā wa māhī lūtī pādishāhnī一句，意思是椰枣和鱼便是皇家御膳）。水在岛上较为稀贵，岛上虽有泉水和积存雨水的水池，但离城较远，人们带来水袋装满后，背到船上运往城内。我在清真大寺门与市场之间曾看到了一座奇怪的建筑，那是一个像小山岗一样大的鱼头，两眼像座大门，人们可以从一眼进去另一眼出来。在这里我会见了游方清廉（Sūfī）<sup>①</sup>谢赫阿布·哈桑·吴格绥拉尼（Abu'l-Hasan al-Aqsarānī），<sup>②</sup>他原是罗姆（鲁姆，小亚细亚）人，承他款待和拜访我，并赠我衣服。离城六米里（哩）有一祠堂，据说是为先知海堆尔（al-Khidr）和先知伊德勒斯（伊德里斯，Idrisī或Ilyas）修建的，并说他们曾在此作过礼拜，而且显现灵迹。当地有一道堂，由一谢赫居住，供应过往行人，我在那里住了一日。我从此去拜访一位远在岛之尽端的清廉人士，他自己开凿了一个山洞居住，洞内有一道堂，一间小屋，屋内有一婢女。洞外有他的一批奴隶为他牧放牛羊。该人原系巨商，朝圣后断绝一切关系，在此静修，而将其钱财交其弟兄从事贸易。我在此住了一夜，承他善意款待。<sup>③</sup>

从上述记载可知，伊本·白图泰的记述极为准确而可信。他非常清楚地提到了沿海的旧城和霍尔木兹岛上的新城，两者相距3

---

① 即修道者。

② 此人来自鲁木国的阿克萨赖（Aqsaray），西亚和中亚的习惯就是将自己出生地冠在姓名最后。因此有些中译本说他是拜占庭人显然不准确的。

③《异境奇观——伊本·白图泰游记》，第226页。

法尔萨赫，也就是20公里，和现在卫星地图测量距离很接近，且说该岛周长有一天的路程，也就是30—40公里之间，和现代地图测量的基本一致。只是说这座新城又被称为哲牢城，苏丹驻跸于这座城市，漂亮优美，市场繁华，有印度的商船，还有吉巴尔、法尔斯、呼罗珊、阿曼、伊拉克等地商人。由此而论，泉州发现的墓志中有呼罗珊人，就不奇怪了，他们经过海路到达了泉州。他又提到这里的物产、水源、消费、寺院、名胜、建筑、道堂、陵园、修士等，全景式地记述了霍尔木兹岛及其周边的状况。

伊本·白图泰不仅记录了霍尔木兹岛的基本状况，而且记录了霍尔木兹岛的国王（素丹）的状况。这一资料十分重要而珍贵，原因就是他非常详细地记述了霍尔木兹王国，其控制范围是以霍尔木兹岛为中心控制着波斯湾沿岸的地区。如下的记述：

> 霍尔木兹素丹，他是素丹古图本丁·台曼赫坦·伊本·图詹尼·沙（Qutb al-Dīn Tamahtan [Tahamtan] b. Tūrān-Shāh），[1]他是一位仁义素丹，为人谦恭下士，性格善良，他经常对来访的法学家、清廉人士或圣裔进行回访，以尽东道之谊。我抵该岛时，素丹正准备战争，忙于同他的弟兄尼杂门丁的两个儿子作战，当时全岛物价高涨。素丹的宰相舍木逊丁·穆罕默德·伊本·阿里（Shams al-Din Muhammad b. 'Ali）、法官阿马顿丁·逊喀尔（'Imad al-Din al-Shawankarī）和部分贵人来看我，由于他们忙于战争，对我招待不周表示歉意。

---

[1] 此人在14世纪初开始控制着霍尔木兹岛及其沿岸地区，名义上是克尔曼地方王朝和伊利汗国的属国，14世纪末被帖木儿所败，该王朝一直到穆扎法尔王朝中叶的15世纪初，也就是明永乐时期。郑和舰队访问波斯湾就是应该到这王朝控制地区，但势力已经衰微。

　　我在此岛住了十六天，快要走时，我对一位同伴说：'夜拜见素丹，怎好就走呢？'于是我们去宰相家，他家就在我们寄居的道堂附近。我对宰相说：'我想向国王问安。'宰相说：'奉安拉之名。'便拉着我的手去素丹处，素丹住在海岸。他竟是一位身披既小又脏的大衣、头戴缠头、腰系手帕的老人。宰相向他问安，我也问安。在他身边的只是他的一位侄子，名叫阿里·沙·伊本·哲俩伦丁·肯智（'Ali Shah b. Jalal al-Din al-Kiji），我们都相识，我便同他攀谈了起来，我哪里知道那位老人就是国王啊！经过宰相介绍，我很觉惭愧，不该迎上去同素丹的侄子聊天而置素丹于不顾。我向素丹道了歉。后来素丹起身回家，长官、大臣和官员都跟着。我随宰相进去，只见素丹仍旧穿着那套衣服端坐在宝座上，他手里有一串稀世的珠宝念珠，因为潜取珠宝的场地由他管辖。一位长官坐在他身旁，我挨着那位长官坐下。素丹询问我的情况，从哪里来，会见过哪些君王，我都一一作答，端上饭菜时，大家一齐就餐，但素丹未同他们吃。不久，素丹起立，我便告辞退去。素丹同他的两个侄子战争的原因，素丹有一次从他的新城乘船去旧霍尔木兹的花园庭院，两地相隔3法尔萨赫，前面已经谈过。而素丹的弟兄尼杂门下乘机造反，自封为素丹。岛上的百姓和军队也都拥护他。古图本丁考虑到难以保身，便渡海去上述的凯勒哈特（Qalhāt，阿卡尔哈特，甘理）城，那里原属他管辖。几个月后，他整顿船只回到该岛，当地人随同其弟将他打败，他回到凯勒哈特。如此者多次。看来只可计取了，于是他买通了他弟兄的妻妾之一，将其弟兄毒死，他才重返岛上。其弟兄的两个儿子携带钱财、细软，率领军队逃亡改斯岛，那里原是珠宝的潜场，竟变成了劫路强盗的巢穴，他们洗劫来自印度、信德和沿海一带的人，致使大部地区颓败。

这位国王是前霍尔木兹统治家族的后裔，在1319年同他的弟弟尼扎木丁·凯库巴德（Nizam al-Din Kaiqubād）重新占领了霍尔木兹，在1330年或1331年占领了基什（Qais）岛、巴林、卡提夫（Qatif）港和麻楚勒（Māchūl）港。[①]伊本·白图泰比较详细描述了霍尔木兹国及其国王的状况，尤其他的官僚组织、统治方式、兄弟与侄子间的矛盾、成功夺岛、侄子败北等状况。这些记载是比较详细的。伊本·白图泰在岛上居住了16天后，离开了霍尔木兹岛。他说："后来，我们离开哲牢岛，去混巴里（Khunju Pal）地方会见一清廉人士。渡海后，雇用土耳其（Turkman）人的牲口，他们是当地人，在这里旅行只有找他们作伴，他们既英勇又熟悉路途。这里有四日行程的沙漠，阿拉伯盗贼在此出没蓊径。阳历六、七月间会刮起毒风，遭遇毒风的人必死无疑。据说被这种风毒死的人，别人给他沐浴殓葬时，四肢都会脱落，沙漠里遇难者的荒冢比比皆是。我们夜里行进，日出后便在乳香树丛下停息，晡礼后再出发，直至日出。在此沙漠和其附近，有出名的劫路贼哲马勒·伦克（Jamal al-Luk）。"[②]

混巴里（Khunju Pal）这一地名被亚库特提到，只是写有不同，记作法勒（Fāl），学者专门研究了这一地名。[③]在旧霍尔木兹城不远地方刮毒风，这和马可·波罗的记载很是相近，说明这里气候炎

---

① Mu'in ad-Din Natanzi: *Extaits du Muntakhab at-Tawarikh-i Mu'in*（穆因史选），ed by par J. Aubin Tehran, 1953, pp.103–105（后简称*at-Tawarikh-i Mu'in*）和伊本·白图泰游记英译本卷2，第401页。

②《伊本·白图泰游记》，第219—220页。

③ Jean Aubin: *La Survie de Shīlāu et la Route du Khunj-ō-Fāl, Iran*, 1969, Vol.7 (1969), pp.21–37.

热,昼伏夜行,且盗贼横行。

伊本·白图泰记述之后约20年,卡兹·阿布都·艾再孜·尼米兹(Qazi Abd al-Aziz Nimdihi)详细记述霍尔木兹岛各国的贸易与往来,其记述如下:

> 算端库图布丁(Sultan Qutb al-Din)确保自己国家在陆海上与阿拉伯人和非阿拉伯人对抗中稳定之后,他稳定统治和正义传递到古吉拉特各地的算端、印度国王(muluks)之地、信德、巴士拉、库法、阿曼、克尔曼、设拉子等。他准备了船舶,随时遣往各地。这里通过海路与麦加、吉达、亚丁、索法拉(Sofala)、也门、中国、欧洲、古里佛(Calicut)、孟加拉等海港往来。原来优质的商品,由这里运往各地。(诸如)法尔斯、伊拉克、呼罗珊等所在地区城市名贵商品运输到这里。舶来品,十抽一。从(周围地区)带到呼罗珊的物品,这里也十抽一。直到现在,即本年(回历747年/公元1346年),荣光地在位22年后,归真。①

有关霍尔木兹的记载,除了上文提到的文献外,还有些文献,诸如《巴纳卡特史》中也提到了霍尔木兹。②卡尚尼的《完者都史》中提到了霍尔木兹地区(岛)和霍尔木兹国王。③

这些记述反映了13世纪到14世纪末霍尔木兹的基本情况,因

---

① Nimdihi, *Tabaqat-i Mahmud Shahi*, manuscript. 引自 Mohammad Bagher Vosoughi, *The Kings of Hormuz: From the Beginning until the Arrival of the Portuguese*, ed by Lawrence G. Potter, *The Persian Gulf in History*, pp.89−104, Palgrave Macmillan US 2009(后文简称 *The Persian Gulf in History*)。

② Dāvūd ibn Muḥammad Banākatī, *Tārīkh-i Banākatī: Rawżat Ūlā al-Albāb fī Ma'rifat al-Tavārīkh wa-al-Ansāb*, ed. Ja'far Shi'ār (Tehran, 1348 [1969]), p.320.

③ *Tarikh-i Uljaytu*, p.320.

篇幅关系不展开讨论，未来要作专文讨论。

## 五 15世纪后的霍尔木兹地区

### （一）15世纪后国际形势变化与郑和远航霍尔木兹岛

15世纪初，尽管伊利汗国早已灭亡，但一些被它统治过的藩国或直系分裂为小国诸如札剌亦儿（Jalayirid）王朝以及帖木儿帝国等先后统治了属于伊利汗国旧疆的霍尔木兹地区。霍尔木兹岛周边形势发生了比较大的变化，也促进了霍尔木兹岛较大的发展。一个重要的原因就是帖木儿帝国对外征服活动基本结束，在沙赫鲁统治时期，比较重视东西贸易。此时，白阿儿忻台、陈诚通过陆路访问了撒马尔罕、哈烈等地，而郑和从海路访问波斯湾等地。

此时相关中文记载较多，主要有《明实录》《明史》《瀛涯胜览》《星槎胜览》《西洋番国志》《郑和航海图》等。《明史》摘录旧有史料，偶有补充新材料；《明实录》是当时官方档案，具有极高的权威性，但很多资料源自郑和随员的记录和奏报；后四本书是作者亲身经历的记述，彼此重复率较高，但具有很高的参考价值，尤其对自然物产、人文社会等方面的记录具有一定的客观性和全面性，有助于了解当时的文化社会生活。如下对相关文献记述作简单罗列和辨析。

《明实录》第一次提到郑和是洪武三十五年（1402）十一月癸卯，"遣太监郑和祭乳母冯氏"。[1]此时，朱棣即位不久。而周边的国际形势就是帖木儿东征西讨，奥斯曼帝国正在崛起，欧洲处在黑死病的袭击，金帐汗国正在解体。到了永乐三年（1405），三宝太监郑和第一次受命下西洋，《明实录》六月己卯，"遣中官郑和等，赍

---

① 《明太宗实录》卷一四，台湾"中研院"，1966年，第262页。

敕往谕西洋诸国，并赐诸国王金织文绮、彩绢，各有差"。①到了三佛齐②旧港。永乐五年（1407）九月壬子，"太监郑和使西洋诸国"。郑和船队携诸国使者、押陈祖义等俘虏还朝。③也就是说郑和只到了东南的海岛，是一次成功尝试。

郑和回国后，立即准备第二次远航，这次远航的主要是送外国使节回国，规模较小。郑和船队在永乐五年（1407）奉命出发，访问了占城（今越南中南部）、暹罗（今泰国）、爪哇和苏门答剌北部，目的地是印度洋的柯枝、古里（佛），位于印度的西海岸，连接西亚的贸易港。途中到锡兰时，郑和船队向有关佛寺布施了金、银、丝绢、香油等。《明实录》载：永乐六年九月癸酉，"太监郑和等，赍敕使古里、满剌加、苏门答剌、（阿）阿鲁、加异勒、爪哇、暹罗、占城、柯枝、阿拨把丹、小柯兰、南巫里、甘巴里诸国，赐其王绵绮纱罗"。又永乐七年（1409）二月初一，郑和、王景弘立《布施锡兰山佛寺碑》，此碑现存科伦坡国家博物馆。永乐七年夏，郑和船队还朝。④

这次是远距离航行，已经到了印度西部海岸的古里（佛），这里是贸易中心。《岛夷志略》称：古里佛"当巨海之要冲，去僧加剌密迩，亦西洋诸番马头也"。"畜好马，自西极来，故以舶载至此国，每匹互易，动金钱千百，或至四十千为率，否则番人议其国空乏也"。⑤汪大渊所言不虚。这里就是印度西海岸最为重要的港口，是连接

---

① 《明太宗实录》卷四三，第685页。

② 三佛齐（阿拉伯语 Zabadj，爪哇语 Samboja），曾是大巽他群岛上的一古王国。唐代古籍又称室利佛逝（梵文 Sri Vijaya）、佛逝、旧港，是公元7世纪中叶在苏门答腊岛代替干陀利国的古国。鼎盛时期，其势力范围包括马来半岛和巽他群岛的大部分地区。

③ 《明太宗实录》卷七一，第987页。

④ 《明太宗实录》卷八七，第1755—1756页。

⑤ 《岛夷志略》，第325页。

霍尔木兹岛的首要港口，西亚、中亚等地的马匹就是从霍尔木兹岛港口用专门的"马船"输往古里佛。汪大渊专门对"马船"作了解释，他说："其地船名为马船，大于商舶，不使钉灰，用椰索板成片。每舶二三层，用板横栈，渗漏不胜，梢人日夜轮戽水不使竭。下以乳香压重，上载马数百匹，头小尾轻，鹿身吊肚，四蹄削铁，高七尺许，日夜可行千里。"[①]马船是海船或者深洋船只的一种，域外游记提到了马船（Tava），如后文提及的沙哈鲁使臣、尼基京等人。应该说郑和的庞大舰队中有马船。

永乐七年（1409）九月，郑和第三次下西洋，其率领官兵2万7千余人，驾驶海舶四十八艘，从太仓刘家港启航，先后到达占城、宾童龙、真腊、暹罗、假里马丁、交阑山、爪哇、重迦罗、吉里闷地、古里、满剌加、彭亨、东西竺、龙牙迦邈、淡洋、苏门答腊、花面、龙涎屿、翠兰屿、阿鲁、锡兰、小葛兰、柯枝、榜葛剌、卜剌哇、竹步、木骨都束，苏禄等国。费信、马欢等人会同前往。

永乐十年（1412）十一月丙申，郑和第四次下西洋，郑和奉命统军2万7千余人，驾海舶四十（马欢记为"宝船六十三号"），出使满剌加、爪哇、占城、苏门答腊、阿鲁、柯枝、古里、南渤利、彭亨、急兰丹、加异勒、忽鲁谟斯、比剌、溜山、孙剌诸国，"赍玺书往诸国，赐其王锦绮、彩帛、纱罗，妃及大臣皆有赐。王即遣陪臣已即丁奉金叶表，贡马及方物。十二年至京师"。[②]

学者研究郑和下西洋很少和国际商业网络联系起来，往往就事论事，趋于表面化。实际上，相比早前的航程，郑和不断将自己航行的目的地向西推进，第二次就和国际贸易的港口古里佛连接

---

①《岛夷志略》，第364页。

②（清）张廷玉：《明史》卷三三二《西域传》，中华书局，1974年，第8452页。

起来。虽然文献没有提到这次航行为郑和以后准备到波斯湾航行获得了什么信息，但肯定的是郑和亲眼看到了古里港繁忙，也了解到更远航向的情报。可以说前四次航行主要是在东南亚和南亚沿海航行，为更远的航行准备了充分准备。

## （二）郑和与其他官员多次到达霍尔木兹岛

郑和到达霍尔木兹岛是中国航海史、交通史、贸易史、文化交流史上的一件大事，是郑和下西洋的巅峰之行，同时也是郑和及其随行人员长期尝试和努力的结果。虽然霍尔木兹岛与中国相距遥远，且路途艰难，通过不断积累经验，最终实现大规模船队到达遥远的波斯湾的目标。

宣德六年（1431）春，郑和所立《娄东刘家港天妃宫石刻通番事迹碑》中就提到了七次下西洋的经历，说："自太仓开洋，由占城国、暹罗国、爪哇国、柯枝国、古里国抵于西域忽鲁谟斯等三十余国，涉沧溟十万余里。"在七次下西洋的经过中，他特别提到了三次到达霍尔木兹岛的经历。具体为："永乐十二年（1414）统领舟师往忽噜谟斯等国。""永乐十五年（1417）统领舟师往西域。其忽噜谟斯国进狮子、金钱豹、西马。""永乐十九年（1421）统领舟师遣忽噜谟斯等各国使臣久侍京师者，悉还本国。"[1]

这一碑记通常不被学者关注，实际上其比《明实录》更有价值，原因在于此为郑和亲自立碑，三次到达霍尔木兹岛都是亲身经历。因此，史料价值极高。也反映当时人们对待航海危险的态度，以及祈求神明保佑的愿望，是当时社会史重要侧面。

郑和到达霍尔木兹岛时期，恰逢古特卜丁·费鲁兹·沙阿（Qutb ad-Din Firuzshah）（1400—1417）和赛弗丁·马哈尔（Saif ad-

---

[1] 原碑已佚，此据（明）钱谷：《吴都文粹续集》卷二八《道观》，四库全书珍本初集本。

Din Mahar, 1417—1436）执政时期。这两位执政者对15世纪的忽鲁谟斯产生了深刻影响,这两位的继任者是土兰沙二世（Turanshahī,1436—1470）和萨勒加尔沙（Salghurshah）（1475—1505）。①

　　这里需要补充一点是有些文献称郑和永乐七年到过霍尔木兹。诸如《名山藏》中称:"忽鲁谟斯又曰必鲁毋思,海中国也。永乐七年,遣郑和往其国,酋长感悦来朝。十八年,进麒麟、狮子、天马、文豹、紫象、驼鸡、福鹿、灵羊、长角马哈兽、五色鹦鹉等物。驼鸡昂首高七尺。福鹿似驼而花文,可爱。灵羊尾大者,重三十余斤,雨则以车载其尾。长角马哈兽,角长过身。上喜,命侍臣为赋。其国石城石屋,民富饶,喜作佛事,常歌舞,恶杀。产大马,其酋长练兵畜马。田瘠宜麦,无草木。牛、羊、驼、马,尽食鱼腊。文武、医卜、技艺之人胜他国。国中有大山,四面异色,红如银珠,白如石灰,黄如姜黄。一面产盐,如红矾,凿为盘匜,乘食物不加盐矣。"②

　　尽管《名山藏》所记的内容有些是摘自《瀛涯胜览》《星槎胜览》《西洋番国志》《明实录》等,但也增加一些诸如"永乐七年,遣郑和往其国"等文字如前文郑和所立天妃宫碑记和传统的说法,永乐七年（1409）九月是他第三次下西洋,于从太仓刘家港启航,最远到印度西海岸,诸如柯枝③或古里。④则到永乐九年（1411）六月,郑和还朝,并没有到霍尔木兹岛。《星槎胜览》也称:"于永乐七年,随正使太监郑和等往占城、爪哇、满剌加、苏门答腊、锡兰山、小唄

---

① ［德］葡萄鬼,廉亚明:《元明文献中的忽鲁谟斯》,姚继德译,宁夏人民出版社,2007年,第24页。

② （明）何乔远:《名山藏》（下）,张德信、商传、王熹点校,福建人民出版社,2010年,第3020页。

③ 今印度西南部喀拉拉邦的柯钦（Cochin）,至今是印度海岸的重要港口。

④ 古里古里国,又作"古里佛",位于南亚次大陆西南部的一古代王国,是古代印度洋海上的交通要塞,在今印度西南部喀拉拉邦的科泽科德（Kozhikode）一带。

喃、柯枝、古里等国，开读赏赐，至永乐九年回京。"[1]没有提到到达霍尔木兹岛的记述，费信也没有提到永乐七年郑和到过霍尔木兹岛。巩珍说只是到了锡兰山国。[2]由此有人怀疑天妃宫碑记的真实性。若何乔远摘录了现行文献遗文，也是可能的。何乔远对进贡物品记述甚详，另如民居、特产、异兽、气候等情形亦详，是当时旅行记如《瀛涯胜览》《星槎胜览》等所无。

《明实录》载永乐十年十一月丙申，"遣太监郑和等，赍敕往赐满剌加、爪哇、占城、苏门答腊、阿鲁、柯枝、古里、南渤利、彭亨、急兰丹、加异勒、忽鲁谟斯、比剌、溜山、孙剌诸国王，锦绮、纱罗、彩绢等物有差"。[3]这是《明实录》里第一次出现了忽鲁谟斯，并与郑和之间建立了联系，也就是说郑和第四次下西洋时，就到了霍尔木兹岛，即永乐十年十一月，而非他自己所说永乐十二年。在当时靠季风航海的时代，以海路同一年去霍尔木兹岛，又离开霍尔木兹岛，几乎是不可能的。

于是，这里就出现了很有意思的现象：明代最权威官方史料《明实录》与郑和自己亲历并亲自所立的碑记之间发生了矛盾。就我个人的情感倾向来说郑和的记述亲历要真实，但个人记忆往往会出现遗忘现象。因此说《明实录》更具有权威性。这可以从《明史》得到一点佐证。

《明史·西域传》忽鲁谟斯条说："永乐十年，天子以西洋近国已航海贡琛，稽颡阙下，而远者犹未宾服，乃命郑和赍玺书往诸国，赐其王锦绮、彩帛、纱罗，妃及大臣皆有赐。王即遣陪臣已即丁奉

---

① （明）费信：《星槎胜览校注》，冯承钧校注，中华书局，1954年，第1页。
② （明）巩珍：《西域番国志》，向达校注，中华书局，1961年，第55页。
③ 《明太宗实录》卷一三四，第1639页。

金叶表，贡马及方物。十二年至京师。命礼官宴赐，酬以马直。比还，赐王及妃以下有差。自是凡四贡。和亦再使。后朝使不往，其使亦不来。"[1]

一般编史传统，正史的材料多半取自实录，《明史》也是如此。但和《明实录》有出入，《明史》说：当地王即遣陪臣己即丁在永乐"十二年至京师"，应该指随同郑和舰队回国。《明实录》载：永乐十三年秋七月癸卯，"太监郑和等奉使西洋诸番国还"。[2]我以为《明实录》的记述更为可靠，因郑和自己立的碑文中说永乐十二年往霍尔木兹岛，返回是等到来年，也就是永乐十三年。

不管怎么说，郑和在永乐十年就到过霍尔木兹岛，与霍尔木兹岛建立了联系，其意义重大。此后，往来不绝，直到霍尔木兹国绝贡。"宣德五年复遣和宣诏其国。其王赛弗丁乃遣使来贡。八年至京师，宴赐有加。正统元年附爪哇舟还国。嗣后遂绝。"[3]

郑和在所立碑记中说永乐十九年去过霍尔木兹岛，《明实录》记录很详细，也说明了派郑和到霍尔木兹岛的因由，称：永乐十九年春正月癸巳，"忽鲁谟斯等十六国使臣还国，赐钞币、表里。复遣太监郑和等，赍敕及锦绮、纱罗、绫绢等物，赐诸国就与使臣偕行"。[4]也就是将朝贡的使臣送回霍尔木兹等国，展示明朝的大国气度。

需要说明的是记述郑和下西洋及其到霍尔木兹岛的最早记录应该是《瀛涯胜览》，此书成于永乐十四年（1416），也就是说郑和第四次下西洋返回不到1年半，作者马欢作为通事（翻译），有学者

---

①《明史》卷三三二《西域传》，第8452页。
②《明太宗实录》卷一六六，第1589页。
③《明史》卷三三二《西域传》，第8452页。
④《明太宗实录》卷二三三，第2255页。

推测他曾参加了郑和的第四、六、七共三次下西洋活动，前两次到过霍尔木兹岛。[①]

《瀛涯胜览》可看作第一手文献，其他同时代或稍后的记述郑和下西洋的文献与马欢的记述多有雷同之处，不明就里的文献中甚至出现了两个霍尔木兹。关于这些文献对霍尔木兹岛的记述，后文专门讨论。

除了郑和到过霍尔木兹岛外，明政府还派其他官员到霍尔木兹岛，并予奖励。《明实录》记述：永乐十八年五月辛未，"命行在兵部，凡使西洋忽鲁谟斯等国回还官旗二次至四次者，俱升一级。于是，升龙江左卫指挥朱真为大宁都指挥佥事，掌龙江左卫事水军"。[②]《明实录》又载：宣德元年春正月癸卯，"骁骑右卫指挥佥事刘兴等二百二十人，奉使忽鲁谟斯等国，还进方物，命行在礼部，计直赐钞"。[③]

与霍尔木兹岛频繁交往说明了明朝自身的强大和外交远见。

## （三）霍尔木兹岛多次来访明朝

注意观察就会发现明朝船队去往霍尔木兹岛，当地人也会回访或者以朝贡的形式与明朝贸易往来。这在文献中有较多的记述。诸如《明实录》载：永乐十二年秋七月甲寅，"忽鲁谟斯国人己即丁等贡马及方物，并赐文绮、袭衣"，"而酬己即丁等马值"。[④]永乐十三年冬十月癸未，"古里、柯枝、喃渤利、甘巴里、满剌加、麻林、忽鲁谟斯、苏门答腊诸番国使臣辞归，悉赐钞币及永乐通宝钱有

---

①《元明文献中的忽鲁谟斯》，第70页。
②《明太宗实录》卷二二五，第2211页。
③《明宣宗实录》卷一三，第347页。
④《明太宗实录》卷一五四，第1776页。

差"。[①]这些访问来的使臣或者回程的使臣按照明朝礼仪制度,都有相应的安排和回礼。

永乐十四年十一月戊子,忽鲁谟斯诸国,"各遣使贡马及犀象方物"。[②]永乐十四年十一月丙申,宴请忽鲁谟斯等国使臣。[③]

永乐十四年十二月丁卯,忽鲁谟斯辞还,"悉赐文绮、袭衣,遣中官郑和等赍敕及锦绮、纱罗、彩绢等物偕往赐各国王"。[④]

永乐十九年春正月戊子,忽鲁谟斯等十六国,"遣使贡名马方物命礼部宴劳之"。[⑤]

永乐二十一年九月戊戌,西洋忽鲁谟斯等十六国,"遣使千二百人贡方物至京","礼部于会同馆宴劳之如例,赐赉遣还其以土物来市者,官给钞酬其直"。[⑥]

宣德八年闰八月辛亥,"忽鲁谟斯国王赛弗丁遣番人马剌足等"。宣德八年闰八月庚午,赐忽鲁谟斯等国番人马剌足"等六十六人,白金、彩币、绢布及金织、袭衣、纱罗、绢衣,有差"。[⑦]

正统元年闰六月癸已,遣忽鲁谟斯等十一国使臣等回国,给予赏赐。[⑧]

正统六年(1441)十二月辛酉,忽鲁谟斯国王派使臣要求恢复通商关系。[⑨]《明史》中记述与忽鲁谟斯较为简略,只有五次,即永

---

①《明太宗实录》卷一六九,第1882页。
②《明太宗实录》卷一八二,第1963页。
③《明太宗实录》卷一八二,第1963—1964页。
④《明太宗实录》卷一八三,第1969—1970页。
⑤《明太宗实录》卷二三三,第2255页。
⑥《明太宗实录》卷二六三,第2403页。
⑦《明宣宗实录》卷一百五,第2341页。
⑧《明英宗实录》卷一九,第1755页。
⑨《明英宗实录》卷八七,第1755—1756页。

乐十三年、十四年、十九年、二十一年和宣德八年。

上述从实录和正史的角度进行了罗列，说明当时的明政府十分重视与霍尔木兹岛的交往。这里需要说明有三点：一是这些官方文献的记载多半来自郑和下西洋随员的记述，因此这些记述十分准确，应该说官方文献大量采用田野材料。二是正统六年以后，明朝与霍尔木兹岛往来减少，尤其正统十四年（1449）土木堡之变后，与霍尔木兹岛的往来减少。三是霍尔木兹岛政治形势也在发生变化，内部冲突不断，尤其争位之战频繁。

## （四）《三宝太监西洋记》反映的霍尔木兹岛

明朝与忽鲁谟斯国往来的信息在文学作品中也有反映，诸如《三宝太监西洋记》说："这个国叫做忽鲁谟斯国。王明站起来，一手隐身草，穿街抹巷，走一走儿。只见国王叠石为宫，殿高有六七层；平民叠石为屋，高可三五层。厨厕卧室待宾之所，俱在上面，无贵无贱是一样。再走一会，只见撞遇着几个番子。这番子比别的不同，人物修长丰伟，面貌白净，衣冠济楚，颇有些我们中国的气象。再走一会，又看见几个女人。女人却编发四垂，黄漆其顶，两耳挂络索金钱数枚，项下挂宝石、珍珠、珊瑚、细缨络，臂腕脚腿都是金银镯头，两眼两唇，把青石磨水妆点花纹以为美饰，尽好齐整。""第三十六国忽鲁谟斯国。元帅①奉上表章，黄门官受表，元帅奉上进贡礼单，黄门官宣读忽鲁谟斯国进贡：狮子一对，麒麟一对，草上飞一对，福禄一对，马哈兽一对，名马十匹，斗羊十只，驼鸡十只，碧玉枕一对，碧玉盘一对，玉壶一对，玉盘盏十副，玉插瓶十副，玉八仙一对，玉美人一百，玉狮子一对，玉麒麟一对，玉蟊虎十对，红鸦呼三双，青鸦呼三双，黄鸦呼三双，忽剌石十对，担把碧二十

---

① 指郑和。

对,祖母剌二对,猫睛二对,大颗珍珠五十枚,珊瑚树十枝,金箔、珠箔、神箔、蜡箔、水晶器皿、花毯、番丝手巾、十样锦、毵罗、毵纱撒哈剌。献上龙眼观看,万岁爷道:'这一国何进贡之多?'元帅奏道:'这国国富民稠,通商贸易,故此进贡礼物颇多。'万岁爷道:'怎麒麟都有?'元帅奏道:'也是土产。'奉圣旨:'各归所司职掌。'"[①]

《三宝太监西洋记》基本取材于《瀛涯胜览》《西洋番国志》《星槎胜览》等旅行记,而物件数量、情景是作者虚构而来的,但也是了解当时霍尔木兹岛基本状况、双方交往的一种方式。

## (五) 往返霍尔木兹的航海日志问题

尽管《郑和航海图》[②]《瀛涯胜览》《西洋番国志》《星槎胜览》《明实录》《明史》等文献录有往来霍尔木兹岛的大量记录,但是比较分散,不系统,对于了解航程不够全面。在《前闻记》[③]《西洋番国志》均记录了明宣德五年到霍尔木兹岛的航海日志录,笔者采用前一文献,其称:"永乐中遣官军下西洋者屡矣,当时使人有著《瀛涯一(胜)览》《星槎胜览》二书以记异闻矣。"

> 人数　官校、旗军、火长、舵工、班碗手、通事、办事、书算手、医士、铁锚、木艌、搭材等匠、水手、民梢人等,共二万七千五百五十员名。

> 里程　宣德五年(1430)闰十二月六日龙湾开船,十日到徐山打围。二十日出附子门,二十一日到刘家港。六年二月十六日到长乐港。十一月十二日到福斗山。十二月九日出

---

① (明)罗懋登:《三宝太监西洋记通俗演义》第七十九回、第九十九回,上海古籍出版社,1985年,第62页。

② 向达整理:《郑和航海图》(收入明茅元仪《武备志》卷二四〇),中华书局,1961年,第62页。

③ 《西洋番国志》书后也有,讹误较多,因此采用《前闻记》的资料。

五虎门，（行十六日），二十四日到占城。七年正月十一日开
船，（行二十五日），二月六日到爪哇（斯鲁马益）。六月十六
日开船，（行十一日），二十七日到旧港。七月一日开船，（行
七日），八日到满剌加。八月八日开船，（行十日），十八日到
苏门答剌。十月十日开船，（行三十六日），十一月六日到锡兰
山（别罗里）。十日开船，（行九日），十八日到古里。二十二
日开船，（行三十五日），十二月二十六日到鲁乙忽谟斯。[1] 八
年二月十八日开船回洋，（行二十三日），三月十一日到古里。
二十日大𫑛船回洋，（行十七日），四月六日到苏门答剌。十二
日开船，（行九日），二十日到满剌加。五月十日回到昆仑洋。
二十三日到赤坎。二十六日到占城。六月一日开船，（行二
日），三日到外罗山。九日，见南澳山。十日晚，望见即回山。
六月十四日到踦头洋。十五日到碗碟曲。[2] 二十日过大小赤。
二十一日进太仓。[3]

上述文献清楚地交代了宝船上人员组成、总计人数，尤为重要
的是提到往返霍尔木兹岛的日志。从日志看出，完全是按照季风
行驶，因此往返需要三年的时间。这里提到了从古里（佛）到霍尔
木兹岛的航海行程35天，返回时用了23天。但在宋代，这段路程
向东需要35天，[4] 因绕道马斯喀特，用时多一些。

宣德五年（1430）是郑和最后一次，即第七次下西洋，并到霍
尔木兹岛。这年明宣宗朱瞻基命郑和往西洋忽鲁谟斯等国公干，

---

① 即忽鲁谟斯。

② 曲有山字部。

③（明）邓士龙编：《国朝典故》卷六二《前闻记》（明，祝允明），许大龄等校，北京大
学出版社，1993年，第1415—1416页。

④［日］桑原骘藏：《中国阿剌伯海上交通史》，商务印书馆，1935年，第109—111页。

《明实录》有记述："宣德五年六月戊寅遣太监郑和等赍诏往谕诸番国。""诏曰：'兹特遣太监郑和、王景弘等，赍诏往谕其各敬顺天道，抚辑人民，以共享太平之福。'凡所历忽鲁磨斯、①锡兰山、古里、满剌加、柯枝、卜剌哇、木骨都束、喃渤利、苏门答剌、剌撒、溜山、阿鲁、甘巴里、阿丹、佐法儿、竹步、加异勒等二十国及旧港宣慰司，其君长皆赐彩币有差。"②沿途经过了很多国家，最终到达霍尔木兹岛、阿拉伯半岛南部海岸。

《明实录》中满含大国对外夷的怀仁情怀，实际上是一次重大的商业贸易、政治外交活动。此后明朝与霍尔木兹岛或者波斯湾地区的交流逐渐减少。

## （六）域外文献对当时的记述

14—15世纪大量的旅人到过霍尔木兹岛，留下诸多的文献记载。下面选取一些有关内容，说明当时霍尔木兹岛的繁华和发展。

### 1. 沙赫鲁使臣对霍尔木兹岛的记述

差不多在郑和下西洋之时，帖木儿王朝沙哈鲁（Sultān Shāh Rukh）派使臣阿布都·拉扎克（Abdu ar-Razzak）在1441年5月21日从哈烈（赫拉特）到了霍尔木兹，再到印度。③他于1442年2月26日到霍尔木兹岛。极为巧合的是这一年霍尔木兹岛国主要求与明朝通商，恢复以前频繁往来的关系。这在《明实录》有记载，其称正统六年（1441）十二月辛酉，"礼部尚书胡濙等奏：'忽鲁谟斯国王速鲁檀土兰沙言："其居处极边，在先朝时累蒙遣使往来，以通上下之情，今久不复遣使矣。迩因撒不即城哈只阿里回获知，大

---

① 即忽鲁谟斯。
②《明宣宗实录》卷六七，宣德五年六月戊寅条。
③ Abdu ar-Razzak, *Matla'u-s Sa'dain*, *The History of India by its own Historians*, London 1872, V.3, p.95.

明皇帝为天下生灵主宰，不胜欢忭。遂遣哈只阿里来朝贡马，伏望朝廷宽恩仍如旧，遣使以通道路。"缘夷情未可轻信，请颁赐彩，段以慰其贡马向化之意。仍降敕以谕之，俾其安分守法，乐处边陲。'从之。"①

此时霍尔木兹的统治者就是马利克·法赫鲁·土兰沙（Malik Fakhru ad-Dīn Turān Shāh），是新霍尔木兹国的第13位统治者，也就是上文的"忽鲁谟斯国王速鲁檀土兰沙（Sultān Turān Shāh）"。这位国王还给沙哈鲁使臣安排了从陆地到霍尔木兹岛的船只、食宿，是一位热衷于外交、商业往来的君主，谋求与各地保持友好关系。沙哈鲁使臣详细记述了霍尔木兹岛繁盛与各地往来，其称：

"这是霍尔木兹，也被称为杰伦（Jerun，加仑），是一个海港，其地起伏不平。七大气候区②的商人都汇集在这里，诸如埃及、叙利亚、鲁木（Rūm 小亚细亚）、阿塞拜疆、两个伊拉克（米底）、法尔斯（Fars，波斯南部）、呼罗珊、河外（Māwara un-nahr）、③突厥斯坦（Turkistān）、钦察草原（Dasht-i-Kipchak）、④卡尔梅克（Kalmak）国⑤等，以及东方地区如中国（Chīn）、大中国（Māchīn）、汗八里（Khānbālīk，北京）等。⑥这里住着来自海边的人，诸如中国（Chīn）、爪哇、孟加拉、锡兰等地，输入了那些地区的商品。这里还有居住着兹尔巴德（Zīrbād）、⑦塔

---

① 《明英宗实录》卷八七，第1755—1756页。
② 希腊、西亚等地将地区表面分为七个气候区。此处指世界各地。
③ 在中亚。
④ 金帐汗国的一部分。
⑤ 金帐汗国的一部分。
⑥ 中国（Chīn）、大中国（Māchīn）都指中国，前者一般指华北，后者指华南。这里记述应该是元朝的行政区划。
⑦ 应该是东南半岛地区。

纳斯里(Tanasirī)、①索科特拉(Sacotra)岛、迪瓦·马拉(Diwah-
Mahall, 溜山国)②各群岛的90座城市、马拉巴尔(Malābār, 马八
儿)、埃塞俄比亚(Abyssinia)、桑格巴尔(Zangebar)③等国居民；又
有Bījānagar、④古尔伯加(Kulbarga)、⑤古吉拉特(Gujarat)、⑥孟买
(Kanbā, Cambay)等港口，以及阿拉伯海岸，远至亚丁、吉达、占婆
或占碑(Jamboo？)等人员居住。所有这些人都带着商品、珍品、
奇货，如日月、甘霖点缀于此。从世界各地来到这里的商旅，毫不
费力地用他们自己物品交换他们需要的物有所值的其他物品。他
们可以现金购买或者物物交换。除金、银外，他们的每件商品需交
付十抽一的关税。此城里随处可见各种宗教的学者，甚至是异教
徒。任何(信教)人都没有受到任何不公正的待遇。因此，这座城

---

① 《鄂多立克东游录》(第57页)提到了八丹(Pandan)国，此国又称塔纳马辛
(THALAMASIN)，应该是塔纳斯里(Tanasirī)的笔误，应是缅甸。

② 即Maladive(马尔代夫)。Diwah就是珊瑚的意思，《西洋朝贡典录》音译为喋
干(黄省曾：《西洋朝贡典录校注 东西洋考》，谢方校注，中华书局，2000年，第
75页)。

③ 即僧祇。

④ 即Vijayanagar(维贾亚纳加尔，含义胜利)，今卡纳塔克邦亨比(Hampi)。这是印
度东南，位于克里西纳和下游，是印度王朝名和其都城。王朝统治时间是1336年
至1565年。都城今已毁。维贾亚纳加尔(卡纳塔克)王国位于印度的最南端地
区，是印度洋海上贸易大国，与东南亚、中国、地中海沿岸各国有着密切贸易关系。
大宗出口商品有印度细棉布、细罗纱、印染纺织品、靛蓝、胡椒、蔗糖，输入主要是
黄金、战马、中国丝绸。阿布都·拉扎克在旅行记中作了详细记述(103—108页)。

⑤ 这座城市在卡纳塔克邦北边，今天拼写为kalabaragi(古尔伯加)。

⑥ 《诸蕃志》古吉拉特为胡茶辣国，并称："胡茶辣国，管百余州，城有四重。国人白
净，男女皆穿耳，坠重环，着窄衣，缠缦布，戴白暖巾，蹑红皮鞋。人禁荤食，有佛宇
四千区，内约二万余妓，每日两次歌献佛饭及献花。献花用吉贝线结缚为球，日约
用三百斤。有战象四百余只，兵马约十万。王出入乘象，顶戴金冠，从者各乘马持
剑。土产青碇至多、紫矿、奇子、诸色番布，每岁转运就大食货卖。"第72页。中国
文献中也称瞿折罗。

市被称为'安全的居所(dāru-l āmān)'。当地居民(性格)是将'伊拉克人'的优雅与印度教徒的精明结合。我在那里居住了2个月，当地国主想尽一切办法挽留我。恰好，此时利于出海，即季风开始和中间期。过了这个时间段，就会有令人生畏的海风和暴雨，当地国主只好让我启程。由于人马不能同船航行，要分开不同的船上运送。于是我们扬起帆启程。""并经历了一段艰难路途之后，我们在马斯喀特港下船了。"从阿曼的卡尔哈特(甘理)港到印度古里佛(Kālīkot)需要18昼夜。[1]再加上霍尔木兹岛到马斯喀特需要5昼夜，一共23昼夜。这与如前郑和回程所需时间一致。后文中的尼基京航向这段路程用了52天，原因下文交代。

上述沙哈鲁使臣的记述比较详细、全面，尤其记述了世界各地的商人和商品汇集在霍尔木兹岛信息，不同文化的人群生活在一起，也记述了与中国的往来。这些详细的记述，反映了霍尔木兹岛的繁华和发展，也在一定程度上补充其他记述的不足。

2. 孔蒂的《东方旅行记》对霍尔木兹岛的简要记述

尼古拉·德·孔蒂(Niccolò dei Conti, 1395—1469)是威尼斯商人。[2]年轻时居住在大马士革，并学习了阿拉伯语。1414年，他前往巴格达，然后沿底格里斯河而下，到达了波斯湾。接着他到了波斯湾贸易中心——波斯湾海岸库勒库斯(Colcus, Calacatia)[3]学习波斯语，而后到霍尔木兹岛。作为商人，孔蒂与波斯商人关系密切。而后到了印度，娶当地女子为妻。游历印度的孟买、Vijayanagar(今卡纳塔克邦亨比)、马利亚普尔(Maliapur, 即

① Abdu ar-Razzak, *Matla'u-s Sa'dain*, *The History of India by its own Historians*, London 1872, V.3, p.95.
② https://www.britannica.com/biography/Niccolo-dei-Conti.
③ 按照里程计算，应该就是撒那威或者甘加(Kangaan)。但音读应该是古里佛。

Mylapore)、古里佛、柯枝、马拉巴尔(马八儿)等。而后他到了苏门答腊、缅甸(Tenasserim)、恒河三角洲、暹罗、锡兰,最远到了爪哇。[1]周游各地后,1444年回到达威尼斯。孔蒂的《东方旅行记》说到过霍尔木兹岛,并称:他从巴格达行28天到了巴士拉,而后4天到波斯湾岸边,又后五天到库勒库斯(Colcus),最后到霍尔木兹岛。他说此岛距离海岸有20英里。[2]但孔蒂的有些叙述比较随意,有些地名很难确定。

3. 尼基京的《印度旅行记》或《三海旅行记》对霍尔木兹岛的简要记述

尼基京(Afanasii Nikitin)生年不详,卒于1472年,俄罗斯旅行家和作家。出生于特维尔(Tver),今加里宁市。1466年,尼基京为了贸易从特维尔出发,沿伏尔加河而下,经海路到达杰尔宾特,访问了巴库,然后渡里海到达里海南岸的波斯黑羊王朝国土,并居住了大约一年。1469年春,他到了霍尔木兹岛,然后经阿拉伯海到印度,他住了约3年,在此地到处旅行。回途经波斯国土,到达特拉布宗,过黑海,于1472年抵达卡法(Kafa, Feodosiia费奥多西亚)。1472年秋天,尼基京在斯摩棱斯克附近去世。尼基丁在旅途中详细记述了沿途的人民、社会秩序、政府、经济、宗教、日常生活、自然特征。他的旅行记是一部出色的著作,也是古代俄罗斯文学的重要经典,已被翻译成多种语言。

他从里海南岸的拉伊(德黑兰南)而后向南到卡尚、纳因

---

① Richard Henry Major Poggio Bracciolini: *India in the Fifteenth Century; Being a Collection of Narratives of Voyages to India, in the Century Preceeding the Portugese Discovery of the Cape of Good Hope*, London 1857, pp.3–4(后简称 *India in the Fifteenth Century*).

② *India in the Fifteenth Century*, pp.7–8.

（Nain）、亚兹德、锡尔詹（Sirjan）、塔鲁姆（Tarom）、拉尔（Lar）、港口（阿巴斯港，作者说此处是海港）、印度海（Doria Of Hodustan）。作者说这是当地人对波斯湾的称呼。他说："霍尔木兹城在一座岛上，距离海岸有4英里。每天涨潮两次。我到这里庆了祝大节[①]第一日。我到达霍尔木兹岛的时间是大节前的4周。我没有记录曾经过的很多大城市。霍尔木兹岛炙热难耐，如火中烧。我在这里停留了一个月。在大节后的第一周，我把马匹运到马船（Tava）上，经过印度海（波斯湾）航行10天到达马斯喀特（Moshkat，即Muscat）。此地到达伊布勒（Degh？），[②]再到更远的古吉拉特（Kuzrat，即Gujrat）和生长靛蓝的孟买。最后到奇维尔（Chivil）。[③]我们在马船上航行了六个星期。"[④]

尼基京的《印度旅行记》对自己到波斯湾再到印度的行程记述是比较详细，尤其航行的路线和上文沙哈鲁使臣路线完全一致。即先从霍尔木兹岛出发向东南航行到马斯喀特，由于是逆风或者风力较弱中行驶或人马同船，用时较多。从马斯喀特经过阿拉伯海到达今天的卡拉奇附近，再到古里佛。佩德罗·泰赫拉（Pedro Teixeira）在他的游记中也记述从印度返回霍尔木兹岛时，先沿着阿拉伯海岸航行，沿途艰险，然后越过阿曼湾到达马斯喀特，再到霍尔木兹岛。[⑤]从文献记录和郑和航海图来看，郑和船队是沿着阿拉伯海沿岸向西航行，直接到霍尔木兹岛，没有采用阿拉伯人、波

---

① 复活节，原译者注。

② 应该就是卡拉奇。

③ 就是古里佛。

④ *India in the Fifteenth Century*, p.5.

⑤ Sinclair: *The Travels of PedroTeixeira*, London 1902, pp.18–20（后文简称 *The Travels of Pedro Teixeira*）。

斯人、印度人航行路线,即经过马斯喀特到霍尔木兹岛,可能的解释就是郑和船队导航技术先进、船载量大等,不用拐弯先去马斯喀特,再到霍尔木兹岛。

需要说明的是沙哈鲁使臣和尼基京记述中航行多有相近之处,但也存在一些差异,沙哈鲁使臣说人马不同船,而尼基京交代的不是很清楚,但从记录来看人马可以同船。一种合理的解释就是使臣为官员,不是商人,而尼基京的贩马商人,因路途照看马匹,因此要同船航行。两人路途用时也有差异,使臣说航行了18昼夜;尼基京说用时6个星期,也就是42天。从用时来说,尼基京应该和马同船航向。

上述差不多同一时间段的游记文献,可以相互作比较研究,由此可以深入当时霍尔木兹岛商业路线,尤其尼基京的记述很重要,他行走的路线属于欧亚贸易路线的组成部分。当时,钦察草原马匹应该就是通过这条路线运往印度市场,甚至作为贡品进入中国。由此,发现霍尔木兹岛在此时几乎连接了欧亚贸易体主要经济体,它的繁荣背后是巨大的贸易网络。

总之,这一地区频繁地与中国与世界交往,尤其中国舰队还到达过波斯湾,并在海图中绘画有霍尔木兹岛,可以说是对该岛最直观的图像资料。这些记载比较清晰地反映了后中世纪和帖木儿帝国时期霍尔木兹与明朝的交往。有关霍尔木兹的细节在明代游记中记载更加详尽。

## (七)霍尔木兹岛衰落和葡萄牙统治

关于这一内容有很多研究成果,尤其孔哈的研究全面仔细。[①]

---

① João Telese Cunha: *The Portuguese Presence in the Persian Gulf*, *The Persian Gulf in History*, pp.207–234.

为了内容的完整性，此处略作补充。

14世纪随着伊利汗国的灭亡，霍尔木兹国依附于法尔斯内陆的穆扎法尔王朝和克尔曼地方政权，由此得以喘息。[1]15世纪开始，内陆王朝逐渐衰落，霍尔木兹国失去靠山，加之内部不稳。尽管如此，霍尔木兹国表面依然繁荣，甚至直到葡萄牙人的到来。

15世纪末，霍尔木兹岛王国不断发生内讧，王位更迭频繁，并受到了来自内陆的打击。[2]诸如土兰沙（Turan Shah II）的四子之间为了争夺继承权展开血腥争夺，起先沙赫维斯·闪格勒沙（Shahweis Shengelshah）夺得王位。但其兄弟萨拉戈尔沙（Salghur Shah）感到不满，推翻其兄弟的王位并剥夺了其侄子们继承权。他统治到1504年，是霍尔木兹岛被本土统治者统治的最后繁荣阶段。此后由萨拉戈尔沙的两子即位，在位不到一年后，被他们的堂兄赛义夫丁阿布纳斯尔沙（Sayf ud-Din Aba Nasr）推翻。就在此时，波斯腹地出现了萨法维王朝，其势力逼近波斯湾。[3]

阿布纳斯尔沙统治期间，霍尔木兹国面临着更大的危机，那就是葡萄牙向东扩张，逼近霍尔木兹岛。葡萄牙人1507年首次侵略霍尔木兹岛。1515年，葡萄牙人阿方索·德·阿尔伯克（Alfonso de Albuquerque, 1453—1515）率军第二次入侵，并征服了此岛。阿方索·德·阿尔伯克在1515年去世，但后继者继续占领霍尔木兹，岛上建有堡垒、海关等，结果导致了霍尔木兹商业帝国逐渐衰落。

葡萄牙人扶植霍尔木兹国君主为傀儡，共经历9位傀儡国王，一直到1622年，阿巴斯一世征服霍尔木兹岛，将岛上的设施

---

① *The Travels of Pedro Teixeira*, pp.188–193.

② *Travels of Pedro Teixeira*, p.260.

③ *The Travels of Pedro Teixeira*, pp.20.

整体搬迁到岛北面的阿巴斯港,由此霍尔木兹岛一蹶不振。这是霍尔木兹岛或者波斯湾历史上的大事,研究者认为:"1622 年,霍尔木兹岛被伊朗军队攻占,这不仅意味着结束了葡萄牙对波斯湾的统治,但意味着也当地商业地理的转变。主要港口转移到贡布隆(Gombroon),即后更名为阿巴斯港(Bandar-i' Abbasi, Bandar Abbas)。"①霍尔木兹命运发生了改变。

葡萄牙人占领该岛期间,不断向周边扩张势力,1521年葡萄牙人入侵巴林岛,霍尔木兹国作为傀儡参与了这次活动。霍尔木兹国还消灭了不愿意纳贡的波斯湾岛屿小藩国贾布里(Jabrid)朝。霍尔木兹国王沦为葡萄牙藩属,受果阿节制。但此时,马斯喀特逐渐强大起来,从原来霍尔木兹藩属变成霍尔木兹国遗产的继承者,成为葡萄牙的殖民地。1602年葡萄牙和霍尔木兹国傀儡被赶出了巴林岛,葡萄牙人多次试图夺取巴士拉的控制权并未成功。②1622年,萨法维王朝统治者阿巴斯一世在英国人的帮助下夺回了霍尔木兹国,③捍卫了自己的领土主权。④

尽管霍尔木兹岛及其周边战事不断,又有葡萄牙的残酷掠夺,但还保留了往日繁荣的余晖。多明我会加斯帕达·教士克鲁士(Gaspar da Cruz)1565 年从明朝回途中在霍尔木兹岛居住了 3 年。他如此写道:霍尔木兹岛"是印度所有富裕国家中最富有的国家之一,琳琅满目的商品来自印度各地、阿拉伯与波斯诸地、极远鞑

---

① Shireen Moosvi: *India's Sea Trade With Iran In Medieval Times*, Proceedings of the Indian History Congress, 2009–2010, Vol.70 (2009–2010), pp.240–250.

② https://encyclopedia.thefreedictionary.com/Ormus.

③ https://encyclopedia.thefreedictionary.com/Abbas+I+of+Persia.

④ 王平:《16—17世纪伊朗捍卫霍尔木兹岛主权论》,《重庆大学学报(社会科学版)》2007年第2期。

鞑(Tartar, 金帐汗国)，我甚至看到了来自欧洲的俄罗斯、威尼斯的商人。因此，霍尔木兹之地是整个世界的一个环，也是中介或掮客。"他还大费笔墨地记述当地与世界的商船往来、富庶、当地统治者慷慨等。[①]由于篇幅之因不再细述。

葡萄牙统治时期，霍尔木兹岛仍在发展，并与世界各地发生联系，但由于各大势力不断争夺，出现败落的趋势，尤其到了1622年萨法维王朝占领霍尔木兹岛后，此地完全破败，失去了往日的辉煌。

## （八）明代游记内容的专题讨论

明代游记是研究霍尔木兹岛及波斯湾珍贵文献，也是了解当时霍尔木兹岛人文、社会、物产以及与外部世界联系的重要资料。此处不妨举以《瀛涯胜览》《星槎胜览》《西洋番国志》为例简要分析，以补霍尔木兹社会生活的相关记载之不足。[②]

1. 距离："忽鲁谟厮国，古里国开船投西北，好风行二十五日可到。"（《瀛涯胜览》下文简称《瀛》）[③]

霍尔木兹距离古里佛（Kallikot, Kalikut）国，也即印度西海岸的科泽科德（Kozhidoke）向西北行二十五日顺风行船可以到达，每日行45海里，大约3 100公里，和今天通过电子地图测量距离基本上接近，原因就是当时郑和舰队对每日的行程里数做了详细的记录，因此比较准确。

2. 位置："其国边海倚山，各处番船并旱番客商，都到此地赶集买卖，所以国民皆富。"（《瀛》）

---

① *Travels of Pedro Teixeira*, pp.240–266.

② 这里主要三种文献的合在一起，记述相同或相似的没有重复摘录，主要是将不重复的罗列在一起。

③（明）马欢著：《瀛涯胜览校注》，冯承钧校注，中华书局，1955年，第63—67页。

　　郑和舰队到达霍尔木兹时间是15世纪，此时正值帖木儿帝国时期，霍尔木兹是该帝国的藩属，他们到达之地就是霍尔木兹岛，《郑和航海图》中也有反映，因为是亲历，对当时记述比较准确，说是靠海背山，海路和陆路商人到岛上贸易，十分繁华，人民富有。这点在中世纪或前后的文献有反映。

　　3. 教门："国王国人皆奉回回教门，尊谨诚信，每日五次礼拜，沐浴斋戒。"（《瀛》）"王及国人皆奉回回教门，每日五次礼拜，沐浴持斋，为礼甚谨。"（《西洋番国志》，下文简称《西》）①

　　这里记载比较准确的，无论郑和还是马欢都熟悉这种宗教，当地人每日"五时拜"，还举行"大小净"，斋戒，体现了"五功"的内容。

　　4. 救济："风俗淳厚，无贫苦之家。若有一家遭祸致贫者，众皆赠以衣食钱本，而救济之。"（《瀛》）

　　这种救济行为既体现在民间行为，也体现在政府层面，尤其政府收取贫困税，主要收取同教者的税，名义上支持有困难者，但支持力度是有限的。

　　5. 体貌："人之体貌清白丰伟，衣冠济楚标致。"（《瀛》）

　　霍尔木兹人的体貌不能一概而论，如果是波斯人，皮肤白晳，长相标致，但其他肤色不一定就白净高大。至于衣着根据自己的经济状况，若经济条件好者，衣冠楚楚，整齐干净是没有问题的；若经济条件较低，做到衣冠济楚，显然是不可能的。因此具体问题具体分析，不能一概而论。鄂多立克也说这里人长大。②由此看来一个区域的人种、体格不可能在短时间发生变化。

---

① （明）巩珍著：《西洋番国志》，向达校注，中华书局，2000年，第41—43页。
② 《鄂多立克东游录》，第38页。

6. 婚丧："婚丧之礼，悉遵回回教规。男子娶妻，先以媒妁，已通礼讫，其男家即置席请加的。加的者，掌教门规矩之官也。及主婚人并媒人，亲族之长者，两家各通三代乡贯来历，写立婚书已定，然后择日成亲。否则官府如奸论罪。如有人死者，即用白番布为大殓小殓之衣，用瓶盛净水，将尸从头至足浇洗二三次，既净，以麝香片脑填尸口鼻，才服殓衣，贮棺内，当即便埋。其坟以石砌，穴下铺净沙五六寸，抬棺至，则去其棺，止将尸放石穴内，上以石板盖定，加以净土，厚筑坟堆，甚坚整也。"（《瀛》）

这里对婚丧的记述是比较详细而准确的，记录字数相对也是比较多的。第一部分主要记述的婚姻程序。这和中世纪很多地区比较一致，都是包办婚姻，且有一整套的程序，主要由"加的（Qadi）"，即法官负责。他既掌管宗教事务，也掌管世俗事务，因此他要提供"婚书"的证明，这样婚姻变得合法，具有法律效力。而后就会置办宴席，迎娶新人。不按照这些程序，就视为违法，"否则官府如奸论罪"。古今婚姻同法，只是罪责程度不同而已。第二部分主要讲葬礼。葬礼是每个人的终点之礼，古今中外都是很重视的。这里比较详细地介绍了葬礼的程序，采用土葬，并且不用棺椁。这是传统的穆斯林葬礼仪式，至今也如此，倡导速葬薄葬。《明史·西域传》亦载：哈烈人"居丧止百日，不用棺，以布裹尸而葬"。[1]

但比此文献记述早一百多年的马可·波罗、鄂多立克看到的葬礼却是另一番仪式。马可·波罗说："居民有死者，则持大服，盖悲泣亘年也。在此期内，亲友邻人会聚，举行丧礼，大号大哭，至少

---

① 《明史》卷三三二《西域传》，第8612页。

每日一次。"①鄂多立克记述和马可·波罗比较接近,并称:"有天我路过那里,适逢有人死了;于是人们就把该地所有的乐人都召来,接着,他们把死人放到房屋中央的床上,同时有两个女人围着他跳舞,乐人则玩弄铙钹和其他乐器。然后妇女中有两人抓住死人,拥抱他,给他唱悼词,其他的妇女一个接一个地站着,并且取出一只笛子,吹奏片刻,当某个人吹完后,她就坐下;这样他们持续通宵。到清晨时他们把他运往坟墓。"②这一习俗是非常特殊的。按照伊斯兰教严格的逊尼派传统,人去世一般就地举行葬礼,也就是速葬之法,特殊情况会留到第二天,比如傍晚去世第二天下午就会举行葬礼。葬礼时,虽无特定孝服,但也很庄重,一般不可大哭,如此是对上苍的不敬。一般举行纪念活动是在人去世后的一周、周年、每年等,通常不会有四年之说。实际上,这类葬礼仪式是典型苏非派葬礼仪式,要举行"跳神"。这种仪式在中亚很多地方流行,直到最近还可以见到。说明当地葬礼仪式除了传统的仪轨外,还有苏非派的仪式,说明当时苏非派对这一地区有深刻的影响。

7. 饮食:"人之饮食,务以酥油拌煮而食。市中烧羊、烧鸡、烧肉、薄饼、哈喇澈一应面食皆有卖者。二三口之家多不举火做饭,止买熟食而喫。"(《瀛》)"地无草木,牛、羊、马、驼皆食海鱼之干。"(《星》)③

霍尔木兹地区位于波斯湾,多海鲜,加之文化禁忌,主要食用牛、羊、驼、鱼等肉,也食用面食。使用的方法为烧煮。因家中人口较少,因此多依赖外卖生活。这种生活样貌直到今天在波斯湾沿

---

① 《马可波罗行纪》,第90、91页。

② 《鄂多立克东游录》,第38页。

③ 《星槎胜览校注》,第41—43页。

岸如旧，并没有多少变化。

《瀛涯胜览》特别提到了哈喇澈，冯承钧先生在校注时，未加句读，也就是将薄饼和哈喇澈视为一物，实际上是两种食物。这里对其稍作解释。薄饼的主要原料是面粉，用水将面粉和好揉匀后，加入微量的盐和糖，待其自然发酵，反复揉擀，薄如纸，烤炉中烘烤而成。饼可以夹肉之类。贫者可夹酸黄瓜、蚕豆糊之类；富者可夹烤肉、鹰嘴豆丸子、名贵蔬菜等。这是阿拉伯著名食品，风靡全球，今天在大型超市里可以购买到，种类繁多，味美筋道。冯先生对哈喇澈未作解释。这是西亚的传统美食，但地域、民族不同，做法也不同。阿拉伯语的哈喇澈，是Hariisah的音译，翻译为肉丸。[1]波斯语的哈喇澈就是Hareese的音译，一种肉和麦粒做成的食物。[2]上述两部大字典里的一般性解释，不一定十分准确，或者实际上是由这种食物在西亚种类繁多、做法差异造成的。《瀛涯胜览》记载的是霍尔木兹岛的事，哈喇澈显然偏向于波斯型食品，这种食品是波斯湾地区著名食品，各处皆有，今天仍然存在。Hareese做法就是将小片肉、小麦、水等放入瓦罐中温火熬煮，直到成为粥状物，而后可食用。其和我们肉粥类似。

8. 货币："王以银铸钱，名底那儿，径官寸六分，底面有纹，重官秤四分，通行使用。"(《瀛》)

底那儿（Dinar）是南亚、西亚常用的货币，如《西洋番国志》也记载了苏门答剌（苏门答腊）的货币，称："王以七成淡金铸钱名底那儿，圆径官寸五分，底面有叙，官秤重三分五厘。国中使用。买

---

[1] 北京大学外国语学院阿拉伯语系编：《阿拉伯语汉语词典》，北京大学出版社，2008年，第1310页。

[2] 北京大学东方语言语言学系波斯语教研室系编：《波斯语汉语词典》，商务印书馆，1981年，第2543页。

卖则用锡钱。"[1]所造货币的功能是有差别的。

众所周知,西亚传统上双货币体系:金币(Dinar,底那儿)和银币(Dirham)。但马欢说忽鲁谟厮国使用的是用银铸造的货币叫做底那儿,这和历史上的一般状况不合。原因有两点:首先,应该是当地没有足够的黄金充制金币,只能用银代替。其次,当地货币名称就是底那儿,这在今天也可以看到的,诸如伊拉克的纸币就叫做第纳尔(Dinar),显然不是金属制作,更不是黄金,是等价交换物,至于用什么材料制作无关紧要了。这一记载反映了15世纪西亚货币体系的变化,约略此时的南亚正在经历着王朝更替时期,稍晚的16世纪详细记录了莫卧儿帝国货币的相关资料,可值得比较研究。

9. 文字:"书记皆是回回字。"(《瀛》)

这里所谓回回字应该就是波斯文,因为从10世纪开始波斯地区开始普遍使用新波斯文,尤其中世纪及其以后的时间波斯语成为波斯或伊朗的主要文字,阿拉伯文成为次要文字,但在宋元时期藩坊社区还是重要文字。[2]还有就是明代对西亚交流关系的文书多出自回回馆,而回回馆的来文就是使用波斯语书写的,但这种波斯语已经完全被本地化了,里面夹杂有汉字,多半是在哈密一带伪造的。此外,马欢在"天方"条说当地讲"阿拉毕言语";在"阿丹"条中作"阿拉壁"(《瀛》),都是Arab的音译。显然,作者是想把阿拉壁(毕)和回回字区分来。因此,可以说,这里回回字不会是阿拉伯语或文字,而是波斯语或文,这要具体问题具体分析,不能一概论之。

---

① 《西洋番国志》,第18页。
② 《中国阿剌伯海上交通史》,第21页。

10. 禁酒："其市肆诸般铺面百物皆有，止无酒馆。国法饮酒者弃市。"(《瀛》)

这是西亚饮食禁忌之一，今天在这些地区也是多禁止饮酒，但私下或者达官贵人饮酒成风，尤其在中世纪，多位汗王因嗜酒身亡，在帖木儿帝国也是饮酒成风。禁止只是对普通百姓或文本法上有约束作用，实际无法根本禁绝的。西方游记，尤其马可·波罗提到了波斯湾有售卖酒的事，主要指果酒。

11. 百戏："文武医卜之人绝胜他处。各色技艺皆有，其撮弄把戏，皆不为奇。惟有一样，羊上高竿，最可笑也。其术用木一根，长一丈许，木竿头上止可许羊四蹄立于木。将木立竖于地，扶定，其人引一小白羝羊，拍手念诵。其羊依拍鼓舞，来近其竿，先以前二足搭定其木，又将后二足一纵立于竿上。又一人将木一根于羊脚前挨之，其羊又将前两足搭上木顶，随将后二脚纵起。人即扶定其木，其羊立于二木之顶，跳动似舞之状。又将木一段趱之，连上五六段，又高丈许。俟其舞罢，然后立于中木，人即推倒其竿，以手接住其羊。又令卧地作死之状，令舒前脚则舒前，令舒后脚则舒后。又有将一大黑猴，高三尺许，演弄诸般本事了，然后令一闲人，将巾帕重重折叠，紧缚其猴两眼，别令一人潜打猴头一下，深深避之，后解其帕，令寻打头之人，猴于千百人中径取原人而出，甚为怪也。"(《瀛》)

这是比较详细杂耍记述，古人称之为百戏。这里各色技艺均有，其中记录了两项杂耍：一是木杆上舞羊杂耍，技艺精湛，被马欢称之为"最可笑也"。一只大羊和一只小羊在杂耍者的指挥下，高杆上表演，甚为绝妙是高杆上表演结束后，羊还会装死，"令舒前脚则舒前，令舒后脚则舒后"。可以说人羊配合默契。二是耍猴技艺。也是在高杆上。还有就是蒙眼猴拍打找人游戏。方法就是蒙住猴子眼睛,随便找一个观看者打一下,然后解开猴子被蒙的双眼,很快会找到打猴子的人。马欢觉得很奇怪,如魔术表演一样,实际是有辅助的人员,也就是北京人所说的"托儿"。

12. 气候:"其国气候寒暑,春开花,秋落叶。有霜无雪,雨少露多。"(《瀛》)

霍尔木兹岛位于波斯湾,气候夏季炎热潮湿,雨水较少,雾气较大,但春秋相对气候宜人。这些在其他游记中几乎提到了。由于岛上无河流,水资源缺乏,如前文所说现在是居民不多的荒凉岛屿。只有在北边有个小镇,有医院、超市、中学、博物馆等,还有葡萄牙占领时期修建的城堡,和历史的盛况无法相比,逊色很多。

13. 异产:"有一大山,四面出四样之物。一面如海边出之盐,红色。人用铁锄如打石一般凿起一块,有三四十斤者。又不潮湿,欲用食,则搥碎为末而用。一面出红土,如银朱之红;一面出白土,如石灰,可以粉墙壁;一面出黄土,如姜黄色之黄。"(《瀛》)

这是座盐岛,[①]中间是不高的山。泰克希拉记述称:"这些盐在炽热的阳光下凝结,经常是水还在下面流动,我已在盐上行走。"[②]这里有很多盐井、盐矿,至今还在开采。还有白色的石灰矿,与历史的记述完全一致。在小镇东边,有红土矿,也在开采,这和马欢等人的记载是一致的,比较真实。今天这里已是伊朗著名的旅游胜地,尤其红色盐山是胜景。

14. 监管:"俱着头目守管,各处自有客商来贩卖为用。"(《瀛》)

① Andrew Williamson: *Hurmuz And The Trade of The 14<sup>th</sup> And 15<sup>th</sup> Centuries A.D.*, *Proceedings of the Seminar for Arabian Studies*, 1973, Vol.3, Proceeding of The Sixth Seminar for Arabian Studies held at the Institute of Archaeology, London 27th and 28th September 1972 (1973), pp. 52–68(后文简称 *Hurmuz And The Trade*).

② *Travels of Pedro Teixeira,* pp.165, 260.

此处的盐矿都是由专门市场管理部门监管，并且各地商贩到岛上贩盐。众所周知，盐业在伊利汗国的政府税收中占有重要地位，霍尔木兹也不例外。

15. 米麦："土产米麦不多，皆是别处贩来粜卖，其价极贱。"（《瀛》）

霍尔木兹岛雨水较少，土质较差，因此不适合种植米麦粮食作物，于是通过从外地贩运来解决粮食问题。

16. 果蔬："果有核桃、把聃果、松子、石榴、葡萄干、桃干、花红、万年枣、西瓜、菜瓜、葱、韭、薤、蒜、萝卜、甜瓜等物。其胡萝卜，红色如藕大者至多。甜瓜甚大，有高二尺者。其核桃，壳薄白色，手捏即破。松子长寸许，葡萄干有三四样：一样如枣干，紫色；一样如莲子大，无核，结霜；一样圆颗如白豆大，略白色。把聃果如核桃样，尖长色白，内有仁，味胜核桃肉。石榴如茶钟大，花红如拳大，甚香美。万年枣亦有三样：一样番名垛沙布，每个如母指大，核小结霜如沙糖，忒甜难吃；一样揉烂成二三十个大块，如好柿饼及软枣之味；一等如南枣样略大，味颇涩，彼人将来喂牲口。"（《瀛》）

上文对果蔬的种类作了非常详细罗列，但霍尔木兹岛干旱少雨，很难种植如此多的水果蔬菜，应该从岛外输入来的。这里的胡萝卜个大；甜瓜高有两尺，也就是60公分，实际在伊朗大个甜瓜很多，而且味道甘美；核桃皮很薄，一捏就破，是脆皮核桃，也叫纸皮核桃；此处的葡萄干很多种类：紫色的葡萄干，现在叫做黑加仑，个有大有小；无核如莲子大葡萄干，就是无核葡萄干，有绿色、红色等；圆形白色葡萄干。葡萄干是伊朗人日常生活中必备的干果，也是招待客人的佳品；上文把聃果就是Badam（巴旦杏）的音译，学名为扁桃，是西亚、中亚等著名的干果，营养丰富，味道甘美，上述的巴旦杏在很多地方野生和栽培的。我从撒马尔罕去往沙赫尔萨布兹中途看到成片的野生巴旦杏，果实较小，味道尚可；石榴个大味美色红,具有极高的品质,原因就是伊朗气候炎热干旱,有助于促进糖分含量的提高;万年枣(椰枣),有三种:一是蜜枣:当人叫做垛纱布,就是波斯语 Dūshāb 的音译,就是椰枣汁,核小肉多,甘甜如砂糖,用来熬制糖浆,马欢说"忒甜难吃",大概东方人不是很喜欢太甜的食物,但伊朗人喜欢甜食,甚至说嗜糖如命不为过。笔者在伊朗考察时,他们离不开糖,尤其喝茶无糖不饮。二是软枣。这种椰枣颜色略黑,很容易被挤烂,但也很甜。三是粗枣。味道不够甘美,主要当作饲料。

上述对果蔬的记载反映了当时霍尔木兹及其波斯湾沿岸人民社会生活状况,也是作者亲历的真实记录,具有较大的真实性。

17. 宝货:"此处各番宝货皆有,更有青红黄雅姑石,并红刺、祖把碧、祖母剌、猫睛、金钢钻,大颗珍珠如龙眼大,重一钱二三分,珊瑚树珠,并枝梗,金珀、珀珠、神珠、蜡珀、黑珀,番名撒白值。"(《瀛》)

这里雅姑石就是 yaqut 的音译,一般翻译为金刚石,但此处应该指翡翠、玉髓之类的宝石,种类有青(黑)、红、黄。如果是金刚石,这几种颜色是稀有的。《南村辍耕录》提到了各种鸦鹘(雅姑)"红亚姑(雅姑),上有白水。马思艮底(Māsjayyidī),带石无光,二种同坑。青亚姑,上等,深青色。你蓝,中等,浅青色。屋扑你蓝,下等,如冰样,带石,浑青色。"[1]《岛夷志略》也多次提到了。

红刺之"刺"是波斯语词 La'l 的音译,是一种淡红色宝石。从品质而言,"红刺"是红色的尖晶石,是一种透明且色泽艳丽的红宝石。

《南村辍耕录》说:红刺"淡红色,娇"。又记元成宗铁穆耳

---

[1] (元)陶宗仪:《南村辍耕录》卷七,中华书局,1980年,第85页。

"大德间（1297—1307）本土巨商中卖红剌一块于官，重一两三钱，估直中统钞一十四万锭，用嵌帽顶上。自后累朝皇帝相承宝重。凡正旦及天寿节大朝贺时则服用之。呼曰剌，亦方言也。"①足见其昂贵与奢靡。是在霍尔木兹岛上极为重要的商品。

祖把碧是 al-Dhubbābi，是一种绿宝石，是祖母绿的一种。《南村辍耕录》说："上等，暗深绿色。"②《荟萃》称："祖母绿有四个品种，即苍蝇色的（al-Dhubbābi），它是其中最珍贵的，价值最高。也最有特色，品质最佳，是纯绿色的。具有优质的水色，即从石内向外射出灿烂的色彩。之所以喻作苍蝇（Dhubbābi），乃因其色彩同绿豆蝇的颜色颇相似。它的颜色又像绿色的羽毛，即同孔雀的毛色相似。"③是一种名贵的祖母绿，是西亚奢侈品中的"贵族"。

祖母剌就是波斯语 Zumurud 的音译，含义为绿色之石，今天的祖母绿就是波斯语的音译。《南村辍耕录》说："助木剌，中等，明绿色。"④

《瀛涯胜览》提到很多琥珀，多来自波罗的海，那里至今是琥珀的主要产地。其中有黑珀"番名撒白值"，而撒白值是 Sabaj 的音译，即煤玉、黑玉、化石木、黑琥，是木头变成化石形成的。⑤

《瀛涯胜览》提到宝货较多，由于篇幅之因，不一一作考察。

18. 器用："各色美玉器皿、水晶器皿"（《瀛》），"货用金银、青花磁器、五色段绢、木香、金银香、檀香、胡椒之属"（《星》）。

---

① 《南村辍耕录》卷七，第85页。

② 《南村辍耕录》卷七，第85页。

③ 宋岘：《"回回石头"与阿拉伯宝石学的东传》，《回族研究》1998年第3期。

④ 《南村辍耕录》卷七，第85页。

⑤ Ahmad ibn Yusuf Al Tifaschi: *Arab Roots of Gemology: Ahmad ibn Yusuf Al Tifaschi's Best Thoughts on the Best of Stones*, trans by Samar Najm Abul Huda, London 1998, p.236.

霍尔木兹虽然建城时间不算长,但贸易十分繁盛,具体体现在使用的器物上,这些器物都是比较名贵的,诸如美玉、水晶、金银、瓷器。还使用各种香、琥珀等。这些产品并非全部产自本地,而是运自中国、桑给巴尔、印度、东亚等,由此可见当地贸易十分活跃。

19. 织品:"十样锦翦绒花单,其绒起一二分,长二丈,阔一丈,各色梭幅,撒哈喇毡、锁罗锁纱、各番青红丝嵌手巾等类皆有卖者。"(《瀛》)

这里出售大尺幅的十样锦翦绒花单,各种锦缎。还有撒哈喇毡,说的是Sakklat毡子。[1]锁罗锁纱就是产自Marv(马鲁)的纱。这里产的纱很有名,因马鲁很早就是盛产棉花之地。但英译本将此专有名字断开成两个词,显然是不合适的。[2]

20. 畜产:"驼、马、骡、牛、羊广有。其羊有四样:一等大尾棉羊,每个有七八十斤,其尾阔一尺余,拖着地,重二十余斤;一等狗尾羊,如山羊样,其尾长二尺余;一等斗羊,高二尺七八寸,前半截毛长拖地,后半截皆翦净,其头面颈额似棉羊。角弯转向前,上带小铁牌,行动有声。此羊性快斗,好事之人喂养于家,与人斗赌钱物为戏。"(《瀛》)

这里主要提到了大型牲畜,尤其四种羊,但只有大尾棉羊、狗尾羊、斗羊三种,第四种羊的记述文字有脱漏或者根本没有记载,有人企图补充第四种为九尾羊,显然是不合适,没有这种说法。斗羊全世界皆有,西亚久负盛名,且具有赌博娱乐的性质。

21. 异兽:"又出一等兽,名草上飞,番名昔雅锅失,如大猫大,浑身俨似玳瑁斑猫样,两耳尖黑,性纯不恶。若狮、豹等项猛兽见

---

① 英译本《瀛涯胜览》,剑桥出版社,1970年,第171页。
② 英译本《瀛涯胜览》,第171页。

他，即俯伏于地，乃兽中之王也。"(《瀛》)

这里所记的就是猞猁，波斯语被称作Siyāh Gūsh，马欢记为昔雅锅失，是非常准确的，但据说是狮、豹都屈服这种异兽，是兽中之王，显然夸大了其凶猛。

22. 装扮："男子拳发，穿长衫，善弓矢骑射。女子编发四垂，黄漆其项，穿长衫。出则布幔兜头，面用青红纱布以蔽之，两耳轮用挂珞索金钱数枚，以青石磨水，妆点眼眶唇脸花纹为美。项挂宝石、珍珠、珊瑚，纫为璎珞。臂腕腿足俱金银镯，此富家之规也。"(《星》)

这里的男性拳发，应该是长发，穿长衫，这种穿着至今也是如此。女子留发辫，围黄色围巾，也穿长衫，今亦如此，穿斗篷如恰杜尔，即黑袍，面红或黑布蒙面，戴各式耳坠，尤其青石为耳坠，还上妆眉毛嘴唇脸等。项链有宝石、珍珠、珊瑚、璎珞等，臂腕腿足有金银镯，今天西亚、南亚也可以看到这种装扮。所有这些打扮均是富家女子所为。

23. 筑城："垒石为城，酋长深居，练兵畜马。"(《星》)

这里用石头筑城，当地的统治者就住城堡里，还可以在城里训练兵马，看来城不算小。前文的鄂多立克也提到了该城有城墙。

24. 物产："产有珍珠、金箔、宝石、龙涎香、撒哈刺、梭眼、绒毯。"(《星》)

上述提到物产中，除了珍珠产自当地，其他应该是从外地贸易而来，不应该是当地产品。

25. 屋宇："垒堆石而为屋，有三四层者，其厨厕卧室待客之所，俱在上也。"(《星》)

这里的房屋使用石料建成的，是楼房，层高三四层，设备齐全，应该说居住条件还是上好。前文域外游记多次提到当地的屋宇，多半奢华，昂贵，说明当地人富有，也是贸易繁荣的体现。

26. 贡品："其国王亦将船只载狮子、麒麟、马匹、珠子、宝石等物并金叶表文，差其头目人等，跟随钦差西洋回还宝船，赴阙进贡。"（《瀛》）

狮子、麒麟、马匹、珠子、宝石等这些朝贡品在文献中有大量的记述，也有全方位的研究，但这里需要指出的是这些贡品实际不是产自霍尔木兹或者附近的地区，而是来自较远之地，诸如麒麟即长颈鹿产自非洲，由此可知这里是一处商品贸易集散地，而不是商品生产地，进而凸显了其在商品贸易网络中的重要地位。

有关霍尔木兹与元明时期文献有较多，相互之间贸易往来频繁，尤其名贵之物较多，以朝贡形式输入中国，实际就是贸易逐利。明永乐帝御言："回人善营利，虽名朝贡，实图贸易，可酬以直。"[1]说到了问题的实质。

上述我们从明代游记角度，大致对霍尔木兹地区社会生活、经济贸易、物产宝物等方面做了简要介绍，是对研究这一地区历史轨迹的一些补充。

# 第四节　撒那威与霍尔木兹和世界道路贸易体系联结

严格意义上说，撒那威与霍尔木兹在同一条道路体系之中，尤其在海上丝绸之路，是同一类型和线路基本一致的，也就是彼此之间有密切联系的，是整个西亚道路体系的重要组成部分，但各自的

---

[1]《明史》卷三三二《西域传》，第8625页。

功能、连接区域、地位、时间段存在一定差异。如下作简要分析。

## 一　撒那威的商业路线与世界贸易往来

就海路而言，撒那威向东就与霍尔木兹海上路线是连接一起的。撒那威向北就通往伊朗之地（Iran Shahr）。这是一条十分重要的道路。众所周知，世界上所有重要的道路都是从政治中心或者商业中心通往各地的。伊朗历史上的道路也是如此。伊朗历史悠久，尤其建立波斯帝国的公元前6世纪到公元7世纪，其蔓延1300年。在此期间，政治中心不断在发生变化，从苏萨①到波斯波利斯，从泰西封到哈马丹，从尼萨②到泰西封，但始终与波斯湾保持密切的往来，在波斯帝国贸易、交通中占有举足轻重的地位。原因就是撒那威往往与政治中心或道路中心连接在一起。诸如阿契美尼德王朝国王大流士一世，公元前5世纪修建了波斯御道，其从首都苏萨到地中海东岸小亚细亚的以佛所，③距离超过2千公里，几乎将西方主要干道路线连接起来。从苏萨到撒那威有两条道：一条就是从苏萨向南沿着迪兹夫勒河而下，经过今天的石油城阿瓦士，继续南下到阿巴丹港或巴士拉城，再乘船向东到撒那威城。这条道路距离相对较远，而且先陆路而后水路，对商人而言，有些不方便。另一条就是前半段和第一条重合，但在阿瓦士，道路向东南沿着扎格罗斯山脉东行，到设拉子，然后南下就可到达撒那威港。这条道路在以后的时代里基本线路没有发生根本性的变化，只是随着不同政权政治中心的建立而启程点在变化。

---

① 位于伊朗胡齐斯坦上迪兹夫勒城西南边，今天被称作Shush（舒什）。
② 位于今土库曼斯坦首都阿什哈巴德附近。
③ 位于今土耳其第三大城市伊兹密尔（Izmir）南边大约50公里。

　　阿拉伯帝国建立后,政治中心不断变化,诸如大马士革、库法、巴格达等,撒那威不同的道路方向最后仍然与王朝干道连接在一起。比如从撒那威陆路北上的道路,到设拉子,再到达伊朗腹地就是米底的伊斯法罕城,再北上到拉伊城,这是拉齐的家乡。这里距离今天德黑兰的南边不远,笔者2018年11月23日到过此地。拉伊城就是长久以来是米底或吉巴尔(Jibal)的首府,历史上很多地方王朝以此为首都,是历史文化名城,基本上毁了,成为严重污染的炼油厂地。这里就是呼罗珊大道经过的地方。这条道路的得名源于巴格达城呼罗珊门,因道路就是从此门启程的。该条道路从巴格达向东经过伊朗腹地,再到阿姆河,而后到达费尔干纳盆地,是阿拉伯帝国东西大动脉,是丝绸之路西段,也就是帕米尔以西的干道。实际上,这条路早已存在,至少在阿契美尼德王朝时期已经存在了,一直到萨珊王朝时期还在使用,玄奘就是经过这条道路的东段一部分。可以说这条道将丝绸之路上三颗明珠——长安、巴格达、罗马连接在一起。尽管王朝在兴亡更迭,但基本的干线没有根本变化,直到今天伊朗的东西大通道就是沿这条线建设的,不断变化的只是随着政治中心发生变化,道路的启程点在发生变化。中世纪,前期的都城在马腊格;中期的首都在大不里士;后期的首都在孙丹尼牙(苏丹尼亚)。14世纪文献就记述了从孙丹尼牙到波斯湾的基什(记施)岛且非常详细,录如下:

　　"孙丹尼牙到波斯湾的道路从孙丹尼牙呈对角线向伊朗边境的基什(岛)的路程为254法尔萨赫。

　　1. 从孙丹尼牙到萨瓦的道路里程:从孙丹尼牙行5天路程或24法尔萨赫到如前所记的萨格扎巴德村,这里道路向呼罗珊方向分开。从萨格扎巴德行6法尔萨赫到哈吉布·哈散卫所,再行7法尔萨赫到达瓦尼格卫所,再行5法尔萨赫到萨瓦城。从孙丹尼牙到萨瓦共计42法尔萨赫,萨瓦是很多道路的启程地。

2. 从萨瓦到卡珊的道路里程:从萨瓦行4法尔萨赫到阿瓦,再行6法尔萨赫到库姆,再行12法尔萨赫到卡珊,从萨瓦到卡珊共计22法尔萨赫。

3. 从卡珊到伊斯法罕的道路里程:从卡珊行8法尔萨赫到库赫鲁德村,再行6法尔萨赫到瓦斯特村,再行6法尔萨赫到穆尔察·胡尔德卫所,再行8法尔萨赫到幸村,也可经米亚妮之路行12法尔萨赫到幸村。从幸村行12法尔萨赫到伊斯法罕新城。从卡珊到伊斯法罕共计为32法尔萨赫,从萨瓦为54法尔萨赫,从孙丹尼牙为96法尔萨赫。

4. 从伊斯法罕到亚兹迪哈瓦斯的道路里程:从伊斯法罕行3法尔萨赫到伊斯法罕纳克村,再行5法尔萨赫到伊朗边界的马赫亚尔村,再行6法尔萨赫到库米沙赫城。从伊斯法罕到库米沙赫共计为14法尔萨赫。从库米沙赫行5法尔萨赫鲁德坎村。再行7法尔萨赫到亚兹迪哈瓦斯。从库米沙赫到亚兹迪哈瓦斯共计为12法尔萨赫,从伊斯法罕为26法尔萨赫。从亚兹迪哈瓦斯有条冬季道路向左拐,而夏季路(近路或西路)经库什克扎尔德向右转。

5. 从亚兹迪哈瓦斯经夏季路到设拉子的道路里程:从亚兹迪哈瓦斯行3法尔萨赫到迪赫·吉尔德,再行7法尔萨赫到库什克扎尔德,经吉里瓦·马德尔与都赫塔尔关隘(母女关)行5法尔萨赫到叫做达什特·伦平原上的萨拉赫丁卫所,再行3法尔萨赫到普勒沙赫里亚尔桥(靠近乌建,在库尔河上游)附近的卫所,再行7法尔萨赫经过马因的巉岩关到马因城,所有通往马因的道路都怪石林立,十分艰险。再行4法尔萨赫过伊斯塔赫尔堡和什卡斯特堡,道路向右到普勒瑙(新桥,过库尔河),再行5法尔萨赫到设拉子。从亚兹迪哈瓦斯到设拉子共计为44法尔萨赫,从库米沙赫为56法尔萨赫,从伊斯法罕为70法尔萨赫,从卡珊为102法尔萨赫,从孙丹尼牙为166法尔萨赫。

6. 从设拉子到伊朗边境的道路里程(基什):从设拉子行5法尔萨赫到沙赫拉克村,再行5法尔萨赫到卡瓦尔城,过吉里瓦·赞吉兰(丛关),行5法尔萨赫到贾穆甘卫所,向右行7法尔萨赫可到费鲁兹巴德,再行5法尔萨赫到麦阳德,再行6法尔萨赫到斯穆甘区的边界,再行6法尔萨赫到走尽这个区,再行7法尔萨赫经萨尔·萨费得(白头)关到卡尔扎穆,再行5法尔萨赫到拉吉尔,再行6法尔萨赫到法利亚布区,再行6法尔萨赫到浑吉城,再行6法尔萨赫经陡峭的山关到达鲁克村,再行6法尔萨赫到马汉,再行6法尔萨赫经拉尔达克关到海边的胡组。[1]从这里渡海4法尔萨赫基什(此为该岛之名)城。从设拉子城到基什共计为88法尔萨赫,从伊斯法罕为158法尔萨赫,从卡珊为190法尔萨赫,从萨瓦为212法尔萨赫,从孙丹尼牙为254法尔萨赫。"[2]

这是中古时期道路网络中很有特色路线,向西南方向行进,最后和从巴格达启程的道路在波斯湾重合,是如前所说的丝绸之路的重要组成部分。实际上,这条路从埃兰王国到波斯帝国,再到阿拉伯帝国都在使用,尤其在阿拉伯帝国时期保留下来的地理文献中有大量的记述。诸如前文所提到穆卡迪斯记述了从设拉子到(老)霍尔木兹的道路,具体为:"从设拉子到沙哈赫(Sāhah)是一站路程;再到达什特·阿尔赞(Dasht Arzan)是一站路程,这里路途艰难,此地有上阿卡巴塔(Akabat Bālān);从法萨(Fasā)到卡拉增(Kārazīn)是一站路程;再到霍尔木兹是一站路程。"[3]穆卡迪斯的

① 就在基什岛北边的波斯湾岸边。
② 穆斯塔菲,第175—177页。
③ 穆卡迪斯,第401页。

记述显然没有穆斯塔菲的详细，但我们知道这条道至少在10世纪阿拔斯帝国由盛转衰时期仍然发挥着重要的作用。

撒那威就在设拉子的正南面，12世纪的文献《波斯志》详细记述了从设拉子到撒那威的道路，其记述称："从设拉子经过菲鲁兹扎巴德（Firūzābād）到撒那威有86法尔萨赫或里格。第一站路程从设拉子距离5法尔萨赫到卡费拉赫（Kafrah）；第二站距离5法尔萨赫到库瓦尔（Kuvār）；第三站距离5法尔萨赫到胡奈夫干（Khunayfqān）；第四站距离5法尔萨赫到菲鲁兹扎巴德；第五站距离8法尔萨赫到斯穆甘（Simkān）；第六站距离7法尔萨赫到哈布拉克（Habrak, Hirak）；第七站距离7法尔萨赫到卡尔津（Kārzin）；第八站距离8法尔萨赫到拉吉尔（Lāghir）；第九站距离8法尔萨赫到库兰（Kurān）；第十站从库兰到撒那威需要4天的路程，里程为35法尔萨赫。"[1] 从设拉子到撒那威约有541公里，需要13天的行程。原因就是中世纪沿着扎格罗斯山脉褶皱山谷行进，略有绕行。今天修建的公路差不多从设拉子直接向南到撒那威，距离约260公里，较古代路程差不多缩短了一半。

如上所述设拉子北上就可以到呼罗珊大道。由此形成了撒那威向北的道路网络，在西亚商业大陆体系中占有十分重要的地位，唐宋元明文献中可发现很多呼罗珊、里海南岸、中亚等地商人活动于泉州、杭州、广州、镇江等东南沿海地区，从事贸易活动。这些人中很多就是沿着呼罗珊大道向东或向西，再向南，经过设拉子，再到波斯湾如撒那威或霍尔木兹岛乘船到中国。

撒那威向西的道路除了向西北方，还有就是从撒那威乘船到巴士拉，而后或经河道或走陆路到巴格达，这里是8世纪以后的交

---

[1]《法尔斯志》，第886页。

通中心、贸易中心、消费中心、娱乐中心,不同时期的政治中心,是中世纪西亚道路的心脏和枢纽,连接着世界各地。中国奢侈品在这里成为抢手货,尤其是麝香,成为当地的极品,除了为达官贵人消费外,还在文学中常常受到歌颂。世界上名贵的香料如乳香通过海路或者陆路输入中国,尤其宋代,经过海路输入中国的奢侈品名目繁多,不胜枚举。一些学者著有香料或香药方面的研究著作。这些物品能够进入中国,波斯湾沿海港口发挥了重要的作用。

撒那威向南的道路前文已经谈及,这里略作补充。其重要道路有两条:一条就是从撒那威直接经过波斯湾到巴林,登陆后又分成三条,即向北、西、南。而最重要的道路就是向南的道路。《道里邦国志》记述:"从巴士拉至阿巴丹为 12 法尔萨赫,再至海舍巴特(Al-Khashabat)为 2 法尔萨赫,以后,则为海路。海的右岸属阿拉伯人,海的左岸属波斯人,海面宽为 70 法尔萨赫,海中有两座山,即苦赛义尔(Kusayr)和欧沃依尔('Uwayr),海的深度为70巴厄(Ba)①至80巴厄。从海舍巴特至巴林(Al-Bahrayn)城为 70 法尔萨赫,巴林城在阿拉伯海上。巴林人是一些拦劫船舶的海盗,他们不务耕稼,拥有椰枣和骆驼群。""从巴林城至都尔杜尔(Al-Durdūr)为150法尔萨赫,再至阿曼为50法尔萨赫,再至席赫尔(Al-Shihr)为200法尔萨赫,从席赫尔至亚丁(Adan)为100法尔萨赫,亚丁乃最大的港口之一。亚丁没有庄稼和牲畜,有龙涎香('Anbar)、沉香('Ud)、麝香(Misk)和来自信德、印度、中国、赞吉(Al-Zanj)、②老勃萨(Al-Habshah)、③波斯、巴士拉、久达(Juddah)、④古

---

① 阿拉伯尺,0.588 3 米。原译者。

② 桑给巴尔。原译者。

③ 埃塞俄比亚。原译者。

④ 沙特阿拉伯的吉达港。原译者。

勒祖母（Al-Qulzum）[①]等地的物产。此海乃东方大海，海中产优质龙涎香。赞吉、老勃萨、波斯均与此海通连。"[②]胡尔达兹比赫很清楚记述了从撒那威到巴林，再到阿曼、也门、红海等地道路。

这条道通往乳香的产地：阿曼和也门。从这里贩运到世界各地，也到中国，宋代文献中经常提到和阗产乳香，其实和阗不产乳香，如同今天新疆不产椰枣一样。实际上，乳香就是通过呼罗珊大道运到和阗的，这里一度成为乳香集散地。

撒那威、波斯湾、呼罗珊大道等构成了丝绸之路的庞大贸易网络，内部形成了一种分阶段运输、销售等商业模式。因此，贸易体系是一种复杂的运行体系，最后到中国我们看到的中亚商人诸如粟特商人，实际他们是贸易接力运输的最后"一棒"。也就是说我们不能孤立、单纯、表层、浅层地看待丝路贸易体系，而是要以整体、宏观、全面、普遍联系的方式去认识这条道路。

撒那威尽管在波斯湾岸边，但自始至终是道路大动脉，和干道的脉搏一起跳动，成为世界贸易体系的重要组成部分。也就是将撒那威纳入世界贸易体系去观察，会有意外的收获。因此，任何问题不能简单、机械去思考和认知。原来发现问题并不那么简单。

## 二 （新）霍尔木兹城的崛起背景与水陆交通和 贸易路线形成简要分析

就世界历史而言，14—15世纪是比较沉寂的时期，世界大国，尤其西边的大国在解体或者在衰微，加剧了动荡，由此传统不断被打破。就具体到我们考察的两座沿海城市或港口所在区域，经历

---

① 即红海。
②《道里邦国志》，第63—64页。

了四次巨大的变动。

一是12世纪末曾经不可一世的塞尔柱帝国在不知不觉中瓦解，其余续在小亚细亚扎下了根，为奥曼帝国崛起准备后续力量。孱弱的阿拔斯帝国统治者的圣旨走不出巴格达皇宫，西亚进入了诸侯纷争的时期。混乱给波斯湾商业造成一定的冲击和伤害。

二是蒙古的西征、阿拔斯王朝的灭亡、伊利汗国的建立，相互之间有因果关联的。但14世纪初，随着伊利汗国的瓦解，西亚出现很多地方王朝，诸如札剌亦儿（Jalayir）王朝、①土库曼人建立的黑羊（Qara Qoylu）王朝②等，西亚王朝林立，混战不已。

三是帖木儿帝国从中亚崛起，席卷了周边地区，也席卷了西亚，直到波斯湾，造成巨大的破坏。但1405年随着帖木儿去世，帝国很快就分裂了，处在战乱状态，并持续相当长的时间。

四是欧洲正在为文艺复兴、重商主义准备着力量。迷乱的东方，觉醒的西方。就是在这些巨大变动之时为波斯湾发展，也为西方殖民统治西亚埋下了或深或浅的伏笔。

耐人寻味的是，在如此混乱的西亚，波斯湾的霍尔木兹岛却能偏安一隅，迎来了前所未有的发展，似乎如"一夜之间"成为东西方贸易的中心。

新霍尔木兹岛崛起与撒那威城有很大的不同。首先，撒那威城作为商业贸易地超过了5千年的历史，几乎和世界文明进程同

---

① 札剌亦儿王朝是蒙古伊儿汗国解体后，札剌亦儿人于1330年代伊朗西部与伊拉克成立的小汗国。首都在巴格达，大致范围包括今伊拉克、伊朗西部及阿塞拜疆等地。

② 黑羊（Qara Qoylu）王朝是一古代的土库曼人部族联盟建立的王朝。约于1375—1468年统治今天的阿塞拜疆、伊朗西北部与伊拉克地区。因其旗帜上绘有黑羊图案，故名黑羊王朝。

步，除了短暂的衰落外，多半时间是波斯湾的明星城市，带着耀眼的光环，充满"贵族"气息。而霍尔木兹岛在14世纪以前只是一座往来船只歇脚的荒岛，几乎没有商业价值，且远离波斯湾海岸边。在一定程度上说，往来不便，与撒那威的优越条件无法相比。其次，如前文所说，霍尔木兹岛是荒岛，很长时间以来，无人居住，地域狭小，没有长流河，也没有多少物产。因此，难以为继。其三，战略位置与撒那威相比，不具有任何优势。尽管霍尔木兹岛存在不足，但往往不足恰恰就是优势，霍尔木兹岛就是将劣势变成了优势，从14—17世纪在东西贸易中发挥了重要的作用。篇幅之因，另文考察，此处略而不谈。

上文我们系统地分析了波斯湾商业繁荣的原因，这些原因只是笔者自己初步的认识和思考，但有助于我们更广泛认识、探索问题，不能简单地停留在问题的表面现象，就事论事。

## 小结

考察波斯湾典型城市的交通路线和商业贸易网络之后，可得出以下结论。

一是沿海城市自始至终和内陆城市保持着十分密切的关系。内陆城市的繁荣是沿海城市发展和繁荣的基本保证。如果沿海城市和内陆失去了紧密的联系，就会削弱沿海城市的繁荣和发展，甚至会毁灭，撒那威和（新旧）霍尔木兹城的历史以及波斯湾的城市兴衰均是很好的例证。

二是我们观察的两座波斯湾城市，尤其新霍尔木兹城，是典型的转口贸易城，本地能够生产或者为市场提供产品不多。这也决定此类城市的命运和走向，一旦转口贸易转向其他港口，诸如转到阿巴斯港，给霍尔木兹岛致命的打击。

三是波斯湾沿岸城市的交通网络因周边地区政治中心的变化而变化。波斯帝国时起点在苏萨、泰西封等；阿拉伯帝国时期启程点在麦地那、大马士革、库法、巴格达或者分裂藩属的都城布哈拉、内沙布尔、赫拉特等。交通网络的变化说明了中心的变化，也是商业中心的变化。

四是波斯湾沿海地区一以贯之地与海上丝绸之路和陆上丝绸之路连接在一起，也意味着与世界的贸易大国和世界名贵产品联系在一起。因此就有了郑和到波斯湾带去了丝绸、瓷器等，中亚的马匹经过霍尔木兹岛到达印度，南阿拉伯半岛的乳香经过和阗到达宋朝都城。中国与佛林（小亚细亚）使臣往来。[①]

波斯湾沿海城市的空间分布与格局往往和本身的地理条件有密切关系，也和世界形势变化有密切关系，我们从点的角度观察线、面的网络体系，得出一些粗浅认识。

**附录：**

一 旧霍尔木兹国王统

List of kings of Hormuz Old Kings（Muluk al-Qadim, 克尔曼的藩属至1247年）

1. Muhammed I Deramku, About 1060.

2. Sulaiman b. Muhammad Isa Jashu b. Sulaiman (d. 1150).

3. Lashkari b. Isa (d. 1189).

4. Kay Qobad b. Lashkari Isa b. Kay Qobad Mahmud b. Kay Qobad Shahanshah b. Mahmud (d. 1202).

5. Abu Nasr b. Kay Qobad (conquest of Hormuz by Atabeg of Fars, Abu Bakr)

---

①（明）陈循等：《寰宇通志》卷一一八，广文书局内府刊初印本，第14页。

6. Mir Shihab ud-Dina Mahmud (Malang) b. Isa (d. 1247) (jointly with his wife, Bibi Nasir ad-Din bt. Abu Nasr).

二 新霍尔木兹国王统 New Kings (Muluk Jadid)

1. Rokn ed-Din Mahmud Kalhati (1242—1277)（与其妻 Bibi Nasir ad-Din bt. Abu Nasr 联合执政）.

2. Qutb ud-Din Tahmtan I b. Mahmud Kalahati（由 Bibi Nasir ad-Din 摄政）

3. Seyf ed-Din Nusrat b. Mahmud (1277—1290).

4. Taj ud-Din Mas'ud b. Mahmud (1290—1293)

5. Mir Baha ud-din Ayaz Seyfi（与其妻 Bibi Maryam 联合执政；1293—1311；都城加仑岛）.

6. Izz ud-Din Gordan Shah ( ibn Salghur ibn Mahmud Malang, 1317—1311).

7. Shihab ud-Din Yusef (1317—1319)

8. Bahramshah (1319)

9. Qutb al-Din Tahmtan II b. Gordan Shah (1345—1319).

10. Nizam ud-Din Kay Qubad b. Gordan Shah (usurpation, 1345—1346).

11. Turan Shah I (Yusef) b. Tahmtan (1346—1377).

12. Bahman Shah b. Turan Shah (1377—1389).

13. Muhammad Shah I b. Bahman Shah (1389—1400).

14. Bahman Shah II b. Muhammad Shah.

15. Fakhruddin Turan Shah II b. Firuz Shah b. Muhammad Shah.

16. Shahweis Shengel Shah b. Turan.

17. Shah Salghur Shah b. Turan Shah.

18. Turan Shah II b. Salghur Shah.

19. Sayf ud-Din Aba Nasr Shah b. Shengel Shah（葡萄牙人入侵；1507—1513）.

20. Turan Shah IV b. Shengel Shah（1513—1521, 1515葡萄牙人 Albuquerque 占领霍尔木兹国）.

21. Muhammad Shah II b. Turan Shah (1521—1534).

22. Salghur Shah II b. Turan Shah (1534—1543).

23. Fakhr ud- Din Turan Shah V b. Salghur Shah II (1543—1565).

24. Muhammad Shah III b. Firuz Shah b. Turan Shah V (1565).

25. Farrukh Shah I b. Muhammad Shah (1565—1597).

26. Turan Shah VI b. Farrukh Shah (1597).

27. Farrukh Shah II b. Turan Shah VI (1597—1602).

28. Firuz Shah b. Farrukh Shah II (1602—1609).

29. Muhammad Shah IV b. Firuz Shah (1609—1622), Imam Quli Khan 以 Shah Abbas（阿巴斯一世）的圣旨占领了霍尔木兹岛。[1]

## 第五节　波斯湾中枢——霍尔木兹岛及其通往东方的水陆通道

14世纪后,霍尔木兹岛成为东西道路的要冲,其向西的道路主要有两条:一条是海路,向西到撒那威,然后至巴格达,再到欧洲与非洲;一条是向东方的道路。[2]由此形成了主要的道路网络,依托海上丝绸之路发挥着重要作用。

---

[1] https://encyclopedia.thefreedictionary.com/Ormus.

[2] Aḥmad ibn Mājid al-Najdī, Arab Navigation in the Indian Ocean Before the Coming of the Portuguese, trans by G. R. Tibbetts, London, 1971, pp.221, 222–223.

# 一 霍尔木兹岛通往各地道路

1. 向西道路。这条道路从霍尔木兹岛出发过波斯湾，然后向北到中世纪的苏鲁赤（Suruç），也就是今天阿巴斯港。而后沿波斯湾向西，到基什岛对面的胡组（Huzu），再继续沿着波斯湾和扎格罗斯山脉的山谷西行到撒那威，而后到古代的加纳巴（Jannabah），即今天的加纳韦（Bandar-i Gannāwih）；而后到古代的斯尼兹（Sīnīz），即今天的代拉姆港（Bandar-i Dailam）。后两个港口在古代与撒那威齐名，海上丝路和连接波斯腹地发挥了重要作用。而后经过阿巴丹港，再到巴士拉，与去往巴格达的水道与陆路重合。

2. 向北道路。从此港向西北方就可以到塔鲁姆（Tarum），再到鲁斯塔格（Rustaq）。在这里道路分成了两支：（1）北——东北支，从这里向北到达锡尔詹（Sirjān），再东北到克尔曼城，克尔曼城向东可以到达锡斯坦城（或扎兰季）和坎大哈。而后北上到呼罗珊大道。14世纪的一部分呼罗珊、阿富汗、中亚等地商人，若采用海路，往往经过这条路。这也是中古时期的大动脉。马可·波罗就是从克尔曼城到达霍尔木兹旧城的。（2）西北支，从鲁斯塔格向西北，经过达拉博吉尔德（Dārābjird）即达拉卜，再到法萨、萨韦尔斯坦，再到设拉子，与撒那威方向来的道路汇合，就是进入呼罗珊大道的网络体系。这条从设拉子去往（新旧）霍尔木兹的道路，如胡尔达兹比赫记述称："从巴士拉出发，沿波斯海岸航行到东方的道路：从巴士拉至哈莱克（Khārrak）岛为50法尔萨赫，其面积为1法尔萨赫的平方，岛上产谷物、葡萄、椰枣。从哈莱克岛至拉旺（Lāwan）岛[①]为80法尔萨赫，其面积为2法尔萨赫的平方，岛上产谷物和椰枣。再

---

① 今天此岛保留着原来的名称，在基什岛的西边。

至艾布隆（Abrun）岛①为7法尔萨赫，其面积为一平方法尔萨赫，岛上产谷物和椰枣。再至海音（Khayn）岛②为7法尔萨赫，其面积为0.5密勒③的平方，岛上无人居住。再至钦斯（Kis）岛④为7法尔萨赫，其面积为4法尔萨赫的平方，岛上有椰枣、谷物、牲畜及优质珍珠的采珠场。再至伊本·卡旺（Ibn Kāwan）⑤为18法尔萨赫，其面积为3法尔萨赫的平方，岛上居民是'伊巴底亚'人的采购者（Shurāt lbādiyyah）。从伊本·卡旺岛至乌尔木兹（Urmüz）为7法尔萨赫。"⑥

中古时期，霍尔木兹岛成为东西贸易的通道，如前所引穆斯塔菲记述称："从设拉子到霍尔木兹共计95法尔萨赫。"⑦这是穆斯塔菲记述的从设拉子到霍尔木兹岛，路程极为清楚，由此和呼罗珊大道连接在一起，尤其重要的是在13—14世纪波斯湾通往元朝的道路起始点主要在霍尔木兹岛，前文多次提到马可·波罗、鄂多立克等人都是从这里启程到元朝。这条道路在14世纪继续兴盛也就不足为奇。

3. 东北道路。从霍尔木兹岛出发，越过波斯湾到老霍尔木兹城（今米纳卜），再向东北到吉罗夫特（Jīrfut），向北到克尔曼城，向东到锡斯坦城。马可·波罗从克尔曼到霍尔木兹岛就是经过这条路，克尔曼、锡斯坦，甚至呼罗珊、中亚，有时采用这条道路。

---

① 应该是今天的希德瓦尔（Shidwar）岛。

② 就是今天的亨多拉比（Hindurabi）岛。

③ 即阿拉伯mīl，与英里等同。

④ 即基什岛。《道里邦国志》（第40页）称：钦斯"年收入为111 500迪尔汗（银币）"。是比较富庶的。

⑤ 从距离来测定，应该今拉腊克（Lālak）或者格什姆（Qishm）东头。

⑥《道里邦国志》，第64—65页。

⑦ 穆斯塔菲，第176页。

这是一条重要的道路。沙哈鲁的使臣阿布都·拉扎克（Abdu ar-Razzak）去霍尔木兹，再到印度时，就选择了哈烈到霍尔木兹岛的路线。他1442年1月30日到克尔曼城，2月16日启程，2月26日到达阿曼海（波斯湾）霍尔木兹岛。从这里他去往印度。[①]这说明从中亚经过克尔曼到霍尔木兹岛，再去往印度，是一条便捷的道路，尤其对商人和使臣较便利。因此，霍尔木兹岛去往西北克尔曼、呼罗珊、中亚等道路在13世纪后相当长的时间里发挥着重要作用。

4. 向南道路。此直接经过霍尔木兹海峡，与去往撒那威方向的道路重合。需要指出的是郑和到达阿曼、也门、吉达港（天方）就是采用的这条道路。由此，也反映了明显的经济、商业、文化意图。

5. 向东道路。下文有专门考察。

## 二 向东道路与航行路线

### （一）13世纪前的东方水路

向东的路线是从霍尔木兹岛出发最重要的道路之一，其构成了从巴格达到中国的海路一部分，是中古时期海上丝绸之路最为核心的路线，也是世界贸易体系的重要组成。14世纪以后仍然在贸易体系中发挥着特殊的作用，实际这条道是13世纪早期海上丝绸之路的延续。

对此，古典阿拉伯地理学文献中有大量的记述，诸如胡尔达兹比赫记述尤详，他称：霍尔木兹岛"再至沙拉（Thāra）为7日程，

---

① Abdu ar-Razzak, *Matla'u-s Sa'dain*, *The History of India by its own Historians*, London 1872, V.3, p.95.

沙拉是波斯和信德的分界。从沙拉至代义布勒（Al-Daybul）①为8日程。从代义布勒至米赫朗（Mihran）②的入海口，须行海路2法尔萨赫。米赫朗即信德河。""从米赫朗至乌特金（Utkin）须行4日，它是印度国地面的第一站。""从乌特金至库利（Kūli）为2法尔萨赫。从库利至信丹（Sindan）为18法尔萨赫。""从信丹至穆拉（Mula）③为5日程。""从穆拉至布林（Bullin）须行2日程。从布林至大汪洋（Al-Luijat al-'Uzma）为2日程。海路从布林一分为二，谁若沿着海岸走，那就要从布林至巴拜坛（Babattan）为2日程。""从巴拜坛至信吉利（Al-Sinjili）和凯步什坎（Kabshkān）为1日程。凯步什坎产稻米，从这里到库达凡利德（Kūdafarid）④的入海口为3法尔萨赫。从库达凡利德至凯乐康（Kaylakan）、利瓦（Al-Liwa）、坎加（Kanjah）为2日程。""从坎加至塞曼德尔（Samandr）为10法尔萨赫，此地产稻米。于淡水中航行15日和20日，便可以从喀姆隆（Kāmurūn）和其他地方将沉香运抵塞曼德尔。从塞曼德尔至乌尔尼申（Ornis-hin）为12法尔萨赫。""从乌尔尼申至艾比奈赫（Abinah）为4日程。艾比奈赫也产大象。谁若从布林前往塞兰迪布（Sarandib）⑤则须1日程。塞兰迪布的面积为80法尔萨赫的平方。""谁想往中国去，就需从布林转弯，经塞兰迪布的左侧至艾兰凯巴鲁斯（Alankabalūs），⑥其间有10日至15

---

① （宋）欧阳修：《新唐书》卷四三《地理志》称作提颶，中华书局，1975年，第1153页。即今卡拉奇附近，是古今海陆交通要道。
② 《新唐书》卷四三《地理志》（第1153页）称："有弥兰大河，一曰新头河（即印度河，引者），自北渤昆国来，西流至提颶国北入海。"
③ 《新唐书》卷四三《地理志》（第1153页）称作没来国。
④ 即今印度的达哥瓦里河。原译者注。
⑤ 即斯里兰卡。原译者注。
⑥ 即今尼科巴群岛。原译者注。

日程。"①

《道里邦国志》中不仅详细记录了从霍尔木兹岛到中国杭州或者泉州的海上航行路线和距离，而且比较详细记述印度与东南岛屿所出物产，诸如释迦果（Al-Qast）、盖纳（Al-Qana）、②竹子、麻栗树（Saj）、胡椒、稻米、小麦、大象、家畜、水牛、沉香、胡椒、香脂（Atr）、宝石（Yaqut）、金刚石、香料（Afwah）、香麝（Dabbat al-Misk）、麝猫（Dāb-bat al-Zabat）、椰子、金刚砂（Sunbādhaj）、水晶石（Al-Ballūr）、珍珠、犀牛、苏木（Al-Baqqam）、樟脑（树）、香蕉、鱼、铁、铅石矿、椰子、甘蔗、秤米、檀香（Sandal）、郁金香（Sunbul）、丁香（Qaranful）、黄金孔雀、犀带、河马、狒狒、斗鸡、黄牛、中国石头（玉石）、中国丝绸、中国陶瓷、水果、蔬菜、大麦、甘蔗、鹅、鸭、鸡。③

从这些物产来看，《道里邦国志》作者本身曾任阿拔斯帝国杰贝勒（Jibal，古代米底）省的邮政、情报长官，是哈里发穆尔台米德的挚友，因此是一位绝佳的商业情报员，尤其详细记述了各地的里程和物产，商业意图十分明显，不是一本简单的旅行行程志，也隐含了商业贸易的网络信息。但这里需要指出的是这些信息不是作者当时亲自旅行的记录，而是综合前人的经历。很明显从东方销往到阿拉伯帝国境内的，尤其巴格达的商品都是高附加值的或者紧缺产品，而不是普通商品。④

胡尔达兹比赫生活的时期是我国的晚唐时期，如大唐帝国一样，阿拔斯帝国也处在由盛变衰的过程，但这并没有妨碍阿拔斯帝国的东方贸易。此后又迎来了中国与大食之间贸易的高峰，并一

①《道里邦国志》，第65—72页。
② 一种贵重木材。原译者说是标枪木。
③ 这些物产是按照《道里邦国志》中出现的顺序排列的。
④《道里邦国志》，第73—74页。

直持续了600年，直到晚明。而郑和下西洋只是无数次贸易中规模较大的几次，且是官方性的。实际上，民间贸易发达且频繁，中国和大食商人往来于波斯湾—印度洋—东南亚、中国之间，构成一幅繁盛的贸易图景。在奢侈品贸易中，香料贸易在宋朝最为繁盛，宋代史料中举不胜举，因篇幅之因，仅举几列如下。

《宋史》中记载："建炎四年，泉州抽买乳香一十三等，八万六千七百八十斤有奇。"绍兴六年"大食蕃客啰辛贩乳香直三十万缗"。[1]

香料数量惊人，另一方面也说明宋朝人消费能力的强大，贸易与消费之间达到了一种平衡，构成了中古世界的贸易网络和旺盛供求关系。

《诸番志》大食国条记述了大食（阿拉伯）输入的香料，诸如乳香、龙涎香、木香、丁香、肉豆蔻、芦荟、沉香、檀香、茴香、金颜香、降真香、胡椒、没药、血竭、安息香、蔷薇水等。[2]

从历史的维度而言，赵汝适和胡尔达兹比赫两人生活的时代相距并不遥远，他们对香料的记述来看，所谓来自大食的香料不一定都是产自大食，甚至绝大部分产自印度或者东南亚各岛屿。由此，大食（阿拉伯）商人承担了贩运者的角色，而不是本地产品贩运的角色。这就也反映了唐宋以降的香料贸易者——大食人所谓的朝贡实际上就是一种地地道道的贸易往来。因此，学者对香料贸易所反映的世界贸易网络十分关注，作了深入的研究，以此揭示中古时期东西的贸易潜在规则和运行体系。[3]

---

① （元）脱脱：《宋史》卷一八五《食货志》下（七），中华书局，1977年，第4537页。

② 《诸蕃志》，第90页。

③ 林天蔚：《宋代香药贸易史》，中国文化大出版部，1986年。［日］斯波义信：《宋代商业史研究》，庄景辉译，浙江大学出版社，2021年。黄纯艳：《宋代海外贸易》，社会科学文献出版社，2003年。

## （二）13世纪后道路终点的变化

霍尔木兹岛在作为东西道路重要的连接点之前，13世纪前只是一处东西往来的普通驿站，但13世纪后，逐渐成为东西贸易货品的集散地和东西南北往来的交通枢纽，繁荣一时。14世纪的穆斯塔菲对这条去往东方的道路有简要记述，并有变化。他说：

> 从基什岛到亚当（易卜拉欣）天堂降落到地面的萨兰迪波（锡兰）剩余的东方向道路里程：从基什（岛）行18法尔萨赫到阿巴尔卡凡（Abarkafan）岛，再7法尔萨赫到乌尔姆斯（Urmūs 即霍尔木兹）岛，再70法尔萨赫到法尔斯边界与信德之间的巴尔（Bār）岛，再80法尔萨赫到达伊布勒（Daybul），其距离米兰大河（Mihrān，印度河）河口2法尔萨赫，该河是信德的一条大河。再40法尔萨赫到安吉尔（Ankir，乌塔金，Utakīn），这里是印度的地界。……从基什岛到锡兰全程为317法尔萨赫，从设拉子为405法尔萨赫，从伊斯法罕为475法尔萨赫，从卡尚为507法尔萨赫，从萨韦为529法尔萨赫，从孙丹尼牙为571法尔萨赫。[①]

这里谈到了几个重要的起点城市，其中孙丹尼牙（苏丹尼亚）显得十分重要，原因就是道路的起点不再是巴格达，而是伊利汗国的都城孙丹尼牙，也就是说此时道路的中心或者贸易的中心发生了变化，由此西亚的奢侈品消费地也随之发生变化，奢侈贸易的重点本就是为伊利汗国的都城贵族服务的，于是，财富汇集到伊利汗国国都，造成统治者消费无度，乱行赏赐，如《史集》说："因为乞合都是个非常慷慨的君王，他的赏赐的费用极大，世上的金钱对他来

---

[①] *al-Qulūb*, pp.175–177.

说不够用,所以他赞成推行此事。撒都剌丁想在国内规定别人还没有规定过的惯例,因此在这方面做了许多努力。"[①]因此造成了国库空虚,物价飞涨,民不聊生,结果大批土地撂荒,反过来财源减少,武备松弛。[②]另一方也反映了消费中心和贸易中心在悄然发生变化,贸易直接为首都服务,于是,出现了从伊利汗国都城经过伊朗中部(吉巴勒或米底)到霍尔木兹岛,再到锡兰,而后到中国的路线。这是一条便捷的消费道路,但也可发现贸易路线没有发生根本性的变化,但终点站在不断发生变化,这取决于政治中心和消费中心的变化。

因此,可知这个道路是从霍尔木兹海岛到印度河,再到锡兰,再到中国主要是水路通道,也是海上丝绸之路的重要组成部分。是和前边从设拉子到海岸的道路是连接一起的,也同于元明两代往来的道路。

## (三) 与水路平行的向东陆路

这里需要补充的是除了以霍尔木兹岛为中心东西往来的海上道路外,还有与之平行的陆路通道,从霍尔木兹岛向东,过波斯湾,而后到旧霍尔木兹城(今米纳卜附近),然后折向东南,沿着波斯到今天的贾斯克港(Badar-i Jāsk),这里是波斯湾与阿拉伯海(阿曼海),古代大食文献被称为中国海,原因就是从这里可以去往中国。从贾斯克港沿着阿拉伯海向东,经过几个沿海的城市,就可以到著名的提兹(Tīz)城,此城今称作提斯或提兹(Tīs、Ṭīs、Tīz),是伊朗锡斯坦—俾路支省恰赫巴哈尔(Chābahār)州中心区卡姆比勒—苏莱曼(Kambel-e Soleyman)乡的村名,人口有3.7千。曾是海上丝

---

① 《史集》,第3卷,第232页。
② 《史集》,第3卷,第201—202页。

绸之路上重要通道，今天的港口在恰赫巴哈尔城，应该就是提兹港的一部分。

提兹（Tīz）港既是重要的阿拉伯海商业港，也是通往陆路的重要连接点，广有影响。诸如10世纪后半叶到1055年布伊王朝统治着法尔斯地区，也控制着霍尔木兹地区，其在中西贸易中，尤其是在与宋朝贸易中发挥了相当重要的作用。《密斯卡威史》记述970年12月布伊王朝统治者阿杜德道拉（Adhud Dawlah）的将领阿比德·本·阿里（'Abīd B. Alī）横扫了克尔曼地区，将其势力范围扩张到霍尔木兹、提兹（Al-Tīz）、马克兰等地，并自立为主。①

提兹向东方向就可以到达马克兰地区首府凡纳兹卜尔（Fannazbūr）或班纳吉卜尔（Bannajbūr）城，现在称作本杰古尔（Panjgur），是巴基斯坦俾路支（Balōčistān）省本杰古尔区的一座小城，是通往波斯湾、巴基斯坦俾路支省西部和伊朗的交通要道，是海上丝绸之路重要组成，今天的瓜达尔港就在阿拉伯海沿岸。穆卡迪斯较详细记述了提兹，并称："提兹位于海边。周边到处生长有椰枣树，还有舒适的客栈和漂亮的寺院。""是著名的海港。"他还说班纳吉卜尔（Bannajbūr）城有两座城门，其中一座城被称作提兹门（Bāb Tīz），因从此门启程的道路向西南通往提兹港。非常重要的一点是他提到了从提兹到达伊布勒（Daybul）的里程道路。他说："从马克兰的提兹到基斯（Kīs或Kīj）有5站，再到凡纳兹卜尔有2站，再到达扎克（Dazak）有3站，而后相同的距离到拉萨克（Rasak），再相同的距离到法哈拉·法哈拉（Fahala-Fahra），而后到艾斯非卡（Asfiqa）有2站，而后到班德（Ban）有1站，而后到比赫

---

① *Miskawaihi: Kitāb Tajaarub allumamī, The Eclipse of the 'Abbasid Califate*, trans by Margoliouth, Oxford 1921, V2, p.321.

（Bih）有1站，而后卡斯尔·坎德（Qasr-Qand）有1站，而后阿拉玛比勒（Aramābīl）有6站，而后达伊布勒有4站。"[①]穆卡迪斯记载述这条道路靠内陆一些，因此里程较长，但如果从提兹直接沿海向东行进，路程要近很多。

## （四）东西往来船只的速度辨析

前文胡尔达兹比赫提到霍尔木兹岛"再至沙拉（Thāra）为7日程，沙拉是波斯和信德的分界。从沙拉至代义布勒（Al-Daybul）为8日程"。胡尔达兹比赫提到了两个重要的信息：一是沙拉（Thāra），实际里程对比，就是（Tīz）。[②]二是提供了从霍尔木兹岛到达伊布勒（Daybul）或代义布勒（Al-Daybul）的海上路程为15日程。从卫星地图测定，从霍尔木兹岛到达伊布勒（Daybul）即卡拉奇距离1 200公里。这就是说当时船只每日的航程为90公里，和600—700年后的速度基本一致的，《西洋番国志》称从古里国[③]向西到忽鲁谟斯国，"投西北行，好风二十五日可到"。[④]两地距离约为2 500公里，也就是每日的行程约为100公里。说明船只航行的速度并没有发生变化。原因分析如下。

首先，当时的船只靠"好风"航行，也就是靠季风无动力航行。[⑤]而且依靠季风，有季节性。从波斯湾经印度到中国的船只，

---

① 穆卡迪斯，第420、427页。

②《道里邦国志》（阿拉伯文）第62页校勘G条，德古耶编：《阿拉伯舆地丛书》本。

③ 古里国（Kallikkottai），又作"古里佛"，今印度西南部喀拉拉邦的科泽科德（Kozhikode）附近，是位于南亚次大陆西南部的古国，为古代印度洋海上的交通要道。古代与中国交流频繁，宋时称作南毗（Namburi）国，元时称作"古里佛"，明时称作"古里"。伊本·白图泰称作卡里卡特（Kalicut）。有时也作公鸡堡垒（Cock Fort）。

④《西洋番国志》，第41页。

⑤ Peter Ridgway: *Indian Ocean Maritime Histroy Atlas*, The Great Circle, 2005, Vol.27, No.1 (2005), pp.34–51.

等到东南长季风（4—9月）后启程；反过来，从中国到波斯湾的船只，先利用东北季风西行到印度，然后再等待西南季风，而到波斯湾，前后需要两年。[①]靠自然风力，无论什么级别和技术的船只，速度比较一致。

其次，阿拉伯人是沿着古代波斯帝国时期的传统路线航行，中国下西洋的船只也是按照这条路线行进的，甚至领航员中可能有阿拉伯人，因为郑和船队中很多会阿拉伯语的人，因此船速基本一致。

第三，13世纪后船只制造虽有改进，但仍然是吨位不高的船只，只能沿着大陆边缘，不能进行深海远洋航行，无法大幅度提高速度。

从上述航行速度比较，显然近海航行的路线显然是最为捷径，也最经济。

以霍尔木兹岛为中心的道路，无论是沿陆路还是海路，在世界道路体系中十分重要，也是东西贸易的大动脉，以往学者都是在宏观角度考察这条道路，但微观分析不足。

## 三　霍尔木兹岛崛起缘由分析与世界贸易网络变化

这里还有一个问题需要交代，就是伊利汗国灭亡后，为什么霍尔木兹岛不断繁盛起来，又为什么成为东西贸易的中心和商品的集散地。回答这一问题实际上最为艰难和复杂的，也是撰写本书的意图之一。由于艰难和复杂之因，我们这里作一些简要的宏观分析。

---

[①] Kenneth R. Hall, *Ports-of-Trade, Maritime Diasporas, and Networks of Trade and Cultural Integration in the Bay of Bengal Region of the Indian Ocean: c. 1300–1500, Journal of the Economic and Social History of the Orient*, 2010, Vol.53, No.1/2, *Empires and Emporia: The Orient in World Historical Space and Time* (2010), pp.109–145.

首先，14世纪末以后西亚地区出现了混乱的局面，尤其曾经的商业贸易中心遭到破坏，曾经的消费中心受到前所未有破坏。由此形成了很多贸易和消费中心诸如撒马尔罕、哈烈（赫拉特）、大不里士，以及欧洲君士坦丁堡、基辅、巴黎等。于是，霍尔木兹岛成为商品集散地，从这里各地商人将商品运输到各地的消费中心。和以往商人将产品直接从产地直接运往消费中心的采购—批发—零售一条龙服务有很大的差别。根本原因就是各地局势混乱，大商人为了避免损失，采取从过去的一站式贸易转变分段贸易的策略，每种类型的商人承担的角色完全不同。而霍尔木兹岛就承担起货物集散地的作用。比如将和田的马匹货物经过中亚、巴里黑（马扎里沙里夫）、赫拉特、霍尔木兹岛、果阿，然后销售到印度各地。[①]印度与西亚之间，尤其马八儿与波斯湾贸易频繁。通过马八儿与西亚、中国贸易往来。[②]这种转口贸易暂时带来了霍尔木兹岛或波斯湾地区的繁荣，但不能长久。也有学者认为："忽鲁谟斯从一个满足克尔曼和锡斯坦需要的地方城市，崛起为同国际接轨的一大商业中心。忽鲁谟斯的繁荣取决于它的内部因素。忽鲁谟斯为了保障其经济发展只好为贸易和商业交流提供安定的环境，唯有这样外国商船才会源源不断地在忽鲁谟斯港停泊。保持这种局面需要长期监控伊朗大陆及远至印度的局势变化。在印度方面，保持与喀拉拉港（Kerala）、古吉拉特港（Gujarat）的贸易至关重要。同阿拉伯半岛及非洲沿岸主要港口的联系，同今天的伊拉克地区和通

---

① Srinivas Reddy: *Stallions of the Indian Ocean, Exploring Materiality and Connectivity in Anthropology and* Beyond, ed by Philipp Schorch, Martin Saxer, Marlen Elders, UCL Press 2020, pp.98–115.

②《元史》卷二一〇《马八儿国》载："凡回回国金珠宝贝尽出本国，其余回回尽来商贾。"第4670页。

过叙利亚与地中海东部地区进行的贸易亦同样重要。"[①]实际上这是表面现象，其实质如前所说外部贸易环境正在发生变化，是欧亚传统路线变化和西方重商主义挤压的结果。后文作进一步分析。

其次，13世纪以后霍尔木兹岛贸易多半是初级产品，尤其活体贸易活跃，销往各地。这一问题如下作简要考察。

从马可·波罗时代开始，马匹成为霍尔木兹岛活体贸易的大宗商品，尤其是战马，主要销往印度。马可·波罗记述说印度马八儿（Mābar）的马匹多半从西亚运来，并称："此国不养马，因是用其大部分财富以购马；兹请述其购取之法。应知怯失（Kais，基什岛）、忽鲁模思（Ormuz）、祖法儿（Dhafar）、琐哈儿（Sohar，苏哈尔）、阿丹（Aden，亚丁）诸城之商人屯聚多马，其他数国数州之人亦然；由是运输入此国及其他四兄弟之国。一马售价至少值金500量（poids），合银百马克（marc）有余，而每年所售甚众也。国王每年购入2 000余匹，其四兄弟之为国王者购马之数称是。每年购马如是之众者，盖因所购之马不到年终即死；彼等不知养马，而且国中无蹄铁工人也。售马之商人不愿失其每年售马之利，运马来时，不携蹄铁工人俱来，缘是每年获利甚巨。其马皆用船舶从海上运载而来。"[②]马可·波罗又记述加异勒（Cail，Kayal）"自怯失（Kais，基什）、忽鲁模思（Ormuz）、阿丹（Aden）及阿剌壁全境，运载马匹及其他货物而来者，皆停泊于此"。[③]

马可·波罗观察后认为印度喜欢出资购买阿拉伯马，并由海路运到印度，但他们不会养马，尤其不会用马蹄铁，造成马匹大量

---

①《元明文献中的忽鲁谟斯》，第19页。
②《马可波罗行纪》，第621—622页。
③《马可波罗行纪》，第642页。

死亡,而商人一味牟利,由此恶性循环。这只是表面现象,大量购买马匹另有原因。我们在后文分析。

印度人不善于养马,和马可·波罗同时代的波斯史家瓦萨夫也说过:"奇怪的是,(从霍尔木兹海岛等地)当那些马到达那里时,没有给马匹喂生大麦,而是喂炒熟的大麦和涂有黄油的谷物,和煮熟的牛奶喝。他们在马厩里将马匹用绳子拴在拴马桩40天,让马匹长膘。而后,印度士兵没有经过任何训练,也没有马镫和其他骑具,像恶魔一样骑在它们身上。""在很短的时间内,最强壮、最敏捷、最新鲜、最活跃的马匹都会变得虚弱、迟缓、无用和愚蠢。""因此,每年都需要不断地获得新一批马。因此,回教国家的商人将它们带到马八儿。"同一作者又说每年输入印度的马匹超过一万匹。[1]

16世纪初瓦尔斯马(Varthema)看到在卡纳诺尔(Cananor)港,穆斯林商人将波斯马运往维贾亚纳加尔帝国,生意兴隆。[2]1536—1537年,职业贩马商法尔诺·努尼兹(Farnao Nuniz)注意到维贾亚纳加尔帝国的统治者克里什纳·韦陀·拉亚(Krishna Deva Raya)要求商人"将马匹从霍尔木兹(Oromuz)和亚丁(Adden)运到其国,从而商人获得了称心如意的巨大利润"。[3]这些从西亚经霍尔木兹岛贩运到印度的马匹,被称为舶来

---

[1] Wassaf, *Tazjiyatu-l Amsár wa Tajriyatu-l Ásár*, extracts translated by Elliot and Dowson, *The History of India by its own Historians*, London 1868, V.3, pp.33–34.

[2] Ludoyico Di Varthema, *Travels of Ludoyico Di Varthema in Egypt, Syria, Arabia Deserta and Arabia Felix, in Persia, India, And Ethiopia, A.D. 1503 to 1508*, transl, from the original Italian edition of 1510, with preface by John Winter Jones, & edited with notes and an introduction by George Percy Badger, London, 1863, p.124.

[3] Robert Sewell, *A Forgotten Empire (Vijayanagar), A Contribution to the History of India*, London, 1900, '*Chronicle of Fernao Nuniz*', p.307.

马（Bahri）。[①]每匹的价格也不等，阿拉伯马最高卖到4 000天罡（Tanka），[②]普通的蒙古马100天罡。[③]

《岛夷志略》专门提到了季风以及运输马匹的船只，"小唄喃，地与都拦礁相近。厥上黑坟，本宜谷麦。居民懒事耕作，岁藉乌爹运米供给。或风迅到迟，马船已去，货载不满，风迅或逆，不得过喃巫哩洋，且防高浪阜中卤股石之厄。所以此地驻冬，候下年八九月马船复来，移船回古里佛互市"。[④]

15—16世纪霍尔木兹岛与东方之间贸易达到高峰，而后逐渐开始衰落，让位给了葡萄牙人。[⑤]此时多是高附加值的产品，诸如丝绸、瓷器、贵金属等，容易保存或者贵重，可获得更高的回报。

我们列举上文的文献不是简单想说这是一种商业贸易活动，而是和军事活动与战争有关。众所周知，印度近代以前的历史和西北方向不断被入侵有关，今天印度主体民族祖先就是从西北进入印度，而后中亚、西亚等地较有影响的民族，不断入侵印度，诸如塞人、波斯人、月氏人、贵霜人、突厥人等，7世纪后有阿拉伯人、萨曼人、哥吉宁人、蒙古人、帖木儿朝人及其后裔莫卧儿人等。尤其12世纪以后建立起德里苏丹，他们和当地各土邦、南部印度王国不

---

① Bahri, 直译就是"海的"。

② 是一种银币的名称，约等于1/8银币（Dirham），即0.5克重，但各地兑换差异较大。但重量不是决定其价值唯一一标准，只是一种等价物。明朝马欢称：榜葛剌（孟加拉）"国王以银铸钱，名曰倘伽，每个重官秤三钱，径一寸二分，底面有文，一应买卖皆以此钱论价。"（《瀛涯胜览校注》，第59—60页。）

③ Ranabir Chakravarti, *Horse Trade and Piracy at Tana (Thana, Maharashtra, India): Gleanings from Marco Polo, Journal of the Economic and Social History of the Orient*, 1991, Vol.34, No.3(1991), pp.159–182.

④《岛夷志略校释》，第321页。

⑤ Shireen Moosvi, *India's Sea Trade with Iran in Medieval Times, Proceedings of the Indian History Congress*, 2009–2010, Vol.70 (2009–2010), pp.240–250.

断战争,莫卧儿帝国建立后延续了德里苏丹政权的做法,继续向德干高原、印度东部、东南部用兵。战争消耗大量的战马,德里苏丹、莫卧儿帝国可以从中亚、西亚补充战马。而南部战马产量有限、战争消耗大、饲养等因素,加之马匹是战略物资,北边历代政权不可能让大量的战马通过自己领土运往敌对地区。"不可否认的是,在印度南部的战争中损失了大量马匹,或被德里的苏丹经常抢夺,促使马匹大量需求的背后的主要因素。"以及马匹管理不善造成一定损失也有关。[①]因此,需要补充战马。

印度南部需要解决战马的问题,唯一的办法就是从海外进口。据学者研究,从公元前2世纪起就从印度西北边境进口战马。[②]笔者以为可能更早一些。到了中世纪,印度南北战争频繁,优质战马主要来自阿拉伯半岛、伊朗、中亚、高加索等地。这些战略物资经过霍尔木兹岛,作为商品输入南印度,而后成为战马。因此,霍尔木兹岛与印度马匹贸易兴盛和不断升级的战争有直接的关系。诚然,贵族将极少数马匹作为宝物饲养,也是情理之中的。因此,元明两代文献称:"古里佛,当巨海之要冲,去僧加刺密迩,亦西洋诸番之马头也。山横而田瘠,宜种麦。每岁藉乌爹米至。行者让路,道不拾遗,俗稍近古。其法至谨,盗一牛,酋以牛头为准,失主仍以犯人家产籍没而戮之。官场居深山中,海滨为市,以通贸易。地产胡椒,亚于下里,人间居有仓廪贮之。每播荷三百七十五斤,税收十分之二,次加张叶、皮桑布、蔷薇水、波萝蜜、孩儿茶。其珊瑚、真珠、乳香诸等货,皆由甘理、佛朗来也。

---

[①] Nazer Aziz Anjum, *Horse Trade In Medieval South India, Proceedings of the Indian History Congress*, 2012, Vol.73, pp.295–303.

[②] *Horse Trade In Medieval South India, Proceedings of the Indian History Congress*, 2012, Vol.73, pp.295–303.

去货与小唄喃国同。畜好马，自西极来，故以舶载至此国，每匹互易，动金钱千百，或至四十千为率，否则番人议其国空乏也。"①西洋古里国"好蓄马"。②

因此，学者分析称："如果说中世纪早期印度的对外贸易显然是与域外的阿拉伯人长期往来形成的，那么对战马需求的稳定增长就被需求成为一种贸易特色。因前工业时代马在战争中的重要性和通信中的快捷怎么强调都不过。"③

霍尔木兹岛活体贸易或者初级产品贸易的繁荣与衰亡和周边政治、军事、消费网络等因素有关，需要具体问题具体分析，不可一概而论。

再次，世界贸易格局在悄然发生变化，葡萄牙逐渐成为海上霸主，他们经过了非洲、波斯湾、印度洋，一直到远东。④原来阿拉伯商人独大局面正在被打破，西方的势力正在崛起，重商主义逐渐代替重农主义，一家一户式作坊生产正在被资本主义生产代替。出现了原有规则的混乱和无序，体现了其在霍尔木兹岛上的竞争暂时取得了成功。"葡萄牙人成功的关键就是他们迅速占领了非洲东海岸的马林迪（Malindi）、阿拉伯半岛的霍尔木兹和亚丁以及印度的果阿等主要港口城市。印度洋海上贸易的这些节点同时具有渗透性和持久性。即使在被葡萄牙人占领之后，这些港口仍继续

---

① 《岛夷志略校释》，第325页。

② 《寰宇通志》卷一一八，第16页。

③ Ranabir Chakravarti, *Horse Trade and Piracy at Tana (Thana, Maharashtra, India): Gleanings from Marco Polo, Journal of the Economic and Social History of the Orient*, 1991, Vol.34, No.3, pp.159–182.

④ 罗伯特·古德温：《西班牙：世界的中心 1519—1682》，蔡琦译，九州出版社，2023年，第22—37页。

繁荣发展,并见证了船只、商品和商界不断往来。"[1]这种繁荣是旧有秩序的延续,而非新来者葡萄牙人创立的体系。学者评论称:"重点要记住的是,葡萄牙在印度洋的出现并没有创造出新的贸易网络。相反,打破本来由阿拉伯商人主导的早已成熟、系统有序、管理有方的贸易王国。"[2]这种秩序交替或者竞争表面上看来是波斯湾的霍尔木兹岛内部的竞争,实际上是新贸易秩序与旧贸易秩序之间、西方现代市场与东方传统经营、西方思想价值观与东方思维模式之间的一次深层的对抗与竞争,为以后更大的冲突埋下了伏笔,此后几百年西亚彻底输给了西方,如同废弃的霍尔木兹岛一样,不断受到西方列强的一次又一次打击。因此,14世纪以后的霍尔木兹岛暂时的繁荣,如漫长历史的一次回光返照。

又次,霍尔木兹岛衰荣的背后就是欧亚大陆形势的变化。此时,出现了旧弱新强的局面。中古时期世界局势牢牢被掌控在老牌帝国崛起地区或者从欧洲经过西亚(波斯、大食等)到远东,前后建立过波斯帝国、罗马帝国、阿拉伯帝国、东方各大帝国,他们鲜明的特征就是:1. 占有气候较为温暖的地区;土地肥沃,物产丰富,农业成熟。2. 机制健全。文化发达,制度完备、管理系统是标准的重农(农本)主义国家。3. 相互往来频繁,互补性强。著名的丝绸之路经过这一区域。4. 本身多半体量庞大,控制范围辽阔,多半帝国之间相邻而居,既有战争也有和平。正是有了这样的特点,也显露自身不足,比较固守传统,不愿意从根本上改变现状。就在此

---

[1] Srinivas Reddy: *Stallions of the Indian Ocean, Exploring Materiality and Connectivity in Anthropology and* Beyond, ed by Philipp Schorch, Martin Saxer, Marlen Elders, UCL Press 2020, pp.98–115.

[2] N. Michael Pearson, *The New Cambridge History of India: The Portuguese in India.* Cambridge: Cambridge University Press 2008, pp.11–12.

时，在帝国的边缘崛起了新的势力或者政权，旧势力或被消灭或被迫臣服。[①]主要有三大势力或新体系。

第一大势力就是奥斯曼帝国—萨法维王朝—莫卧儿帝国，[②]他们有相近文化的背景，但民族、历史、语言等有差异。仔细分析他们的崛起有惊人的相似之处，那就是他们都是在蒙古国控制地区崛起的，是在蒙古帝国的废墟上发达起来的，但他们所面对手是有差别的。奥斯曼帝国面对的是拜占庭帝国；萨法维王朝面对的是虚弱的帖木儿王朝及其后裔；莫卧儿帝国面对的是德里苏丹。这三个王朝差不多在同时崛起，在此过程中，波斯湾或者霍尔木兹岛以北地区战乱频繁，域外商人难以在这样的环境中从商，只有当地人承担内陆贸易，诸如战争物资或工具，极为畅销。于是，战争之故，曾经繁盛的陆上丝绸之路，让位给了海上丝绸之路，稍早的郑和下西洋也是这种局势背景的一种隐形反映。

奥斯曼帝国、萨法维王朝、莫卧儿帝国在历史上辉煌一时，但在西方列强的打击下瓦解或者灭亡，是东方晚期帝国终结，紧接就是东南亚、远东帝国的终结。霍尔木兹岛也失去了往日的辉煌。

第二大势力就是罗斯人（基辅罗斯—莫斯科—莫斯科公国—沙皇俄国）逐渐崛起。基辅罗斯时期他们将眼光放在西南的拜占庭，与他们处在亦战亦和的状态，也学习到了先进的文化，皈依东正教，成为东基督教世界的一部分，但不断受到东边游牧民族的挤压和袭扰，尤其是13世纪初的蒙古人的袭来，彻底成为蒙古帝国，后来金帐汗国的附庸，一直到14世纪初，莫斯科大公国陆续吞并四

---

① ［美］尼古拉斯·斯皮克曼：《和平地理学》，俞海杰译，上海人民出版社，2016年，第53页。

② Douglas E. Streusand, *Islamic Gunpowder Empires: Ottomans, Safavids, and Mughals*, Westview Press, Colorado, 2011, pp.29, 135, 201.

周王公领地,国势渐强。经过200年征伐,16世纪中叶伊凡四世时代,莫斯科大公国改称沙皇俄国。[1]值得注意的是沙皇俄国崛起和南边奥斯曼帝国、萨法维王朝、莫卧儿帝国的崛起有相似的背景,即蒙古政权金帐汗国在衰落或瓦解,格鲁塞用悲凉语句称之为"最后一批蒙古人"。[2]但和后三个王朝的命运完全不同的是,沙皇俄国建立了横跨欧亚的大帝国,"最终,在15世纪末,莫斯科公国甩掉了蒙古人统治的枷锁成了一个真正独立且中央化了的罗斯国家的中心"。[3]西欧人担心的是俄罗斯帝国疯狂向东方扩张领土,转身枪口对准西欧,于是麦金德提出"世界岛"的主张,隐晦地说"帝国向西进军","现在俄国取代了蒙古帝国";还说:"在全世界,它占领了原由德国掌握的在欧洲的中心战略地位。""枢纽国家向欧亚大陆边缘地区的扩张,使力量对比转过来对它有利。"于是从欧洲国家找到对抗枢纽国家,即沙皇帝国的势力,目的就是遏制俄国人扩张势头。[4]至今俄罗斯领土基本保持着沙俄时期的大致样貌,同时西方将俄罗斯称之为"非文明国家",显然麦金德的地缘政治学说起了作用。尽管沙皇俄国成为陆上帝国,但试图找到向西、向南的出海口参与海洋的争霸,但没有成功。[5]

14世纪末不断崛起的俄罗斯和余晖中的帖木儿帝国王朝像两扇大门控制欧亚大陆的道路。再加上中间的逐渐衰微但依然

---

[1] Maureen Perrie(ed), *Cambridge History of Russia*, Cambridge University Press 2006, V.1, pp.47, 98, 213.

[2] [法]勒内·格鲁塞:《草原帝国》,蓝琪译,商务印书馆,1999年,第593页。

[3] [英]詹姆斯·菲尔格里夫:《地理与世界霸权》,龚权译,上海人民出版社,2016年,第182页。

[4] [英]哈·麦金德:《历史的地理枢纽》,林尔蔚、陈江译,商务印书馆,1985年,第45、51—62页。

[5]《地理与世界霸权》,第183页。

强大的帖木儿帝国，于是，欧亚传统的商路被堵得结结实实，只有在特定区域许可的才能进行贸易。[1]陆路被堵死，海路却逐渐被打开。

如前的情形下，第三个势力登场，首先就是葡萄牙，而后就是其他西方列强。[2]西方正在进行制度性的转变和生产方式的大变革，重商主义崛起。[3]欧亚的陆路除了政治形势外，对于追求利润的重商主义者来说，用最小成本换取最大的回报是头等大事。就运输成本、道路安全、投入费用等因素而言，水运是最为经济的运输方式。于是，西方商人绕过非洲之角，到了亚洲，首选的就是波斯湾霍尔木兹岛。这里本来就是中转之地，西方商人的到来贸易集散地和物资补给。尽管霍尔木兹岛地理条件优越，交通便利，但这里既不是生产地，也不是消费地。对于追求利润的商人，尤其西方商人而言，霍尔木兹岛未免有些狭小。这点13世纪以前商人已经注意到了，由此消费地或者商品集散地设在马八儿（马拉巴尔）。[4]16世纪以后葡萄牙人夺占印度西海岸的果阿，[5]两者相距不远，但背靠的是印度大市场，向东就是远东大市场。但向西去的第一站贸易大集散都是霍尔木兹岛。由此就会发现霍尔木兹岛大

---

① Beatrice Forbes Manz, *The Rise and Rule of Tamerlane*, Cambridge University Press Cambridge, 1989, pp.1–21.

② 张恩东：《不列颠的崛起：英国巨舰与海上战争》，机械工业出版社，2017年，第12—36页。

③ ［瑞典］拉斯·马格努松：《重商主义政治经济学》，梅俊杰译，商务印书馆，2021年，第23页。

④ D. Howard Smith, *Zaitún's Five Centuries of Sino-Foreign Trade*, *The Journal of the Royal Asiatic Society of Great Britain and Ireland*, Oct., 1958, No.3/4, pp.165–177.

⑤ Jean Aubin, *Un Voyage de Goa à Ormuz en 1520*, *Modern Asian Studies*, 1988, Vol.22, No.3, Special Issue: Asian Studies in Honour of Professor Charles Boxer (1988), pp.417–432.

致处在东西方贸易距离较为中间位置。[①]从经济角度而言,这里到各地费用差不多的是最低的,于是也符合了商人追求利润的要求。因此,欧亚大陆上兴起各大势力和政权,反而造就了霍尔木兹岛表面的繁华,但潜伏着危机,甚至无异于饮鸩止渴。

又次,中古时期世界的主轴之一就是农耕世界与非农耕世界交往。游牧世界在13世纪以后逐渐于霍尔木兹岛展现出来,促进了此地繁荣。从游牧民族兴起后,数千年来,农耕与游牧之间从来没有交流。著名历史学家吴于廑先生提出游牧世界对农耕发生了三次冲击。蒙古西征冲击是最后一次,也是最大的一次,范围包括东亚、中亚、南亚、西亚、东欧和中欧。[②]这次冲击表面具有巨大破坏性,但实际上也是一种文明或经济交流的方式。[③]农耕与游牧冲击时代,双方的交往十分频繁,尤其在边界地区,诸如中国历史的茶马贸易延续上千年,尤其在唐宋明时期达到高潮,交往是全方位的,既有线性交往,也有面上交往。如吴于廑先生所说:"游牧世界对农耕世界的第三次大冲击结束的时候,世界历史已经进入十四、十五世纪之交。"两个世界多方位交往,转化为点对点的交往。霍尔木兹岛恰好就是两个世界的交往点,于是东非、阿拉伯岛、南波斯、中亚、南俄草原等游牧产品,尤其马匹在此地交易,又运往世界各地。表面上来看,霍尔木兹岛的繁荣恰好说明世界两大农耕社会与游牧社会的交往正在衰落,另一股势力正在崛起,葡萄牙人占领非洲沿海、霍尔木兹岛、果阿并不是一件孤立的事件,一件改变

---

① Shireen Moosvi, *India's Sea Trade WithI Iran In Medieval Times, Proceedings of the Indian History Congress*, 2009–2010, vol.70 (2009–2010), pp.240–250.

② 吴于廑:《世界历史上的游牧世界与农耕世界》,《云南社会科学》1983年第1期。

③ [日]杉山正明:《游牧民的世界史》,黄美蓉译,北京时代华文书局,2013年,第288、363页。

世界面貌的事件随之而来——西方殖民时代开始，首当其冲就是曾经繁华之地，如霍尔木兹岛，是一种制度对抗另一种制度，或者如前所说一种经济模式对抗另一种模式，结果不言而喻。

值得注意的是15世纪以前农耕社会，无论东西南北都是重农（农本）主义的，蔑视重商主义。吴于廑先生认为：农耕社会"都是耕织结合的自足经济，但西方封建农本经济有其可注意的特点"。"由农本而重商的变化最初发生在西欧，变化起因于农本经济的内部，商业和城市经济由封建农本经济的附庸发展为它的对立物，促使它转向商品经济"。"重商主义是资本主义工业世界涌现的历史前奏"。[①]这些认识在一定程度上是霍尔木兹岛表面繁荣的一个注脚，也是认识14世纪以来世界历史变迁的认识。也就是说既不重农，也不重商，而重牧主义的游牧社会逐渐从世界舞台的主角退出，成为世界历史的边缘群体。于是，游牧与重商或重农交往逐渐变成了大宗畜牧产品如马匹。当时这种交往背后都可简化商品交换，或货币流通，间接体现重商主义色彩。如《人类货币》中所说："万事万物须能够转化成货币。""货币让交易便捷。"也避免了人情关系，是国家信贷体系的展现。[②]因此，在霍尔木兹岛商品交换中，诸如马匹无论是在西亚还是在印度都是用金币交换。诸如瓦萨夫说："每匹马的价格是在这种情况下，从古时起定为220红金第纳尔（Dīnār），如果任何马匹在航程中受伤，或者碰巧死了，他们的价值应该从皇家金库。"每年有1万匹马从霍尔木兹岛出口到印度各港口，价值达220万第纳尔。[③]建立了政府间或者政府与商人

---

① 吴于廑：《世界历史上的农本与重商》，《历史研究》1984年第1期。

② ［加］戴维·欧瑞尔、［捷］罗曼·克鲁帕提：《人类货币史》，朱婧译，中信出版社，2017年，第29—30页。

③ Wassaf, *Tazjiyatu-l Amsár wa Tajriyatu-l Ásár, The History of India by its own Historians*, Londdon 1867—1877, vol.3, p.33.

间建立权威性的信贷关系,加之硬通货金币的支持,商业发展是比较有保障的。前提就是有稳定政府和良好营商环境。就局部或者特定区域而言,霍尔木兹岛具备了这样的条件。

于是,从畜牧产品,转化为商业产品,再转化为所有人认可的黄金货币。也就实现世界游牧与世界农耕的交换,满足了彼此供求关系与财富积累,尤其是牧区,本来财产就是牲畜(Mal),牲畜(Mal)也是财富(Mal)。[①]游牧与农耕通过交换,货物的起点——中亚的马匹变成了金币,有金币购买更多的牲畜,增加了更多的财富。马匹交换的中段——霍尔木兹岛也积累了财富,各种货物源源不断地流入此地。货物的终端——货物被消费,发挥了其功能。令人奇怪的是这里的马匹商人也积累了大量的财富。假设财富的总量如马匹价值一定的前提下,必然有损失的一方。那么,这里造成大量损失恰好具有担保信用功能印度当地政府。一旦政府的信用变为零,政府就会崩溃。因此,印度政府的崩溃不是个别王朝的灭亡,而是西方殖民者到来导致的,尤其东印度公司的建立,随之就是莫卧儿帝国的灭亡。印度战场不再使用马匹或者无力购买马匹,马匹贸易自然停止,也就是远距离的农牧贸易基本结束。这也决定了霍尔木兹岛或者西亚的贸易网络和贸易体系的发展。由此,霍尔木兹岛衰落是必然的。

最后,与东方大国的往来,尤其郑和舰队多次到过霍尔木兹岛,当时随船人员颇费笔墨记录霍尔木兹岛繁华与商品丰富,[②]但随着国家对外政策的变化和改朝换代,与霍尔木兹岛逐渐断绝了往来。对此,有前文讨论,不再赘述。

---

① 北方游牧地区,牲畜和财富常用一个词Mal表示。
② 记载文献较多,诸如《明实录》《明史》《瀛涯胜览》《星槎胜览》《西洋番国志》《郑和航海图》等。

以上我们系统分析了14世纪后霍尔木兹岛商业繁荣的原因，进而得出如下的结论。

1. 霍尔木兹岛的繁荣是传统的波斯湾或者西亚贸易网络体系一部分，东西网络的一个点，如记施岛（基什岛）一样，中古时期到近代传统海上贸易的一个缩影。[1]

2. 霍尔木兹岛的繁荣是传统商业产品最后的余晖，随着传统商品诸如瓷器、马匹等逐渐退出，霍尔木兹岛的繁华走向终点。

3. 霍尔木兹岛的繁荣是传统东方帝国争夺海陆霸权的最后一搏，随着霍尔木兹岛的衰落，也意味陆上亚洲帝国行将走到尽头。

4. 霍尔木兹岛从繁荣走向衰落表面上是萨法维王朝与葡萄牙对决胜利的副产品，实际上恰恰是萨法维王朝走向衰亡的征兆，后来历史正好证明了东方传统帝国在西方坚船利炮下惨遭失败，背后是重商主义的胜利。

总之，无论从微观还是从宏观来看，霍尔木兹岛兴盛是传统东方帝国地缘政治和商业体系走向解体的余晖，而后进入了新型的争夺时代，霍尔木兹岛的衰落也是必然的。

---

[1] Yasuhiro Yokkaichi, *The Maritime and Continental Networks of Kīsh Merchants under Mongol Rule*, Journal of the Economic and Social History of the Orient, 2019, Vol. 62, No.2/3, *Mobility Transformations and Cultural Exchange in Mongol Eurasia*, edited by Michal Biran (2019), pp. 428–463.

# 第八章　道路交通网络与防御
　　　　设施考察

　　法尔斯道路交通网络体系深受政治中心变化的影响。阿契美尼德王朝时期，政治中心在法尔斯，因此波斯帝国的道路交通就是以法尔斯地区为中心，辐射到其他各地。但后来随着政治中心的迁移，法尔斯的道路网络也随之发生了变化，而其在政权道路网络体系中的重要地位并没有发生根本性的变化，依然是东西道路交通和丝绸之路上的重要一环。尤其后来设拉子成为该地区的交通中心，此后12世纪"所有道路启程都是从设拉子开始"。《波斯志》还谈及了去往各地的道路。[①]但在中世纪，其政治中心发生了数次变化，但大致就在今天伊朗的西部。这里成为前往各地道路的起程点，而东南道路就是去往法尔斯再到波斯湾，而后经印度洋、南海到中国，成为海上丝绸之路重要的组成部分，发挥着重要影响。

　　本章主要以13—14世纪前后时期的道路交通为例，加以考察。

---

① 《波斯志》，第881页。

# 第一节　法尔斯地区道路体系的变与不变

法尔斯地区道路体系十分发达，且在中古时期道路体系中占有重要地位。如下按照道路方位作简要考察。

## 一　东南道路：从孙丹尼牙到波斯湾的道路交通

阿契美尼德王朝时期，这条道路是从苏萨或者波斯波利斯出发的御道的一部分。萨珊波斯时期，道路启程点发生了变化，即从泰西封出发到法尔斯地区或其他地区。大食帝国时期，启程点同样发生了变化，变为大马士革或库法或巴格达等地。伊利汗国时期，道路先启程于马腊格，后移到大不里士、孙丹尼牙等，而后到法尔斯及其沿海区域。元代或伊利汗国使臣、旅人多半选择上述通往波斯湾的道路，因这是去往伊利汗国西北都城最短的行程。就文献记载而言，穆斯塔菲记述最为详细且准确。他说："道路从孙丹尼牙呈对角线向伊朗边境的凯斯岛的路程为254法尔萨赫。"今天孙丹尼牙一般音译为苏丹尼亚，是伊朗西边的小城。从孙丹尼牙到波斯湾的全程距离为254法尔萨赫，也就是1 625公里，但与伊利汗国早前的首都马腊格和大不里士为起点相比，里程缩短了近300公里。每程大致是一天马车行驶的距离，通常1天大约为35—50公里之间，关键决定于路况。这段路程分为几段，其大致向东南方向行进，具体如下：

1. "从孙丹尼牙到萨韦（Sāvah）[①]的道路里程：从孙丹尼牙行5天路程或24法尔萨赫到如前所记的萨格扎巴德（Sagzābad）村，这

---

[①]《元史》卷六三《地理志·西北地附录》作撒瓦，第1571页。

里有条道路分开向呼罗珊方向。从萨格扎巴德行6法尔萨赫到哈吉布·哈散卫所（Rubāt Hajib Hasan），再行7法尔萨赫到达瓦尼格卫所（Rubāt Dawānīq），再行5法尔萨赫到萨韦城。从孙丹尼牙到萨韦共计42法尔萨赫，萨韦是很多道路的启程地。"[1]

这段路程一共是42法尔萨赫，大致260公里，今天通过卫星地图测量是230公里，古今里程数比较接近。其需要5天的时间里程或站点，也就是每天差不多行8法尔萨赫，即1天行进50公里左右。从地理环境来看，这段道路路途十分平坦，因此行进速度较快。

2. "从萨韦到卡尚（Kāshān）[2]的道路里程：从萨韦行4法尔萨赫到阿瓦（Avah），再6法尔萨赫到库姆（Qūm），再12法尔萨赫到卡尚，从萨韦到卡尚共计22法尔萨赫。"[3]

阿瓦今天音译为阿韦季（Aavah），在萨韦西南26公里处，和文献记述的距离较接近。这里的阿瓦河是库姆河北岸的最大支流，沿河有大片的田野，自然条件相对较好，是重要的农业区和商业通道。[4]萨韦到卡尚是22法尔萨赫，即140公里左右，和今天卫星地图测量所得的147公里，十分接近。

从上述记载来看，每天的行程距离也是不一样的，有长有短，平均为45—50公里。

3. "从卡尚到伊斯法罕[5]的道路里程：从卡尚行8法尔萨赫到库赫鲁德（Quhrūd）村，再行6法尔萨赫到瓦斯塔赫（Wāsitah）

---

① 穆斯塔菲，第175页。

②《元史》卷六三《地理志·西北地附录》作柯伤，第1571页。

③ 穆斯塔菲，第175页。

④ Peter Christensen, *The Decline of Iranshahr Irrigation and Environment in the Middle East, 500 BC–AD 1500*, I. B. Tauris, London 2016, pp.156–157.

⑤《元史》卷六三《地理志·西北地附录》作亦思法杭，第1571页。

村，再行6法尔萨赫到穆尔察·库尔德卫所（Rubāt-i Mūchah Kūrd），再行8法尔萨赫到幸（Sīn）村，也可从瓦斯塔赫经米亚姆（Mayam）[①]荒无人烟之路行12法尔萨赫直接到幸村。从幸村4法尔萨赫到伊斯法罕新城。从卡尚到伊斯法罕共计为32法尔萨赫，从萨韦为54法尔萨赫，从孙丹尼牙为96法尔萨赫。"[②]

去往伊斯法罕有多条道路可供选择，上文的这条道路经过漫长的沙漠戈壁和山区，路途艰险，翻山越岭，人迹罕至。今天库赫鲁德村依然存在，大约距离卡尚有43公里，和文献记载较接近，位于山间河谷地带，景色优美，树木茂密，587号公路经过这里。瓦斯塔赫村可能写法有些变化，应该是在梅梅（Maim）城附近的一村庄。穆尔察·胡尔德卫所（Rubat-i Mūchah Khūrd）今天写作穆尔察·胡尔德（Mūchah Khūrd），是交通要道，665号、70号等几条公路在此汇合，并通往伊斯法罕。往南23公里就是今天还存在的幸村，和文献记载50公里一定的差距。幸村到伊斯法罕有22公里，和文献记载基本一致。

4. "从伊斯法罕到亚兹德哈斯特的道路里程为：从伊斯法罕行3法尔萨赫到伊斯法罕纳克（Isfahanak）村，再行5法尔萨赫到伊斯法罕边陲的马赫亚尔（Mahyar）村，再行6法尔萨赫到法尔斯的边界库米沙赫（Qūmishah）城。""从伊斯法罕到库米沙赫共计为14法尔萨赫。从库米沙赫行5法尔萨赫鲁德坎（Rūdkān）村。再行7法尔萨赫到亚兹德哈斯特。从库米沙赫到亚兹德哈斯特共计为12法尔萨赫，从伊斯法罕为26法尔萨赫。从亚兹德哈斯特有条冬季道路向左拐，而夏季路（近路或西路）经库什克扎尔德（Kūshk-

---

[①] 今梅梅。
[②] 穆斯塔菲，第175页。

Zard）向右转。”[1]

　　穆斯塔菲记述道路里程的第一段是从伊斯法罕到库米沙赫即今沙阿礼扎（Shahriza）。伊斯法罕纳克（Isfahanak）今天尚存，是伊斯法罕省伊斯法罕县中心区卡拉季（Karaj）乡的一个村庄，2006年人口约有3 600。再从伊斯法罕纳克南行25公里到今天尚存的马赫亚尔村，这自古以来是交通要道。这是今伊斯法罕省沙阿礼扎（Shahrazā）县中心区达什特乡的一个村，2006年人口约有1 000。从此向南32公里就到今天的沙阿礼扎（Shahrazā）城，此城是古代的库米沙赫城，两地相距略有出入，但基本接近。从伊斯法罕到沙阿礼扎有81公里，和文献记载的里程基本一致，说明中古时期大城市之间的里程较为准确，这和古波斯人注重里程的测量和记述有关。[2]

　　第二段是库米沙赫到亚兹德哈斯特。这段距离实际测量有63公里，但穆斯塔菲说是14法尔萨赫，大致75公里左右，有较大的出入。重要的是亚兹德哈斯特城附近形成了西边的冬季道和东边的夏季道。这点从今天的卫星地图看得清楚，说明文献记载是准确的，确实有条沿着亚兹德哈斯特河在迪赫·吉尔德（Dih Gīrd）向西南方向行进，而后到库什克扎尔德，再越过扎格罗斯山脉的支脉。这条路线至今有条通往设拉子方向的简易公路。

## 二　南北方向：从亚兹德哈斯特经夏季路到设拉子的道路

　　这是一条从吉巴尔省到法尔斯的道路，大致南北走向，贯穿了

---

[1] 穆斯塔菲，第175—176页。

[2] Isidore of Charax, *Parthian Stations Isidore of Charax*, trans by Wilfred H. Schoff A. M., Philadelphia 1914, 亦见余太山：《伊西多尔〈帕提亚驿程志〉译介》，《西域研究》2007年第4期。

伊朗中部，然后到波斯湾沿海，直到近代是南北的干线，尤其通往阿巴斯港。①《波斯志》与穆斯塔菲相反的方向记述了从设拉子到伊斯法罕的道路里程。他记述称有三条道路，从设拉子经过不同的城市到亚兹德哈斯特。具体为：

第一条道路经过马因（Māyīn）和伦（Rūn），即达什特·伦（Dasht②-Rūn）平原，并称："此路从设拉子到亚兹德哈斯特有52法尔萨赫，亚兹德哈斯特在法尔斯地区与伊斯法罕州的交界处。第一站从设拉子行6法尔萨赫到迪赫·古尔格（Dih Gurg）；第二站行6法尔萨赫过了库尔（Kūr）河的桥头。第三站行4法尔萨赫到马因。第四站行6法尔萨赫到达什特·伦（Dasht-Rūn）平原的库什克沙赫里亚尔（Kūshk-i-Shahriyār）。第五站行6法尔萨赫到达什特·乌尔德（Dasht Ūrd）草原的迪赫·巴什特（Dih Bāsht）。第六站行7法尔萨赫到库什克扎尔（Kūshk-i-Zar），即达什特·乌尔德。第七站行7法尔萨赫到迪赫·高兹（Dih Gawz）。③第八站行10法尔萨赫到亚兹德哈斯特。"④

此条道路为中道，是相对比较平坦和距离较短的道路，也就是后文穆斯塔菲提到的道路，只在夏季通行。伊本·白图泰从伊斯法罕向南经亚兹德哈斯特、马因到设拉子的行程就是经过这条路线。⑤

第二条道路经过波斯古城伊斯塔赫尔，再到亚兹德哈斯特，全

---

① Willem Floor, *The Bandar 'Abbas-Isfahan Route in the Late Safavid Era (1617—1717)*, *Iran*, 1999, Vol.37 (1999), pp.67–94.

② Dasht, 含义为草原, 但有时候也用作专有名词。

③ 即核桃村。

④《波斯志》, 第881页。

⑤《伊本·白图泰游记》, 第160页。

程69法尔萨赫。《波斯志》记述称:"比经过马因的道路要长。这是冬季道,因为其他道路(因降雪)无法通行。第一站从设拉子行7法尔萨赫到扎尔干(Zarqān);第二站行6法尔萨赫帕达什特或帕瓦达什特(Pādust或 Pāvdast)。第三站行4法尔萨赫到伊斯塔赫尔(Istakhr)。第四站行6法尔萨赫到卡玛赫(Kamah)。第五站行4法尔萨赫到卡姆杭(Kamhang)。第六站行6法尔萨赫到迪赫·比德(Dīh Bīd, 即今代比德)。第七站行7法尔萨赫到迪赫·普兰(Dīh Pūland)。第八站行7法尔萨赫到苏尔玛格(Surmaq)。第九站行5法尔萨赫到阿巴代(Abādah)。第十站行7法尔萨赫到舒利斯坦(Shūristān)。第十一站行8法尔萨赫到亚兹德哈斯特。"[1]

这条道路是东道,路途较远,但冬季可以通行,也被称为冬季道,至今仍是南北的重要通道。

第三道路经过苏麦拉姆(Sumayram),设拉子到此地有45法尔萨赫。其"第一站从设拉子行5法尔萨赫到珠外姆(Juwaym);第二站行3法尔萨赫到白扎(Bayḍā)。第三站行4法尔萨赫到图尔(Tūr)。第四站行5法尔萨赫到卡姆费鲁兹的提尔·玛伊建(Tīr Māyijān-i Kāmfīrūz)。第五站行4法尔萨赫到加尔马克(Jarmaq)。第六站行4法尔萨赫到库拉德(Kūrad)。第七站行5法尔萨赫到卡拉尔(Kallār)。第八站行7法尔萨赫到迪赫·塔尔萨安(Dīh Tarsaān)。第九站行8法尔萨赫到苏麦拉姆"。[2]而后到亚兹德哈斯特。

这是西道,其穿行于高原山区之间,路途艰险,尤其冬季。

上述《波斯志》提到的三条道路是从设拉子向北经亚兹德哈

---

① 《波斯志》,第881页。
② 《波斯志》,第881页。

斯特到伊斯法罕交通要道，这里至今仍然是两城往来的交通干线，也是如下要讨论的穆斯塔菲所记述的道路，即《波斯志》所记述的第一条道路。[①]

穆斯塔菲的记述与《波斯志》相比，出入较大。他只记载了一条从亚兹德哈斯特到设拉子的道路，并称："从亚兹德哈斯特行3法尔萨赫到迪赫·吉尔德，再行7法尔萨赫到库什克扎尔德（Kūshk-Zard），经吉里瓦马德尔与都赫塔尔关（Girivah-i-Madar wa Dukhtar，母女关），再行5法尔萨赫到叫做达什特·伦（Dasht-Rūn）平原上的萨拉赫丁卫所（Rubāt-Salāh-ad-Dīn），再行3法尔萨赫到普勒沙赫里亚尔（Pūl-Shahriyār）桥（靠近乌建，在库尔河[②]上游）附近的卫所，再行7法尔萨赫经过马因（Mayin）的巉岩关到马因城，所有通往马因的道路都怪石林立，十分艰险。再行4法尔萨赫过伊斯塔赫尔堡和什卡斯特（Shikastah）堡，道路向右到普勒瑙（Pūl-i-Naw，新桥，经过库尔河），后行5法尔萨赫到迪赫·古尔格（Dih Gurg），再行5法尔萨赫到设拉子。从亚兹德哈斯特到设拉子共计为44法尔萨赫，从库米沙尔为56法尔萨赫，从伊斯法罕为70法尔萨赫，从卡尚为102法尔萨赫，从孙丹尼牙为166法尔萨赫。"[③]

上文简要提到了夏季道的情况。顾名思义，这条道路只能在夏季时使用，冬季时因气候原因不能使用。[④]从亚兹德哈斯特向

---

① 需要指出来的是穆斯塔菲所记述的法尔斯地区道路交通很大程度上是抄录了《波斯志》的材料，但略有差异。

② A. Houtum-Schindler, *Note on the Kur River in Fârs, Its Sources and Dams, and the Districts It Irrigates*, Proceedings of the Royal Geographical Society and Monthly Record of Geography, May, 1891, Vol.13, No.5 (May, 1891), pp.287–291.

③ 穆斯塔菲，第176页。

④ Willem Floor, *The Bandar 'Abbas-Isfahan Route in the Late Safavid Era (1617—1717)*, Iran, 1999, Vol.37 (1999), pp.67–94.

南行3法尔萨赫,约20公里到迪赫·吉尔德,今天此地难以找寻,应在亚兹德哈斯特城南边同名的亚兹德哈斯特河的岸边。沿着河流和扎格罗斯山脉,再行7法尔萨赫,约46公里就到了库什克扎尔德,此地难以找到,应该在沙德卡姆(Shādkām)河岸边,今天这里还有一条便道。从这里经过经吉里瓦马德尔与都赫塔尔关,此关今无法找到。再行5法尔萨赫,约31公里,到达什特·伦平原上的萨拉赫丁卫所,此地今天很难找到的,应该距离今天的阿布·巴里克(Abū Bārik)小镇不远。再行3法尔萨赫,即20公里到普勒沙赫里亚尔(Pūl-Shahriyār)桥附近的卫所,同样难以找到,应该距离马赫甘(Mahgān)不远。再行7法尔萨赫,也即46公里到马因城。马因城再行4法尔萨赫,即25公里,过伊斯塔赫尔堡和什卡斯特(Shikastah)堡,道路向右到普勒瑙(Pūl-i-Naw),即新桥。这里的有些地名至今尚存,有些发生稍有变化,如普勒瑙(Pūl-i-Naw)应该就是现在的普勒汗(Pūl-Khān)。再行5法尔萨赫,即31公里后到迪赫·古尔格(Dih Gurg),此地难以找到,应在设拉子的东北边。再行5法尔萨赫,即31公里就到了设拉子。最后两段距离里程显然有问题,因库尔河岸边到设拉子只有35公里,也就是说只有6法尔萨赫左右,和文献上记载的10法尔萨赫,即60余公里,有较大的差距。

中古时期,设拉子到伊斯法罕,而后再到连接东西大动脉的呼罗珊大道。此大道是古今的交通要道,也是丝绸之路的干线,在古典大食地理志中有大量记述。这条路线也是蒙古西征和中古时期南北走向的主要道路,在法尔斯交通网络中占有十分重要的地位,但篇幅之因,不再赘述。

## 三　向南向西:从设拉子到波斯湾海岸的道路

这条道路实际上和前边道路是一体的,只是前一条道路的终点站是设拉子，而这条道路的起点是设拉子，由此体现设拉子在法尔斯地区的交通中心地位。穆斯塔菲记载称："从设拉子到伊朗边境的道路里程：从设拉子行5法尔萨赫到沙赫拉克（Shahrak）村，再行5法尔萨赫到卡瓦尔城，经过吉里瓦·赞吉兰（Girivah-i Zanjirān，项链关）向右行7法尔萨赫，到菲鲁兹扎巴德；（向东）行5法尔萨赫到贾穆甘卫所（Rubāt Jamkān），再行5法尔萨赫到梅满德（Maymand），再行6法尔萨赫到斯穆坎（Sīmkān）区的边界，再行6法尔萨赫到走出这个区（斯穆坎），而后行7法尔萨赫经萨尔·萨费得（Sar-i-Safid，白头）关到卡尔扎穆（Karzm），再行5法尔萨赫到拉吉尔（Lāghīr），再行6法尔萨赫到法尔阿布（Fārāb）区，再行6法尔萨赫到洪季（Khunj）城，再行5法尔萨赫到达阿布·安巴尔·吉纳尔（Ab-Anbār-Kinār），再行5法尔萨赫到达霍尔木兹（Hurmuz），[①]再行6法尔萨赫经陡峭的山关到达鲁克（Dāruk）村，再行6法尔萨赫到马汉（Māhān），再行6法尔萨赫经拉尔达克关到海边的胡祖（Hūzū）。从这里渡海4法尔萨赫凯斯（此为该岛之名）城。从设拉子城到凯斯共计为88法尔萨赫，从伊斯法罕为158法尔萨赫，从卡尚为190法尔萨赫，从萨韦为212法尔萨赫，从孙丹尼牙为254法尔萨赫。"[②]

这段路程从设拉子向南，在卡瓦尔之南后经过了吉里瓦·赞吉兰（Girivah-i Zanjirān，项链关）。今天这地名为沙赫拉克·赞吉兰（Shahrak-i Zanjirān）、卡拉·赞吉兰（Qal'ah-i Zanjirān，项链关），或简称赞吉兰，是菲鲁兹扎巴德县梅满德区霍加伊（Khwājāy）乡一小村，人口有400余。从吉里瓦·赞吉兰直接向南，越过山

---

① 此地不是霍尔木兹岛。此地名在穆卡迪斯的书中有记述（第401页）。
② 穆斯塔菲，第176—177页。

脉就可到菲鲁兹扎巴德。两者中途处向东拐，就可以到菲鲁兹扎巴德东边山谷的梅满德城，其与设拉子和费鲁扎巴德形成了丁字的道路。斯穆坎城今难以找到，但从距离判断就在今天的沙昆（Shāghūn）或附近。萨尔·萨费得（Sar-i-Safid）关现在也已找不到了。而后道路沿着曼德（Mand）河，即别名为卡拉·阿噶吉（Qara-Aghaj）河河道，南下到达卡尔津。[1]

　　至于穆斯塔菲的卡尔扎穆（Karzm）很可能就是卡尔津的误拼。因此，过了梅满德后，穆斯塔菲的记载开始混乱起来，路线也有些模糊，但拉吉尔之后，基本路线是清楚的。拉吉尔东边约12公里是法尔阿布，今不存，应该距离拉吉尔10多公里的塔赫特（Takhtah）附近，但不是穆斯塔菲说的6法尔萨赫，也就是38公里左右。因为现代地图测量拉吉尔到洪季只有49公里，但穆斯塔菲记述称12法尔萨赫，就是77公里，里程显然有问题。斯特兰奇给出的地图也是50余公里。[2]尤其注意的是经过洪季以后道路向东方向，基本路线较清楚。霍尔木兹（Hurmuz），今天一般写作霍尔木德（Hurmud、Hormūd、Harmood、Harmud、Hormoz、Hormūd-e Bāgh），是法尔斯省拉里斯坦萨赫莱（Sahrāy-ye Bāgh）区同名的村庄，2006年有560人，是位于该县县城拉尔（Lār）城南边的村子。

　　从设拉子向南到波斯湾的道路在拉吉尔（Lāghīr）分成两道：一条是向东南到撒那威（Sīrāf）港；一条是向西南到胡组港，是后来的阿夫塔布港（Bandar Aftab）。此港对面就是凯斯岛，也即今天的

① E. C. Ross, *Notes on the River Mand, or Kara-Aghatch (The Sitakos of the Ancients) in Southern Persia, Proceedings of the Royal Geographical Society and Monthly Record of Geography*, Vol.5, No.12 (Dec., 1883), pp.712–716.
②《大食东部历史地理研究》，第248页。

伊朗旅游胜地基什（Kesh）岛，[①]穆斯塔菲记述的就是这条东南的道路。《波斯志》则记述了从设拉子正南到撒那威港的道路，并称："设拉子经菲鲁扎巴德（Fīrūzābād）到撒那威，距离为86法尔萨赫。从设拉子出发，第一站到卡夫拉赫（Kafrah），[②]为5法尔萨赫。第二站行5法尔萨赫到库瓦尔（Kuvār）。第三站行5法尔萨赫到胡奈夫甘（Khunayfqān）。第四站行5法尔萨赫到菲鲁扎巴德。第五站行8法尔萨赫到斯穆甘（Ṣimkān）。第六站行7法尔萨赫到哈布拉克或希拉克（Habrak 或 Hīrak）。第七站行7法尔萨赫到卡尔津（Kārzīn）。第八站行8法尔萨赫到拉吉尔（Lāghir）。第九站行8法尔萨赫到库兰（Kurān）。第十站从库兰到撒那威行4天的路程，有30法尔萨赫。"[③]

《波斯志》中所讲拉吉尔之前的道路和穆斯塔菲所记述道路有几个站点是相同的，但也有差异，可能的解释是14世纪初，从设拉子南下的这条道路，尽管南下的方向并没有根本变化，但部分站点发生了变化。

如前文提到穆斯塔菲所记述的道路在拉吉尔向东南朝洪季（Khunj）城方向行进，最后到波斯湾凯斯岛对面的胡祖港，与海路连接在一起。亚库特提到了洪季的另一个名称法勒（Fāl）城，并说从此地可以到基什（凯斯）岛。[④]伊本·白图泰也到过洪季，但拼写

---

① 赵汝适：《诸蕃志校释》卷上（第109页）："记施国在海屿中，望见大食，半日可到，管州不多。王出入骑马，张皂伞，从者百余人。国人白净，身长八尺，披发打缠，缠长八尺，半缠于头，半垂于背，衣番衫，缴缦布，蹑红皮鞋。用金银钱。食面饼、羊、鱼、千年枣，不食米饭。土产真珠、好马。大食岁遣骆驼负蔷薇水、栀子花、水银、白铜、生铁、朱砂、紫草、细布等下船，至本国，贩于他国。"《元史》卷六三《地理志·西北地附录》作怯失，第1571页。

② 此城今天拼写为Kafari，位于设拉子的西南13公里，原因就是现在设拉子城向外扩展的结果。

③《波斯志》，第881页。

④ Charles Barbier de Meynard: *Dictionnaire géographique, historique et littéraire de la Perse et des contrées adjacentes*, Paris 1861, p.415.

略有变化,记为Khunj Ubāl,[①]并说从这里去往霍尔木兹岛。[②]由此说明在中古时期这是一条去往波斯湾的重要通道。[③]

除了上文两条设拉子向南的道路,还有一条是从设拉子经菲鲁扎巴德,直接向南到撒那威的道路,这是去往波斯湾最为便利的道路。10世纪的穆卡迪斯记述从撒那威到居尔(Jūr),即菲鲁扎巴德的道路,具体历程为:"撒那威到贾姆(Jamm)为1站路程,再到巴尔扎拉(Barzara)是一站路程;再到吉兰德(Jīrand)为一站路程;再到马赫(Mah)为一站路程;再到莱坎(Rāikān)为一站路程;再到比亚布舒尔阿布(Biyābshurāb)为一站路程;再到居尔为一站路程。"

穆卡迪斯也记述了从库兰(Kurān)到撒那威的里程,并称是一站路程。[④]与《波斯志》所说的4天路程,相差甚远,但从现代卫星地图测量可知,库兰与撒那威之间的直线距离约为50公里,因此穆卡迪斯所记述的路程较为准确。

撒那威是波斯湾沿岸著名的港口,一度是法尔斯地区的枢纽港口。[⑤]12世纪以前的大食地理文献中有大量记述,此后少见于文献记载。实际上,此地依然是很繁盛的,在宋元文献中经常提到,诸如《桯史》作尸罗围,[⑥]《诸蕃志》作施那帏,[⑦]《元史》作泄剌失(夫)。[⑧]元人吴鉴的《重立清净寺碑》碑文记载称:"宋绍兴元年

---

① 现代地名Khunj u Fal。汉译本《伊本·白图泰游记》,第160页翻译为宏和。

② Ibn Battuta, *The Travels of Ibn Battuta*, V2, trans by C. Defremery and B. R. Sanguinetti, Cambridge University Press 1962, pp.305、404.

③ Jean Aubin, La Survie de Shīlāu et la Route du Khunj-ō-Fāl, *Iran*, 1969, Vol.7 (1969), pp.21–37.

④ 穆卡迪斯,第339页。

⑤《大食东部历史地理研究》,第11页。

⑥《桯史》卷一一,第125页。

⑦《诸蕃志》卷上,第91页。

⑧《元史》卷六三《地理志·西北地附录》,第1571页。

（1131），有纳只卜·穆兹喜鲁丁（Najib Muzahir ud-Dīn，引者）者，自萨那威（Sīrāf）从商舶来泉（州）。"①这说明此地与中国，尤其与泉州关系密切。同时，考古发掘和田野调查表明，近现代在这里发现大量唐宋元钱币、瓷器碎片，也是古城遗址所在地。②

　　尽管12世纪撒那威经历了塞尔柱王朝统治时期的乱世，城市遭到破坏，但商业贸易依然活跃，甚至得到了一定的恢复。13世纪初的亚库特到过撒那威，并称其为波斯湾沿岸的重要城市和港口。③13世纪蒙古统治伊朗之地时，撒那威仍是很重要的港口城市。④有学者认为《岛夷志略》中提到的挞吉那是Tāhirī的音译，为撒那威的别名。⑤这种说法值得商榷，但中古时期撒那威的重要性在当时亲历此地的伊本·白图泰的记述中有所反映。⑥这说明此时撒那威不仅是波斯湾重要海港，也是法尔斯地区海陆交通的中心之一，连接内陆与海洋，重要性不言而喻。

①《闽书》卷七《方域志》，第166页。

② Sir Arnold T. Wilson: *The Persian Gulf — An Historical Sketch From The Earliest Times To The Beginning Of The Twentieth Century*, Oxford At The Clarendon Press 1928, pp.92–93.

③ 亚库特，第330页。

④ Valeria Fiorani Piacentini, *The mercantile empire of the Ṭībīs: economic predominance, political power, military subordination*, Proceedings of the Seminar for Arabian Studies, 2004, Vol.34, pp.251–260.

⑤《岛夷志略校释》，第306页。

⑥《伊本·白图泰游记》（第222页）称："后来，我从此地（拉尔）出发改斯（基什）城，又称锡拉夫（撒那威），该城位于也门、波斯海相连的海岸上，城区宽大，地势适当，家家有新颖花园，院内花草芬芳，树木茂密。居民饮用山泉水，他们是波斯贵族。居民中有一批阿拉伯人，是赛法夫族，他们能潜水取宝。"他还详细记载撒那威附近采珍珠的情况，"潜取珠宝（珍珠）的场地在锡拉夫和巴林群岛之间，那里像是一大平静海湾。阴历四、五月间，万船云集，船上载着潜水员和波斯、巴林、卡提夫的商人们"，"无论大小搜到一起，素丹取其五分之一，下余的由船上的在场商人购买。这些商人多数是潜水员的债主，他们用珠宝还债或购买必须的物品"。

除了穆斯塔菲记述的两条道路外, 还有几条通往波斯湾的道路。

第一条就从设拉子到撒那威西边纳吉拉姆(Najīram)的道路, 其与撒那威、设拉子呈锐角三角。因此, 与撒那威相比, 纳吉拉姆距离设拉子要近一些。《波斯志》记述其距离设拉子有: "65法尔萨赫。第一段行4站, 共计形成20法尔萨赫到宫迪建(Ghundijān)。第五站行7法尔萨赫到布什塔甘(Būshtakān)。第六站行5法尔萨赫到布什卡纳特(Būshkānāt)。第七站行10法尔萨赫到沙纳纳(Shanānā)村。第八站行8法尔萨赫到曼迪斯坦(Māndistān)边界一端。第九站行7法尔萨赫到曼迪斯坦(Māndistān)边界另一端。第十站行8法尔萨赫到卡尔津(Kārzīn)。第八站行8法尔萨赫到拉吉尔(Lāghir)。第九站行8法尔萨赫到纳吉拉姆。"①

纳吉拉姆之名已不存在, 应在今布什尔附近, 或东边。穆卡迪斯记述从设拉子到纳吉拉姆为60法尔萨赫。②与《波斯志》的里程比较接近。这条道路在中古时期应该还在使用, 但要翻越崎岖的扎格罗斯山脉, 路途比较遥远, 因纳吉拉姆或布什尔的直线距离约180公里, 但文献记载实际道路的距离约有380公里, 多出一倍多。

从经济的角度而言, 这条道路是根本不合算的。因此, 中古时期文献对此路关注不多, 也是情理之中的。

第二条是到海边地区(A'māl-i-Sīf)的道路。《波斯志》记述: "从设拉子到海边地区有39法尔萨赫。第一站行7法尔萨赫到马萨拉姆(Māsaram)。第二站行6法尔萨赫到河道的斯塔建(Sittajān)。第三站行3法尔萨赫到基拉(Jirrah)。第四站行4法尔

---

① 《波斯志》, 第886页。
② 穆卡迪斯, 第401页。

萨赫到宫迪建（Ghundijān）。第五站行6法尔萨赫到拉瓦·兹弯（Rawā-adh-Dhīwān）。第六站行6法尔萨赫到塔瓦基（Tawwaj）。第七站行7法尔萨赫到海岸。"[1]

这条从设拉子去往海边的道路，尽管去往纳吉拉姆和一条在宫迪建正西的道路重合，但两条道路所采用的路线不同。该道从设拉子出发向西南直接到基拉，而后在塔瓦基（Tawwaj）向南到波斯湾海岸，对岸就是哈尔克（Hārk）岛。此岛是从阿拉伯河口乌克巴拉（'Ukbarā）[2]到东方海路的第一站，是历史上著名的海岛港口，也是重要的补给站，中古时期也不例外。这条路线也是设拉子到波斯湾的重要路线，且里程较短，但中古时期文献对其记载较少。

第三条路线为从设拉子去往波斯湾岸边的各城市（Sāhiliyyāt），即加纳巴（Jannābā）、施尼兹（Sīnīz），再到马赫鲁班（Mahrūbān）的道路。"这条路线里程为62法尔萨赫。第一站（从设拉子出发）行4法尔萨赫到朱兹尔甘或朱希尔甘（Juzhīrkān或Jūhīrkān）。第二站行6法尔萨赫到达什特·阿尔赞（Dasht Arzān）。第三站行10法尔萨赫到卡泽伦。[3]第四站行9法尔萨赫到吉什特（Khisht）。第五站行7法尔萨赫到塔瓦基（Tawwaj）。第六站行4法尔萨赫到迪赫·马利克（Dīh Mālik）。第七、八站行10法尔萨赫到加纳巴。第九站行6法尔萨赫到施尼兹。第10站行6法尔萨赫到马赫鲁班。"[4]

需要说明的是这条路线在塔瓦基向西，先到波斯沿岸的加纳巴，而后沿着波斯湾向西到施尼兹，再从施尼兹沿波斯湾到马赫鲁

---

[1]《波斯志》，第886页。
[2]《道里邦国志》，第62页。
[3]《元史》卷六三《地理志·西北地附录》作可咱隆，第1571页。
[4]《波斯志》，第885页。

班。这些沿海的港口城市是海上丝绸之路重要部分，也是内陆与海洋连接的通道。伊本·白图泰从设拉子出发经过卡泽伦，沿波斯湾到巴士拉选择的是这条道路。[①]

这条从设拉子出发经过卡泽伦去往波斯湾沿岸港口，再到巴士拉、阿巴丹、巴格达、图斯塔尔等地的道路，在中古时期交通网络中扮演着十分重要的角色，也是西亚传统道路体系的重要组成部分，中世纪文献有大量的记述，由于篇幅之因，不再赘述。

以上简要考察了设拉子向波斯湾的道路体系，这些路线是整个中古时期道路的有机组成部分，也是丝绸之路的重要组成，在西亚道路体系中发挥着重要作用。

## 四　凯斯（基什）岛到印度河的交通

该通道是从霍尔木兹海峡的凯斯岛到印度河的路线，也就是水路通道，是和前边从设拉子到海岸的道路连接在一起的，也就是中古时期与元明往来的道路。穆斯塔菲记载说："从凯斯岛到亚当（易卜拉欣）天堂降落到地面的萨兰迪波（锡兰）剩余的东方向道路里程：从凯斯（岛）行18法尔萨赫到阿巴尔卡凡（Abarkafan）岛，再行7法尔萨赫到乌尔姆斯（Urmūs，即霍尔木兹）岛，再行70法尔萨赫到法尔斯边界与信德之间的巴尔（Bār）岛，再行80法尔萨赫到达伊布勒（Daybul），其距离米兰大河（Mihrān，印度河）河口2法尔萨赫，该河是信德的一条大河。再行40法尔萨赫到安吉尔（Ankir，乌塔金，Utakīn），这里是印度的地界。""从凯斯岛到锡兰全程为317法尔萨赫，从设拉子为405法尔萨赫，从伊斯法罕为475法尔萨赫，从卡尚为507法尔萨赫，从萨韦为529法尔萨赫，从孙丹尼牙为

---

① *The Travels of Ibn Battuta*, V2, pp.319–320.

571 法尔萨赫。"①

此道为水路，也是海上丝绸之路的重要组成部分，在大食古典地理志中现存保留最早的文献就是胡尔达兹比赫的记述，其称："从巴士拉出发，沿波斯海岸航行到东方的道路：从巴士拉至哈莱克（Khārrak）岛为 50 法尔萨赫，其面积为 1 法尔萨赫的平方，岛上产谷物、葡萄、椰枣。从哈莱克岛至拉旺（Lāwan）岛②为 80 法尔萨赫，其面积为 2 法尔萨赫的平方，岛上产谷物和椰枣。再至艾布隆（Abrun）岛③为 7 法尔萨赫，其面积为 1 平方法尔萨赫，岛上产谷物和椰枣。再至海音（Khayn）岛④为 7 法尔萨赫，其面积为 0.5 密勒⑤的平方，岛上无人居住。再至钦斯(Kis)岛⑥为 7 法尔萨赫，其面积为 4 法尔萨赫的平方，岛上有椰枣、谷物、牲畜及优质珍珠的采珠场。再至伊本·卡旺（Ibn Kāwan）⑦为 18 法尔萨赫，其面积为 3 法尔萨赫的平方，岛上居民是'伊巴底亚'人的采购者（Shurāt lbādiyyah）。从伊本·卡旺岛至乌尔木兹 (Urmüz) 为 7 法尔萨赫。"⑧

后来的路线也是大致沿着这条道路到东方去的。中古时代，凯斯岛一路向东到锡兰，其第一站就是距离 18 法尔萨赫，也就是 67 公里，应该就是今天的福鲁尔（Fārūr）岛，这是一座 26 平方公里的岛屿，属于霍尔木兹甘省阿布·穆萨（Abū Mūsa）县，今天这里除了

---

① 穆斯塔菲，第 177 页。

② 今天此岛保留着原来的名称，位于基什岛的西边。

③ 应该是今天的希德瓦尔（Shidwar）岛。

④ 就是今天的亨多拉比（Hindurabi）岛。

⑤ 即阿拉伯 mīl，与英里等同。

⑥ 即基什岛。《道里邦国志》（第 40 页）称：钦斯"年收入为 111 500 迪尔汗（银币）。"是比较富庶的。

⑦ 从距离来测定，应该今拉腊克（Lālak）或者格什姆（Qishm）东头。

⑧《道里邦国志》，第 64—65 页。

军事人员，无人居住，但是保留有很多建筑遗迹和水井，这里曾经是重要的海上要道。①从福鲁尔岛向前7法尔萨赫，就是43公里到乌尔姆斯（Urmūs）岛，②应该就是今天的格什姆（Qishm）岛或霍尔木兹岛，显然此距离的里程有问题，因为现在两者之间最短距离93公里，最长距离210公里，也就是相距13—32法尔萨赫之间。从乌尔姆斯岛到巴尔岛有70法尔萨赫，也就是450公里，已难以找到，大致在伊朗锡斯坦-俾路支斯坦省库纳拉克（Kunarāk）城附近。而后行80法尔萨赫，约510公里到伊布勒。此城位于卡拉奇附近，诸多文献对该地名有记载。③文献记述距离印度河有2法尔萨赫的说法不准确，实际上应在印度河西边支流上，与东边干流还有90余公里。④米兰大河就是印度河，很多文献提到过，唐代文献也记载过。⑤

这条道路是中古时期连接东方和西方的通道，也是海路与陆路的重要网络。

## 五 西部方向：从设拉子到卡泽伦（Kāzirūn）的道路

这条是从法尔斯省的首府向西南卡泽伦的道路，并且一直向西就可以到达胡齐斯坦，而后就可以到伊拉克的幼发拉底河，再沿着水路可到达巴格达，即14世纪后期的都城。此道是传统的海上丝绸之路的一部分，只因政治中心发生了变化，也导致了道路中心

---

① https://en.wikipedia.org/wiki/Faror_island.
② Seydī Ali Reis, *The travels and adventures of the Turkish Admiral*（*Mirat ul-Memalik*）, trans by A.Vambery, London1899, p.10.
③《道里邦国志》，第65页。
④ https://en.wikipedia.org/wiki/Debal.
⑤《新唐书》卷四三《地理志》（第1153页）称："有弥兰大河，一曰新头河（即即度河，引者），自北渤昆国来，西流至提颶国北入海。"《道里邦国志》（第65页）也说："米赫朗（米兰大河）就是信德河（印度河）。"

的变化。同样,穆斯塔菲对这条道路有较详细的记述,其称:

> 从设拉子到卡泽伦道路里程,从设拉子行5法尔萨赫到哈吉·奇瓦穆(Hājji Qiwām)墙,再行8法尔萨赫到达什特·阿尔增(Dasht Arzin)村,再行6法尔萨赫到马兰(Malān)关尽头的卫所,此关很陡峭。再过胡沙纳克(Hūshanak)关,也很陡峭,再行3法尔萨赫到卡泽伦城。从设拉子到卡泽伦共计22法尔萨赫。[1]

该道从设拉子向西行经的道路,今天86号公路一段经过这里。设拉子西边5法尔萨赫,即约31公里的哈吉·奇瓦穆,已难以找到,距离哈吉阿巴德(Hajjiabād)不远。从此地向西8法尔萨赫,即50公里的达什特·阿尔增,至今尚存,是86号公路经过之地。再往西边6法尔萨赫,约38公里就是马兰关,现不存,但距离卡泽伦东边的扎瓦里(Zāvālī)不远。再向西约20公里就到了卡泽伦。

此路是设拉子向西南通往波斯湾和巴格达的干道,在中古时期发挥着重要作用。

## 六 从设拉子东南到霍尔木兹的道路

此道从设拉子东南到霍尔木兹的道路,和前面设拉子向南道路有所不同。其优势在于相对海路风云难测相比,陆上行走相对安全,尤其13世纪初期局势较稳定,商贾、使臣、游人喜欢选择这条道路。此外,这是一条捷径,费用方面也会节省。[2]穆斯塔菲记载说:从设拉子到霍尔木兹(Hurmūz)道路里程是:

---

[1] 穆斯塔菲,第177页。

[2] Maryam Mir-Ahmadi, *Marco Polo In Iran*, *Oriente Moderno*, 2008, Nuova serie, Anno 88, pp.1–13.

从设拉子行12法尔萨赫到萨尔韦斯坦(Sarvistān),再行8法尔萨赫到法萨(Fasā)城,再行6法尔萨赫到提马里斯坦(Timarstān)村,再行8法尔萨赫到达尔坎或扎尔坎(Darkān, Zārkān)。从此处道路向左转到沙班卡拉(的首府);而向右转的道路继续向前就到霍尔木兹。从设拉子到达尔坎为34法尔萨赫。从达尔坎行10法尔萨赫到达拉布吉尔德,再行3法尔萨赫到海尔(Khayr)村,再行6法尔萨赫到沙班卡拉,再行3法尔萨赫到鲁斯塔格(Rustāq),再行3法尔萨赫到布尔格普尔格、夫尔格(Burk, Purg, Forg)。从此地行6法尔萨赫到塔什鲁(Tashlū),再行6法尔萨赫到塔罗姆(Tarūm),再行4法尔萨赫到拉尔(Lār)地区之界的加纳德(Janad)或齐纳尔(Chinar),再行48法尔萨赫到察赫·齐勒(Chāh Chil)村,再行8法尔萨赫到海岸的图萨尔(Tūsar),经水路4法尔萨赫到霍尔木兹(Hurmūz)岛。从设拉子到霍尔木兹共计95法尔萨赫。[①]

该道是海上丝绸之路的重要组成部分,也是古典和现代伊朗联系东方与海洋的重要组成部分。其从设拉子经过萨尔韦斯坦到法萨的道路现在地图测量距离为134公里,而文献记载是20法尔萨赫,非常接近现在的里程,是比较准确的。距离法萨6法尔萨赫、约38公里的提马里斯坦村,此地方现在已不存,但应该在去往达卜方向的马赫迪阿巴德(Mahdi Abād)不远。文献记述再行8法尔萨赫、约68公里到达尔坎或扎尔坎城,应该是丁达尔鲁(Dindarlū),但提马里斯坦村和达尔坎或扎尔坎城之间相距8法尔萨赫,显然文献记载有误或者地名发生了变化。

---

① 穆斯塔菲,第177页。

上文提到的达尔坎城到达拉布吉尔德，即今达拉卜是10法尔萨赫，约64公里。文献记载从法萨到达拉卜的距离为24法尔萨赫，也就是176公里，但现代测量的距离约为105公里。达拉卜向东行3法尔萨赫，即19公里就到海尔（Khayr）村。这是法尔斯省达拉卜县中心区的一个村庄，现被称作迪赫·海尔·佩因（Dih Khay-i Pā'īn，下佩因村），2006年人口近2千，[①]是去往霍尔木兹的重要通道。

海尔村向东再行6法尔萨赫，即38公里到沙班坎（Shabankan）。该地今不存。文献记载沙班坎东边是3法尔萨赫，约20公里就到鲁斯塔格，今测量只有13公里，和文献记载的里程略有出入。鲁斯塔格向东3法尔萨赫，即20公里就到布尔格或普尔格或夫尔格（Burk，Purg, Forg）城。今天测量可知，和文献记载完全一致，说明了文献记述的准确性。从夫尔格向东再行6法尔萨赫，即38公里到塔什鲁（Tashlū），距离和文献记述完全一致，但这一地名的写法略有变边，即塔什奎耶（Tāshkūīyeh），是霍尔木兹甘省哈吉阿巴德（Hājiābād）县中心区塔罗姆乡的一个村庄，2006年人口有2千余。[②]92号公路经过此地，连接着伊朗西北、东北、东南的要道。

塔什奎耶向东再行6法尔萨赫，即38公里就到塔罗姆（Tarūm），其东边的噶赫库姆（Gahkum）。此地道路分成南北两道：

1. 北边的道路向东北到县城哈吉阿巴德，再向东到克尔曼[③]和向北到呼罗珊地区，是伊朗西南部的道路枢纽。

2. 塔罗姆向南行4法尔萨赫，即约25公里到拉尔（Lār）地区之

---

① https://en.wikipedia.org/wiki/Deh_Kheyr-e_Pain.

② https://en.wikipedia.org/wiki/Tashkuiyeh,_Hormozgan.

③（元）刘郁：《西使记》记述："黑契丹国，名乞里弯，王名忽教马丁算滩，闻王大贤，亦来降。"《王国维遗书》，第13册，上海古籍书店，1983年，第11页。也见陈得之：《刘郁〈［常德］西使记〉校注》，《中华文史论丛》2015年1期。

境的加纳德（Janad）或齐纳尔（Chinar），此地今不存，大致应在71
号公路上的萨尔察汗（Sarchāhān）。从加纳德或齐纳尔再向南48
法尔萨赫即约310公里就到察赫·齐勒（Chāh Chil）村，今天这个
村子名称不存在，应该在萨尔泽赫（Sarzeh）东边不远的71号公路
上，但这个距离是不正确的，今天的阿拔斯港才150余公里，文献给
出的里程超过370公里，显然差距太大。从察赫·齐勒村再行8法
尔萨赫，即约50公里就到海岸的图萨尔（Tūsar）。古典文献对此地
的记载是不同的，伊斯塔赫尔记载为沙赫鲁（Shahrū）；豪卡勒记载
为苏鲁（Sūrū），[1]即今天的阿拔斯港。从这里经水路4法尔萨赫，
即约25公里到霍尔木兹岛。这个岛不是今天的霍尔木兹岛，而是
格什姆岛。而1294年马可·波罗返程时，经过的霍尔木兹岛是今
天的霍尔木兹岛，而后登陆向西北方向，到了苏丹尼亚。[2]由此说，
中古时期这条道路是海上丝绸之路的重要连接点和通道。

## 七　从设拉子到沙班卡拉（Sabānkārah）首府的道路

在历史上有段时间由法尔斯省的东南部和克尔曼省的西南部
组成了一个独立的省或地区，即萨班卡拉，首都为伊格（Ig）城。有
关中古时期的沙班卡拉，笔者已作过详细的考察，不再赘述。[3]此
处简要阐述其道路系统。

如文献记述，这段路程方向是从设拉子城东南到达伊格城。

---

[1] Istakhrī, *Kitāb al-Masālik wa'al-Mamālik, Bibliotheca Geographorum Arabicorum*(BGA), ED. M. J. De Geoje, V.1, p.167; Ibn Haukal, *Kitāb al-Masālik wa'al-Mamālik* (*Kitāb al-Sūrat al-Aradh*), BGA, Brill 1873, V.2, p.224.

[2] 求芝蓉：《马可·波罗回程经波斯行踪考》，《历史研究》2021年第1期。

[3] 韩中义：《南波斯历史地理研究——以伊利汗国时期的萨班卡拉地区为视角》，《中东研究》2020年第2期。

穆斯塔菲说：

> 从设拉子到达尔坎（Dārkān），共计34法尔萨赫，而后行4法尔萨赫到伊格城，这是沙班卡拉的首府，因此从设拉子到伊格共计38法尔萨赫。[①]

此路从伊格城继续向东行进可到达克尔曼城，或者向西南可到达波斯湾，过了波斯湾到霍尔木兹岛。这里是中古时期和后来的贸易中心，马可·波罗、汪大渊、伊本·白图泰等人到过此岛，如马可·波罗记载说：

> 骑行二日，抵于大洋，海边有一城，名曰忽鲁模思（Ormus）。城有港，商人以海舶运载香料、宝石、皮毛、线绸、金锦与夫象牙暨其他货物数种，自印度来此，售于他商，转贩世界各地。此城商业极其繁盛，盖为国之都城。所属城村不少。国王名称鲁墨耽阿合马（Ruomedam Ahomet）。阳光甚烈，天时酷热。城在陆上，外国商人殁于此者，国王尽取其资财。[②]

后来的郑和舰队也到过此岛，由此说明此岛的重要地位。

由此，这条道路将设拉子、克尔曼、呼罗珊和霍尔木兹岛连接在一起，成为东西方的贸易、道路、往来的重要一环和连接点。

## 八　从设拉子到克尔曼城的向东道路

这条道路从设拉子经沙赫尔·巴巴克（Shahr-i Bābak）[③]向东

---

① 穆斯塔菲，第178页。

②《马可波罗行纪》，第113—115页。

③ von Klaus Schippmann, *Die iranischen Feuerheiligtümer*, Walter de Gruyter Berlin 1971, p.73.

到克尔曼城，而后就可到呼罗珊地区。[①]历史上，该道在丝绸之路上发挥着重要作用，呼罗珊地区的商人沿着这条道路到达波斯湾，然后沿海路到中国，泉州碑刻中可看到一些里海南岸和呼罗珊地名后缀的人名，即可以知道很多商人选择这一道路。[②]理由就是费用较低，运货量大，相对安全。穆斯塔菲也比较详细记述了这条从设拉子到克尔曼的道路，其称："从设拉子行8法尔萨赫到达里彦（Dariyan），再行8法尔萨赫到胡拉姆（Khurramah），再行4法尔萨赫到胡兰建（Khūlanjān），再行6法尔萨赫到坎德（Kand）或基德（Kid），再行6法尔萨赫到海拉赫（Khayrah），再行5法尔萨赫到察赫·乌格巴（Chāh 'Uqbah），再8法尔萨赫到布兰甘（Bulagān），再行8法尔萨赫到恰哈克（Chāhak），再行7法尔萨赫到撒鲁沙克（Sarūshak），再行7法尔萨赫到沙赫尔·巴巴克。从设拉子到沙赫尔巴巴克共计67法尔萨赫。从沙赫尔巴巴克行8法尔萨赫到库什克·纳穆（Kushk Na'm），再行4法尔萨赫到阿班（Aban），又行4法尔萨赫到锡尔詹（Sirjān）城。从沙赫尔巴巴克到锡尔詹共计16法尔萨赫，从设拉子为83法尔萨赫。从锡尔詹行10法尔萨赫到巴坎（Bakān）或拉坎（Lakān），再行8法尔萨赫到克尔曼城。从设拉子到克尔曼共计101法尔萨赫。"[③]

我们这里主要是以穆斯塔菲的记载为依据，然后借助现在的一些资料作简要的说明。这条道路从设拉子东行8法尔萨赫，约50

---

① Paul Schwarz, *Iran im Mittelalter nach den arabischen Geographen*, Leipzig 1910, V2, pp.191–192.

② 相关内容见《泉州伊斯兰教石刻》（福建省泉州海外交通史博物馆编，宁夏人民出版社、福建人民出版社，1984年）、《泉州石刻》（吴文良、吴幼雄，科学出版社，2005年）、《杭州凤凰寺藏阿拉伯文、波斯文碑铭释注译注》（莫尔顿等，中华书局，2015年）等著述。

③ 穆斯塔菲，第178页。

公里，到达里彦（Dariyan），该村子至今存在，是设拉子县中央区的一个村，2006年人口有近万，[1]位于马哈尔鲁湖的东北边，距离设拉子大约40公里，和文献记载略有出入，但至少可知向东所经的确切线路。达里彦再行8法尔萨赫，约50公里，到达里彦东边的胡拉姆（Khurramah），今为卡拉米或哈米拉（Karameh, Kharāmeh），是卡拉米县县城所在，人口2万余，周边有巴赫特甘湖、塔什克（Tashk）湖和马哈尔鲁湖。周边有平原，是农业大县，主要种植小麦，距离设拉子有80公里。[2]胡拉姆再行4法尔萨赫，即25公里到胡兰建（Khūlanjān），今已不存，应在今巴赫特甘湖南岸的哈纳·卡特（Khānah Kāt）西边不远。胡兰建再行6法尔萨赫，即37公里，就到坎德（Kand）或基德（Kid），此地难觅，应该在海拉赫（Khayrah）西北方向不远。坎德再行6法尔萨赫即37公里，就到海拉赫，这一名称略有变化，被称为哈吉阿巴德（Hāj Abād），在内里兹（Neyriz）县境内，2006年有300余人。

海拉赫再行5法尔萨赫，即31公里就到察赫·乌格巴，今名称略有变化，被称作迪赫·察赫（Dih Chāh），是内里兹县普什图库赫（Pushtkūh）区迪赫·察赫乡的一个村子，2006年有2 100余人。[3]该道显然没有经过内里兹，而是从它的西边直接向北行进，是古今重要的道路线路，尤其在古代这是去往伊朗北部和中亚的重要路线。察赫·乌格巴再行8法尔萨赫，即约50公里到布兰甘，今不存，应该在察赫·乌格巴北边。恰哈克再行7法尔萨赫，即43公里，就到撒鲁沙克（Sarūshak），现无法找到，应该在恰哈克西北方

---

① https://en.wikipedia.org/wiki/Darian,_Iran.

② https://en.wikipedia.org/wiki/Kharameh.

③ https://encyclopedia.thefreedictionary.com/Neyriz+County.

向的拉巴特（Rabat）附近。从此地再行7法尔萨赫，到沙赫尔·巴巴克，至今尚存。而后向南就到了锡尔詹。

穆斯塔菲只是记述了从设拉子到克尔曼城的北边道路。实际上，从设拉子到克尔曼的道路有多条，而且在中世纪文献中也存在差异。诸如《波斯志》中记述了去往克尔曼地区的三条干道，即如下：

1. 锡尔詹（Shīrjān）道。这是北道。《波斯志》记述了此道路，并称：锡尔詹道"从设拉子到锡尔詹80法尔萨赫。第一站行4法尔萨赫到迪赫·布丹（Dih Būdan）。第二站行3法尔萨赫到达里彦（Dariyan）。第三站行7法尔萨赫到胡拉姆（Khurramah）。第四站行6法尔萨赫到卡特或吉什特（Kath 或 Kisht）。第五站行7法尔萨赫到海拉赫（Khayrah）。第六站行9法尔萨赫到内里兹（Nayrīz）。第七站行9法尔萨赫到库图鲁赫（Qutruh）。第八站行7法尔萨赫到玛什拉阿赫（Mashra'ah）。第九站行5法尔萨赫到帕尔巴勒或巴巴克（Parbāl 或 Parbāk）。第十站、第十一站行15法尔萨赫到玛什拉阿赫·穆哈法法赫（Mashra'ah Muhaffafah）。十二站行10法尔萨赫到锡尔詹的盐泽原边"。[①]

这条路线和穆斯塔菲的道路大致一致的，但不完全相同。首先，所经过的站点名称不一致。其次，里程有差异，《波斯志》记述设拉子到锡尔詹有80法尔萨赫，而穆斯塔菲说是87法尔萨赫。因此，穆斯塔菲尽管参考了《波斯志》的记述，但没有完全抄录。原因有二：一是穆斯塔菲应该亲自作田野调查所得。二是参考了其他文献的记述，诸如古典大食地理文献中记述了从设拉子到锡尔詹所经过的站点名称，但名称多有差异；站点数量也不尽一致，

---

穆卡迪斯说有12站，<sup>①</sup>与《波斯志》一致的，但穆斯塔菲多了一站历程。

2. 塔罗姆（Tārum）道。这是中道，与前文穆斯塔菲所记的设拉子东南到霍尔木兹道路塔罗姆段历程基本重合，但《波斯志》所记述沿途经过的站点和里程有所差异，将其引述如下：此道从设拉子经过普尔格（Purg）到塔罗姆（Tārum）的道路，其"全长70法尔萨赫。第一站行6法尔萨赫到马哈路亚（Māhalūyah）。<sup>②</sup>第二站行9法尔萨赫到萨尔韦斯坦（Sarvistān）。第三站行9法尔萨赫到胡尔姆（Kurm）。<sup>③</sup>第四站行5法尔萨赫到帕萨（Pasā，即法萨）。<sup>④</sup>第五站行7法尔萨赫到福斯塔建（Fustajān）村。第六站行4法尔萨赫到达拉卜吉尔德（Dārābjird）<sup>⑤</sup>地区交界。第七站行6法尔萨赫到达拉卜吉尔德（Dārābjird）。第八站行6法尔萨赫到鲁斯塔格·鲁斯塔格（Rustāq-ar-Rustāq）。<sup>⑥</sup>第九站行12法尔萨赫到普尔格（Purg）。<sup>⑦</sup>第十站行10法尔萨赫到塔罗姆"。<sup>⑧</sup>

如前所述，尽管《法尔斯志》和穆斯塔菲所记路线基本一致，但路线、路段、站点、里程等有差异。由此说明两者资料来源有别。

塔罗姆是十字路口，向北可以通往锡尔詹，而后到克尔曼，更远到呼罗珊中亚。向东到克尔曼沙区。向南就可以到阿巴斯港。

3. 鲁丹（Rūdān）道。其为南道，"从设拉子到鲁丹有75法尔

① 穆卡迪斯，第400页。
② 就是今天设拉子东南部的马赫泰甘湖，是法尔斯地区著名的旅游胜地。
③ 穆斯塔菲写作胡拉姆（Khurramah）。
④ 即法萨（Fasā）。
⑤ 即达拉卜（Dārāb）。
⑥ 即罗斯塔格（Rustāq）。
⑦ 即夫尔格（Furg）。
⑧《波斯志》，第885页。

萨赫。"共有9站历程。[1]鲁丹距离霍尔木兹岛东北约110公里，距离西边的苏鲁（阿巴斯港）有85公里。此地是去往呼罗珊、克尔曼城、设拉子、锡斯坦、马克兰等地的要道。[2]也是重要的商业贸易、交通中心。[3]马可·波罗虽然没有提到鲁丹之地，但按当时的道路体系来判断，必定要经过此地，再到霍尔木兹岛。[4]中古时期，这条道路是去往东部和南部，尤其波斯湾的干道，发挥着重要作用。

以上为从设拉子去往克尔曼的三条道路，与穆斯塔记述的克尔曼道路既有重合也有差别，是中古时期道路体系重要组成部分，也是丝绸之路的有机组成部分。

## 九　从设拉子到亚兹德的向东道路

这是向东北去往亚兹德的道路，是传统丝绸之路的一部分，也是呼罗珊大道的重要部分。其分为两段。

### 1. 从设拉子到阿巴尔古（Abarqūh）的道路

这段路程不很长，共计39法尔萨赫，从设拉子往东到达阿布古尔城。穆斯塔菲记载称：

> 从设拉子行5法尔萨赫到扎尔甘（Zargān）村，再行3法尔萨赫到库尔河岸边称作阿米尔坝（Band-i Amīr）的地方，再

---

① 《波斯志》，第885页。

② Valeria Fiorani Piacentini, *The eleventh — twelfth centuries: an ʿUmān-Kīy-Kirmān/Harmuz axis?*, *Proceedings of the Seminar for Arabian Studies*, 2013, Vol.43, pp.261–276.

③ al-Idrisi, *Géographie D'Edrisi (Nuzhat al-muštāq fī 'ḫtiraq al-āfāq)*, Tome1, Paris, 1940, pp.419–420.

④ 《马可波罗行纪》，第113页。

行3法尔萨赫到哈夫拉克（Hafrak）与马夫达沙特区的吉纳拉赫（Kinārah）村，再行3法尔萨赫到法鲁克（Farūq），再行3法尔萨赫到卡敏（Kamīn），再行4法尔萨赫到马什哈德·马德尔·苏莱曼（Mashhad-i-Madar-i-Sulayman，苏莱曼之母墓，实际即大流士墓帕尔加德），再行6法尔萨赫到麻什克卫所（Rubat Mashk），再行12法尔萨赫到阿巴尔古城。从设拉子到阿巴尔古共计39法尔萨赫。[①]

从穆斯塔菲的记述来看，此道从设拉子行5法尔萨赫，即约31公里到扎尔甘（Zargān）村，该村至今存在。再行3法尔萨赫，即19公里到库尔河岸的阿米尔坝（Band-i Amīr），今天还存在。此处需要指出的是从扎尔甘村向南沿着库尔河行了14公里，而后道路过了库尔河，不像今天直接过库尔河东行。阿米尔坝再行3法尔萨赫即19公里到哈夫拉克与马夫达沙特区的吉纳拉赫村。再3行法尔萨赫即19公里到法鲁克。再行3法尔萨赫即19公里到卡敏。再行4法尔萨赫即25公里到马什哈德·马德尔·苏莱曼。自马什哈德·马德尔·苏莱曼再行6法尔萨赫即37公里到麻什克卫所，今不存，应该在帕尔加德北边的沙黑德阿巴德（Shāhīd Abād）附近。从这里向北到代比德（Dihbīd），再向西北方向，行12法尔萨赫即75公里，就到了阿巴尔古城。

因此，文献记载说从设拉子到阿巴尔古共计39法尔萨赫，即241公里。今天测量的距离为242公里，看来十分精确。

2. 从阿巴尔古到亚兹德的道路

此路"从阿巴尔古启程行13法尔萨赫到迪赫·什尔（Dih

---

① 穆斯塔菲，第178页。

Shīr,狮子)村,再行6法尔萨赫到迪赫·焦泽(Dih Jawz,核桃)村,再行4法尔萨赫到麦竹思堡(Qal'at-i-Majūs,袄教堡),再行5法尔萨赫到位于朱玛(Jūmmah)区的卡塔(Kathah)或亚兹德城。阿巴尔古到亚兹德共计28法尔萨赫,从设拉子为67法尔萨赫。从亚兹德到克尔曼城58法尔萨赫,从设拉子经此路到克尔曼为125法尔萨赫"。这段中穆斯塔菲将去往亚兹德的道路分成两段来记述的,而在《波斯志》中是作为整体记述的,且和穆斯塔菲的记述有差别。因此,其可与《波斯志》记述作比较,《志》称:

> 从设拉子到亚兹德有60法尔萨赫。第一站行6法尔萨赫到扎尔甘(Zarqān)村。第二站行6法尔萨赫到帕杜斯特(Pādust),再行4法尔萨赫到伊斯塔赫尔。第三站行6法尔萨赫到卡玛赫(Kamah)。第四站行4法尔萨赫到库姆航(Kamhang)。第五站行4法尔萨赫到代比德(Dīh Bīd)。第六站行12法尔萨赫到阿巴尔古。第七站行5法尔萨赫到迪赫·什尔(Dih Shīr)。第八站行4法尔萨赫到图马拉赫·巴斯塔尔或图法拉赫·巴斯卜(Tūmarah Bastar或Tūfarah Basb)。第九站行9法尔萨赫到亚兹德。[①]

依据现代电子地图来看,《波斯志》记录相对要准确,尤其一些不起眼的小地名保留至今,是对文献记述准确性的一种验证。

这条从设拉子向东到著名古城亚兹德的道路是中古时期交通大动脉之一,也是丝绸之路陆上干道之一。该道从亚兹德出发可以去往克尔曼、锡斯坦、阿富汗、印度,或去往呼罗珊、中亚等地,其重要性不言而喻。

---

① 《波斯志》,第885页。

## 十 从设拉子经瑙班建（Nawbanjan）到胡齐斯坦首府 图斯塔尔的西北道路

道路从设拉子西北到法尔斯边界的瑙班建。穆斯塔菲记述称："从设拉子行5法尔萨赫到朱外因（Juwaym），再行5法尔萨赫到胡拉尔（Khullar），再行5法尔萨赫到哈拉拉（Kharrarah），再行4法尔萨赫到高兹村（Dih-i-Gawz，核桃，引者），其在提尔·穆尔丹（Tir Murdān）区，再行3法尔萨赫到库兹甘（Kuzgān），再行3法尔萨赫到瑙班建。从设拉子到瑙班建共计25法尔萨赫。"[①] "从瑙班建到胡齐斯坦的首府图斯塔尔（Tustar）的道路里程为：从瑙班建行4法尔萨赫到哈布丹（Khābdān），再行6法尔萨赫到吉什什（Kishish），再行5法尔萨赫到贡巴德·马拉甘（Gunbad Mallaghān），[②]再行4法尔萨赫到察赫察赫（Chāchah），再行4法尔萨赫到哈布斯（Habs），再行6法尔萨赫到费鲁祖克（Furzuk），再行4法尔萨赫到阿拉建（Arrajān），再行4法尔萨赫到布斯塔纳克（Būstānak），这里是法尔斯和胡齐斯坦之间的边界。从瑙班建到布斯塔纳克共计37法尔萨赫，从设拉子为62法尔萨赫。"[③]

这一记述内容和《法尔斯志》基本相同，由此说明穆斯塔菲的资料是来源于《法尔斯志》，但地名拼写有一定的差异，诸如哈布丹（Khābdān）为哈瓦布丹（Khwābdān）；吉什什（Kishish）为吉什申（Kishn）；察赫察赫（Chāchah）为萨哈赫（Sāhah）等。

该道经瑙班建、阿兰建到胡齐斯坦的首府图斯塔尔，而后可去

---

① 穆斯塔菲，第179页。

② 即加奇萨兰。

③《波斯志》，第885页。

往扎格罗斯山脉,也可到巴格达等地。这条从设拉子向西北的道路,在中古道路网络体系中占有重要的地位,也是古波斯帝国"御道"的干线道路,因图斯塔尔(舒什塔尔)西北60公里的苏萨就是御道起点,连接着东南的波斯波利斯与地中海沿岸以弗所,在当时的道路体系中发挥着重要作用。

该道也是海上东方和西边相结合的道路,尤其在阿拉伯帝国时期是连接巴格达重要路线,但在14世纪尽管重要性有一定降低,仍是一条通往海洋或者连复地干线之一。[①]

法尔斯地区的道路体系是旧有道路的延伸或者重组,不是重新修建的道路,是古代西亚的道路体系的重要组成部分,也是丝绸之路的有机组成部分,在世界道路体系中占有十分重要的地位,由此体现了道路的变与不变。

中世纪,尤其在中古时期这些道路不仅连接着波斯各地,也连接波斯以外地区,尤其与元朝在陆路、海路上保持着密切的往来,体现了两地间的辉煌过往。[②]

# 第二节 法尔斯地区的防御设施

法尔斯地区在伊朗古代史占有重要地位,也是古波斯文化的起源地,同时地理位置十分重要。历代政权十分重视对法尔斯地区的经营,其重要标志就是修建各种防御设施,众多城堡就是一种重要的体现。

---

① 华涛:《关于乌马里"树形地理图"及其论述的初步研究》,《元史及民族与边疆研究集刊》,第三十八辑,2019年12月。

② 刘迎胜:《旭烈兀时代汉地与波斯使臣往来考略》,《蒙古史研究》1986年第1期。

法尔斯地区有很多城堡，对此文献有大量的记述。穆卡迪斯提到了法尔斯地区很多城市的城堡，并说伊斯塔赫尔提到了有5千座城堡。[①]同时代的伊斯塔赫尔记述说："至于波斯的城堡（Husūn）[②]种类繁多，有些是有城墙与城堡的城市；有些是内城结合附近有城堡；有些是城市中有城堡；有些城堡在山上，是独立的，易守难攻。至于伊斯塔赫尔城是有城墙的城市，还有外城和附近城堡。卡斯尔（Kathir）城是有外城和城堡的城市。白扎（Bayzad）有城堡（内城）和外城（Rabaz）；苏尔马格（as-Surmak）城有城堡（内城）、外城、大城堡（Quhanduz）。埃格利德（Eqlid）城有大城堡和外城。伊拉斯（Ilās）村有大城堡和外城。设拉子城有大城堡（Quhanduz），被称为沙赫穆兹（Shahmbadh）的城堡（Qalat）。朱尔（Jur）城[③]只有大城堡（Quhanduz），没有外城。卡尔津城有大城堡和外城。吉尔（Kīr）城有大城堡和外城。埃雷兹（īriz）[④]城有大城堡和外城。萨麦兰（Samairān）有大城堡和外城。法萨城有城堡（内城）和外城。达拉卜吉尔德城有城堡（内城）和外城；鲁宾（Rūbanj）城有城堡（内城）和外城。萨布尔（Sābūr）城有城墙，没有外城。贾纳建（Jannajān）[⑤]城有城堡（内城），没有外城。吉法特（Jifat）有座城堡（内城）。据我所知，就城堡而言，波斯在山里、城周边和城里有5 000多座独立的城堡。"[⑥]伊斯塔赫尔本人就是法尔

---

① 穆卡迪斯，第393、394页。
② 城堡（Husuun）在阿拉伯文献中有两层含义：一是指小城堡或要塞，一般说到具体城堡是指小城堡，与大城堡（Quhanduz）对应的；二是泛指城堡。
③ 即费鲁扎巴德。
④ 此地阿拉伯原文没有校勘出合适的名称，因此笔者怀疑应该内里兹（Nīriz）。
⑤ 即加纳巴（Jannabah）。
⑥ 伊斯塔赫尔，第116页。

斯省伊斯塔赫尔城人,显然对自己家乡的情况是比较了解。这些记述为后世记述也保存了珍贵的资料。

穆斯塔菲说:"前面提到的五个区,有很多城堡和草原,其中有名的,现在我们做叙述:在城堡中,现在在法尔斯地区有16座有影响的城堡,但在古代有70个。因为过去,法尔斯地区人起来反抗塞尔柱王朝之命,其派阿塔别朝里前来镇压,他用武力将绝大部分城堡毁掉,但一小部分城堡留下来,只驻扎着兵。"①

1. 伊斯费迪堡(Qal'ah Isfīd Diz 或 Isfīd Diz, 白堡)。《法尔斯志》说:"这是最为古老的时候修建的坚固城堡,但长久以后是被毁状态,因此没有人能说清楚最后一次军队驻扎在这里。而后,巴·朱勒(Bā Jūl)之父阿布·纳斯尔·提尔·穆尔丹尼(Abū Nasr Tīr Murdānī)在(布伊王朝末期)混乱时期,修复了此堡。现在此堡就在长宽为20法尔萨赫的山顶。这里不仅仅是一座城堡,一个地方,而是有很多人。这是一个巨大的圆形原,其下是白色的悬崖峭壁,而有城堡的原上可以种地,红土,耕犁可以种粮食。这里也有很多的葡萄园、杏园和其他水果园。因这里有很多的泉水。随处一挖,就可以出水。这里气候极寒,且宜人,物产极为丰富。该堡的缺点就是一大批军队驻扎在这里,只有正义王朝(塞尔柱王朝)了到了拿下了此堡。村民会偷走(辎重和物什)。白堡距离瑙班建有2法尔萨赫,大堡的脚下还有个很坚固,被称作阿斯塔克(Astāk)的小城堡。这个白堡周边山里很多猎场。大堡里边有很多精美的瓷砖,还有一条很宽的会见广场。"②穆斯塔菲基本上抄录了《法尔斯志》的内容,略有出入比如阿斯塔克(Astāk)写作尼什

① 穆斯塔菲,第130页。
②《法尔斯志》,第878—879页。

那可（Nishnāk）。①

2. 伊斯塔赫尔堡（Qal'ah Istakhar）。以伊斯塔赫尔命名的城堡有3座，这座城堡应该的最有名的。穆卡迪斯说："在伊斯塔赫尔有一个很大的城堡，其宽有1法尔萨赫。一个长官长久驻扎在那里，如同商人一样。很多国王的御库在那里。和前伊斯兰时期还存放细软金银。"②《法尔斯志》称："伊斯塔赫尔堡是世界上没有比这再大的城堡了。（法尔斯）掌权的每位总督成为城堡的主人。这座城堡和其他三座城堡从古王朝（Pīshdād）的国王开始，此堡其他两座城堡合称三宫巴丹（Sih Gunbadān，三个圆顶）。其他两个城堡，被称作什卡斯塔赫（Shikastah）和珊卡万（Shankavān）。最后一座城堡现在已经毁了。阿都德·道拉建了一座大池，被称作阿杜德池（Hawaz-i-'Adud）。城堡里建了很深的蓄水池，一股水从城堡上流下来。阿杜德·道拉先将蓄水池一头封闭起来，像个大坝，其次他就会用泥浆混合石蜡、油脂和石脑做成防渗布（kirbās），整个建好后，安装起来，极为坚固，无与伦比。做好的这个水池有一个卡费兹（144平方腕尺），深17尺，如果1 000人用上一年，其水位不会降一尺。这个大池子中央用20柱子石头砌成的柱子支撑着。阿都德·道拉除了建这个池子外，还有其他水池和水窖。但这座城堡的缺点就是易攻难守。气候寒冷，极像伊斯法罕。墙上贴有精美的瓷砖，还有很多漂亮的督府官邸。"③这是法尔斯地区十分悠久的城堡，在防卫伊斯塔赫尔发挥过重要作用。

穆斯塔菲基本上重复了《法尔斯志》的内容，也增加一些，

---

① 穆斯塔菲，第130—131页。
② 穆卡迪斯，第393页。
③《法尔斯志》，第876—877页。

他说：“据《法尔斯志》记述，此地没有一个城堡时间超过此城堡的，任何一个城堡所采取坚固的办法，这座城堡都具备。古代，此城堡被称作斯赫·宫巴丹（Sih Gunbadān，三个圆顶），因此在周围和附有两个城堡，被称作什卡斯塔赫（Shikastah）和珊卡万（Shankavān）。这里的主城堡靠着深入地面的石峡，雨水从石峡流到平原。阿都德·道拉在下游使用金汤、石头、泥浆等建了一个大坝，变成了一个大水池，从底部建了台阶，共有17级。他采取帆布浸在石脑和蜡中，使得金汤防水大大提高，经过滴水不会渗透大坝，于是，这里收集了大量的雨水，这些水让1 000人用上一年以上，其水位不会降一个台阶。而且，这个大池子用柱子支撑，还加盖了顶，因此这个水源不会随气候变化而受到影响。除了这个池子外，还有其他蓄水池。这座城堡气候温和，但唯一缺点就是不够坚固，一攻就破。”[1]这一城堡在后来的文献中很少提到，说明其地位有所下降。

3. 伊斯塔赫尔·亚尔堡（Qal'ah Istahir Yār或Qal'ah Istahir，伊斯塔赫尔朋友堡）。《法尔斯志》说：“这是座坚固的城堡，因此之故被称为伊斯塔赫尔城的朋友。这里气候温和，饮水来自泉水和水窖。”[2]穆斯塔菲基本摘录了《法尔斯志》的内容。[3]这个城堡仍在使用，至今我们还可以看到其遗迹。

4. 阿巴达赫堡（Qal'ah Abādah）。这是历史著名的城堡，文献有很多的记述。《法尔斯志》说：“这个很坚固的城堡，但总的特点和很多小城堡一样。这里气候温和，水源取自水窖。这里容易被

---

① 穆斯塔菲，第131—132页。

②《法尔斯志》，第880页。

③ 穆斯塔菲，第132页。

偷袭。"①穆斯塔菲基本摘录了《法尔斯志》的内容，也增加了一些内容，他说："这座城堡没有其他城堡坚固，也没有其他城堡大。其气候温和，有储水窖，还有存放武器的地方。"②在中世纪其他文献中经常出现。

5. 迪兹·阿布拉吉堡（Dīz Abraj）。这守卫阿布拉吉城的重要城堡，战略位置十分重要，文献中也有记述。《法尔斯志》说："这个堡修建在阿布拉吉城北边的一座山上。此堡一边有城墙，但另一边则没有。因此这座城堡被围，易被攻破。但至今没有被偷袭，也没有很快攻下。这里有从山上流下来的水，流到城堡中。"③

穆斯塔菲基本上摘录了《法尔斯志》的内容，甚至有些内容抄录不完整。④

6. 塔布尔堡（Qal'ah Tabr）。文献记述："此堡位于设拉子东南3法尔萨赫之地，建在周边和其他山脉没有连在一起的山上。这个山的周围一天的路程上没有人家、没有草料，因此很难围攻此堡。现在，此堡落入了阿米尔加拉拉丁·提布·沙（Amīr Jalāl-ad-Dīn Tīb Shāh）手中，他是一位土库曼（Turkoman）人。这个气候极热。"⑤在保卫设拉子中发挥重要作用。

7. 提尔·胡大伊堡（Qal'ah Tīr-i-Khudā，神箭堡）。这是法尔斯地区十分有名的城堡。《法尔斯志》说："这是靠近海拉赫（Khayrah）的城堡，很坚固，修建在山顶上。因此之故而得名为神箭堡，因这里无法作战。其气候冷，但向温和过渡，饮水来自水

---

① 《法尔斯志》，第877页。
② 穆斯塔菲，第132页。
③ 《法尔斯志》，第877页。
④ 穆斯塔菲，第132页。
⑤ 穆斯塔菲，第132页。

窖。"①穆斯塔菲说:"此堡在哈布尔城附近的一座高峻的山上,因此之故而得名。其气候冷,但向温和过渡,用水靠水窖。"②其在保卫设拉子等城市中发挥着重要作用。

8. 胡尔沙赫堡(Qal'ah Khurshah)。这是设拉子南边的城堡,《法尔斯志》说:"这座城堡距离贾赫罗姆城有5法尔萨赫。此名取自一个叫胡尔沙赫堡,此人一位阿拉伯人,他被哈加吉·伊本·玉素甫总督之兄(穆罕默德)任命为法尔斯地区的总督。胡尔沙赫花费大量的钱财修建了此堡,后谋叛占据该坚固城堡,为了获得更多的财富变得富有,于是他谋叛了。由于此故,后来达尔布吉尔德地区的总督不许掌管此城堡。因为一个有了权力、财富的总督就会变得骄奢淫逸,飞扬跋扈,若占据此城就会无法无天,胡作非为。人有了权和钱这两样就会刚愎自用,结果导致反叛。"③

穆斯塔菲说:"这座城堡在一座高山顶上,距离贾赫罗姆城有5法尔萨赫。其气候温和,并向热区过渡。胡尔沙赫一个人的名字,此人被其兄奥玛亚王朝总督哈加吉任命为法尔斯地区的总督,并修建了此城堡。依靠这座城堡的坚固,为了获得更多的财富变得富有,于是他谋叛了。此后,他不许任何其他到任的总督掌管此城堡,且满足于财富、依恃城堡坚固、刚愎自用,由此导致了反叛。"④

历史文献比较清楚地交代了该城堡建立的时间、所在方位、发挥作用等,因此该城堡的作用是不言而喻的。

9. 库拉马赫堡(Qal'ah Khurramah)。库拉马赫城附近的城堡,此城位于设拉子的东边、巴赫泰甘湖的西边,对防卫库拉马赫

---

① 《法尔斯志》,第880页。

② 穆斯塔菲,第132页。

③ 《法尔斯志》,第877页。

④ 穆斯塔菲,第132页。

城和设拉子城发挥着重要作用。《法尔斯志》说：这"是为田地中间的城堡。气候温和，水取自水窖"。[①]穆斯塔菲完全抄录了《法尔斯志》的内容。[②]文献提供了该城堡的位置特点和气候、水源信息，有助于更进一步了解该城堡。

10. 赫瓦丹或哈瓦布丹堡（Qalah Khwādān或Qal'ah Khwābdān）。这座城堡在设拉子西南的法萨城附近，守卫法萨起到了重要作用。《法尔斯志》说：这"是坚固的城堡，修建在辽阔的田野中。这里气候温和，饮水取自水窖"。[③]

穆斯塔菲基本摘录了《法尔斯志》的内容，但有些新内容，他说这"是法萨城附近的坚固城堡。这里多半温和，但有时很热，建有水窖"。[④]

这座城堡在历史上发挥过重要作用，但今天无法找到其具体位置。

11. 胡瓦尔堡（Qal'ah Khuwār）。这是胡瓦尔城的城堡，现名为哈尔堡（Qal'ah Khār），位于伊斯塔赫尔城东南55公里，在巴赫泰甘湖岸西北约30公里。《法尔斯志》说："这是一座不是很强的城堡。气候冷但还算温和。其水源从井中获得。"[⑤]穆斯塔菲虽然抄录了《法尔斯志》的内容，但他说：这"是坚固的城堡，气候寒冷，水取自井水"。[⑥]这座城堡至今保留着，是法尔斯地区著名的旅游景点。

---

① 《法尔斯志》，第880页。
② 穆斯塔菲，第132页。
③ 《法尔斯志》，第880页。
④ 穆斯塔菲，第132页。
⑤ 《法尔斯志》，第877页。
⑥ 穆斯塔菲，第133页。

12. 拉姆扎万堡(Qal'ah Ramm zavān)。这是法尔斯西边守卫宫迪建城的城堡,《法尔斯志》说:"这是一座坚固的城堡,靠近宫迪建,受其制约。这里气候寒冷。"[1]穆斯塔菲基本抄录了《法尔斯志》的内容,但说气候炎热。[2]今天这座城堡已经难以找到,但这里属于扎格罗斯山脉的山谷地带,应该气候比较炎热,因此穆斯塔菲的说法是可取的。

13. 撒哈拉赫堡(Qal'ah Sahārah)。这是著名的城堡,既守护着离菲鲁扎巴德城,也守护着设拉子的南大门。《法尔斯志》说:"这座城堡位于距离菲鲁扎巴德4法尔萨赫的一座高山上。这座城堡是马苏第(库尔德人)所建,很漂亮。这里气候凉爽,水质上乘。城堡周围有一望无际的耕地,因此地是由萨班卡拉部耕种。的确这是一个很大的地方,一年四季这里可以种植农作物。"[3]穆斯塔菲基本采用了《法尔斯志》的内容。[4]从卫星地图查找,菲鲁扎巴德城有很多城堡,按照文献的记述,应该在菲鲁扎巴德城西边的山上。

14. 沙米兰堡(Qal'ah Shamīrān)或者萨米兰堡(Qalah Samīrān)。这是著名的城堡,守卫着朱约姆城,《法尔斯志》说:"这是座坚固的城堡位于朱约姆·阿布·阿赫马德迪城附近的一座高山上。这里气候炎热,水源取自水窖。"[5]穆斯塔菲基本摘录了《法尔斯志》的内容,并说:"这座坚固的城堡位于朱约姆·阿布·阿赫

---

[1]《法尔斯志》,第877页。
[2] 穆斯塔菲,第133页。
[3]《法尔斯志》,第880页。
[4] 穆斯塔菲,第133页。
[5]《法尔斯志》,第880页。

马德迪城附近。这里气候炎热，但建有水窖。"①今天在卫星地图上查不到这座城堡了，但历史上发挥过重要作用。

15. 卡尔津堡（Qal'ah Kārzīn）。卡尔津城附近城堡，文献记述称："这座城堡和其他城堡相比，不够坚固。此地在热区，位于萨坎（Thakān）河河岸，从河中建了一个吸管，将水引到山上。"②实际上卡尔津城本身也是城堡，文献里有记述。③

16. 宫巴丹·马拉甘堡（Qal'ah Gunbadad Mallaghān）。《法尔斯志》说："该堡一夫当关、万夫莫开。这里气候温和，建有大量水窖。这里备有很多粮食，够用三四年之需。"④穆斯塔菲尽管摘录了《法尔斯志》的内容，但也增加了一些新内容，说这是"位于阿拉建地区。很坚固，一夫当关，万夫莫开。这里气候温和，建有水窖。这里备有多年的粮食，以防不时之策"。

17. 伊拉黑斯坦诸堡（Qal'ah Irāhistān）：伊拉黑斯坦是法尔斯西边靠近波斯湾的地区，著名的撒那威港就在这一地区。这里曾经盗匪出没的地区，因此建有很多城堡也是不足为奇的。《法尔斯志》说："这里有无数的城堡，这里每个村子都有一个城堡，要么建在岩石上或山顶上，抑或在平原上。所有的时间天气都很炎热。"⑤穆斯塔菲说："现在除了提到的城堡外，伊拉黑斯坦（Irāhistān）地区的每一个村庄就像是一座城堡，每个村里有座坚固的城堡，有些建在石山上，有些建在多石的地上，有的建在平地上，所有这些地

---

① 穆斯塔菲，第133页。
② 穆斯塔菲，第133页。
③ 伊斯塔赫尔，第116页。
④《法尔斯志》，第881页。
⑤《法尔斯志》，第881页。

方都在热区。"①今天在卫星地图上还可以找到大量的城堡,不过这些城堡已经失去过去的功能,只是成为历史遗迹和旅游景点。

18. 设拉子的城堡。穆卡迪斯提到了设拉子的城堡,还说:"在设拉子,阿都德·道拉修建了一座城堡。他为此耗费巨大,城堡内靠近山根挖掘一口井。"②他还听到了设拉子的另外一座城堡。他说:"他在设拉子上建了座城堡,并在城堡内掘了一口井,他还花了巨款,将山劈开,让水从那里流过。"③今天设拉子电子地图上有很多城堡,但很难确定是哪一座,或者已经被毁。

19. 布什卡纳特堡(Qal'ah Būshkānāt)。这是守卫布什卡纳特城的城堡,在守卫西南去往波斯湾线路发挥了重要作用。《法尔斯志》说:"这是一座坚固的城堡,至今该城堡掌握在斯亚赫·米勒·伊本·巴胡拉斯特(Siyāh Mīl ibn Bahurast)之手。因他是一位(塞尔柱王朝)善人,他可以掌握此城堡,但不能占有它(以免和其他酋长一样会反叛),因此一直在他手里。"④布什卡纳特城今天的名称略有变化,叫做布什坎(Būshkān),位于布什尔城东北约70公里。

20. 伊斯塔赫巴南堡(Qal'ah Itahbānān)。这是十分重要的城堡,历史上发挥过重要作用,守卫伊斯塔赫巴南城的城堡。如前文所说伊斯塔赫巴南城今天被称为埃斯塔赫巴纳特(Istahbanāt),位于设拉子东边,内里兹的西边。《法尔斯志》说:"这是一座坚固的城堡,由哈苏亚把守。但阿塔别朝里和哈苏亚发生了战争,随后他和哈苏亚讲和了,且拆除了城堡。但最近这里又驻扎着军队。"⑤这

---

① 穆斯塔菲,第133页。
② 穆卡迪斯,第393页。
③ 穆卡迪斯,第393页。
④《法尔斯志》,第877页。
⑤《法尔斯志》,第878页。

座城堡今天在卫星地图已经很难找到了。

21. 阿巴丹（Abādān）诸堡，即驻军堡。这是城堡群，《法尔斯志》说："这是历史记载中很多城堡名称总称。过去这个有70多个著名的城堡，所有这些城堡都是阿塔别朝里军队守卫，后来绝大部分毁了。在历史文献中对这些城堡有大量的记载。"[①]伊本·阿西尔也提到了阿巴丹。[②]显然是十分重要的城堡。

22. 夫尔格（Furg）的城堡。夫尔格是法尔斯地区东南道路的重要城市，该城堡对夫尔格城的安全起到十分的作用。《法尔斯志》说："夫尔格的城堡很大、很坚固。无法攻占。"这里气候炎热，水源取自水窖。[③]

23. 塔罗姆（Tārum）的城堡。这是守卫塔罗姆的城堡，为保障法尔斯地区东南起到十分重要的作用。《法尔斯志》说："塔罗姆的城堡不很大，也不很坚固。"这里气候炎热，水源取自水窖。[④]

24. 伊斯基本（Iskibūn）：亚库特说：这是法尔斯地区纳宾（Nabīn）地区的一座城堡。这里巉岩林立，极难进入。因此，过去从来没有攻破过。从这里冒出一股温泉。[⑤]

25. 朱扎尔兹（Jūdharz）堡：亚库特说：这是法尔斯地区的城堡名，其也称作朱扎尔兹·萨哈布·凯胡斯罗（Jūdharz Sahab Kaikhusrau），也简称沙利亚（Ash-Shari'ah），在卡姆·费鲁兹（Kam Fīrūz）地区。这是坚固的漂亮城堡。[⑥]

---

① 《法尔斯志》，第878页。
② 《全史》，第9卷，第87页。
③ 《法尔斯志》，第881页。
④ 《法尔斯志》，第881页。
⑤ 亚库特，第37页。
⑥ 亚库特，第173页。

# 结 语

　　法尔斯地区是波斯文化的发祥地,这里历来受到统治者的重视,中世纪时期也不例外,但它具有很大的自主权,甚至处在半独立状态。这里地域辽阔,历史悠久,文化多样,物产丰富,自然环境独特,城市密布,交通发达,商业兴旺,手工业齐全,产品优质,名人荟萃,因此我们从不同地理区域比较详细考察了法尔斯地区历史地理变迁、城市分布、河流山川、道路交通、物产人文、名胜古迹、生产生活等内容,这些内容从整体上反映法尔斯地区的地理环境、城市面貌、历史传承,由此我们对这一地区有了总体宏观把握,有助于我们对法尔斯地区的深度了解。

# 后 记

关注西亚中亚历史地理整整20年了。从2004年将《大食东部历史地理研究》翻译成了初稿，2005年立为教育部后期资助项目，经过13年的努力，终于在2018年出版，成为学术畅销书。2012年又承担了教育部基地重点课题《中国古代西北边疆与伊利汗国历史地理研究》；2018年承担了国家冷门绝学课题《9—14世纪中亚历史地理研究》；2023年承担国家基金中国历史研究院重大历史问题研究重大招标项目《中国与中亚关系史研究》等，都是围绕着西亚、中亚历史地理以及与我国的关系史展开的。通过这些课题的研究积累了上述区域历史地理的一些知识和经验。《丝路文明互鉴：中世纪南波斯历史地理研究》一书就是上述研究成果的一种体现，尤其是教育部基地重点课题的研究奠定了本书的基本知识。

本书主要关注的是13—15世纪南波斯历史地理，就是从蒙古西征、伊利汗国到帖木儿帝国的时间范围。当然，时间段不是绝对严格的，向上涉及大食帝国、波斯国时期，向下延展到16—17世纪，但不是重点。

　　西方、伊朗等地学者对南波斯的历史地理有很多成果，这在本书的相关研究中有所体现，但我国学者对专题性，尤其南波斯历史地理较少关注。因此，笔者的研究可以算作是一种探路之所得。

　　研究南波斯历史地理并非一件容易的事，遇到意想不到的困难，但我尽力去克服，做到完善全面。众所周知，波斯与我国的交往源远流长，我们的文献里有大量的记载，但对当地历史地理，尤其中古时期，几乎没有全面的研究。笔者的研究在一定程度上意图弥补这一缺憾。

　　历史地理研究是专门的学问，尤其研究南波斯的历史地理需要相当功力才可胜任，而笔者在这方面是初学者，不断克服语言、资料等方面的难关，向更高的学术高度迈进。坦率地说，呈现给读者的这本书十分稚嫩，有很多的不足，但尽量为以后的研究者开拓了一条探究的道路。

　　这本书写作过程中获得了很多中外友人和学者的帮助，没有他们的帮助，实难完成这部书。首先，感谢我校优秀学术著作资助，没有资助也无法面世。其次，感谢历史文化学院院长李秉忠、书记孙伟，还有何志龙、李琪等以及其他同事。其三，感谢我学生，尤其张琪雯，提供了大量波斯文文献；还有李盼盼、傅加杰等同学。其四，感谢伊朗青年学者马兹纳尼，提供了波斯文献，以及其他为我在伊朗学术考察提供帮助的伊朗学者和朋友。其五，感谢上海古籍出版社的编辑王赫先生，付出了辛勤的劳动。最后，感谢我爱人马玲女士和女儿韩紫芸同学，韩同学阅读了本人的最初书稿，并提出了很多宝贵的意见。

　　不管怎么说，一部书的完成，绝非一人能力所及的，是大家共同努力的结果。由此说，甘美的果实应该和所有人一起分享，才是最快乐的一件事。

一部书无论多么完美，总有各种遗憾，也许这种遗憾促使我继续努力奋进。

韩中义草就于雁塔寓所

2024 年 2 月 29 日星期四

**图书在版编目（CIP）数据**

丝路文明互鉴：中世纪南波斯历史地理研究 / 韩中
义著. —上海：上海古籍出版社，2024.5
ISBN 978−7−5732−1054−8

Ⅰ.①丝…　Ⅱ.①韩…　Ⅲ.①历史地理–研究–波斯
Ⅳ.①K916.3

中国国家版本馆CIP数据核字（2024）第063436号

**丝路文明互鉴：中世纪南波斯历史地理研究**
韩中义　著
上海古籍出版社出版发行
（上海市闵行区号景路 159 弄 1-5 号 A 座 5F　邮政编码 201101）
（1）网址：www. guji. com. cn
（2）E-mail：guji1 @ guji. com. cn
（3）易文网网址：www. ewen. co
上海商务联西印刷有限公司印刷
开本 890×1240　1/32　印张 11.75　插页 2　字数 274,000
2024 年 5 月第 1 版　2024 年 5 月第 1 次印刷
ISBN 978−7−5732−1054−8
K·3554　定价：68.00 元
如有质量问题，请与承印公司联系